Paul Tillich · Religiöse Reden

Paul Tillich

Religiöse Reden

Nachdruck von

In der Tiefe ist Wahrheit (9. Auflage 1985)
Das Neue Sein (6. Auflage 1983)
Das Ewige im Jetzt (4. Auflage 1986)

Walter de Gruyter · Berlin · New York
1987

Die „Religiösen Reden" sind ein unveränderter photomechanischer Nachdruck der 9. Auflage 1985 von „In der Tiefe ist Wahrheit", der 6. Auflage 1983 von „Das Neue Sein" und der 4. Auflage 1986 von „Das Ewige im Jetzt".
Die bisherigen Auflagen erschienen im Evangelischen Verlagswerk, Frankfurt am Main.

CIP-Titelaufnahme der Deutschen Bibliothek

Tillich, Paul:
Religiöse Reden: Nachdr. von In der Tiefe ist Wahrheit (9. Aufl. 1985), Das Neue Sein (6. Aufl. 1983), Das Ewige im Jetzt (4. Aufl. 1986) / Paul Tillich. – Berlin; New York: de Gruyter, 1987.
ISBN 3-11-011486-0
NE: Tillich, Paul: [Sammlung]

© 1952 für „In der Tiefe ist Wahrheit"
© 1956 für „Das Neue Sein"
© 1964 für „Das Ewige im Jetzt"
by Walter de Gruyter & Co., Berlin.
Printed in Germany.
Alle Rechte, insbesondere das der Übersetzung in fremde Sprachen, vorbehalten. Ohne ausdrückliche Genehmigung des Verlages ist es auch nicht gestattet, dieses Buch oder Teile daraus auf photomechanischem Wege (Photokopie, Mikrokopie) zu vervielfältigen.
Druck: J. F. Steinkopf Druck+Buch GmbH, Stuttgart.
Einband: Fuhrmann KG, Berlin.

INHALTSVERZEICHNIS

In der Tiefe ist Wahrheit 1
    (Religiöse Reden, 1. Folge)

Das Neue Sein . . . . *[175]*
    (Religiöse Reden, 2. Folge)

Das Ewige im Jetzt . . . . *[337]*
    (Religiöse Reden, 3. Folge)

Paul Tillich · In der Tiefe ist Wahrheit

Paul Tillich

In der Tiefe ist Wahrheit

Religiöse Reden
1. Folge

Walter de Gruyter · Berlin · New York

Autorisierte Übersetzung der amerikanischen Ausgabe des Buches
„The Shaking of the Foundations" von Paul Tillich.
Die Übertragung ins Deutsche besorgten
Renate Albrecht und Gertraut Stöber.
Die Herausgabe besorgte August Rathmann.
Die Bibelzitate wurden den verschiedensten, teils englischen,
Bibelübersetzungen entnommen.

INHALT

Die Erde erbebt	7
Zwei Seinsordnungen	17
Das Paradox der Seligpreisungen	27
Die zwei Knechte Gottes	31
Das Mysterium der Zeit	35
Flucht vor Gott	39
Von der Tiefe	51
Von der Vergänglichkeit	62
Auch die Natur trauert um ein verlorenes Gut	73
Vom Heiligen	83
Die Last der Religion	89
Von der Vorsehung	99
Erkenntnis ist Liebe	103
Vom Tun der Wahrheit	108
Der Theologe	112
Der Geist gibt Zeugnis unserem Geist	124
Er, der der Christus genannt wird	133
Vom Warten	141
Dennoch bejaht	144
Im Grabe geboren	154
Der Tod ist tot	158
Siehe, es ist alles neu geworden	162

DIE ERDE ERBEBT

Ich blicke auf die Erde — — siehe, alles ist Chaos;
Ich schaue gen Himmel — — sein Licht ist geschwunden;
Ich sehe die Berge an — — sie schwanken;
Und alle Hügel beben!
Ich schaue aus — — siehe, kein Mensch ist zu sehen;
Alle Vögel sind davon geflogen!
Ich schaue aus — — siehe, das Fruchtland ist eine Wüste,
Und die Städte sind weggefegt durch des Herrn Zorn.
Denn so hat der Herr gesprochen:
Das ganze Land soll wüst liegen,
Und die Erde soll darum trauern;
Und der Himmel darüber soll schwarz sein.
Ich habe es beschlossen und werde es nicht bereuen
Und will nicht davon ablassen.
Vor dem Tosen der Reiter und der Schützen
Ist das ganze Land auf der Flucht.
Die Menschen suchen eine Zuflucht in Wäldern und Höhlen.
Sie klettern an den Felsen empor.
Jede Stadt soll verlassen sein,
Und nicht ein Mensch soll darin wohnen.
Zerstörtes Volk, was willst du tun?   JER. 4, 23—30.

Denn es sollen wohl Berge weichen
Und Hügel hinfallen.
Aber meine Gnade soll nicht von dir weichen,
Und der Bund meines Friedens soll nicht hinfallen,
Spricht der Herr, dein Erbarmer.   JES. 54, 10.

Die Grundfesten der Erde beben.
Die Erde zerbricht in Stücke,

In der Tiefe ist Wahrheit

Die Erde ist in Stücke zerspalten,
Die Erde ist in Stücke geborsten.
Die Erde taumelt wie ein Trunkener,
Die Erde wird hin und her geworfen wie eine Hängematte.
Unter dem Gewicht ihrer Missetat fällt die Erde zusammen,
Um sich nie wieder zu erheben. JES. 24, 18—20.

Hebet eure Augen auf gen Himmel und schauet unten auf
die Erde;
Denn der Himmel wird wie ein Rauch vergehen,
Und die Erde wird wie ein Kleid veralten;
Die Welt selber soll vergehen.
Aber meine Gerechtigkeit soll ewig bleiben,
Und mein Heil kennt kein Ende. JES. 51, 6.

Es ist schwer zu sprechen, nachdem die Propheten gesprochen haben, so wie sie es in diesen Sätzen getan haben. Jedes Wort ist ein Hammerschlag. Es gab eine Zeit, in der wir solchen Worten ohne Gemütsbewegung, ohne Verständnis zuhören konnten. Es gab Jahrzehnte und sogar Jahrhunderte, in denen wir sie nicht ernst nahmen. Doch jene Zeiten sind vorbei. Heute müssen wir sie ernst nehmen. Denn sie beschreiben mit visionärer Gewalt, was die Mehrzahl der Menschen unserer Zeit erfahren hat und was, vielleicht in einer nicht allzufernen Zukunft, die gesamte Menschheit erfahren wird. Die Erde erbebt! Die Visionen der Propheten sind zu einer physikalischen Möglichkeit geworden und können bald geschichtliche Wirklichkeit werden. Der Satz: „Die Erde zerbricht in Stücke" ist für uns nicht mehr eine bloß poetische Metapher, sondern harte Realität. Das ist der religiöse Sinn des Zeitalters, in das wir eingetreten sind.
Die Bibel hat immer vom Anfang und vom Ende der Welt gesprochen. Sie spricht von der Ewigkeit, bevor die Welt geschaffen war; sie spricht von der Zeit, als Gott die Grundfesten der Erde legte, sie spricht von der Erschütterung dieses Grundes und vom Zerfall dieser Erde. In einer der späteren Schriften, dem 2. Petrusbrief, sagt sie, „daß die Himmel mit

großem Krachen vergehen und die Elemente vor Hitze schmelzen werden und auch die Erde und die Werke auf ihr verbrennen werden." Das ist keine Vision mehr, es ist eine physikalische Möglichkeit geworden. Wir wissen, daß im Grunde unserer Erde, im Grunde von allem, was zu unserer Welt gehört und was Form und Struktur hat, zerstörerische Kräfte gebunden sind. Als die ungezügelte Kraft der kleinsten Teilchen unserer materiellen Welt durch bindende Kräfte eingedämmt worden war, gab es einen Ort, auf dem Leben wachsen und Geschichte sich entwickeln konnte, in dem Worte gehört und Liebe gefühlt, auf dem Wahrheit entdeckt und das Ewige angebetet werden konnte. Alles das war möglich, weil das feurige Chaos des Anfangs in fruchtbares Erdreich verwandelt worden war.

Aber auf dem fruchtbaren Erdreich erwuchs ein Wesen, das fähig war, den Schlüssel für die Fundamente alles Seins zu finden. Dieses Wesen ist der Mensch. Er hat den Schlüssel gefunden, der die Kräfte des Grundes erschließen kann, jener Kräfte, die gebunden wurden, als der Grund der Erde gelegt wurde. Er hat angefangen, diesen Schlüssel zu gebrauchen. Er hat die Grundlagen des Lebens, des Denkens und Wollens *seinem* Willen unterworfen. Und er wollte Zerstörung. Zur Zerstörung gebrauchte er die Kräfte des Grundes. Durch sein Denken und Wirken erschloß und entfesselte er sie. Darum wanken und beben heute die Grundfesten der Erde.

In der Sprache des Propheten ist es der Herr, der die Berge erbeben läßt und die Felsen zerschmilzt. Das ist eine Sprache, die der moderne Mensch nicht verstehen konnte. Und deshalb sprach Gott, der nicht an eine besondere Sprache gebunden ist, auch nicht an die der Propheten, durch den Mund der größten Wissenschaftler zu den Menschen von heute. Und er sagte ihnen: „Ihr habt die Möglichkeit, euren eigenen Untergang herbeizuführen. Ich verleihe euch die Macht, die Fundamente zu erschüttern. Ihr könnt diese Macht schöpferisch oder zerstörerisch gebrauchen. Wie wollt ihr sie gebrauchen?" So sprach Gott zur Menschheit durch das Werk der Wissenschaftler und durch ihre Entdeckung des Schlüssels zum Grunde des Seins. Aber er tat durch sie noch mehr. Er zwang

In der Tiefe ist Wahrheit

ihnen sein Wort auf, wie er es den Propheten auferlegt hatte, trotz ihres ständigen Versuches, Widerstand zu leisten. Denn kein Prophet möchte das sagen, was er zu sagen hat. Und kein Wissenschaftler, der an der großen und furchtbaren Entdeckung teilnahm, wollte das sagen, was er sagen mußte. Aber er konnte nicht ausweichen, und er mußte seine Stimme erheben wie die Propheten, um seiner Generation das zu sagen, was die Propheten ihrer Zeit verkündeten, daß Erde und Mensch, Bäume und Tiere von einer Katastrophe bedroht sind, der sie kaum entrinnen können. Eine furchtbare Angst drückt sich in den Worten dieser Männer aus. Sie fühlen nicht nur die Erschütterung der Fundamente, sondern auch, daß sie selbst verantwortlich dafür sind. Sie verabscheuen das, was sie getan haben, weil sie wissen, daß wir nur eine kleine Chance haben zu entrinnen. Zwischen geringer Hoffnung und großer Verzweiflung schwankend mahnen sie uns eindringlich, diese Chance zu nützen.

In dieser Weise hat Gott zu *unserer* Zeit über das Wanken der Grundfesten gesprochen. Wir hatten das vergessen, und es war in erster Linie die Wissenschaft, die es uns vergessen ließ. Aber nicht die Wissenschaft, deren Ziel Erkenntnis ist, verführte uns zu dem Glauben, unsere Erde sei ein Ort, auf dem das Reich Gottes errichtet wird, und *wir* würden es herbeiführen, sondern uns verführte eine Wissenschaft, die Götzendienst geworden war. Es gab Propheten dieses Götzendienstes — falsche Propheten, wie Jeremias sie nannte —, die riefen: „Fortschritt, unendlicher Fortschritt! Friede, Friede auf der ganzen Welt! Glück, Glück für jedermann!" Und nun — was ist geschehen? Die gleiche Wissenschaft, an deren rettende Macht die falschen Propheten glaubten, hat diesen Götzendienst zerstört. Ihr größter Triumph bestand darin, daß sie dem Menschen die Macht gab, sich und seine Welt zu vernichten. Und die zu diesem Triumph verholfen haben, sprechen heute, wie die wahren Propheten der Vergangenheit gesprochen haben: nicht vom Fortschritt, sondern von der Rückkehr zum Chaos des Anfangs, nicht vom Frieden, sondern von der Zerrissenheit, und nicht vom Glück, sondern vom Untergang. Auf diese Weise büßt die Wissenschaft für den götzendienerischen Mißbrauch, zu dem sie sich Jahrhunderte hindurch hergegeben hat. Die Wissenschaft, die uns für die wenigen Dinge von letzter Bedeutung blind gemacht hatte, hat ihre Grenzen offenbart. Sie hat unsere Augen geöffnet und hat auf die Wahrheit hingewiesen — daß „die Berge weichen und die Hügel hinfallen", daß „die Erde hinfallen soll, um sich nie wieder zu erheben", weil ihre Grundfesten zerstört werden sollen.

Aber wir hören auch andere Stimmen — und sie mehren sich nach dem anfänglichen Erschrecken —, die uns zu trösten versuchen: „Vielleicht will der Mensch seine Macht, zu den Fundamenten vorzudringen, für schöpferische Zwecke gebrauchen, für den Fortschritt, den Frieden und das Glück. Die Zukunft liegt in des Menschen Hand, in unseren Händen. Wenn wir uns für den Aufbau statt für die Zerstörung entscheiden würden, sollten wir dann nicht in der Lage sein, die Schöpfung fortzuführen? Warum sollten wir nicht wenigstens hierin sein wie Gott? Hiob mußte still werden, als der Herr aus dem Wirbelwind zu ihm sprach und sagte: „Wo warest du, da ich die Erde gründete? Sage an, bist du so klug?" Aber die trügerischen Stimmen fahren fort: „Vielleicht können *wir* antworten, wo Hiob es nicht konnte. Haben nicht unsere wissenschaftlichen Entdeckungen die Geheimnisse, wie die Erde geschaffen wurde, gelüftet? Ist nicht unser Denken imstande, dieses Ereignis mitzuvollziehen? Warum sollten wir uns vor der Erschütterung der Grundfesten fürchten?" Aber der Mensch ist nicht Gott, und immer, wenn er den Anspruch erhob, Gott gleich zu sein, wurde er zurechtgewiesen und in Selbstzerstörung und Verzweiflung gestürzt. Wenn er sich selbstgefällig auf sein kulturelles Schaffen oder auf seinen technischen Fortschritt, auf seine politischen Institutionen oder religiösen Systeme verließ, wurde er in Zerfall und Chaos geworfen. Alle Grundlagen unseres persönlichen, natürlichen und kulturellen Lebens sind erschüttert. Solange es eine Menschheitgeschichte gibt, ist ähnliches geschehen. In unserem Zeitalter aber hat es sich in größerem Maße ereignet als je zuvor. Der menschliche Anspruch, Gott gleich zu sein, ist wieder einmal verworfen worden. Nicht eine einzige Lebens-

In der Tiefe ist Wahrheit

grundlage unserer Zivilisation ist unerschüttert geblieben. Wenn wir einige Prophetenstellen lesen, könnten wir uns vorstellen, daß es Augenzeugenberichte von Warschau, Hiroshima oder Berlin seien. Jesaja sagt: „Merket euch, der Herr macht die Erde wüst und leer und kehrt das Oberste zu unterst und zerstreut ihre Bewohner... Städte fallen zusammen, jedermann verriegelt seine Tür, die Fröhlichkeit hat die Erde verlassen, und es gibt keine Freude mehr. Die Städte liegen verödet, die Tore sind zerstrümmert, und wenige sind übrig geblieben... Denn das Angesicht der Erde ist besudelt worden von ihren Bewohnern, indem sie den Ewigen Bund gebrochen haben. Darum vernichtet ein Fluch die Erde, und das schuldige Volk muß Buße tun." Jedes dieser Worte beschreibt Erlebnisse der Menschen in Europa und Asien. Die primitivsten und wesentlichsten Lebensgrundlagen sind erschüttert. Die Zerstörung ist so groß, daß wir, die wir sie nicht erfahren haben, sie uns nicht vorzustellen vermögen. Deshalb können wir nicht glauben, daß auch wir von einer solchen Zerstörung ergriffen werden könnten. Und doch sehe ich amerikanische Soldaten durch die Ruinen dieser Städte gehen und an ihr eigenes Land denken und mit visionärer Klarheit den Untergang ihrer Städte erblicken. Ich weiß, daß dies geschehen ist und noch geschieht. Es gibt Soldaten, die Propheten geworden sind, und ihre Botschaft unterscheidet sich nicht von der Botschaft der alten Propheten. Es ist die Botschaft von der Erschütterung der Grundfesten, und zwar nicht in fremden Ländern, sondern in ihrem eigenen Lande. Denn der prophetische Geist hat die Erde nicht verlassen. Jahrzehnte vor den Weltkriegen verurteilten die Menschen die europäische Zivilisation und prophezeiten in Wort und Schrift ihr Ende. Es gibt unter uns solche Menschen. Sie sind wie feine Instrumente, die Erdbeben auf weit entfernten Gebieten ihrer Oberfläche registrieren. Diese Menschen spüren die Erschütterung ihrer Zivilisation, ihre selbstzerstörerischen Tendenzen, ihren Verfall und ihren Untergang, Jahrzehnte, bevor die Endkatastrophe eintritt. Ihre Seele hat einen unsichtbaren und fast unfehlbaren Sinn, und es drängt sie unwiderstehlich, das auszusprechen, was sie gesehen haben, vielleicht gegen ihren Willen. Denn

Die Erde erbebt

kein wahrer Prophet hat jemals freiwillig prophezeit. Eine göttliche Stimme zwang ihn dazu, und es war ihm unmöglich, vor ihr seine Ohren zu verschließen. Kein Mensch mit prophetischem Geist will voraussehen und seiner eigenen Zeit den Untergang prophezeien. Es erzeugt in ihm eine furchtbare Angst und setzt ihn schweren und oft tödlichen Angriffen seiner Mitmenschen aus, die ihm Pessimismus und Defaitismus vorwerfen. Die Menschen wollen günstige Berichte erhalten, und die Massen hören auf die, die sie ihnen bringen. Alle Propheten des Alten und des Neuen Testaments und der Kirche machten die gleiche Erfahrung. Ihnen allen wurde von den falschen Propheten widersprochen, die Heil verkündeten, als es kein Heil gab. „Die Propheten prophezeien falsch, und mein Volk will es so haben", ruft Jeremia in Verzweiflung aus. Sie nannten ihn einen Defaitisten und warfen ihm vor, ein Landesfeind zu sein. Aber ist es ein Zeichen von Vaterlandsliebe oder von Vertrauen zu seinem Volk, zu seinen Einrichtungen und seiner Lebensweise, dann still zu sein, wenn die Grundfesten erschüttert sind? Ist Optimismus um jeden Preis soviel wertvoller als Wahrheit, besonders wenn die Wahrheit tief und dunkel ist? Die meisten Menschen sind nicht in der Lage, die Botschaft von der Erschütterung der Grundfesten zu ertragen. Sie verwerfen und bekämpfen den prophetischen Geist, nicht, weil sie ihm nicht zustimmen, sondern weil sie die Wahrheit seiner Worte fühlen und sie nicht annehmen können. Sie unterdrücken die Wahrheit in sich und machen sie zum Gespött und richten ihren Zorn gegen die, die *wissen* und zu sagen wagen, was sie wissen. Zu welcher dieser beiden Gruppen glaubt ihr zu gehören? Zu jenen, die ihre Ohren und Herzen gegen ihn verschließen? Ich habe immer das Gefühl gehabt, daß es einige wenige gibt, die imstande sind, das Wanken der Fundamente wahrzunehmen, die imstande sind, es zu ertragen, und die darüber hinaus imstande sind zu sagen, was sie wissen, weil sie den Mut haben, die Feindschaft der Vielen zu ertragen. Diesen Wenigen gelten meine Worte im besonderen.

Warum waren die Propheten in der Lage, dem ins Angesicht zu schauen, was sie sahen, und es mit solch gewaltiger Kraft auszusprechen? Ihre Stärke kam daher, daß sie nicht eigentlich von dem Grund sprachen, sondern von ihm, der den Grund gelegt hat und ihn wieder erschüttern wird, und weil sie nicht eigentlich von dem Gericht über die Völker sprachen, sondern von ihm, der das Gericht bringt um seiner Gerechtigkeit willen. Wie der 102. Psalm sagt: „Deine Jahre währen für und für, du hast vormals die Erde gegründet und die Himmel sind deiner Hände Werk. Sie werden vergehen, aber du bleibest. Sie werden alle veralten wie ein Gewand; sie werden verwandelt wie ein Kleid. Du aber bleibest wie du bist, und deine Jahre nehmen kein Ende..." Wenn die Erde altert und vergeht, wenn Völker und Kulturen sterben, so wechselt der Ewige gleichsam das Kleid seines unendlichen Seins. Er ist das Fundament, auf dem jedes Fundament gelegt ist, und dieses Fundament kann nicht erschüttert werden. Es gibt etwas Unbewegliches, Unveränderliches, Unerschütterliches, Ewiges, das in unserem Vergehen und im Zerbrechen unserer Welt offenbar wird. An den Grenzen des Endlichen wird das Unendliche sichtbar; im Lichte des Ewigen erscheint die Vergänglichkeit des Zeitlichen. Die Griechen nannten sich selbst die Sterblichen, weil sie das, was unsterblich war, erfahren hatten. Daher konnten die Propheten der Erschütterung des Grundes ins Auge sehen. Es ist der einzige Weg, auf die Erschütterung hinzublicken, ohne zurückzuweichen. Oder ist es möglich, vom kommenden Untergang zu wissen und ihn doch mit Gleichgültigkeit und Zynismus zu betrachten? Ist es menschenmöglich, dem Ende zynisch zu begegnen? Gewiß gibt es einige unter uns, die gegenüber dem meisten, was Menschen schaffen und preisen, zynisch sind. Es gibt einige unter uns, die zynisch gegenüber der gegenwärtigen Weltsituation sind. Gewiß können wir zynisch sein in bezug auf die wirklichen Motive, die hinter allen menschlichen Handlungen stehen, wir können zynisch sein uns selbst gegenüber, unserem inneren Wachstum und dem, was wir äußerlich erreicht haben. Wir können zynisch sein gegenüber der Religion und unseren Kirchen, ihren Lehren, ihren Symbolen und ihren Repräsentanten. Es gibt kaum etwas, dem gegenüber wir nicht zynisch sein können. Aber gegenüber der Erschütterung aller Funda-

Die Erde erbebt

mente *können wir nicht zynisch sein.* Ich habe niemanden getroffen, der im Ernst hierin zynisch war. Ich habe viel Zynismus gesehen, vor allem unter den jungen Menschen in Europa vor dem Krieg. Aber ich weiß es von unzähligen Zeugen, daß dieser Zynismus verging, als die Grundlagen ihrer Welt in der europäischen Katastrophe ins Wanken gerieten. Wir können dem Ende gegenüber nur so lange zynisch sein, als wir es nicht sehen müssen, nur so lange, als wir uns an dem Ort, an dem unser Zynismus sich betätigen kann, sicher fühlen. Aber wenn die Fundamente dieses Ortes und aller Orte zu wanken beginnen, dann wankt der Zynismus mit ihnen. Und es bleiben nur zwei Möglichkeiten: Verzweiflung, die Gewißheit der ewigen Zerstörung, oder Glaube, die Gewißheit des ewigen Heils. „Die Welt soll vergehen, aber... mein Heil kennt kein Ende", sagt der Herr. Das ist die Möglichkeit, die die Propheten wählten. *Das* sollten wir Religion nennen oder genauer, den religiösen Grund aller Religion.
Warum konnten die Propheten so sprechen? Warum konnten sie diese furchtbaren Bilder des Untergangs und der Zerstörung ohne Zynismus oder Verzweiflung entwerfen? Sie konnten es, weil sie jenseits der Zerstörung das Heil erblickten; weil sie im Untergang des Zeitlichen die Offenbarung des Ewigen sahen. Weil sie gewiß waren, daß sie zu beidem gehörten, dem Vergänglichen *und* dem Unvergänglichen. Denn nur der, der jenseits des Vergänglichen steht und nicht allein daran gebunden ist, kann auf das Ende schauen. Alle anderen sind gezwungen zu fliehen, sich wegzuwenden. Wie vieles in unserem Leben besteht aus nichts anderem als in Versuchen, vom Ende wegzublicken! Oft gelingt es uns, das Ende zu vergessen. Aber im Letzten scheitern wir, denn wir tragen das Ende in uns, in unserem Leib und unserer Seele. Oft gelingt es ganzen Völkern und Kulturen, das Ende zu vergessen. Aber im Letzten scheitern auch sie, denn in ihrem Leben und ihrem Wachstum tragen sie immer das Ende in sich. Oft gelingt es der ganzen Erde, ihre Geschöpfe das Ende vergessen zu lassen, aber manchmal fühlen diese Geschöpfe, daß ihre Erde anfängt, alt zu werden und daß ihre Grundfesten anfangen zu wanken. Denn auch die Erde trägt immer ihr Ende

In der Tiefe ist Wahrheit

in sich. Es ist unser Schicksal, daß wir in einer Zeit leben, in der es sehr wenigen von uns, sehr wenigen Völkern, sehr wenigen Erdteilen gelingen wird, das Ende zu vergessen. Denn in unseren Tagen wanken die Grundfesten der Erde wirklich. Wenden wir unsere Augen nicht ab! Schließen wir nicht unsere Ohren und unseren Mund! Sondern laßt uns, durch die zerfallende Welt hindurch, blicken auf den Fels der Ewigkeit und das Heil, das kein Ende hat.

ZWEI SEINSORDNUNGEN

Tröstet, tröstet mein Volk! spricht euer Gott.
Redet mit Jerusalem freundlich und prediget ihr,
Daß ihr Kriegsdienst ein Ende hat,
Ihre Missetat vergeben ist.
Denn sie hat Zwiefältiges empfangen von der Hand des
    Herrn
Für alle ihre Sünden.

Es ist eine Stimme eines Predigers in der Wüste:
Bereitet dem Herrn den Weg,
Macht in der Wüste eine ebene Bahn unserm Gott!
Alle Täler sollen erhöht werden,
Und alle Berge und Hügel sollen erniedrigt werden,
Und was ungleich ist, soll eben,
Und was höckericht ist, soll gerade werden,
Und die Herrlichkeit des Herrn soll offenbart werden,
Und alles Fleisch miteinander soll es sehen;
Denn des Herrn Mund hat's geredet.

Es spricht eine Stimme: Predige!
Und er sprach: Was soll ich predigen?
Alles Fleisch ist Gras,
Und alle seine Güte ist wie eine Blume auf dem Felde.
Das Gras verdorrt, die Blume verwelkt,
Aber das Wort unseres Gottes wird ewiglich bleiben.

Zion, Bringerin guter Botschaft,
Steig auf einen hohen Berg,
Jerusalem, Bringerin guter Botschaft,
Erhebe deine Stimme mit Macht,
Erhebe sie und fürchte dich nicht,
Sage den Städten Judas: Siehe, da ist euer Gott!

In der Tiefe ist Wahrheit

Denn siehe, der Herr, Gott, kommt mit starker Hand,
Und sein Arm wird für ihn herrschen.
Siehe, sein Lohn ist bei ihm,
Und sein Werk ist vor ihm.
Er wird seine Herde weiden wie ein Hirte:
Er wird die Lämmer in seine Arme sammeln
Und an seinem Busen tragen
Und die Schafmütter mit Zartheit führen.

Wer mißt die Wasser mit der hohlen Hand
Und faßt den Himmel mit der Spanne
Und begreift den Staub der Erde mit einem Maß
Und wägt die Berge mit einem Gewicht
Und die Hügel mit einer Waage?
Wer unterrichtet den Geist des Herrn,
Und welcher Ratgeber unterweist ihn?
Wen fragt er um Rat, der ihm Einsicht gebe
Und lehre ihn den Weg des Rechts
Und lehre ihn Erkenntnis
Und zeige ihm den Weg des Verstandes?
Siehe, die Heiden sind geachtet wie ein Tropfen, so im Eimer
    bleibt,
Und wie ein Staubkorn, das auf der Waage bleibt.
Siehe, er hebt die Inseln auf wie ein kleines Ding.
Der Libanon wäre zu gering zum Feuer
Und seine Tiere zu gering zum Brandopfer.
Alle Völker sind vor ihm wie nichts
Und weniger als nichts geachtet.

Wem wollt ihr denn Gott nachbilden?
Oder was für ein Gleichnis wollt ihr für ihn finden?
Der Meister gießt wohl ein Bild,
Und der Goldschmied übergoldet's
Und macht silberne Ketten daran.
Desgleichen, wer nur eine arme Gabe vermag,
Der wählt ein Holz, das nicht fault,
Und sucht einen klugen Meister dazu,
Der ein Bild fertige, das beständig sei.
Wisset ihr nicht? Hört ihr nicht?

Zwei Seinsordnungen

Ist euch's nicht vormals verkündigt?
Habt ihr's nicht verstanden von Anbeginn der Erde?
Er sitzt über dem Kreis der Erde,
Und die darauf wohnen, sind wie Heuschrecken;
Der den Himmel ausdehnt wie ein Zelt
Und breitet ihn aus wie eine Hütte, darin man wohnt;
Der die Fürsten zunichte macht
Und die Richter auf Erden eitel macht.
Wahrlich, sie sollen nicht gepflanzt werden,
Wahrlich, sie sollen nicht gesäet werden,
Wahrlich, ihr Stamm soll keine Wurzel fassen in der Erde,
Und er soll über sie dahin blasen, daß sie verwelken
Und der Wirbelwind sie wie Stoppeln wegführt.

Wem wollt ihr denn mich nachbilden,
Dem ich gleich sei? spricht der Heilige.
Hebet eure Augen in die Höhe
Und sehet! Wer hat solche Dinge geschaffen
Und führt ihr Heer bei der Zahl heraus?
Er ruft sie alle mit Namen in der Größe seiner Macht,
Daß es nicht an e i n e m fehlen kann.

Warum sprichst du denn, Jakob,
Und du, Israel, sagst:
Mein Weg ist dem Herrn verborgen,
Und mein Recht geht an meinem Gott vorüber?
Weißt du nicht? Hast du nicht gehört?
Der Herr, der ewige Gott,
Der die Enden der Erde geschaffen hat,
Wird nicht müde noch matt;
Sein Verstand ist unausforschlich.
Er gibt den Müden Kraft
Und Stärke genug dem Unvermögenden.
Die Knaben werden müde und matt,
Und die Jünglinge fallen;
Aber die auf den Herrn harren, kriegen neue Kraft,
Daß sie auffliegen mit Flügeln wie Adler,
Daß sie laufen und nicht matt werden,
Daß sie wandeln und nicht müde werden. JES. 40.

In der Tiefe ist Wahrheit

Diese gewaltigen Worte wurden von jenem unbekannten Propheten der babylonischen Gefangenschaft geschrieben, dessen Reden später mit denen des Propheten Jesaja verbunden worden sind und den wir daher den Zweiten Jesaja nennen. Wir wollen uns vorzustellen versuchen, daß diese Worte zu den Verbannten unserer Zeit gesprochen wären, zu denen, die in Gefängnissen und Konzentrationslagern leben, getrennt von ihren Männern oder Frauen, ihren Kindern oder Eltern, zu denen, die in fremden Ländern sich in Verzweiflung quälen, zu denen, die der Hölle des modernen Krieges ausgeliefert sind. Wie würden sie auf solche Worte reagieren, und was würden wir darauf erwidern, wenn sie zu uns gesprochen wären? Wahrscheinlich würden wir sie — ironisch oder verärgert — ablehnen, weil sie uns anmaßend erschienen. Und wir würden auf den riesigen Abstand hinweisen zwischen dem Ideal, das der Prophet dramatisiert hat, und der furchtbaren Wirklichkeit, in der wir leben. Wir würden den Propheten als lästigen Optimisten beiseite schieben, der unsere Aufmerksamkeit nicht verdient. Vielleicht würden wir ihm mit Bitterkeit und Haß begegnen. Das wäre unsere natürliche Antwort einem Menschen gegenüber, der uns in einer Situation trösten will, in der wir keine Möglichkeit eines Trostes sehen und voller Verzweiflung jede Hoffnung aufgeben.

Die Situation der Verbannten in Babylon, die an den Flüssen saßen und weinten, war von der gleichen Hoffnungslosigkeit. Der Prophet muß diese Reaktion erwartet haben, denn er sprach auf eine solche Weise zu den Verbannten, daß er sie zwang, ihm zuzuhören. Darum können seine Worte, die vor zweieinhalb Jahrtausenden gesprochen sind, auch uns etwas sagen — uns Verbannten von heute. Der Prophet war sogar realistischer als wir es heute sind. Er wußte, daß eine solche Situation nicht Zufall oder Unglück ist, sondern *die* menschliche Situation, der kein Mensch und kein Zeitalter entgehen kann. Die menschliche Situation ist die der Endlichkeit — alles Fleisch ist Gras, und das Gras verdorrt. Sie ist die der Sünde — wir empfangen zwiefältigen Lohn für alle unsere Sünden. Sie ist die der Eitelkeit und des Hochmuts — wir werden zunichte gemacht, und unser Fall ist tief. Aber trotz seiner realistischen Kenntnis der menschlichen Natur und des menschlichen Schicksals gab der Prophet Trost und Hoffnung dem verbannten Volk, und er kann sie den Verbannten aller Völker geben — dem Menschen, der als Mensch ein Verbannter in dieser Welt ist.

Die Worte dieses Kapitels klingen wie die steigenden und fallenden Wellen eines stürmischen Meeres. Dunkelheit und Licht folgen einander. Nach der Tiefe der Sünde und Strafe verkündet der Prophet Vergebung und Befreiung. Aber die Woge fällt, und der Prophet fragt sich, wie er eine solche Verkündigung wagen konnte, wenn doch alle Güter der sterblichen Menschen wie eine Blume auf dem Felde ist, die verwelkt und verschwindet. Aber er bleibt nicht in den Tiefen seiner Schwermut. Es gibt hier etwas Ewiges, an das wir uns klammern können: Gott der Herr wird kommen. So steigt die Woge, und dann sinkt sie wieder. Die Völker sind wie ein Wassertropfen oder ein Staubkorn, alle Völker sind nichts vor ihm, sie werden geringer geachtet als ein Nichts ... Und wieder steigt die Woge: Gott steht über dem Erdkreis, über allen geschaffenen Dingen, über den höchsten und den niedrigsten. Und als die Woge noch einmal sinkt und Israel in die Klage ausbricht, daß es keine Gerechtigkeit von Gott empfängt, da ist die Antwort, daß Gottes Handeln über alle menschlichen Erwartungen hinausgeht. Er gibt dem Mutlosen und Ohnmächtigen Kraft. Er handelt paradox; sein Handeln übersteigt alles menschliche Verstehen.

Wie sollen wir diese Worte auslegen? Gibt es eine Möglichkeit, die Höhen und die Tiefen, die sich in diesem Kapitel gegenüberstehen, miteinander in Einklang zu bringen? Sollen wir die Worte des Trostes und der Hoffnung als leere Versprechungen verstehen, die in der Vergangenheit nie erfüllt wurden und in keiner Zukunft erfüllt werden? Sollen wir sie verstehen als eine Flucht vor dem Bewußtwerden der realen Situation des Menschen durch Ausweichen in Mystizismus und poetische Erbauung? Aber wie paßt dazu der Realismus, mit dem der Prophet die menschliche Situation prüft und analysiert? Er sah die Geschichte, wie sie ist, aber zugleich erblickte er jenseits der Geschichte die unbedingte Macht und den unbedingten Sinn und die unbedingte Majestät des Seins. Er kannte zwei Seinsordnungen: die menschliche, politische, historische Ordnung und die göttliche, ewige Ordnung. Weil er um diese beiden Ordnungen wußte, konnte er so sprechen, wie er es tat, in einem beständigen Auf und Ab zwischen der Tiefe menschlicher Nichtigkeit und der Höhe göttlicher Schöpferkraft.

Wir wollen diese Seinsordnungen und ihre gegenseitige Beziehung betrachten. Wenn wir von ihnen reden, reden wir von uns selbst, weil wir in jedem Moment unseres Lebens zu beiden gehören.

Die menschliche Seinsordnung, die Ordnung der Geschichte, ist zunächst die Ordnung von Wachstum und Sterben. „Alles Fleisch ist Gras." Die Erfahrung der Schwermut, die durch die welkende und vergehende Natur im Menschen geweckt wird, ist symbolisch für seine Vergänglichkeit. Generationen und Generationen wachsen heran, kämpfen, leiden, erfreuen sich und vergehen. Sollen wir dies alles ernst nehmen? Sollen wir es ernster nehmen als das Wachsen und Verdorren des Grases? Als der Prophet aufgerufen wurde, zu seinem Volk zu sprechen, stellte er die Frage: Warum zu ihnen sprechen? Sie sind Gras! Wir könnten fortfahren: Warum für sie schreiben und arbeiten und kämpfen? Sie sind Gras. Welchen Sinn hat das alles, wenn doch nach wenigen Jahren die, für die wir schrieben und sprachen und kämpften, nicht mehr existieren? Sie waren Gras, das Gras verdorrte, die Blumen verwelkten. Das ist die Ordnung der Geschichte. Aber am Horizont erscheint die andere Ordnung: das Wort Gottes soll ewig bleiben.

Zum anderen ist die Seinsordnung der Geschichte eine Ordnung der Sünde und Strafe. Die Verbannung, die auf die Zerstörung Jerusalems folgte, war, wie alle Propheten sagten, die Strafe des Volkes für seine Sünden. Wir lieben Worte wie „Sünde" und „Strafe" nicht. Sie erscheinen uns im Lichte der modernen Psychologie altmodisch, barbarisch und nichtssagend. Aber immer, wenn ich Verbannte traf — solche von hohem sittlichem Niveau und großer Einsicht —, habe ich fest-

Zwei Seinsordnungen

gestellt, daß sie sich für das, was in ihren eigenen Ländern geschehen war, verantwortlich fühlten. Und sehr oft habe ich Menschen aus demokratischen Ländern getroffen, die sich an der heutigen Weltsituation mitschuldig fühlten. Sie hatten recht, und die Verbannten hatten recht: sie sind verantwortlich, so wie du und ich. Ob wir es Sünde nennen oder nicht, ob wir es Strafe nennen oder nicht, uns treffen die Folgen unserer eigenen Fehler. Das ist die Ordnung der Geschichte. Aber am Horizont erscheint die andere Ordnung, die sagt, daß unsere Kämpfe nicht umsonst sind, daß unsere Missetat vergeben wird.

Es gibt ein drittes Element in der Seinsordnung der Geschichte, das Endlichkeit und Sünde in sich vereinigt: das tragische Gesetz, das den historischen Prozeß beherrscht, das Gesetz, daß menschliche Größe zum Scheitern verurteilt ist. Es gibt menschliche Größe in der Geschichte. Es gibt große, erobernde Völker und Reiche, es gibt sogar Völker und Reiche mit einem gewissen Grad von Gerechtigkeit. Es gibt Fürsten und sogar gute Fürsten; es gibt Richter und sogar gute Richter. Es gibt Staaten und Verfassungen, die einen Beitrag zur Freiheit leisten. Es gibt Sozialordnungen, die einen gewissen Beitrag zur Gleichheit leisten. Es gibt schöpferische Geister, die die Kraft der Erkenntnis und des Verstehens haben. Aber gerade dadurch, daß sie groß und mächtig und gerecht sind, nähern sie sich der göttlichen Sphäre, sie werden vermessen, und dann werden sie zurückgestoßen und ihrer Selbstzerstörung überlassen. Sie sind ohne Wurzeln; sie verdorren, der göttliche Atem bläst über sie hinweg, und sie vergehen. Das ist der Inhalt der griechischen Tragödie. Das ist die Botschaft der Propheten an die Völker der Welt. Sie alle sind dem Gesetz der tragischen Selbstzerstörung unterworfen, die Bösen und die Guten, Individuen und Völker, die Schwachen und die Heroischen. Und wieder erscheint am Horizont die andere Ordnung, die Ordnung jenseits der Geschichte und ihrer Tragik: Er gibt den Schwachen Macht, ihre Kräfte werden erneuert, so daß sie auffahren mit Flügeln wie Adler.

Die Seinsordnung jenseits der Seinsordnung der Geschichte ist die göttliche Ordnung. Sie ist paradox: die Menschen sind wie

Gras, aber das Wort Gottes, das zu ihnen gesprochen wird, soll ewig bestehen. Die Menschen stehen unter dem Gesetz von Sünde und Strafe, aber die göttliche Ordnung bricht hindurch und bringt Vergebung. Die Menschen scheitern, sie fallen aus der Höhe ihrer moralischen Rechtschaffenheit und ihrer jugendlichen Kraft herab, und gerade, wenn sie gefallen und am schwächsten sind, dann laufen sie ohne Ermüdung und fahren auf mit Flügeln wie Adler. Gott handelt im Gegensatz zu allen menschlichen Wertungen. Er handelt überraschend, unerwartet, paradox. Der negative Charakter der historischen Ordnung und der positive Charakter der göttlichen Ordnung gehören zusammen. Das Schwache und Verzweifelnde, das Sündige und Tragische in der historischen Ordnung ist das Starke und Sieghafte in der göttlichen Ordnung.

Einige Kapitel später spricht der Prophet von dem paradoxen Schicksal des Knechtes Gottes, des auserwählten Volkes. Er ist verachtet und mit allen Verfolgten der Ordnung dieser Welt unterworfen. Aber die göttliche Ordnung erscheint. Das verbannte Volk oder, wie die Christen später — historisch falsch, dem Sinne nach richtig — interpretierten, der Verbannte am Kreuz stellt eine andere Ordnung dar, eine Ordnung, in der der Schwächste der Stärkste ist, der am meisten Gedemütigte, der Siegreichste. Die geschichtliche, menschliche Seinsordnung ist überwunden durch den leidenden Knecht, den gekreuzigten Retter.

Wenn wir an diesem Paradox zweifeln, wenn wir über unsere menschliche Situation verzweifeln, wenn unsere Verbannung ohne Hoffnung und ohne Sinn für uns ist, so sollte uns der Prophet beschämen. Unsere Maßstäbe sind zugleich eng und vermessen. Er aber weist hin auf die Erschaffung der Welt, der Menschheit und der Geschichte. Er fragt: „Wer unterrichtet den Geist des Herrn, und welcher Ratgeber unterwies ihn? Wen fragt er um Rat, und wer lehrte ihn und zeigte ihm den Weg der Gerechtigkeit?" Immer wieder wollen wir Gott den Weg der Gerechtigkeit lehren. Wir sagen ihm, daß er den Schlechten bestrafen und den Guten belohnen solle. Aber er nimmt keinen Rat an über die beste Art, die Geschichte zu

Zwei Seinsordnungen

lenken, wie er auch keinen Rat annahm, wie die Welt hätte aussehen sollen ohne Zerstörung, Grausamkeit und Vergänglichkeit. Die göttliche Seinsordnung kann nicht mit den Maßstäben der historischen Seinsordnung beurteilt werden, den Maßstäben des menschlichen Wohlergehens und der menschlichen Moralität, Demokratie und Zivilisation. Das war die Antwort, die Hiob von Gott empfing, als er mit ihm über die unbegreifliche Ungerechtigkeit *seines* geschichtlichen Schicksals haderte. Gott rechtfertigte sich nicht mit moralischen Kategorien. Er zeigte auf die unerforschliche Größe der Natur, die nicht mit dem Maß menschlicher Gerechtigkeit gemessen werden kann.

Aber wenn die göttliche Ordnung und die menschliche Ordnung miteinander nichts zu tun haben, wie kann uns die göttliche Ordnung überhaupt angehen? Wie können Ewigkeit und Vergebung und göttliche Hilfe uns angehen, wenn wir in der anderen Ordnung sind, der historischen Ordnung, die unter dem Gesetz der Endlichkeit und Schwachheit und Strafe steht? Wie kann uns die göttliche Ordnung in unserer Trübsal trösten? Wie können wir auf die Worte des Propheten hören, die uns vom Ende unserer Verbannung berichten? Es gibt drei Antworten auf die Frage. Erstens: Die göttliche Seinsordnung ist nicht die historische Seinsordnung, und wir dürfen diese beiden Ordnungen nicht durcheinanderbringen. Kein Leben ist imstande, Endlichkeit, Sünde und Tragik zu überwinden. Es war die Illusion unseres Zeitalters zu glauben, daß die moderne Zivilisation sie besiegen könnte und daß wir Sicherheit in unserer Existenz gewinnen könnten. Der Fortschritt schien die Tragik überwunden zu haben, die göttliche Ordnung schien in der fortschrittlichen historischen Ordnung verkörpert zu sein. Aber seit fast drei Jahrzehnten hat unsere Generation Schläge erlitten, die jene Illusion zerstörten und diejenigen in Verzweiflung und Zynismus stürzten, die die historische Ordnung in eine göttliche Ordnung verwandeln wollten. Laßt uns aus der Katastrophe unserer Zeit wenigstens das eine lernen, daß *kein* Leben und *kein* Zeitalter imstande ist, Endlichkeit, Sünde und Tragik zu überwinden.

In der Tiefe ist Wahrheit

Die zweite Antwort ist die, daß es eine andere Seinsordnung gibt, zu der wir als menschliche Wesen gehören, eine Ordnung, die den Menschen immer unzufrieden sein läßt mit dem, was ihm gegeben ist. Der Mensch transzendiert alles, was zur historischen Ordnung gehört, alle Höhen und Tiefen seiner eigenen Existenz. Wie kein anderes Wesen überschreitet er die Grenzen seiner gegebenen Welt. Er nimmt teil an etwas Unendlichem, an einer Ordnung, die nicht vergänglich ist, nicht selbstzerstörerisch, nicht tragisch, sondern ewig, heilig und gesegnet. Wenn er daher auf das prophetische Wort hört, wenn er vom ewigen Gott und der Größe seiner Macht und dem Geheimnis seiner Taten hört, so wird eine Antwort in der Tiefe seiner Seele geweckt, das Unendliche in ihm wird angerührt, und jeder weiß, daß dies die Wahrheit ist. Selbst unsere Verzweiflung, unsere Unfähigkeit, uns selbst im Leben oder im Tod zu entfliehen, zeugt für unsere Zugehörigkeit zu der anderen Seinsordnung.

Die dritte Antwort lautet, daß die beiden Seinsordnungen, die historische und die ewige, obwohl sie nie das gleiche werden können, ineinander verflochten sind. Die historische Ordnung ist nicht von der ewigen Ordnung getrennt. Das Neue in den Propheten und im Christentum, jenseits allem alten und neuen Heidentum, ist das Sichtbarwerden der ewigen Ordnung in der historischen Ordnung. Der leidende Gottesknecht und die Feinde, deretwegen er leidet, der Gottesknecht am Kreuz und die unter dem Kreuz schwach wurden, die Verbannten und Verfolgten in allen Geschichtsepochen, sie alle haben die Geschichte verwandelt. Die Starken der Geschichte kommen zu Fall, unser aller Stärke wird von uns genommen. Aber, die in der Geschichte schwach scheinen, verwandeln letztlich die Geschichte, weil sie an die göttliche Ordnung gebunden sind. Wir sind keine verlorene Generation, weil wir eine leidende, zerstörte Generation sind. Jeder von uns gehört zur ewigen Seinsordnung, und der Prophet spricht zu uns allen: „Tröstet, tröstet mein Volk!"

DAS PARADOX DER SELIGPREISUNGEN

Und er hob seine Augen auf über seine Jünger und sprach: Selig seid ihr Armen, denn das Reich Gottes ist euer. Selig seid ihr, die ihr hier hungert; denn ihr sollt satt werden. Selig seid ihr, die ihr hier weinet; denn ihr werdet lachen. Selig seid ihr, so euch die Menschen hassen und euch absondern und schelten euch und verwerfen euren Namen als einen bösen um des Menschensohnes willen. Freut euch alsdann und hüpfet; denn siehe, euer Lohn ist groß im Himmel. Desgleichen taten ihre Väter den Propheten auch.
Aber dagegen weh euch Reichen: denn ihr habt euren Trost dahin. Weh euch, die ihr voll seid; denn euch wird hungern. Weh euch, die ihr hier lachet; denn ihr werdet weinen und heulen. Weh euch, wenn euch jedermann wohlredet! Desgleichen taten ihre Väter den falschen Propheten auch. LUK. 6, 20—26.

Leser und Deuter des Neuen Testaments finden oft, daß nicht die schwierigen Gedankengänge des Paulus oder die tiefsinnige Mystik des Johannes die meisten Fragen aufwerfen, sondern die scheinbar so einfachen Worte Jesu. Sie scheinen so klar, so eindeutig und sachgemäß, daß man es sich kaum vorstellen kann, jemand könne ihren Sinn mißdeuten. Aber wenn wir in unseren eigenen Worten ihre Bedeutung wiedergeben sollen, entdecken wir eine Bedeutungsschicht hinter der anderen. Wir merken, daß Worte Jesu, die uns seit unserer frühesten Kindheit vertraut sind, uns unverständlich geworden sind. Und wenn wir in sie eindringen wollen, werden wir von einer Tiefe zur anderen getrieben, wir sind niemals imstande, sie völlig auszuschöpfen. Nichts erscheint einfacher und ist doch schwieriger als z. B. das Vaterunser, die Gleichnisse und die Seligpreisungen.

In der Tiefe ist Wahrheit

Wir haben die vier Seligpreisungen und die vier Weherufe gehört, wie sie Lukas berichtet. Ihr Sinn scheint unmißverständlich. Die Armen, die jetzt hungrig sind, diejenigen, die jetzt weinen, diejenigen, die aus der Gemeinschaft ausgestoßen und gedemütigt sind, werden gepriesen, gleichsam beglückwünscht, weil sie genau das Gegenteil ihrer augenblicklichen Lage erwarten können. Und die Reichen, die die Fülle haben, die lachen, die von jedermann anerkannt sind, werden bemitleidet, weil sie genau das Gegenteil davon zu erwarten haben.

Es erheben sich zwei Fragen: *Was* wird versprochen, und *wem* wird es versprochen? Was ist das Reich Gottes, das den Armen gehören wird, und wer sind die Armen, die es besitzen werden? Und wer sind die Reichen, denen die Weherufe gelten? Und was wird mit ihnen geschehen?

Matthäus versucht, diese Fragen zu beantworten. Er sagt, die Armen sind die Armen im Geiste, und die Hungernden sind die, die nach Gerechtigkeit hungern. Er sagt, daß die, die weinen, über den Zustand dieser Welt trauern. Und ihnen wird das Himmelreich versprochen, der Besitz des göttlichen Geistes, die Erquickung und Gnade des Gottesreiches.

Ist Matthäus' Deutung richtig? Oder hat Matthäus und haben die christlichen Kirchen, die ihm darin folgten, die Seligpreisungen ins Geistige umgedeutet? Oder haben etwa Lukas und die vielen ihm darin folgenden Sekten und revolutionären Bewegungen die Seligpreisungen fälschlich in materialistischem Sinn verzerrt? Beides ist behauptet worden, und beide Behauptungen haben unrecht. Wenn wir die richtige Antwort finden wollen, müssen wir auf die blicken, zu denen Jesus sprach. Er sprach zu zwei Arten von Menschen. Die einen hatten ihr Herz dem *kommenden* Stande der Welt zugewandt. Sie konnten sich nicht anpassen an die Dinge, so wie sie sind. Sie litten unter ihren Lebensumständen. Viele waren enterbt, in Unsicherheit, verhungert und unterdrückt. Es wird in den Seligpreisungen kein Unterschied gemacht zwischen geistigem und materiellem Mangel, zwischen geistiger und materieller Erfüllung. Die Menschen, zu denen Jesus sprach, litten Not an beidem. Weder die Propheten noch

Das Paradox der Seligpreisungen

Jesus deuteten das Reich Gottes ins Geistige um. Aber ebensowenig verstanden und verkündigten sie es als eine materielle Revolution. Das Christentum verkündet die Einheit von Leib und Seele. Die Seligpreisungen preisen diejenigen, die in ihrem ganzen Sein Erfüllung finden sollen. Die andere Art von Menschen, zu denen Jesus sprach, waren diejenigen, denen er die Verdammnis verkündete. Sie waren ungebrochen in ihrem Ja zum gegenwärtigen Zustand der Welt. Sie hingen ihr Herz an die Dinge, so wie sie sind. Sie lebten ihr Leben voller Behagen, sie erfreuten sich des Ansehens, der Macht und der Sicherheit. Jesus drohte ihnen geistig *und* materiell. Sie waren an diesen *Äon* gebunden, und sie würden mit *diesem* Äon vergehen. Sie hatten keine Schätze jenseits dieser Welt gesammelt.

Die Situation der Menschen von Galiläa, zu denen Jesus sprach, ist auch unsere Situation. Die Weherufe gelten allen unter uns, denen es gut geht, die angesehen und gesichert sind, nicht deshalb, weil wir gesichert und angesehen sind, sondern weil das alles uns an diese Welt, an die Dinge, so wie sie sind, mit fast unwiderstehlicher Macht bindet. Umgekehrt richten die Seligpreisungen sich heute an die unter uns, die ohne Schutz und Ansehen sind, die gebrochen sind an Leib und Seele. Und wir werden selig gepriesen nicht deshalb, weil wir Mangel haben, sondern weil unser Mangel und unsere Sorgen unsere Herzen von den Dingen, so wie sie sind, wegführen und zu dem neuen Sein hinwenden können. Die Seligpreisungen verherrlichen die Armen und Leidenden — seien es einzelne oder ganze Menschenklassen — nicht, *weil* sie arm sind. Und die Weherufe werden den Reichen und Gesicherten — seien es einzelne oder ganze Menschenklassen — nicht angedroht, *weil* sie reich sind. Wenn das so wäre, könnte Jesus den Armen nicht die Änderung ihrer Lage versprochen haben. Er preist die Armen, sofern sie in *zwei* Welten leben, in der gegenwärtigen und in der kommenden Welt. Und er droht den Reichen, sofern sie nur in *einer* Welt leben.

Das bringt eine ungeheure Spannung in unser Dasein. Wir leben in zwei Seinsordnungen, deren eine die Umkehr der anderen ist. Die kommende Seinsordnung ist immer im Kommen begriffen und erschüttert die gegenwärtige Ordnung, greift sie an, besiegt sie und wird von ihr besiegt. Die kommende Seinsordnung ist immer da, aber man kann niemals sagen: „Sie ist hier, sie ist dort!" Man kann sie niemals ergreifen. Aber man kann von ihr ergriffen werden. Und wenn jemand von ihr ergriffen ist, dann ist er reich, auch wenn er arm ist in der bestehenden Ordnung. Sein Reichtum ist, daß er an der kommenden Seinsordnung teilhat, an ihren Kämpfen, ihren Siegen und Niederlagen. Er ist gesegnet, er kann „sich freuen und hüpfen", sogar wenn er ausgestoßen und verachtet wird, denn seine Ausgestoßenheit gehört zu der gegenwärtigen Ordnung, während er selbst zu der anderen Seinsordnung gehört. Er ist gesegnet, während die, die „seinen Namen verworfen haben", zu bedauern sind. An ihrer Furcht und Verzweiflung und ihrem Haß gegen ihn erweist es sich, daß die Verdammnis, die Jesus ihnen angedroht hat, Wirklichkeit geworden ist. Sie verlieren die einzige Ordnung, an der sie teilhaben. Sie verderben an Leib und Seele.

Vielleicht haben wir recht, wenn wir die Katastrophe unserer gegenwärtigen Welt als Vollzug der Weherufe ansehen, mit denen Jesus einer reichen, im Überfluß lebenden, lachenden und selbstzufriedenen Gesellschaftsordung gedroht hat.

Wenn wir dies sehen, können wir auch verstehen, warum jene, die arm und hungrig sind und Angst und Verfolgung in dieser Katastrophenzeit leiden, gerade die sind, in denen die andere Seinsordnung offenbar geworden ist. Mag sein, daß sie sie verraten, aber sie sind die zuerst Berufenen. Nur durch das Paradox der Seligpreisungen hindurch können wir anfangen, unsere eigenes Leben und das Leben der Welt zu verstehen.

DIE ZWEI KNECHTE GOTTES

Der Ewige ruft laut: Bringt euren Streitfall vor mich!
Der König Jakobs ruft: Zeigt mir eure Beweise!
Laßt uns hören, was vordem geschehen ist, das wir es
 erwägen!
Oder zeigt mir, was werden wird, damit wir auf das
 Auskommen achten!
Ja, laßt uns hören, was kommen soll, damit wir wissen,
 daß ihr Götter seid!

Kommt, tut dies oder das, damit wir staunen, wenn wir es
 sehen!
Aber wie? Ihr seid ein Nichts! Und da ist nichts, was ihr tun
 könnt!
Ich aber habe Einen erweckt von Norden,
Ich habe ihn bei seinem Namen gerufen aus dem Osten.
Er wird Herrscher niederstampfen wie in einem Mörser, wie
 ein Töpfer, der auf Ton tritt.

Nun seht, w i r haben das vorausgesagt!
Wer sonst weissagte es, daß wir es als wahr begrüßen?
Niemand sagte es voraus, niemand verkündete es,
Kein Wort kam aus eurem Mund.
Unter euren Götzen sehe ich niemand, sehe keinen
 Propheten in ihrer Mitte,
Der mir antworten könnte.
Sie alle sind leer und ein Nichts, alles, was sie tun, ist Torheit.
Ihre Bilder in Metall sind eitel und umsonst.

JES. 41, 21—26; 28—29.

In der Tiefe ist Wahrheit

Der Prophet beschreibt eine dramatische Szene. Jahwe, gleichzeitig Richter und Partei, ruft die Götter der Heiden zu einem himmlischen Disput zusammen, bei dem die Völker der Welt Zeugen sein sollen. Sie sollen sich darüber klar werden, welcher Gott sich als der wahre Gott erwiesen hat. Der wahre Gott muß der sein, der der Herr der Geschichte ist. Und es wird endgültig entschieden, daß Jahwe der Gott der Geschichte ist und deshalb der wahre Gott.

Jahwe ist der Gott der Geschichte, weil er durch den Mund seiner Propheten gesagt hat, daß er den Sinn der Geschichte versteht und Vergangenheit und Zukunft, Anfang und Ende aller Dinge kennt. Damit beweist er, daß er Geschichte macht und daß er es ist, der Cyrus, den Besieger der Feinde des jüdischen Volkes und den Befreier der gefangenen Juden, auf den Thron erhoben hat. Die heidnischen Götter können nicht antworten. Denn sie wußten nichts von diesem Geschehnis, sie konnten es weder voraussagen noch bewirken. Die Auseinandersetzung endet mit der Erklärung, daß alle diese Götter falsche Götter sind, daß ihre Werke ein Nichts und ihre Bilder bloße Illusionen sind. Jahwe allein ist Gott, denn er ist der Gott der Geschichte.

Selten im Laufe der Geschichte sind die Menschen so beunruhigt gewesen über die Geschichte, wie wir es heute sind. Wir haben den sehnlichen Wunsch, wenigstens einen Schimmer der Zukunft zu erhaschen. Wir brauchen Weise und Propheten. Es sind nicht nur einige tausend jüdische Verbannte wie die, zu denen der Prophet spricht, sondern es sind zehn Millionen Verbannte aus aller Welt, die in das Dunkel ihrer Zukunft eindringen wollen. Und mit ihnen sehnen sich unzählige andere nach einem starken, erleuchtenden Wort über die Zukunft der Menschheit.

Aber solch ein Wort kommt nicht von denen, die an der Macht sind. Politische Führer erklären, daß es ihnen fast unmöglich sei, die Last ihres Amtes in dieser Zeit zu tragen. Minister können nur in negativen Begriffen den Sinn der Opfer ihres Volkes beschreiben. Diejenigen, die zum feindlichen Volk zu sprechen haben, erkennen bald, daß sie kein einziges wirkliches Versprechen geben können. Nur die Katastrophenpropheten finden mit völliger Sicherheit Gehör. Aber sie sind nicht die Propheten Gottes. Wir sollten weder von neuen Konferenzen noch von einer klugen politischen Strategie erwarten, daß sie das Dunkel unserer Geschichte lichten können. Die Dunkelheit, Ungewißheit und Unsicherheit unserer Zukunft haben eine viel größere Tiefe. Uns wird über unsere Zukunft keine Antwort zuteil, weil wir diejenigen befragen, die von der Zukunft nichts wissen können, die Götter der Heiden, die ein Nichts sind neben dem Gott der Geschichte. Jeder Mensch versucht, dem Gott *seiner* Nation durch den Mund seiner Priester, Machthaber und Gelehrten ein Orakel zu entreißen. Und es gelingt ihm. Auf der ganzen Welt werden die Menschen von den Göttern anderer Völker mit Orakeln überschwemmt. Und die Menschen vergleichen ihre eigenen mit anderen Orakeln und versuchen, die glaubwürdigsten unter ihnen herauszufinden. Aber das Dunkel wird nur immer größer. Alle Menschen sprechen von der Zukunft im Hinblick auf ihr eigenes Volk. Aber auch das größte Volk ist ein Nichts vor dem Gott der Geschichte. Denn kein Volk und kein Völkerbund können sagen, daß gerade sie der Sinn oder das Ziel der Geschichte sind, daß in ihnen die Erkenntnis der Vergangenheit und die Kraft der Zukunftsgestaltung wirksam sind. Die ganze Versammlung der nationalen Götter muß schließlich unter dem Gericht Jahwes zusammenbrechen. Wir hören so viele Orakel, aber kein wirklich prophetisches Wort, weil wir uns weigern, uns an die Quelle der Prophetie, an den Gott der Geschichte, zu wenden. Jahwe offenbarte sich durch Israels Elend als der Gott, der der erste und letzte ist, der Anfang und das Ende der Geschichte. Nur ein völliger nationaler Zusammenbruch machte den Rest Israels bereit, diese Offenbarung in ihrer universalen Bedeutung anzunehmen. Aber wenn immer das jüdische Volk diese Offenbarung als Vorwand für seinen Nationalstolz gebrauchte und aus Jahwe einen bloßen Nationalgott machte, dann folgte ein neuer Zusammenbruch. Denn Jahwe als ein nationaler Gott wird von Jahwe, dem Gott der Geschichte, verurteilt. Das Geheimnis des heutigen Judentums ist in dieser Tatsache begründet.

In der Tiefe ist Wahrheit

Unser Prophet beschreibt zwei überragende Gestalten: Cyrus, den Begründer des Perserreichs, den Weltbeherrscher seiner Zeit, den er den Hirten und den Gesalbten nennt, den Mann aus Gottes Ratschluß und, auf der anderen Seite, den Knecht Jahwes, der die erlösende Kraft des unschuldigen Leidens und Sterbens darstellt. Und der ruhmreiche Begründer des Weltreichs muß der Knecht des Knechtes Jahwas werden. Er muß den Rest Israels befreien, aus dem der leidende Knecht erstehen wird.

Ich glaube, daß die einzige Lösung des historischen Problems heute in dieser prophetischen Verkündung liegt. Denn in unserer zerschlagenen Welt existieren zwei Kräfte. Die eine ist die Kraft derer, die, wie der leidende Knecht Gottes, unsichtbar, in allen Ländern vorhanden ist. Wir wissen nicht, wo diese Knechte leben oder was sie aus der Zukunft machen werden. Aber wir wissen, daß sie da sind und daß ihr Leiden nicht vergeblich ist. Sie sind die verborgenen Werkzeuge des Gottes der Geschichte. Es sind Alte und Kinder, junge Männer und junge Frauen, Verfolgte und Gefangene und all die, die um der Zukunft willen geopfert wurden, um beizutragen zu dem Bau des Reiches Gottes, dessen Eckstein der vollkommene Knecht Gottes ist. Und die zweite Macht der Welt ist die Macht derer, die, wie Cyrus, Weltreiche regieren und alle Schande und alle Größe der Weltreiche verkörpern. Sie sind die Männer aus Gottes Ratschluß, weil sie seine Ziele im Dienste des leidenden Gottesknechtes verwirklichen. Aber sie merken nicht, daß sie Werkzeuge sind, wie auch Cyrus nicht gewahr wurde, daß er Gottes Helfer war. Sie wissen nicht, was aus ihren Taten wird. Und wenn wir bei unserem Versuch, die Zukunft zu begreifen, auf sie hinsehen, dann wissen wir ebensowenig. Wenn wir nach ihnen ausschauen, bleiben wir im Dunkel. Aber wenn wir uns den wahren Knechten und dem wahren Gott, dem sie dienen, dem Gott der Geschichte zuwenden, dann werden wir um die Zukunft wissen. Dann können wir die Lösung des Rätsels der Geschichte — der Geschichte als ganzer und unserer eigenen Geschichte — anschauen in der Gestalt des Cyrus, der ein Knecht ist im Dienste des Knechtes Jahwes.

DAS MYSTERIUM DER ZEIT

Heute fordere ich euch auf, mit mir über die Zeit und ihr Geheimnis nachzudenken. Unter den christlichen Theologen war es vor allem Augustin, der uns darin vorangegangen ist. Er sagt: „Wenn mich niemand fragt, was Zeit ist, weiß ich, was sie ist. Wenn ich es aber sagen soll, weiß ich es nicht." Und doch hat er versucht, es zu sagen, und mit ihm viele der tiefsten religiösen Geister. Man denke an den Verfasser des 90. Psalms, der in gewaltigen und schwermütigen Worten über die Ewigkeit Gottes jenseits aller Zeit und von der Kürze der Zeit spricht, die dem Menschen in seiner Endlichkeit gegeben ist. Man denke an den griechischen Philosophen, der dem tragischen Lebensgefühl der Griechen in wenigen tiefsinnigen Worten Ausdruck gegeben hat, wenn er sagt: „Woher die Dinge kommen, dahin kehren sie zurück. Denn sie zahlen einander Buße für ihre Ruchlosigkeit, nach der Ordnung der Zeit." Es ist ein uns alle packendes Erlebnis, wenn wir miteinander singen: „Zeit, wie ein stets bewegter Strom, spült ihre Kinder fort!" Nicht aus theoretischen Erwägungen heraus gebraucht das vierte Evangelium immer wieder das Wort „ewiges Leben" als Ausdruck für das höchste Gut, das immer in Christus gegenwärtig ist. Es war ein religiöses Ereignis, als Meister Ekkehard das „ewige Jetzt" im Fluß der Zeit erkannte und Sören Kierkegaard die unendliche Bedeutung jedes Augenblicks als das „Jetzt" der Entscheidung.

Die Zeit ist ebenso unerschöpflich wie der Grund des Lebens selbst. Auch von den größten Geistern hat jeder nur einen ihrer Aspekte entdeckt. Aber jeder, selbst der einfachste Mensch, versteht den Sinn von Zeit — nämlich seine eigene Zeitlichkeit. Mag er auch sein Wissen um die Zeit nicht ausdrücken können, er steht doch nie außerhalb ihres Geheimnisses. Sein Leben und unser aller Leben ist in jedem Augenblick, in jeder Erfahrung, in jedem Ausdruck von dem Geheimnis der Zeit durchdrungen. Die Zeit ist unser Schicksal. Die Zeit ist unsere Hoffnung. Die Zeit ist unsere Verzweiflung. Und die Zeit ist der Spiegel, in dem wir die Ewigkeit sehen. Wir wollen die drei wichtigsten Mysterien der Zeit betrachten: ihre Macht, alles in ihre Sphäre hineinzureißen; ihre Macht, die Ewigkeit in sich aufzunehmen, und ihre Macht, zu einem letzten Ende, einer neuen Schöpfung zu treiben.

Die Menschheit war sich stets bewußt, daß es etwas Erschreckendes ist um den Fluß der Zeit, daß es ein Rätsel ist, das wir nicht lösen können und dessen Lösung wir nicht ertragen könnten. Wir kommen her von einer Vergangenheit, die nicht mehr ist; wir gehen in eine Zukunft, die noch nicht ist, unser ist die Gegenwart. Die Vergangenheit gehört uns nur, insoweit wir sie noch gegenwärtig haben. Und die Zukunft gehört uns nur, insoweit wir sie schon gegenwärtig haben. Wir haben die Vergangenheit durch Erinnerung und die Zukunft durch Erwartung. Aber was ist der Charakter der Gegenwart selbst? Wenn wir sie genau betrachten, müssen wir sagen: sie ist ein Punkt ohne Ausdehnung, der Punkt, in dem die Zukunft Vergangenheit wird. Wenn wir zu uns sagen: „Dies ist die Gegenwart", so ist dieser Augenblick schon von der Vergangenheit verschlungen. Die Gegenwart verschwindet in dem gleichen Augenblick, in dem wir sie zu ergreifen versuchen. Die Gegenwart kann nie festgehalten werden, sie ist immer schon vergangen. So scheint es, daß wir nichts Wirkliches haben — weder Vergangenheit noch Zukunft, nicht einmal Gegenwart. Deshalb gleicht unser Dasein einem Traum, auf den der Psalmist hindeutet und den viele religiöse Seher auf mannigfaltige Art beschrieben haben.

Die Zeit könnte uns keinen Moment geben, in dem wir sein können, wenn sie nicht die Macht hätte, die Ewigkeit in sich aufzunehmen. Es gibt keine Gegenwart im bloßen Strom der Zeit, aber die Gegenwart ist etwas Wirkliches, wie unsere Erfahrung es uns bezeugt. Und sie ist wirklich, weil die Ewigkeit in die Zeit einbricht und ihr wahre Gegenwart verleiht.

Das Mysterium der Zeit

Wir könnten nicht einmal „Jetzt" sagen, wenn die Ewigkeit nicht *diesen* Augenblick über die immer schwindende Zeit hinausheben würde. Die Ewigkeit ist immer gegenwärtig, und ihr Gegenwärtigsein ist die Ursache, daß wir überhaupt Gegenwart haben. Wenn der Psalmist auf Gott blickt, vor dem tausend Jahre wie ein Tag sind, dann blickt er auf die Ewigkeit, die ihm etwas gibt, auf dem er stehen kann, ein „Jetzt", das unendliche Bedeutung hat. In jedem Augenblick, in dem wir „Jetzt" sagen, ist etwas Zeitliches und etwas Ewiges miteinander vereint. Wenn immer ein menschliches Wesen sagt: „Jetzt lebe ich, jetzt bin ich wirklich gegenwärtig", und so dem Strom, der die Zukunft in die Vergangenheit drängt, widersteht, ist Ewigkeit da. In jedem wirklichen „Jetzt" ist die Ewigkeit gegenwärtig. Laßt uns einen Augenblick darüber nachdenken, wie in unserer Zeit ein Menschenleben verläuft. Haben wir nicht echte Gegenwart dadurch verloren, daß wir uns ständig vorwärtstreiben lassen und uns mit unserem unersättlichen Aktivismus auf die Zukunft stürzen? Wir glauben, daß die Zukunft besser als die Gegenwart ist; aber immer gibt es noch eine andere Zukunft hinter der nächsten Zukunft, und hinter ihr wieder eine, und jede ist ohne Gegenwart, und das bedeutet: ohne Ewigkeit. Nach dem vierten Evangelium ist das ewige Leben eine *gegenwärtige* Gabe: wer die Botschaft Christi annimmt, hat schon die Ewigkeit. Er ist nicht mehr der dahinjagenden Zeit unterworfen. In ihm wird das „Jetzt" zu einem „ewigen Jetzt". Wir haben das wirkliche „Jetzt", das „ewige Jetzt" verloren; ich fürchte, wir haben das ewige Leben verloren, das echte Gegenwart schafft.

Aber es ist noch ein anderes Element in dieser Zeit, ein drittes Mysterium, das uns auf die Zukunft hinblicken läßt. Denn die Zeit läuft weder im Kreis noch wiederholt sie sich. Sie läuft vorwärts; sie ist einmalig; sie schafft immer das Neue. Es ist etwas an ihr, das auf ein Ende zuläuft, ein Unbekanntes, das nie in der Zeit selbst erreicht, das immer erstrebt wird und uns doch immer entflieht. Die Zeit läuft auf die „ewige Zukunft" hin. Dies ist das größte aller Mysterien der Zeit. Es ist das Mysterium, von dem alle Propheten, Christus und die Apostel gesprochen haben. Das Ewige ist die Lösung des

In der Tiefe ist Wahrheit

Rätsels der Zeit. Die Zeit ist nicht sinnlos. Sie hat einen verborgenen Sinn — Erlösung. Sie hat ein verborgenes Ziel — das Reich Gottes. Sie bringt eine verborgene Wirklichkeit hervor — die neue Schöpfung. Es ist die unendliche Bedeutung eines jeden Augenblicks der Zeit, daß wir uns in ihr entscheiden und daß in ihr über uns — über unsere ewige Zukunft — entschieden wird.

FLUCHT VOR GOTT

Herr, Du erforschest mich und kennest mich.
Ich sitze oder stehe auf, so weißt Du es; Du verstehest meine Gedanken von ferne.
Ich gehe oder liege, so bist Du um mich und siehest alle meine Wege.
Denn siehe, es ist kein Wort auf meiner Zunge, das Du, Herr, nicht alles wissest.
Von allen Seiten umgibst Du mich und hältst Deine Hand über mir.
Solche Erkenntnis ist mir zu wunderbar und zu hoch; ich kann sie nicht begreifen.
Wo soll ich hingehen vor Deinem Geist, und wo soll ich hinfliehen vor Deinem Angesicht?
Führe ich gen Himmel, so bist Du da. Bettete ich mich in die Hölle, siehe, so bist Du auch da.
Nähme ich Flügel der Morgenröte und bliebe am äußersten Meer,
So würde mich doch Deine Hand daselbst führen und Deine Rechte mich halten.
Spräche ich: Finsternis möge mich decken!, so muß die Nacht auch Licht um mich sein.
Denn auch die Finsternis nicht finster ist bei Dir, und die Nacht leuchtet wie der Tag. Finsternis ist wie das Licht.
Denn Du hast meine Nieren bereitet und hast mich bedeckt im Mutterleibe.
Ich will Dich preisen, daß ich wunderbar gemacht bin; wunderbar sind Deine Werke, und das erkennet meine Seele wohl.

In der Tiefe ist Wahrheit

Es war Dir mein Wesen nicht verhohlen, da ich im Verborgenen gemacht ward, da ich gebildet ward tief unter der Erde.
Deine Augen sahen mein Wesen, da ich noch unbereitet war.
Und alle meine Tage waren in Dein Buch geschrieben, als derselben keiner da war.
Aber wie köstlich sind vor mir, Gott, Deine Gedanken! Wie ist ihrer so eine große Summe.
Sollte ich sie zählen, so würden ihrer mehr sein denn des Sandes. Wenn ich aufwachte, würde ich noch dabei sein.
Ach Gott, daß Du tötest die Gottlosen und die Blutgierigen von mir weichen müßten!
Denn sie reden von Dir lästerlich, und Deine Feinde gebrauchen Deinen Namen umsonst.
Hasse ich nicht Herr, die Dich hassen, und bin ich nicht unwillig über die, die sich wider Dich setzen?
Ich hasse sie mit unbegrenztem Haß; sie sind mir zu Feinden geworden.
Erforsche mich, Gott, und erfahre mein Herz; prüfe mich und erfahre, wie ichs meine!
Und siehe, ob ich auf bösem Wege bin, und leite mich auf ewigem Wege. PSALM 139.

„Wo soll ich hingehen vor Deinem Geist, und wo soll ich hinfliehen vor Deinem Angesicht?" Das sind die Worte, die im Zentrum des 139. Psalms stehen. Sie behaupten in der Form einer Frage *die unentrinnbare Gegenwart Gottes*. Wir wollen diese Behauptung und die machtvollen Bilder näher betrachten, in denen der Psalmist sie auszudrücken versucht. Mann kann Gott nicht entrinnen. Er ist nur Gott, *weil* man ihm nicht entrinnen kann. Und nur das Unentrinnbare ist Gott.
Es gibt keinen Ort, wohin wir vor Gott fliehen können — keinen Ort, der außerhalb Gottes ist. „Führe ich gen Himmel, so bist Du da." Es scheint natürlich für Gott zu sein, daß er im Himmel thront, und unnatürlich für uns, in den Himmel

auffahren zu wollen, um ihm zu entfliehen. Aber gerade das haben die Idealisten aller Zeiten versucht. Sie haben den Sprung in einen Himmel der Vollkommenheit und der Wahrheit, der Gerechtigkeit und des Friedens versucht, wo man Gott nicht braucht. Das ist jedoch ein von Menschen gemachter Himmel ohne die drängende Unruhe des göttlichen Geistes und ohne die richtende Gegenwart des göttlichen Antlitzes. Aber solch ein Ort ist „kein Ort". Er ist eine „U-topie", eine idealistische Illusion.

„Bettete ich mich in der Hölle, siehe, so bist Du da." Hölle oder Scheol, der Ort der Toten, scheint der rechte Ort zu sein, zu dem man fliehen könnte, um sich vor Gott zu verbergen. Und dorthin versuchen die zu fliehen, die sich nach dem Tode sehnen, um den göttlichen Forderungen zu entrinnen. Ich bin überzeugt, daß kein einziger unter uns ist, der sich nicht manchesmal gewünscht hätte, das Leben von sich zu werfen, um sich von der Last seiner Existenz zu befreien. Und ich weiß, daß das für manche unter uns eine tägliche Versuchung ist. Aber in der Tiefe seines Herzens weiß jeder, daß der Tod keine wirkliche Ausflucht ist vor der inneren Forderung, die ihm auferlegt ist.

„Nähme ich Flügel der Morgenröte und bliebe am äußersten Meer, so würde mich doch Deine Hand daselbst führen und Deine Rechte mich halten." Wir könnten ans Ende der Welt fliehen und könnten doch Gott nicht entrinnen. Aber gerade das versucht unsere technische Zivilisation, um das Wissen zu betäuben, daß wir keinen Sinn und keine Mitte mehr in unserem Leben finden können. Der moderne Weg, Gott zu entfliehen, ist der „Fortschritt", das Vorwärts-Jagen in jeder Beziehung, der Wille, vorzustoßen in Raum und Zeit, so weit wie möglich, so schnell wie möglich. Nie ruht die Tätigkeit des modernen Menschen, nie läßt sein Planen nach, die Enden nicht nur der Erde, sondern des Universums will er erreichen. Aber Gottes Hand fällt auf uns, und sie ist schon schwer und vernichtend auf die Zivilisation gefallen — unsere Flucht erwies sich als vergebens.

„Spräche ich, Finsternis möge mich decken, so muß die Nacht auch Licht um mich sein. Denn auch die Finsternis nicht finster ist bei Dir, und die Nacht leuchtet wie der Tag." Wenn man auch in die Finsternis flüchtete, um Gott zu vergessen, so könnte man ihm doch nicht entrinnen. Eine Zeitlang können wir ihn aus unserem Bewußtsein verdrängen, ihn von uns weisen, ihn widerlegen, seine Nichtexistenz behaupten, ohne ihn leben, aber im letzten Grunde wissen wir, daß nicht er es ist, den wir widerlegen und verdrängen, sondern sein verzerrtes Bild. Und wir wissen, daß wir ihn nur deshalb verneinen können, weil er uns dazu treibt, ihn zu verneinen. Es gibt keine Flucht vor Gott, auch nicht im Verdunkeln und Verdrängen.

„Wo soll ich hingehen vor Deinem Geist, und wo soll ich hinfliehen vor Deinem Angesicht?" Der Dichter, der diese Worte schrieb, war überzeugt, daß der Mensch den Wunsch hat, Gott zu entrinnen. In dieser Überzeugung steht er nicht allein. Menschen aller Art, Propheten und Reformatoren, Heilige und Atheisten, Gläubige und Ungläubige, haben die gleiche Erfahrung gemacht. Man kann sogar sagen: ein Mensch, der niemals versucht hat, Gott zu entfliehen, hat niemals den Gott erfahren, der wirklich Gott ist. Wenn ich von Gott spreche, so meine ich nicht die vielen selbstgemachten Götter, mit denen es sich ganz bequem leben läßt, denn es liegt kein Grund vor, einem Gott zu entfliehen, der das vollkommene Bild des Guten im Menschen ist. Warum sollte man vor einem so weit entfernten Ideal fliehen wollen? Und es gibt auch keinen Grund, einem Gott zu entfliehen, der einfach das Universum ist oder das Naturgesetz oder der Lauf der Geschichte. Warum einer Wirklichkeit zu entfliehen versuchen, von der wir selbst ein Teil sind? Es gibt keinen Grund zur Flucht vor einem Gott, der nichts weiter ist als ein wohlwollender Vater — ein Vater, der uns Unsterblichkeit und ewiges Glück verheißt. Warum vor jemanden fliehen, der uns so freundlich hilft? Nein, das alles sind keine Bilder von Gott, sondern vom Menschen selbst, der versucht, sich von Gott ein Bildnis für seine eigenen Zwecke zu machen. Das sind Produkte menschlicher Einbildung und Wunschbilder, die mit vollem Recht von jedem aufrichtigen Atheisten geleugnet werden. Ein Gott, den wir leicht ertragen können, ein Gott, vor dem wir

uns nicht verbergen müssen, ein Gott, den wir nicht hassen, ein Gott, dessen Vernichtung wir niemals wünschen, ist in Wahrheit kein Gott. Er existiert nicht!
Friedrich Nietzsche, der große Atheist und erbitterte Feind der Religion und des Christentums, wußte mehr von der Mächtigkeit der Gottesidee als viele gläubige Christen. In einer symbolischen Erzählung sagt Zarathustra, der Prophet des „Höheren Menschen" zu dem „Häßlichsten Menschen", dem Gottesmörder: „Du erträgst den nicht, der dich sah, der dich immer durch und durch sah... du nahmst Rache an diesem Zeugen... du bist der Mörder Gottes." Der „Häßlichste Mensch" stimmt Zarathustra zu und erwidert: „Er mußte sterben." Denn der „Häßlichste Mensch" weiß, daß Gott mit Augen sieht, die alles sehen; er sieht des Menschen Tiefen und Abgründe, all seine verhehlte Schmach und Häßlichkeit. Der Gott, der jedes Ding sieht, ist der Gott, der getötet werden muß. Der Mensch kann es nicht ertragen, daß solch ein Zeuge lebt.
Sind wir fähig, einem solchen Zeugen standzuhalten? Der Psalmist sagt: „Herr, Du erforschest mich und kennest mich." Wer könnte es ertragen, so völlig bis in die dunkelsten Winkel seiner Seele durchschaut zu werden? Wer möchte einem solchen Mitwisser nicht entrinnen? Und wer möchte nicht schließlich zum Atheisten werden, um Gott zu beseitigen? „Ich sitze oder stehe auf, so weißt Du es, ich gehe oder liege, so bist Du um mich, alle meine Wege sind Dir offen." Gott weiß, was wir sind, und er weiß, was wir tun. Wer haßt nicht solch einen Gefährten, der immer gegenwärtig ist — auf jedem Weg und in jedem Zufluchtsort? Wer möchte nicht aus diesem Gefängnis einer ständigen Mitwisserschaft ausbrechen? „Du verstehst meine Gedanken von ferne... Herr, es ist kein Wort auf meiner Zunge, das Du nicht weißt." Die Gegenwart Gottes hat geistigen Charakter. Sie dringt in die innersten Bezirke unseres Geistes ein. Unser ganzes Innenleben, unsere Gedanken und Wünsche, unsere Gefühle und Phantasien sind Gott bekannt. Das letzte Ziel der Flucht, mein Selbst, dieser nur ihm vertraute Ort, ist in der Sicht Gottes. Das zu ertragen, wird uns am schwersten. Der menschliche Widerstand gegen

In der Tiefe ist Wahrheit

eine so unbarmherzige Nähe kann kaum gebrochen werden. Jeder Psychiater und Beichtvater kennt die Macht des Widerstandes gegen jede Selbstoffenbarung. Niemand möchte erkannt werden, selbst wenn er weiß, daß seine Gesundheit und seine Heilung von solch einer Erkenntnis abhängen. Ja, wir wollen nicht einmal von uns selbst erkannt werden. Wir versuchen die Tiefen unserer Seele vor unseren eigenen Augen zu verbergen. Wir wehren uns dagegen, Zeuge unserer selbst zu sein. Wie können wir dann dem Spiegel standhalten, in dem nichts verborgen bleiben kann?

Hat der „Häßlichste Mensch" recht? Er ist das Symbol der Häßlichkeit, die in jedem von uns ist, und er ist das Symbol für unseren Willen, wenigstens etwas davon vor Gott und vor uns selbst zu verbergen. Der „Häßlichste Mensch" und seine Ablehnung Gottes wird bestätigt von Heiligen, Theologen und Reformatoren. Martin Luther war ebenso wie unser Psalmist von der alles durchdringenden Gegenwart Gottes ergriffen. Er wußte, daß Gott jeder Kreatur näher ist als diese sich selbst. Gott umfaßt alle Dinge, er ist in allen Dingen. Aber diese allerinnerste Gegenwart Gottes erweckte in Luther dasselbe Gefühl wie in Nietzsche. Er wünschte, daß Gott nicht Gott sei. Er bekennt: „Ich liebte Gott nicht, ich haßte den gerechten Gott... ich war zornig auf ihn, wenn schon nicht in mutwilliger Auflehnung, so doch in heimlicher Lästerung." Und er fuhr fort, in den Spuren des hl. Bernhard, des großen Meisters religiöser Selbstbetrachtung: „Wir können Gott nicht lieben, und deshalb wollen wir, daß er nicht existiere. Wir können es nicht wollen, daß er der Weiseste und Mächtigste ist." Luther erschrak tief, als er den Haß gegen Gott in sich entdeckte. Er war nicht imstande, diesem Haß ebenso schlau zu entfliehen wie seine theologischen Lehrer, die ihm rieten, er solle nicht beständig an die richtende Gegenwart Gottes denken und so die Blasphemie des Gotteshasses vermeiden. Luther wußte ebenso wie der Psalmist, daß ein Entrinnen nicht möglich ist. „Von allen Seiten umgibst Du mich und hältst Deine Hand über mir."

Der fromme Mann des Alten Testaments, der heilige Mystiker des Mittelalters, der Reformator der christlichen Kirche

Flucht vor Gott

und der Prophet des Atheismus stimmen in der einen ungeheuren menschlichen Erfahrung überein: „Der Mensch kann dem Gott nicht standhalten, der wirklich Gott ist." Der Mensch versucht, Gott zu entfliehen, und haßt ihn, weil er ihm nicht enfliehen kann. Der Protest gegen Gott, der Wunsch, es möge keinen Gott geben, und die Flucht in den Atheismus, das alles sind echte Elemente tiefer Religiosität. Und nur auf der Grundlage dieser Elemente hat die Religion Sinn und Macht. Die christliche Theologie und die religiöse Unterweisung sprechen von der göttlichen Allgegenwart (der Lehre, daß Gott überall ist) und der göttlichen Allwissenheit (der Lehre, daß Gott alles weiß). Es ist schwierig, solche Begriffe im religiösen Denken und in der religiösen Erziehung zu vermeiden. Aber sie sind sicher ebenso gefährlich wie nützlich. Sie geben uns die Vorstellung von Gott als von einem Ding mit übermenschlichen Eigenschaften – allgegenwärtig wie ein elektrisches Kraftfeld und allwissend wie ein übermenschliches Gehirn. Solche Begriffe wie „göttliche Allgegenwart" und „göttliche Allwissenheit" verwandeln eine überwältigende religiöse Erfahrung in eine abstrakte Behauptung, die man annehmen oder ablehnen, definieren und auswechseln kann. Wenn die Theologie Gott zu einem Objekt neben anderen Objekten macht, dessen Existenz und Natur Gegenstand von Beweisen ist, unterstützt sie die Flucht in den Atheismus. Sie ermutigt alle die, die den bedrückenden Zeugen verleugnen möchten. Der erste Schritt zum Atheismus ist immer eine Theologie, die Gott auf die Ebene der bezweifelbaren Dinge herabzieht. Dann hat der Atheist leichtes Spiel, denn er ist ganz im Recht, wenn er ein solches Phantom mit seinen gespenstischen Eigenschaften zerstört. Und weil der Atheist darin recht hat, sind wir alle geneigt, seine Argumente zu benutzen, um damit den Versuch, Gott zu entrinnen, zu rechtfertigen.
Deshalb wollen wir Allgegenwart und Allwissenheit als Begriffe vergessen und versuchen, ihren ursprünglichen Sinn in unserer Erfahrung wiederzufinden. Wir wissen alle, daß wir uns niemals loslösen können von der Welt, zu der wir gehören. Es gibt keine letzte Verborgenheit und letzte Isoliertheit.

In der Tiefe ist Wahrheit

Wir sind immer gehalten und umfangen durch etwas, das größer ist als wir, das einen Anspruch an uns hat und das Antwort von uns erheischt. Die verborgensten Regungen in der Tiefe unserer Seele sind nicht ganz die unseren, denn sie gehören auch unseren Freunden, der Menschheit, dem Universum und dem Grund alles Seins, dem letzten Ziel unseres Lebens. Nichts kann im letzten verborgen bleiben. Es wird in dem Spiegel reflektiert, in dem nichts verheimlicht werden kann. Könnte jemand wirklich glauben, daß seine geheimsten Gedanken und Wünsche nicht in das Ganze des Seins eingehen oder daß die Dinge, die sich im Dunkel seines Unbewußten oder in der Einsamkeit seines Bewußtseins abspielen, nicht ein ewiges Echo bewirken? Kann jemand auf den Gedanken kommen, daß er der Verantwortung für das, was er im Geheimen getan und gedacht hat, entgehen könnte? Allwissenheit bedeutet, daß unser Geheimnis offenbar wird. Allgegenwart bedeutet, daß unsere Verborgenheit erkannt wird. Das Zentrum unseres ganzen Seins ist eingeschlossen in das Zentrum alles Seins, und das Zentrum alles Seins ruht in dem Zentrum unseres Seins. Ich glaube, daß kein ernsthafter Mensch diese Erfahrung leugnen kann, ganz gleich, wie er es ausdrücken mag. Und wenn er es erfahren hat, hat er auch etwas in sich entdeckt, das den Konsequenzen dieser Erfahrung entgehen möchte. Denn der Mensch ist seiner eigenen Erfahrung nicht gewachsen. Er versucht, sie zu vergessen, und er weiß, daß er sie nicht vergessen kann.

Gibt es einen Ausweg aus dieser Spannung? Ist es möglich, den Haß gegen Gott und den Wunsch, daß es keinen Gott geben möge, zu überwinden? Gibt es einen Weg, unsere Scham vor diesem ewigen Zeugen und unsere Verzweiflung, die unserer unentrinnbaren Verantwortung entspringt, zu besiegen? Nietzsche zeigt die Lösung, die die gänzliche Unmöglichkeit des Atheismus offenbar macht. Der „Häßlichste Mensch", der Mörder Gottes, unterwirft sich Zarathustra, weil Zarathustra ihn erkannt hat und in seine Tiefen mit göttlichem Verstehen hineingeschaut hat. Der Mörder Gottes findet Gott wieder in einem Menschen. Es ist ihm nicht gelungen, Gott zu töten. Gott ist zurückgekehrt in Zarathustra und in der neuen Weltperiode, die Zarathustra ankündigt. Gott ersteht immer wieder in irgend jemandem oder in irgend etwas. Er kann nicht gemordet werden. Das ist die Geschichte jedes Atheismus. Der Psalmist gibt uns eine andere Lösung. Er preist Gott für das Wunder seiner Geburt, für die Art, in der er in seiner Mutter Schoß bereitet ist. „Es war Dir mein Wesen nicht verhohlen, da ich im Verborgenen gemacht ward, da ich gebildet ward tief unter der Erde." Er benutzt die alte mythologische Idee, daß die Menschen im Abgrund unter der Erde geschaffen werden, und er weist auf das Mysterium der Schöpfung hin, nicht der Schöpfung im allgemeinen, sondern der Schöpfung seines eigenen Seins. Der Gott, dem er nicht entfliehen kann, ist der Grund seines Seins. Und dieses Sein, seine ganze Person, seine Seele und sein Leib, ist ein Werk unendlicher Weisheit, Ehrfurcht erweckend und wunderbar. Die Bewunderung der göttlichen Weisheit überwindet das Grauen vor der göttlichen Gegenwart. Sie weist hin auf die freundliche Gegenwart einer schöpferischen Weisheit. Das ist die Stimmung, die das ganze Alte Testament durchzieht. Ein großer Gelehrter, mit dem ich einmal über den Todestrieb im Menschen sprach, gab derselben Stimmung mit den Worten Ausdruck: „Wir wollen nicht vergessen, daß das Leben auch gütig ist." Es gibt eine Gnade im Leben, sonst könnten wir nicht leben.

Die Augen des Zeugen, dem wir nicht standhalten können, sind die Augen dessen, der unendliche Weisheit und erhaltende Güte ist. Das Zentrum des Seins, in dem unser eigenes Zentrum beschlossen ist, ist die Quelle gnädiger Huld, der wir immer und immer wieder begegnen, in den Sternen und Bergen, in Blumen und Tieren, in Kindern und reifen Menschen. Aber es ist noch etwas mehr in des Psalmisten Lösung. Er betrachtet nicht einfach den schöpferischen Grund seines Seins. Er sieht auch das schöpferische Ziel seines Lebens. „Deine Augen sahen mein Wesen, da ich noch unbereitet war, und alle Tage waren in Dein Buch geschrieben, als derselben keiner da war." Der Psalmist verwendet ein anderes altes mythisches Symbol: das Aufzeichnen irdischer Ereignisse in ein himmlisches Buch. Er drückt poetisch aus, was wir heute den Glau-

In der Tiefe ist Wahrheit

ben an einen letzten Sinn des Lebens nennen. Unsere Tage werden eingeschrieben und gezählt, sie sind kein Zufall. Er, der uns am besten kennt, sieht auf das Bild unseres ganzen Lebens. Wir sind dieses Ganze, und jeder Moment hat darin einen Platz von größter Wichtigkeit. Als einzelne und als Gruppen haben wir eine letzte Bestimmung. Und wo immer wir dieser letzten Bestimmung gewahr werden, ob sie uns groß oder unbedeutend erscheint, erkennen wir Gott, den Grund und das Zentrum jeglichen Sinnes. Wir können dann mit dem Psalmisten voller Bewunderung ausrufen: „Aber wie köstlich sind vor mir, Gott, Deine Gedanken! Wie ist ihrer so eine große Summe. Sollte ich sie zählen, so würde ihrer mehr sein denn des Sandes. Wenn ich aufwachte, würde ich noch dabei sein." So bezwingt der Psalmist das Erschrecken vor dem alles spiegelnden Spiegel und dem niemals schlafenden Zeugen durch Hinwendung zu dem unendlichen Geheimnis des Lebens, seines Grundes und Sinnes.

Aber plötzlich, auf dem Höhepunkt seiner Betrachtung, wendet sich der Psalmist von Gott weg. Er erinnert sich, daß es ein dunkles Element in dem Bild seines Lebens gibt — Feindschaft gegen Gott, Bosheit und blutige Taten, und da dies Element sein Bild stört, bittet er Gott, es auszulöschen. In plötzlichem Zorn ruft er aus: „Ach Gott, daß Du tötest die Gottlosen und die Blutgierigen von mir weichen müßten, denn sie reden von Dir lästerlich, und Deine Feinde gebrauchen Deinen Namen umsonst. Hasse ich nicht, und bin ich nicht unwillig über die, Herr, die Dich hassen und sich wider Dich setzen? Ich hasse sie mit unbegrenztem Haß. Sie sind mir zu Feinden geworden." Diese Worte sollten jeden beunruhigen, der glaubt, daß das Problem des Lebens durch Meditation und religiöse Erhebung gelöst werden könnte. Die Stimmung dieser Worte ist eine ganz andere als die des bisherigen Textes. Gebet schlägt um in Fluch. Und das Zittern des Herzens vor dem alles beobachtenden Gott verwandelt sich in Zorn gegen die Menschen. Dieser Zorn erweckt in dem Psalmisten ein Gefühl der Gleichheit mit Gott, dem Gott, vor dem er in die Finsternis und in den Tod fliehen wollte. Gott soll diejenigen hassen, die er haßt, und Gottes Feinde sollen seine Feinde sein. Gerade noch hat er von dem unendlich großen Abstand zwischen seinen Gedanken und Gottes Gedanken gesprochen; jetzt hat er das vergessen. Religiöser Fanatismus flammt auf, derselbe Fanatismus, der die Arroganz der Kirchen, die Grausamkeit der Moralisten, die Unbeugsamkeit der Orthodoxen entzündet hat. Die Sünde der Religion erscheint in einem der größten Psalmen. Es ist dieselbe Sünde, die die Kirchengeschichte und das Christentum verzerrt hat und selbst von Paulus und Johannes nicht ganz vermieden wurde. Freilich wir, die wir arm an religiöser Erfahrung und schwach in unserm Gotteserleben sind, sollten nicht über die urteilen, deren Leben in dem Feuer göttlicher Gegenwart brannte und die es über die ganze Welt verbreiteten. Trotzdem: die Sünde der Religion ist Wirklichkeit und widerspricht dem Geist dessen, der seinen Jüngern wieder und wieder verbot, seine Feinde zu hassen.

Doch eine Wandlung der Gedanken und Gefühle bringt den Psalmisten plötzlich zurück zum Anfang seiner Dichtung. Er merkt, daß etwas falsch sein könnte in dem, was er gesagt hat. Er weiß nicht was, aber er ist sicher, daß Gott es weiß. Und so schließt er mit einem der größten Gebete aller Zeiten: „Erforsche mich, Gott, und erfahre mein Herz, prüfe mich und erfahre, wie ich's meine. Und siehe, ob ich auf bösem Wege bin, und leite mich auf ewigem Wege." In diesem Moment bittet er Gott, daß er das tun möge, was Gott immer und in jedem Augenblick tut, wie es die Eingangszeilen des Psalms sagen. Der Psalmist hat damit sein Schwanken besiegt – das Schwanken zwischen dem Wunsch, Gott zu fliehen und dem Wunsch, Gott gleich zu sein. Er hat entdeckt, daß die Gegenwart des Zeugen, die Gegenwart des Zentrums alles Lebens in dem Zentrum seines Lebens ein Doppeltes bedeutet und daß diese Doppelheit die Antwort auf seine Frage enthält: Die unentrinnbare Gegenwart Gottes ist beides, ein radikaler Angriff auf sein Dasein und der letzte Sinn seines Daseins. Wir sind erkannt in unseren dunklen Tiefen, in die wir kaum hineinzusehen wagen. Und zugleich werden wir gesehen in einer Vollendung, die unsere höchste Hoffnung übersteigt. Diese unendliche Spannung ist die Atmosphäre, in der die Religion

In der Tiefe ist Wahrheit

lebt. In dieser Spannung überwand Luther seinen Haß gegen Gott, als er in Christus, dem Gekreuzigten, das vollkommene Symbol unserer menschlichen Situation erkannte. Es ist die Spannung, in der der moderne Mensch lebt, selbst dann, wenn er den Zugang zur traditionellen Religion verloren hat. Ein Mensch kann letztlich danach beurteilt werden, ob er diese Spannung erreicht hat und ob er sie ertragen kann. In ihr auszuharren ist schwerer und furchtbarer als irgend etwas anderes auf der Welt. Und doch, in ihr ausharren ist der einzige Weg, auf dem wir zum letzten Sinn, zum Glück und zur Freiheit unseres Lebens gelangen können. Jeder von uns ist gerufen auszuharren. Möge jeder von uns den Mut und die Kraft haben, diese Berufung anzunehmen, denn es ist die Berufung, zu der wir als Menschen gerufen sind.

VON DER TIEFE

Uns aber hat es Gott offenbart durch seinen Geist; denn der Geist erforscht alle Dinge, auch die Tiefe der Gottheit.
1. KOR. 2, 10.

Aus der Tiefe rufe ich, Herr, zu Dir.
PSALM 130, 1.

Aus Paulus' Briefen an die Korinther wollen wir einen Vers herausnehmen: „Der Geist erforscht alle Dinge, auch die Tiefe der Gottheit." Von diesem Vers wollen wir ein Wort – das Wort „Tiefe" – zum Gegenstand unserer Betrachtung machen.
Und im 130. Psalm wollen wir uns auf den Vers konzentrieren: „Aus der Tiefe rufe ich, Herr, zu Dir", und auch von diesem Vers wollen wir ein Wort – das Wort „Tiefe" – nehmen und zum Gegenstand unserer Betrachtung machen.
Die Worte „tief" und „Tiefe" werden in unserem täglichen Leben, in Dichtung und Philosophie, in der Bibel und anderen religiösen Schriften gebraucht, um eine geistige Haltung auszudrücken, obwohl die Worte selbst aus der räumlichen Erfahrung stammen. Tiefe ist eine Dimension des Raumes, doch zugleich ist sie ein Symbol für eine geistige Wirklichkeit. Die meisten unserer religiösen Symbole haben diesen Charakter; sie erinnern uns an unsere Endlichkeit und an unser Verhaftetsein an die sichtbaren Dinge. Wir sind und bleiben sinnenverhaftete Wesen, selbst dann, wenn wir mit geistigen Dingen umgehen. Und doch ist andererseits eine große Weisheit in unserer Sprache. Zahllose Erfahrungen der Vergangenheit sind in ihr enthalten. Es ist kein Zufall, daß wir bestimmte, der sichtbaren Welt entnommene Symbole gebrauchen und keine anderen. Deshalb ist es oft ratsam, nach den Gründen zu suchen, die das Unbewußte früherer Generatio-

In der Tiefe ist Wahrheit

nen bei der Wahl der Symbole leiteten. Es kann für uns von letzter Bedeutung werden, wenn wir erkennen, welche Einsichten in den Begriffen „tief" und „Tiefe" und „tiefgründig" enthalten sind. Es kann uns den Anstoß geben, um unsere eigene Tiefe zu ringen.

Das Wort „tief" hat, wenn wir es im geistigen Sinne gebrauchen, zwei Bedeutungen. Es bedeutet entweder das Gegenteil von „flach" oder das Gegenteil von „hoch". Wahrheit ist tief und nicht flach. Leiden ist Tiefe, aber nicht Höhe. Das Licht der Wahrheit und die Dunkelheit des Leidens sind beide tief. Es gibt eine Tiefe in Gott, und es gibt eine Tiefe, aus der der Psalmist nach Gott ruft. Warum ist die Wahrheit tief? Und warum wird das gleiche räumliche Symbol für beide Erfahrungen gebraucht? Diese Fragen sollen unsere Betrachtungen leiten.

Alle sichtbaren Dinge haben eine Oberfläche. Die Oberfläche ist die Seite der Dinge, die uns zuerst erscheint. Wenn wir auf sie blicken, erkennen wir, was die Dinge zu sein *scheinen*. Wenn wir jedoch unser Handeln nach dem richten, was die Dinge oder Menschen zu sein scheinen, werden wir enttäuscht. Unsere Hoffnungen erfüllen sich nicht. Und so versuchen wir, unter die Oberfläche zu dringen, um die Dinge zu erkennen, wie sie wirklich sind. Warum haben die Menschen immer nach der Wahrheit gefragt? Sie fragten deshalb, weil sie von der Oberfläche enttäuscht waren und weil sie erkannten, daß die Wahrheit, die uns nicht enttäuscht, unter den Außenschichten, ganz in der Tiefe wohnt. Und deshalb hat der Mensch eine Schicht nach der anderen durchstoßen. Was an einem Tage als wahr erschien, erwies sich anderntags nur als Außenseite. Bei jeder Begegnung mit einem Menschen empfangen wir einen Eindruck von ihm. Aber wenn wir uns darauf einstellen, werden wir oft durch sein wirkliches Verhalten enttäuscht. Wir dringen dann in eine tiefere Schicht seines Wesens ein, und für einige Zeit sind wir Enttäuschungen weniger ausgesetzt. Aber vielleicht tut er dann etwas, was allen unseren Erwartungen widerspricht, und wir merken, daß alles, was wir bisher von ihm wußten, noch Oberfläche war. Wir dringen wieder tiefer in sein wahres Wesen ein.

Von der Tiefe

Auf diese Weise ist die Wissenschaft vorgegangen. Sie untersucht die landläufige Auffassung, das, was jedermann, dem Laien so gut wie dem Durchschnittsgelehrten, als das Wahre erscheint. Dann kommt ein Genie und fragt nach dem Grund all dieser Annahmen, und wenn sie sich als nicht wahr erweisen, ereignet sich in der Wissenschaft ein Erdbeben, das aus der Tiefe hervorbricht. Ein solches Erdbeben erschütterte die Welt, als Kopernikus die Frage stellte, ob das, was uns sinnlich wahrnehmbar ist, Grundlage der Astronomie sein könne, und als Einstein untersuchte, ob es einen absoluten Punkt gebe, von dem aus ein Beobachter auf die Bewegung der Dinge schauen könne. Ein Erdbeben brach aus, als Marx die Frage stellte, ob die Geistesgeschichte und die Ethik unabhängig von ihrer gesellschaftlichen Grundlage seien. Es brach am gewaltigsten aus, als die ersten Philosophen das untersuchten, was jeder Mensch seit urdenklichen Zeiten als selbstverständlich hingenommen hatte, das Sein selbst. Als sie sich der erstaunlichen, allem zugrunde liegenden Tatsache bewußt wurden, daß Etwas ist und nicht Nichts, da war eine letzte Tiefe des Denkens erreicht.

Im Lichte dieser großen und kühnen Schritte in die Tiefe unserer Welt sollten wir auf uns selbst blicken und auf diejenigen unserer Anschauungen, die wir für selbstverständlich halten. Und wir sollten erkennen, was an Vorurteilen aus unseren persönlichen Zuneigungen und unserem sozialen Milieu in ihnen enthalten ist. Wir sollten darüber erschrecken, wie wenig in unserer geistigen Welt tiefer reicht als bis zur Oberfläche, wie wenig wir imstande sind, einer scharfen Kritik standzuhalten. Eine schwere Tragik liegt zu allen Zeiten über dem Geistesleben des Menschen: Wahrheiten, einst tief und machtvoll, von den größten Genies durch tiefes Leiden und unsägliches Mühen entdeckt, werden seicht und oberflächlich, sobald sie in die Diskussion des Alltags hineingezogen werden. Wie kommt es zu dieser Tragik? Sie ist unvermeidlich, weil es keine Tiefe geben kann ohne den Weg, der zu der Tiefe führt. Wahrheit ist tot ohne den Weg zur Wahrheit; ohne ihn führt sie nur zur Oberfläche der Dinge. Seht euch den Studierenden an, der den Inhalt der hundert bedeutendsten Bü-

In der Tiefe ist Wahrheit

cher der Weltgeschichte in sich aufgenommen hat und dessen geistiges Leben trotzdem ebenso flach bleibt wie jemals zuvor oder vielleicht noch oberflächlicher geworden ist! Und seht euch dann einen ungebildeten Arbeiter an, der Tag für Tag eine mechanische Arbeit verrichtet und der sich eines Tages die Frage stellt: „Welchen Sinn hat es, daß ich diese Arbeit tue? Was bedeutet sie für mein Leben? Was ist überhaupt der Sinn meines Lebens?" Weil er diese Fragen stellt, ist dieser Mann auf dem Wege zur Tiefe, während der andere Mann — der Studierende — an der Oberfläche lebt, zwischen versteinerten Leibern, die ein geistiges Erdbeben der Vergangenheit aus der Tiefe heraufgeholt hatte. Der einfache Arbeiter vermag die Wahrheit zu ergreifen, selbst wenn er seine Fragen nicht beantworten kann, der gelehrte Mann mag nie in den Besitz der Wahrheit kommen, obgleich er alle Wahrheit in sich aufgenommen hat.

Die Tiefe des Denkens ist ein Teil der Tiefe des Lebens. Das meiste in unserem Leben bewegt sich auf der Oberfläche. Wir sind von Routine umgeben — in unserem Alltag, bei der Arbeit, beim Vergnügen, im Beruf und in der Entspannung. Wir sind unzähligen Zufällen ausgesetzt — guten und bösen. Wir werden mehr getrieben, als daß wir treiben. Wir hören nicht auf, in die Höhe über uns oder in die Tiefe unter uns zu blicken. Wir streben immer vorwärts, obwohl meist in einem Zirkel, der uns schließlich an den Ort, von dem wir ausgegangen sind, zurückbringt. Wir sind in fortgesetzter Bewegung und machen nie halt, um in die Tiefe zu stoßen. Wir reden und reden und hören nie auf die Stimmen, die zu unserer Tiefe und aus unserer Tiefe sprechen. Wir bejahen uns, so wie wir uns sehen und kümmern uns nicht um das, was wir in Wirklichkeit sind. Gehetzt und gejagt verletzen wir unsere Seele durch die Hast, mit der wir uns auf der Oberfläche bewegen, und dann stürzen wir hinweg und lassen unsere mißhandelte Seele allein. Deshalb verfehlen wir unsere Tiefe und unser wahres Leben. Und nur dann, wenn das Bild zusammenbricht, das wir von uns haben; nur dann, wenn wir uns bei Handlungen ertappen, die allen Erwartungen dieses Bildes widersprechen; nur dann, wenn ein Erdbeben die Ober-

fläche unserer Selbsterkenntnis erschüttert und zerstört, sind wir gewillt, in eine tiefere Schicht unseres Seins zu schauen. Die Weisheit aller Zeiten und aller Erdteile spricht zu uns über den Weg zu unserer Tiefe. Er ist auf unzählige verschiedene Weisen beschrieben worden. Aber alle, die sich um diesen Weg bemüht haben, Mystiker und Priester, Dichter und Philosophen, Ungebildete und Gebildete, alle, die ihn beschritten haben — sei es durch Beichte, einsame Selbsterforschung, innere oder äußere Katastrophen, Gebet, Versenkung —, alle haben dieselbe Erfahrung bezeugt. Sie erfuhren, daß nichts dem Bilde entsprach, das sie von sich hatten, selbst wenn sie in eine tiefere Schicht unter die täuschende Oberfläche vorgestoßen waren. Jene tiefere Schicht wurde selbst zur Oberfläche, wenn eine noch tiefere entdeckt wurde. Das ereignete sich immer und immer wieder, solange sie lebten, solange sie sich auf dem Weg zu ihrer Tiefe befanden.
Heute hat sich eine neue Form dieser Methode durchgesetzt, die sogenannte „Tiefenpsychologie". Sie führt uns von der Oberfläche unserer Selbsterkenntnis weg in Schichten, wo sich Dinge abspielen, über die wir nichts in der Oberflächenschicht unseres Bewußtseins wissen. Sie zeigt uns Wesenszüge, die allem, was wir von uns zu wissen glaubten, widersprechen. Sie kann uns auf dem Weg zu unserer Tiefe behilflich sein, aber sie kann uns nicht in einem letzten Sinn helfen, weil sie uns nicht zu dem tiefsten Grund unseres Wesens und alles Seins führen kann, zu der Tiefe des Lebens selbst.
Der Name dieser unendlichen Tiefe und dieses unerschöpflichen Grundes alles Seins ist *Gott*. Jene Tiefe ist es, die mit dem Wort Gott gemeint ist. Und wenn das Wort für euch nicht viel Bedeutung besitzt, so übersetzt es und sprecht von der Tiefe in eurem Leben, vom Ursprung eures Seins, von dem, was euch unbedingt angeht, von dem, was ihr ohne irgendeinen Vorbehalt ernst nehmt. Wenn ihr das tut, werdet ihr vielleicht einiges, was ihr über Gott gelernt habt, vergessen müssen, vielleicht sogar das Wort selbst. Denn wenn ihr erkannt habt, daß Gott Tiefe bedeutet, so wißt ihr viel von ihm. Ihr könnt euch dann nicht mehr Atheisten oder Ungläubige nennen, denn ihr könnt nicht mehr denken oder sagen:

In der Tiefe ist Wahrheit

Das Leben hat keine Tiefe, das Leben ist seicht, das Sein selbst ist nur Oberfläche. Nur wenn ihr das in voller Ernsthaftigkeit sagen könnt, wäret ihr Atheisten, sonst seid ihr es nicht. Wer um die Tiefe weiß, der weiß auch um Gott. Wir haben die Tiefe der Welt und die Tiefe unserer Seele betrachtet. Die Welt wird uns aber nur zugänglich durch menschliche Gemeinschaft. Und wir können unsere Seele nur durch den Spiegel derer entdecken, die uns betrachten. Es gibt keine Tiefe des Lebens ohne die Tiefe des gemeinschaftlichen Lebens. Gewöhnlich leben wir in der Geschichte ebenso an der Oberfläche wie in unserem individuellen Leben. Wir verstehen unsere geschichtliche Existenz in der Weise, wie sie uns erscheint, aber nicht, wie sie wirklich ist. Der Strom der täglichen Neuigkeiten, die Wellen der täglichen Propaganda und die Fluten von Konventionen und Sensationen nehmen unseren Geist gefangen. Der Lärm dieser seichten Wässer hindert uns, auf die Töne aus der Tiefe zu hören, auf das, was sich im Grunde unserer gesellschaftlichen Struktur ereignet. Wir vernehmen nicht, was vor sich geht in den verlangenden Herzen der Massen und in dem ringenden Geist derer, die ein Gefühl für die geschichtliche Stunde haben. Unsere Ohren sind ebenso taub für die Schreie aus der sozialen Tiefe wie für die Rufe aus der Tiefe unserer Seele. Wir lassen die blutenden Opfer unseres gesellschaftlichen Systems allein, ohne auf ihre Hilferufe im Lärm des Alltagslebens zu hören — ebenso wie wir es mit unserer gequälten Seele tun. Wir glaubten einst, daß wir in einem Zeitalter unaufhaltsamen Fortschrittes zu einer besseren Menschheit hin lebten. Aber in der Tiefe unserer Gesellschaftsstruktur waren die Kräfte der Zerstörung bereits mächtig geworden. Einst schien es, als ob die menschliche Vernunft sich sowohl die Natur als auch die Geschichte unterworfen hätte. Das war aber nur Oberfläche, und in der Tiefe unseres gesellschaftlichen Lebens hatte die Rebellion gegen die Oberfläche bereits begonnen. Wir produzierten immer bessere und vollkommenere Mittel und Werkzeuge für das Leben der Menschheit. Aber in der Tiefe hatten sie sich bereits in Mittel und Werkzeuge zur Zerstörung des Menschen verwandelt. Jahrzehnte vorher schon hatte prophetischer

Von der Tiefe

Geist in diese Tiefe geblickt. Maler brachten ihre Vorahnung einer kommenden Katastrophe zum Ausdruck, indem sie in ihren Bildern die Formen der Oberfläche zerbrachen. Die Dichter gebrauchten ungewöhnliche und anstößige Worte und Verse, um den Gegensatz zwischen dem Dasein, wie es schien und wie es in Wirklichkeit war, zu kennzeichnen. Außer der Tiefenpsychologie entstand eine Tiefensoziologie. Aber erst jetzt, in diesem Jahrzehnt des furchtbarsten sozialen Erdbebens, das je die Menschheit als Ganze heimgesucht hat, sind die Augen der Völker für die Tiefe geöffnet worden. Und doch gibt es noch Menschen, auch in machtvollen Positionen, die ihre Augen von dieser Tiefe wegwenden und zu der zerstörten Oberfläche zurückkehren möchten, als ob nichts geschehen wäre. Aber wir, die die Tiefe dessen, was sich ereignet hat, kennen, sollten nicht auf der Ebene verharren, die wir erreicht haben. Wir würden bald verzweifeln und uns verachten. Laßt uns deshalb immer tiefer hinabstoßen in den Grund unseres geschichtlichen Daseins, in die letzte Tiefe der Geschichte. Der Name dieses unendlichen und unerschöpflichen Grundes der Geschichte ist *Gott*. Das ist es, was das Wort Gott bedeutet und worauf die Worte „*Reich Gottes*" und „*göttliche Vorsehung*" hindeuten. Und wenn diese Worte euch nicht mehr viel bedeuten, so übersetzt sie und sprecht von der Tiefe der Geschichte, vom Grund und Ziel unseres sozialen Lebens und von allem, was ihr ohne Vorbehalt in eurem politischen und moralischen Handeln ernst nehmt. Vielleicht solltet ihr diese Tiefe Hoffnung — einfach Hoffnung — nennen. Denn wenn ihr im Grunde der Geschichte Hoffnung findet, seid ihr einig mit den großen Propheten, die in die Tiefe ihrer Zeit schauen konnten. Ihre Zeitgenossen konnten es nicht, sie konnten nicht ertragen, was die Propheten in der Tiefe sahen. Die Propheten aber hatten die Kraft, in eine noch tiefere Schicht zu blicken und Hoffnung in ihr zu finden. Sie schämten sich ihrer Hoffnung nicht. Und auch wir sollten uns unserer Hoffnung nicht schämen, wenn sie nicht aus der Oberfläche geschöpft wurde, wo uns Narren törichte Erwartungen vorgaukeln, sondern die wir in jener Tiefe fin-

In der Tiefe ist Wahrheit

den, wo wir mit zitternden und zagenden Herzen eine Hoffnung erfahren, die Wahrheit ist.

Diese Worte sollen uns zu der anderen Bedeutung führen, die die Worte „tief" und „Tiefe" in der religiösen und profanen Sprache haben. Sie bezeichnen die Tiefe des Leidens, die die einzige Tür zur Tiefe der Wahrheit ist. Das läßt sich leicht verstehen. Es ist bequem, an der Oberfläche zu leben, solange sie unerschüttert bleibt. Aber es ist schmerzlich, sich von ihr abzukehren und in unbekannte Gründe hinabzusteigen. Der ungeheure Widerstand in jedem menschlichen Wesen und die vielen Vorwände, die gebraucht werden, um dem Weg in die Tiefe zu entgehen, sind durchaus natürlich. Die Qual, in die eigene Tiefe zu blicken, ist für die meisten Menschen unerträglich. Sie wollen lieber zu der erschütterten und verwüsteten Oberfläche ihres früheren Lebens und Denkens zurückkehren. Dasselbe gilt für die sozialen Gruppen, die alle Arten von Ideologien und falschen Gründen hervorholen, um sich gegen die zur Wehr zu setzen, die sie auf den Weg zur Tiefe ihres sozialen Daseins führen wollen. Sie möchten lieber die Risse der Oberfläche durch kleine Heilmittel verdecken, als in den Grund graben. Die Propheten aller Zeiten können uns von dem verbissenen Widerstand berichten, den sie entflammten, als sie es wagten, die Tiefen der sozialen Krisis und der sozialen Forderung aufzudecken. Und wer könnte wirklich die letzte Tiefe ertragen, jenes brennende Feuer im Grunde alles Seins, ohne mit dem Propheten auszurufen: „Wehe mir, ich vergehe, denn meine Augen haben den Herrn der Heerscharen gesehen."

Unsere Versuche, den Weg, der uns zu einer solchen Tiefe führt, zu vermeiden, sind verständlich. Eine der Methoden, ihr auszuweichen, besteht in der Behauptung, daß die tiefen Dinge zu ausgeklügelt sind, als daß ein ungebildetes Gemüt sie begreifen könnte. Aber das Kennzeichen wirklicher Tiefe ist ihre Einfachheit. Wenn ihr sagt: „Das ist mir zu tiefsinnig, ich kann es nicht begreifen", so betrügt ihr euch selbst. Denn ihr sollt wissen, daß es nichts von wirklicher Bedeutung gibt, was für irgendeinen Menschen zu schwer zu verstehen wäre. Man weicht der Wahrheit nicht aus, weil sie zu schwierig, sondern weil sie zu unbequem ist. Laßt uns deshalb die ausgeklügelten Dinge nicht mit den tiefen Dingen des Lebens verwechseln. Alles Ausgeklügelte geht uns nicht unbedingt und letztlich an, und es ist daher gleichgültig, ob wir es verstehen oder nicht. Aber alles Tiefe muß uns immer beunruhigen, weil es für uns von unendlicher Bedeutung ist, ob wir davon ergriffen sind oder nicht.

Aber es gibt einen ernsteren Einwand, der als Entschuldigung gebraucht wird und dem Wunsche entspringt, dem Weg in die Tiefe zu entgehen. Das Wort Tiefe wird in der religiösen Sprache oft gebraucht, um den Ort der bösen Kräfte und dämonischen Mächte, des Todes und der Hölle zu bezeichnen. Ist der Weg zur Tiefe wirklich kein Weg in den Bereich dieser dunklen Kräfte? Sind in dem Verlangen nach der Tiefe nicht Elemente der Zerstörung und des Krankhaften? Als einmal einer meiner amerikanischen Freunde einer Gruppe deutscher Emigranten seine Bewunderung für die deutsche Tiefe zum Ausdruck brachte, fragten wir uns, ob wir dieses Lob annehmen dürften. War denn nicht diese Tiefe der Boden, auf dem die dämonischsten Kräfte der modernen Geschichte erwuchsen? War jene Tiefe nicht eine krankhafte und zerstörerische Tiefe? Ich möchte diese Fragen durch einen alten und schönen Mythos beantworten: Wenn die Seele den Körper verläßt, muß sie viele Bereiche durchschreiten, in denen dämonische Kräfte herrschen, und nur die Seele, die das richtige und machtvolle Wort weiß, kann ihren Weg fortsetzen bis zu der letzten Tiefe des göttlichen Grundes. Keine Seele kann diesen Prüfungen aus dem Wege gehen. Wenn wir die Kämpfe der Heiligen aller Zeiten betrachten — der Propheten und Reformatoren, der großen schöpferischen Menschen auf allen Gebieten —, erkennen wir die Wahrheit dieses Mythos. Jeder muß der Tiefe des Lebens standhalten. Daß dabei Gefahr ist, gilt nicht als Entschuldigung. Die Gefahr muß durch die Kenntnis des befreienden Wortes besiegt werden. Viele Menschen im deutschen Volk und in anderen Völkern kannten das Wort nicht, und deshalb wurden sie durch die bösen Kräfte der Tiefe überwältigt und verfehlten die rettende Tiefe, die letzte Tiefe.

In der Tiefe ist Wahrheit

Es gibt keine Entschuldigung für den, der der Tiefe ausweichen will, obgleich der Weg zu ihr der Weg des Leidens ist. Ob das Leiden von außen auf uns zukommt und von uns als Weg zur Tiefe angenommen wird oder ob es von uns freiwillig als einziger Weg zu den tiefen Dingen gewählt wird, ob es der Weg der Demut oder der Weg der Auflehnung ist — der Weg läuft immer dem Weg entgegen, in dem wir vorher lebten und dachten. Das ist der Grund, warum Jesaja das Volk Israel — den Knecht Gottes — in der Tiefe seines Leidens preist und warum Jesus die selig nennt, die in der Tiefe der Sorge und der Verfolgung, des Hungers und des Durstes an Leib und Seele leiden, und warum er die Preisgabe des Lebens fordert, damit das Leben gewonnen wird. Es ist auch der Grund, warum die beiden großen Revolutionäre, Thomas Münzer im 16. Jahrhundert und Karl Marx im 19. Jahrhundert, in ähnlichen Ausdrücken von der Berufung *der* Menschen sprechen, die an den Grenzen der Menschlichkeit stehen — in der Tiefe der Leere, wie Münzer; in der Tiefe der Entmenschlichung, wie Marx es ausdrückte —, jene Menschen des Proletariats, die sie als Träger einer rettenden Zukunft bezeichneten.

Und wie es in unserem Leben ist, so ist es auch in unserem Denken. Von der Tiefe aus gesehen scheint alles auf den Kopf gestellt zu sein. Oft hat man darum der Religion und dem Christentum ihren irrationalen und paradoxen Charakter vorgeworfen. Sicher haben sich Dummheit, Aberglaube und Fanatismus darauf berufen, und sicher ist die Forderung, die Vernunft zu opfern, mehr dämonisch als göttlich; denn der Mensch hört auf, ein Mensch zu sein, wenn er aufhört, ein Vernunftwesen zu sein. Und doch ist es richtig, daß auch von unserem Denken die Tiefe des Opfers, des Leidens und des Kreuzes verlangt wird. Jeder Schritt in die Tiefe des Denkens ist ein Abwenden von der Oberfläche früheren Denkens. Als diese Abwendung sich in Männern wie Paulus, Augustin und Luther vollzog, erlebten sie ein solches Maß an Leiden, daß sie es als Tod und Hölle erfuhren. Aber sie bejahten dieses Leiden als Weg zu der Tiefe Gottes, als geistlichen Weg, als Weg zur Wahrheit. Und sie brachten die Wahrheit,

der sie begegnet waren, in Worten zum Ausdruck, die das Gegenteil sind von oberflächlichem Gerede, weil sie aus der Tiefe der Vernunft kommen, die göttlich ist. Die paradoxe Sprache der Religion enthüllt den Weg zur Wahrheit als einen Weg zur Tiefe und daher als einen Weg des Leidens und des Opfers. Nur wer bereit ist, diesen Weg zu gehen, dem erschließen sich die Paradoxe der Religion.
Das letzte, was ich über den Weg zur Tiefe sagen möchte, bezieht sich auf eines dieser Paradoxe. Das Ende des Weges zur Tiefe ist Freude. Freude ist tiefer als Leid, Freude ist etwas Letztes. Ich möchte dies in den Worten eines Mannes sagen, der im leidenschaftlichem Ringen um die Tiefe von dämonischen Kräften gepackt wurde und das Wort nicht fand, sie zu besiegen. Friedrich Nietzsche schreibt:
„Die Welt ist tief, und tiefer als der Tag gedacht, Tief ist ihr Weh — Lust tiefer noch als Herzeleid. Weh spricht: Vergeh! Doch alle Lust will Ewigkeit,
Will tiefe, tiefe Ewigkeit!"
Ewige Freude ist das Ende aller Wege zu Gott. Die Botschaft vieler Religionen ist, daß das Reich Gottes Friede und Freude ist. Es ist auch die Botschaft des Christentums. Aber ewige Freude gewinnen wir nicht, wenn wir an der Oberfläche leben. Sondern wir erreichen sie, wenn wir hindurchbrechen durch die Oberfläche und eindringen in die tiefen Schichten unseres Selbst, unserer Welt und Gottes. Der Augenblick, in dem wir die letzte Tiefe unseres Lebens erreichen, ist der Augenblick, in dem wir die Freude erfahren, die Ewigkeit in sich hat, die Hoffnung, die nicht zerstört werden kann, und die Wahrheit, auf die Leben und Tod gegründet sind. Denn in der Tiefe ist Wahrheit, und in der Tiefe ist Hoffnung, und in der Tiefe ist Freude.

VON DER VERGÄNGLICHKEIT

Herr, Gott, Du bist unsere Zuflucht für und für.
Ehe denn die Berge wurden und die Erde und die Welt
geschaffen wurden, bist Du, Gott, von Ewigkeit
zu Ewigkeit,
Denn tausend Jahre sind vor Dir wie der Tag, der gestern
vergangen ist, und wie eine Nachtwache.
Du lässest die Menschen zum Staube zurückkehren und
sprichst: Kommt wieder, Menschenkinder.
Du lässest sie dahinfahren wie ein Strom,
Sie sind wie ein Schlaf,
Wie das sprossende Gras:
Am Morgen ist es frisch und blühet,
Am Abend welkt es und verdorrt.
Unser Leben währet siebzig Jahre,
Und wenn es hochkommt, sind es achtzig Jahre,
Und was ihr Stolz war,
Ist Mühsal und Beschwer.
Denn eilends geht es vorüber, und wir fliegen dahin,
Denn wir vergehen durch Deinen Zorn,
Fahren plötzlich dahin durch Deinen Grimm.
Du hast unsere Sünden vor Dich gestellt,
Unser Geheimstes in das Licht Deines Angesichts.
Ja, all unsere Tage schwinden durch Deinen Zorn,
Unsere Jahre gehen dahin wie ein Seufzer.
Wer erkennt die Gewalt Deines Zorns,
Und wer hegt Furcht vor Deinem Grimm?
Lehre uns unsere Tage zählen,
Daß wir ein weises Herz gewinnen.
Kehre doch wieder, Herr, und zögere nicht,
Habe Erbarmen mit Deinen Knechten!

Von der Vergänglichkeit

Sättige und führe uns mit Deiner Gnade,
Daß wir frohlocken und uns freuen unser Leben lang.
Erfreue uns so viele Tage, wie Du uns beugtest,
So viele Jahre, wie wir Unglück litten.
Laß Deine Knechte Dein Walten schauen
Und ihre Kinder Deine Herrlichkeit.
Die Huld des Herrn, unseres Gottes, sei über uns!
Das Werk unserer Hände wollest Du fördern.

PSALM 90.

Es ist etwas Einzigartiges in diesem Psalm, ein Steigen und Fallen von Lobpreis und Klage, von Betrachtung und Gebet, von Schwermut und Hoffnung. Wenn wir seinen Sinn begreifen wollen, müssen wir ihm Wort für Wort nachgehen. Wir müssen fühlen, was der Psalmdichter gefühlt hat, wir müssen das zu sehen versuchen, was er gesehen hat, wir müssen durch seine machtvoll verkündete Vision hindurch auf unser Leben blicken. Diese Worte kommen aus fernster Vergangenheit zu uns, und doch sprechen sie zu unserer Gegenwart und zu unserer Zukunft. Spätere Geschlechter Israels brachten ihre Bewunderung für die unvergleichliche Kraft dieses Psalmes dadurch zum Ausdruck, daß sie ihn als einzigen Moses zuschrieben, den sie den Mann Gottes nannten. Wir wollen ihn mit derselben Ehrfurcht betrachten. Wie auch andere Stellen der Bibel spricht dieser Psalm von Leben und Tod des Menschen in tief pessimistischen Worten. Er wiederholt das, was Gott im dritten Kapitel der Genesis zu Adam sagt: „Verflucht sei der Acker um deinetwillen, mit Kummer sollst du dich darauf nähren dein Leben lang ... im Schweiße deines Angesichts sollst du dein Brot essen, bis daß du wieder zur Erde werdest, davon du gekommen bist, denn du bist Erde und sollst zu Erde werden." Die Melancholie dieser Worte ist kaum zu überbieten. Kein moderner Pessimist kann mit größerer Bitterkeit reden als Hiob, der zu seinen Freunden sagt: „Der Mensch, vom Weibe geboren, lebt nur kurze Zeit. Für einen Baum, der abgehauen ist, besteht Hoffnung, daß er wieder ergrüne, aber der Mensch, wenn er sich legt, wird nicht mehr aufstehen." Und zu Gott sagt er: „Du hast mich zerbrochen um und um und läßt mich gehen und hast ausgerissen meine Hoffnung wie einen Baum." Der moderne Naturalist hätte auch an den Worten des Predigers Salomo nichts zu ändern, der jeglichen Unterschied zwischen Mensch und Tier leugnet: „Wie das Tier stirbt, so stirbt er auch. Es ist alles aus Staub gemacht und wird wieder zu Staub." Er zweifelt an der aus Wunsch und Traum geborenen Lehre, daß „der Odem der Menschen aufwärts fahre und der Odem des Viehs unterwärts unter die Erde." „Der Mensch sollte fröhlich sein bei seinem Tun, denn das ist es, was er vom Leben bekommt, und wer kann ihm zeigen, was nachher sein wird?"

Das ist die Stimmung der Menschheit in alter Zeit. Viele von uns erschrecken davor. Ein oberflächlicher christlicher Idealismus kann der Finsternis einer solchen Vision nicht standhalten. Anders die Bibel. Als das umfassendste aller Bücher verkündet auch sie die uralte Weisheit von des Menschen Vergänglichkeit und Elend. Die Bibel versucht nicht, die Wahrheit über das menschliche Leben durch leichtfertige Behauptungen über die Unsterblichkeit der Seele zu verschleiern. Das tut weder das Alte noch das Neue Testament. Beide wissen um die menschliche Situation und nehmen sie ganz ernst. Sie speisen uns nicht mit leichtfertigem Trost über unsere Existenz ab.

Das ist die Sicht, in der wir den 90. Psalm lesen müssen. Aber der Psalm sagt noch mehr. Er fängt mit einem Lobpreis an: „Herr, Gott, Du bist unsere Zuflucht für und für." Um unsere menschliche Vergänglichkeit hervorzuheben, verherrlicht der Dichter die göttliche Ewigkeit. Bevor er nach unten schaut, blickt er nach oben. Bevor er auf das Unglück des Menschen sieht, weist er auf Gottes Herrlichkeit. Nur weil wir etwas Unendliches erblicken, können wir gewahr werden, daß wir endlich sind. Nur weil wir imstande sind, das Ewige zu schauen, können wir die begrenzte Zeit erkennen, die uns gegeben ist. Nur weil wir uns über das Tier erheben können, vermögen wir zu sehen, daß wir dem Tier ähnlich sind. Die Schwermut über unsere Vergänglichkeit wurzelt in der Möglichkeit, über sie hinauszublicken. Moderne Pessimisten beginnen ihre Schriften nicht mit einem Lobpreis des ewigen Gottes. Sie meinen, daß sie in unmittelbarer Weise den Menschen begreifen und über seine Endlichkeit, sein Elend und seine Tragik sprechen könnten. Es gelingt ihnen aber nicht. Heimlich – oft ihnen selbst verborgen – haben sie einen Maßstab, an dem sie die menschliche Existenz messen und verurteilen. Es gibt etwas, das jenseits des Menschen liegt. Wenn die griechischen Dichter die Menschen „Sterbliche" nannten, dachten sie dabei an die unsterblichen Götter, an denen sie die menschliche Sterblichkeit maßen. Das Maß für des Menschen Vergänglichkeit ist Gottes Ewigkeit, das Maß für des Menschen Elend und Tragik ist die göttliche Vollkommenheit. Das ist es, was der Psalmist meint, wenn er Gott unsere Zuflucht nennt; er ist das einzig Beständige im Wechsel der Zeitalter und Geschlechter. Darum beginnt die Dichtung der tiefsten Schwermut mit dem Lobpreise Gottes.

Gottes Ewigkeit wird in einer machtvollen Vision beschrieben. „Ehe denn die Berge wurden und die Erde und die Welt geschaffen wurden, bist Du, Gott, von Ewigkeit zu Ewigkeit." Sogar die Berge, die unbeweglichsten aller Dinge, wurden geboren und müssen sterben. Aber Gott, der schon war, bevor sie wurden, wird auch sein, nachdem sie vergangen sind. „Von Ewigkeit zu Ewigkeit", das heißt von Weltform zu Weltform, *ist* er. Sein Zeitmaß ist nicht unser Zeitmaß, „denn tausend Jahre sind vor Dir wie der Tag, der gestern vergangen ist". Er hat sein Maß, das über menschliches Verstehen hinausgeht. Ewigkeit ist nicht Auslöschung der Zeit, sie ist die schöpferische Einheit aller Zeiten und aller Weltperioden, aller Vergangenheit und aller Zukunft. Ewigkeit ist ewiges Leben und nicht ewiger Tod. Der lebendige Gott ist es, auf den der Psalmist schaut.

Und dann blickt der Psalmist wieder auf den Menschen und schreibt die Worte: „Du lässest die Menschen zum Staube zurückkehren und sprichst: Kommet wieder, Menschenkinder." Das Schicksal des Todes ist das Schicksal, das Gott über den Menschen verhängt hat. Gott hat uns dem Naturgesetz ausgeliefert, daß Staub wieder zu Staub werden muß. Kein

Wesen kann diesem Beschluß Gottes entrinnen. Kein Wesen kann die göttliche Ewigkeit erlangen. Als der Mensch versuchte, Gott gleich zu werden — wie in der Erzählung vom Paradies, da er versucht, die Erkenntnis der guten und bösen Kräfte zu erlangen —, da erreichte er diese Erkenntnis. Aber zur selben Zeit wurden seine Augen geöffnet, und er sah seine wirkliche Situation, die ihm vorher in der träumenden Unschuld des Paradieses verborgen war. Er gewahrte, daß er nicht Gott gleich ist. Die Gabe der Erkenntnis, die er empfangen hatte, trug in sich das Schicksal des Geschlechtlichen, der Arbeit und des Todes. Er war erwacht und sah die unendliche Kluft zwischen sich und Gott.

Die Zeit zwischen Geburt und Tod ist kurz. Die Vision des Dichters wird nur bruchstückhaft und in Gleichnissen zum Ausdruck gebracht: „Sie sind wie eine Nachtwache." Das bedeutet, wie eine der drei Wachen in der Nacht, in die man die Nacht einteilte. „Du trägst sie hinweg, sie sind wie ein Schlaf." Von einem unendlichen Schlaf sind wir erwacht, für das Drittel einer Nacht bleiben wir wach, das ist unsere Zeit, nicht mehr. Bald kommen die, die uns ersetzen, und wieder fallen wir in unendlichen Schlaf. Dann wendet sich der Dichter vom Gleichnis der Nacht zum Gleichnis des Tageslaufes und denkt an das Gras, das im Tageslicht wächst. Er fährt fort: „Sie sind wie das sprossende Gras, am Morgen ist es frisch und blüht, am Abend verwelkt es und verdorrt." Die Sonne, deren erste Strahlen das Gras aufsprießen lassen, versengt es am Mittag und läßt es verdorren, noch ehe es Abend wird. So kurz ist unser Leben — und so lang scheint es. „Unser Leben währet siebzig Jahre, und wenn es hochkommt, so sind es achtzig Jahre, und was ihr Stolz war, ist Mühsal und Beschwer... denn eilends geht es vorüber, und wir fliegen dahin." Nicht viele erreichen dieses Alter, das der Jugend so unvorstellbar erscheint, das dem reifen Mann noch so fernliegend vorkommt und doch für den ein Nichts ist, der es erreicht hat — ein Augenblick nur, der hinwegfliegt wie ein Vogel, so daß wir ihn weder fangen noch einholen können.

Warum ist der Dichter in einer so erschütternden Weise von der Kürze unseres Lebens beeindruckt? Weil er fühlt, daß sie eine Erfüllung im Leben unmöglich macht. Obwohl sehr wenige ihr Leben noch einmal leben möchten, hören wir doch die Menschen sagen: „Wenn ich nur mein Leben noch einmal anfangen könnte, mit all den Erfahrungen, die ich jetzt habe, dann würde ich es in der rechten Weise leben. Es würde mehr sein als dieses Bruchstück, dieser vergebliche Versuch, den ich mein Leben nenne." Aber das Leben erlaubt uns nicht, von vorn zu beginnen. Und selbst, wenn wir das könnten, und sogar, wenn unser Leben eines der vollkommensten, glücklichsten und erfolgreichsten wäre, würden wir im Zurückschauen nicht dasselbe fühlen wie der Psalmist? Würden wir nicht das Gefühl haben, daß das Wertvollste, das wir erlebt haben, die guten, die schöpferischen und die glücklichen Stunden mit endloser Mühsal erkauft waren und daß Enttäuschungen ihnen folgten? Und würden wir nicht das Gefühl haben, daß alles, was wir wichtig nahmen, gar nicht wichtig war? Und würden im Angesicht des Todes nicht alle unsere Wertungen zweifelhaft werden? Sicherlich! Aus solcher Stimmung heraus schrieb der Dichter diesen Psalm.

Eine Gefahr aber liegt in solchen Betrachtungen. Es kann aus ihnen eine sentimentale, oberflächliche *Freude* an unserer eigenen Melancholie erwachsen, ein lustvolles Versunkensein in unsere Traurigkeit, eine unechte Sehnsucht nach Tragik. Im 90. Psalm ist keine Spur von solchen Gefühlen. Der Dichter dieses Psalms hatte ein Wissen, das die Pessimisten unserer Zeit nicht haben. In wuchtigen Worten bringt er es zum Ausdruck: „Denn wir vergehen durch Deinen Zorn, fahren plötzlich dahin durch Deinen Grimm. Du hast unsere Sünden vor Dich hingestellt, unser Geheimstes in das Licht Deines Angesichts." Diese Worte weisen auf etwas, das wir nicht in der Natur finden: die Schuld des Menschen und den Zorn Gottes. Eine andere Ordnung der Dinge wird sichtbar. Das Naturgesetz „von Staub zu Staub" allein genügt nicht, um die menschliche Situation zu erklären. Die Bindung des Menschen an dieses Gesetz ist die göttliche Antwort auf den Versuch des Menschen, Gott gleich zu werden. Wir müssen sterben, weil wir Staub sind. Das ist das Naturgesetz, dem wir mit allen Dingen — den Bergen, Blumen und Tieren — unterworfen sind. Wir müssen aber auch sterben, weil wir schuldig sind. Das ist das ethische Gesetz, dem wir im Gegensatz zu allen anderen Wesen unterworfen sind. Beide Gesetze sind gleichermaßen wahr, beide finden sich in allen Teilen der Bibel. Wenn wir den Psalmisten oder andere biblische Schriftsteller fragen könnten, wie für sie diese beiden Gesetze miteinander zu vereinigen wären, hätten sie schwer eine Antwort gewußt. Sie fühlten ebenso wie wir, daß der Tod nicht nur Naturgesetz, sondern auch Unnatur ist. Etwas in uns rebelliert gegen den Tod, wo immer er erscheint. Wir lehnen uns auf bei dem Anblick eines Leichnams, wir rebellieren gegen den Tod von Kindern und jungen Menschen, von Männern und Frauen in der Fülle ihrer Kraft. Wir fühlen sogar ein tragisches Element beim Hinscheiden alter Leute mit ihrer Erfahrung, ihrer Weisheit und der Unersetzlichkeit ihrer Person. Wir rebellieren gegen unser eigenes Ende, gegen seinen endgültigen, unausweichlichen Charakter. Wir würden nicht rebellieren, wenn der Tod nur eine natürliche Sache wäre, wie wir auch nicht gegen das Fallen des Laubes rebellieren. Wir bejahen das Fallen der Blätter, wenn auch mit Schwermut. Aber den Tod des Menschen bejahen wir nicht in der gleichen Weise. Wir lehnen uns auf, und da unsere Auflehnung nutzlos ist, resignieren wir. Zwischen Auflehnung und Resignation schwanken wir hin und her und zeigen dadurch, daß das Sterben nicht selbstverständlich für uns ist.

Der Tod ist das Werk des göttlichen Zornes. „Darum fahren alle unsere Tage dahin durch Deinen Zorn, unsere Jahre gehen dahin wie ein Seufzer" — so kurz wie ein Seufzer und so voll Sorgen wie ein Seufzer. Die Vorstellung vom göttlichen Zorn ist uns heute fremd geworden. Wir haben eine Religion abgeworfen, die Gott zu einem schrecklichen Tyrannen machte, zu einem Individuum mit Leidenschaften und Wünschen, das willkürliche Handlungen begeht. Aber das ist nicht das, was „Zorn Gottes" bedeutet. Er ist die unentrinnbare und unvermeidliche Reaktion auf jede Verzerrung des Lebensgesetzes und vor allem auf menschlichen Hochmut und menschliche Überheblichkeit. Diese Reaktion, durch die der Mensch in seine Grenzen zurückgewiesen wird, ist von Gott aus gesehen keine Bestrafung und kein Racheakt. Sie ist die Wiederherstellung des Gleichgewichts zwischen Gott und Mensch, das durch des Menschen Erhebung gegen Gott gestört worden war.

Der Dichter faßt sein Wissen um diese Beziehung zwischen Gott und Mensch in der Aussage zusammen, daß unser Geheimstes ins Licht seines Angesichts gestellt wird. Gottes Unwille ist nicht gegen unsere moralischen Verfehlungen oder gegen besondere Akte der Mißachtung seines Gebotes gerichtet. Er ist gegen das Geheimste unserer Person gerichtet, gegen das, was sich in uns ereignet, unerkannt von den Menschen und von uns selbst. Dies, unser Geheimstes, bestimmt unser Schicksal mehr als alles Sichtbare. Im Bereich unseres sichtbaren Handelns fühlen wir vielleicht nicht, daß wir Gottes Zorn – Unglück und Tragik – verdient haben. Aber Gott sieht durch die Schleier hindurch, die unsere Geheimnisse verhüllen. Ihm sind sie offenbar. Deshalb fühlen wir jeden Tag die Last, unter einer verneinenden Macht zu stehen – der Macht, die uns zerstört und uns elend macht. Das ist der Zorn, in dessen Fesseln wir alle Tage dahinbringen, nicht nur die, an denen wir besondere Fehler begehen und besondere Leiden erdulden.

So ist die Situation aller Menschen. Aber nicht alle Menschen wissen darum. „Wer erkennt die Gewalt Deines Zornes, und wer hegt Furcht vor Deinem Grimm? Lehre uns unsere Tage zählen, daß wir ein weises Herz gewinnen." Der 90. Psalm versucht, uns die Wahrheit über unsere menschliche Situation, unsere Vergänglichkeit und unsere Schuld zu lehren. Er tut dasselbe, was die großen Tragödien der Antike taten. Sie offenbarten den Menschen, die sich im Theater versammelt hatten, was der Mensch ist. Sie zeigten den Menschen, daß die größten, die besten, die schönsten, die mächtigsten Menschen alle unter dem tragischen Gesetz und unter dem Fluch der Götter stehen. Sie wollten die tragische Situation des Menschen enthüllen, nämlich seine Situation vor der Gottheit. Der Mensch wird groß und stolz und versucht, die göttliche Sphäre zu berühren, und er wird in Vernichtung und Verzweiflung gestürzt. Das ist auch das, was der Psalmist sagen

wollte, zu den Gerechten ebenso wie zu den Ungerechten in seinem Volke. Er wollte ihnen zeigen, was der Mensch ist.
Aber der Psalmist wußte, daß der Mensch — auch wenn er für einen Augenblick erschüttert wird — sein Schicksal vergißt. Er wußte, daß der Mensch so lebt, als sollte er ewig leben und als ob es den Zorn Gottes nicht gäbe. Deshalb ruft er uns auf, unsere Tage zu zählen und zu bedenken, wie schnell sie zu Ende sein können. Er bittet Gott, er möge uns bedenken lehren, daß wir sterben müssen.
Der Psalmist kommt nicht auf den Gedanken, daß die Wahrheit dessen, was er uns sagen mußte, uns in Verzweiflung stürzen könnte. Im Gegenteil, er glaubt, gerade diese Einsicht könne uns ein weises Herz geben, ein Herz, das den unendlichen Abstand zwischen Gott und Mensch bejaht und nicht die Größe und Herrlichkeit beansprucht, die Gott allein zukommt. Das weise Herz ist das Herz, das solche Einsicht nicht vor sich verbergen will, das nicht in falsche Sicherheit oder in falschen Zynismus auszuweichen versucht. Das weise Herz ist das Herz, das dieser Erkenntnis mutig standhalten kann — mit Würde, Demut und Seelenstärke. Diese Weisheit ist in jedem Wort unseres Psalms enthalten. Es ist die größte Weisheit, die der Mensch des Altertums im Gefühl für die Tragik des Lebens erlangt hat.
Nach der Bitte um ein weises Herz (und nicht um intellektuelle Weisheit) beginnt ein neuer Abschnitt des Psalmes, der vielleicht in einer späteren Zeit der jüdischen Religion hinzugefügt ist. Dieser neue Abschnitt bezieht sich auf das Volk und seine geschichtliche Situation. „Kehre doch wieder, Herr, und zögere nicht! Habe Erbarmen mit Deinen Knechten, sättige uns frühe mit Deiner Gnade, daß wir frohlocken und uns freuen unser Leben lang. Erfreue uns so viele Tage, wie Du uns beugtest, so viele Jahre, wie wir Unglück hatten. Laß Deine Knechte Dein Walten schauen und ihre Kinder Deine Herrlichkeit. Die Huld des Herrn unseres Gottes sei über uns, das Werk unserer Hände wollest Du fördern." Etwas Neues erscheint in diesen Worten: die Bedeutung von Vergangenheit und Zukunft, die Bitte um eine bessere Zukunft, eine Zukunft des Glücks und der Freude, der

Gegenwart Gottes und des Erfolges unserer Werke. Gott ist nicht nur der Gott der Ewigkeit. Er ist auch der Gott der Zukunft. Der Kreislauf von Staub zu Staub, von Sünde zu Zorn ist durchbrochen. Es erscheint die Vision eines Zeitalters der Erfüllung nach dem Zeitalter des Elends. Diese Vision aber gilt nur für seine Knechte, nur für das auserwählte Volk und innerhalb des Volkes nur für die, die wirklich seine Knechte sind. Der einzelne steht nicht allein vor Gott. Er ist einbezogen in den Kreis der anderen Knechte Gottes, in das Gottesvolk, das nicht auf den Tod blickt, sondern auf ein neues Leben, in dem Gott gegenwärtig ist. Die Hoffnung überwindet die Tragik. Das ist der höchste Punkt, den die Religion im Alten Testament erreicht hat.
Aber dieser Höhepunkt ist nicht die letzte religiöse Möglichkeit. Was bedeutet die geschichtliche Hoffnung für den einzelnen? Befreit sie ihn von dem Gesetz der Vergänglichkeit und der Schuld? Die Weltgeschichte, die einer unbekannten Zukunft entgegenrollt, macht jeden Menschen zu etwas Vergangenem, und niemand erreicht das Zeitalter der Erfüllung, nach dem der Psalmist sich sehnt. Der grausame Schritt der Geschichte geht über unsere Gräber, und die Geschichte selbst scheint nicht zu ihrer Erfüllung zu gelangen. Wo immer die Geschichte sich ihrer Erfüllung zu nähern scheint, wird sie zurückgeworfen und ist weiter von ihrer Erfüllung entfernt als zuvor. Das ist es, was wir in unserer Zeit erleben. Und so fragen wir, wie alle Generationen vor uns gefragt haben: Ist Tragik mächtiger als Hoffnung? Besiegt die Vergangenheit die Zukunft? Ist Zorn stärker als Gnade? Wir werden zwischen Schwermut und Erwartung hin- und hergeworfen — von Tragik zu Hoffnung, von Hoffnung zu Tragik. In dieser Situation mögen wir bereit sein, die Botschaft von einem neuen Sein zu empfangen, von einem neuen Stand des Daseins, daß nicht nur Hoffnung, sondern auch Wirklichkeit ist. Das Christentum ruht auf dieser Botschaft: Gott selbst hat sich dem Gesetz der Vergänglichkeit und des Zornes unterworfen, um mit uns zu sein. Und so hat sich die Hoffnung erfüllt, von der der Psalmist singt: „Laß Deine Knechte Dein Walten schauen und ihre Kinder Deine Herrlichkeit."

In der Tiefe ist Wahrheit

Ob wir diese Botschaft annehmen oder nicht, sie ist die Antwort auf die Fragen, die der Psalmist unbeantwortet läßt. Wir können ihr ausweichen und uns an die bloße Hoffnung klammern trotz aller Enttäuschungen; wir können zurückkehren zu der frommen Resignation des älteren Teiles unseres Psalms; wir können vielleicht sogar in die Schwermut zurückfallen, die das Leben des Menschen dem Grase auf dem Felde gleichstellt — wir können jede dieser Deutungen unseres Lebens wählen. Aber sobald wir eine von ihnen wählen, müssen wir erkennen, daß wir in keiner die Antwort auf die Frage unseres Lebens finden. Und wir müssen resignieren. Wenn wir aber die Botschaft von der neuen Wirklichkeit in Christus annehmen, werden wir merken, daß diese Botschaft keine bequeme Antwort enthält und daß sie uns keine geistige Sicherheit garantiert. Wir müssen erkennen, daß sie eine wirkliche Antwort nur dann ist, wenn wir sie ständig im Lichte unserer menschlichen Situation verstehen, in der Tragik und Hoffnung ohne Sieg miteinander kämpfen. Der Sieg kommt von dem, was jenseits dieses Kampfes liegt. Der Sieg kam, als das Gebet des Psalmisten beantwortet wurde: „Erbarme Dich, o Herr!" Dieses Gebet ist das Gebet der Menschheit über alle Zeitalter hinweg, und es ist das heimliche Gebet in der Tiefe einer jeden menschlichen Seele.

AUCH DIE NATUR TRAUERT UM EIN VERLORENES GUT

Die Himmel erzählen die Ehre Gottes,
Und die Feste verkündigt seiner Hände Werk.
Ein Tag sagt's dem anderen,
Und eine Nacht tut's kund der anderen.
Es ist keine Sprache noch Rede,
Da man nicht ihre Stimme höre.
Ihre Schnur geht aus in alle Lande
Und ihre Rede an der Welt Ende.
Er hat der Sonne eine Hütte an ihnen gemacht;
Und dieselbe geht heraus wie ein Bräutigam aus seiner
    Kammer
Und freut sich, wie ein Held zu laufen den Weg.
                                                  PSALM 19, 2—6.

Denn das ängstliche Harren der Kreatur wartet auf die Offenbarung der Kinder Gottes. Sintemal die Kreatur unterworfen ist der Eitelkeit ohne ihren Willen, sondern um des willen, der sie unterworfen hat, auf Hoffnung. Denn auch die Kreatur wird frei werden von dem Dienst des vergänglichen Wesens zu der herrlichen Freiheit der Kinder Gottes. Denn wir wissen, daß alle Kreatur sehnt sich mit uns und ängstet sich noch immerdar.   RÖM. 8, 19—22.

Und ich sah einen neuen Himmel und eine neue Erde; denn der erste Himmel und die erste Erde waren vergangen, und das Meer war nicht mehr ... Und er zeigte mir einen lautern Strom des lebendigen Wassers, klar wie ein Kristall; der ging aus von dem Stuhl Gottes und des Lammes. Mitten auf ihrer Gasse und auf beiden Seiten des Stroms stand der Baum des Lebens, der trug zwölffache Früchte und brachte seine Früchte

In der Tiefe ist Wahrheit

*alle Monate; und die Blätter des Baumes dienten der Heilung
der Heiden.* OFFB. 21, 1; 22, 1—2.

Jedes Jahr, wenn sich Karfreitag und Ostersonntag nahen, richten wir unsere Gedanken auf das große Erlösungsdrama mit seinem Höhepunkt, dem Bilde des Kreuzes und der Auferstehung. Wer wird erlöst? Nur einige Menschen oder die Menschheit, einschließlich aller Heiden, oder die Welt, alles, was geschaffen ist: die Natur, die Sonne und die Wolken, die Winde und Meere, die Steine und Pflanzen, die Tiere und unser eigener Leib? Die Bibel spricht immer wieder von der Heilung der *Welt*, wie sie auch von der Schöpfung der *Welt* und von der Unterwerfung der *Welt* unter widergöttliche Kräfte spricht. Und Welt heißt gleicherweise: Natur und Mensch.

So wollen wir heute die Frage stellen: Was bedeutet die Natur für uns? Was bedeutet sie an sich? Was bedeutet sie im großen Drama der Schöpfung und Erlösung? Eine dreifache Antwort ist in den Worten des Psalmisten, des Apostels und des Propheten enthalten: der Psalmist preist die Herrlichkeit der Natur; der Apostel weist auf die Tragik der Natur hin, und der Prophet verkündet die Erlösung der Natur. Der Hymnus des Psalmisten preist die Herrlichkeit Gottes in der Herrlichkeit der Natur, der Apostelbrief bringt die Tragödie der Natur mit der Tragödie des Menschen in Verbindung, und die Vision des Propheten sieht die Erlösung der Natur zugleich mit der Erlösung der Welt.

Wir hören jetzt die Worte des Psalmisten über die Herrlichkeit der Natur in genauer Übersetzung:
Die Himmel erzählen die Ehre Gottes,
Und das Firmament zeigt das Werk seiner Hände.
Ein Tag läßt dem anderen die Geschichte zufließen.
Eine Nacht verkündet der andern ihr Wissen.
Da ist keine Sprache, keine Rede!
Ihre Stimmen können nicht gehört werden!
Aber ihre Musik geht über die ganze Erde
Und ihre Worte bis ans Ende der Welt.

Auch die Natur trauert um ein verlorenes Gut

Der 19. Psalm weist auf einen alten Glauben der antiken Welt hin, den Dichter und Philosophen zum Ausdruck brachten: Die Himmelskörper, die Sonne und der Mond und die Sterne bringen durch ihre Bewegung die Harmonie der Töne hervor, die Tag und Nacht von einem Ende der Welt zum andern erklingt. Diese Stimmen des Universums werden von menschlichen Ohren nicht vernommen; sie sprechen keine menschliche Sprache. Aber sie existieren, und mit unseren geistigen Organen können wir sie wahrnehmen.
Shakespeare sagt:
Auch nicht der kleinste Kreis, den du da siehst,
Der nicht im Schwunge wie ein Engel singt...
So voller Harmonie sind ew'ge Geister,
Nur wir, weil dieses hinfäll'ge Kleid von Staub
Ihn grob umhüllt, wir können sie nicht hören. *

Der Psalmist hat sie gehört; er weiß, was die Sterne ertönen lassen: die Herrlichkeit der Schöpfung und ihren göttlichen Grund.
Sind wir imstande, die verborgene Stimme der Natur zu vernehmen? Spricht die Natur zu uns? Spricht sie zu euch? Oder ist die Natur für uns stumm geworden, stumm für die Menschen unserer Zeit? Einige von euch werden sagen: „In keinem Zeitalter ist die Natur dem Menschen so zugänglich gewesen wie heutzutage. Was vergangenen Geschlechtern ein Geheimnis war, ist heute schon den Kindern bekannt. Durch jedes wissenschaftliche Buch, durch jedes Laboratorium, durch jede Maschine spricht die Natur zu uns. Die Technik hat sich der Natur bemächtigt und sie zu der Offenbarung ihrer Geheimnisse gezwungen." Die Stimme der Natur ist von der Wissenschaft vernommen worden, und ihre Antwort darauf war die Eroberung der Natur. Aber ist das alles, was die Natur uns sagt?
Ich saß einmal mit einem großen Biologen unter einem Baum. Plötzlich rief er aus: „Ich möchte etwas über diesen Baum wissen!" Er wußte alles, was die Wissenschaft über ihn zu sagen hatte. Ich fragte ihn darauf, was er meinte. Und er ant-

* Der Kaufmann von Venedig. V, 1.

wortete: „Ich will wissen, was dieser Baum an sich bedeutet. Ich will das Leben dieses Baumes verstehen. Er ist so fremd, so unnahbar." Er sehnte sich danach, das Leben der Natur mitfühlend zu verstehen. Aber ein solches Verstehen ist nur durch die Gemeinschaft zwischen Mensch und Natur möglich. Gibt es eine solche Gemeinschaft in unserem Zeitalter? Ist die Natur nicht völlig dem Willen und der Willkür des Menschen unterworfen? Die technische Zivilisation, auf die die Menschheit so stolz war, hat eine furchtbare Verwüstung der ursprünglichen Natur, der Landschaft, der Tiere, der Pflanzen zur Folge gehabt. Sie hat die unverdorbene Natur auf Naturschutzgebiete zurückgedrängt und hat von allem anderen Besitz ergriffen, um es zu beherrschen und unbarmherzig auszubeuten. Und schlimmer noch: viele von uns haben die Fähigkeit, mit der Natur zu leben, verloren. Wir erfüllen sie mit dem Geräusch leeren Geredes, anstatt auf ihre mannigfaltigen Stimmen und durch sie hindurch auf die stimmenlose Musik des Universums zu lauschen. Wir sind durch die Maschine der Erde entfremdet und rasen durch die Natur, wir erhaschen einen Schimmer von ihr, aber erfahren nie ihre Größe und fühlen nie ihre Macht. Wer vermag es noch, betrachtend in den schöpferischen Grund der Natur einzudringen? Ein chinesischer Kaiser forderte einen berühmten Maler auf, ihm ein Bild von einem Hahn zu malen. Der Maler versprach es, aber sagte, daß es lange Zeit in Anspruch nehmen würde. Nach einem Jahr erinnerte der Kaiser ihn an sein Versprechen. Der Maler antwortete, daß er, nachdem er ein Jahr lang den Hahn studiert habe, gerade angefangen habe, die Außenseite seines Wesens zu begreifen. Nach einem weiteren Jahr versicherte der Künstler, er habe gerade angefangen, in das innere Wesen dieser Lebensform einzudringen. Und so ging es weiter, Jahr für Jahr. Schließlich, nachdem er sich zehn Jahre in die Natur des Hahnes vertieft hatte, malte er das Bild – ein Werk, das uns beschrieben wird als eine Offenbarung des göttlichen Grundes der Welt – in einem kleinsten Teil. Vergleichen wir des Kaisers weise Geduld und des Malers ehrfürchtige Vertiefung in einen einzelnen Ausdruck des göttlichen Lebens mit der Hast unserer Zeitgenossen, die mit dem

Auto zu irgendeiner berühmten Aussicht fahren und ausrufen: „Wie schön!" — was sich ohne Zweifel nicht auf die Aussicht selbst, sondern auf ihre eigene Würdigung der Schönheit bezieht! Welche Blasphemie gegen die Herrlichkeit der Natur und darum auch des göttlichen Grundes, dessen Herrlichkeit durch die Herrlichkeit der Natur hindurchscheint!
Die Herrlichkeit der Natur preisen bedeutet nicht, nur von ihrer Schönheit zu sprechen und ihre überwältigende Größe und furchtbare Macht zu vergessen. Nie offenbart die Natur leere Schönheit oder reine Harmonie. „Die Stimme des Herrn ist mächtig", singt der Dichter des 29. Psalms. „Die Stimme des Herrn zerbricht die Zedern... die Stimme des Herrn spaltet sie mit Feuerflammen. Die Stimme des Herrn erschüttert die Wüste... und entblößt die Wälder." Im Buche Hiob finden wir eine Beschreibung der furchtbaren Naturmächte in den mythologischen Symbolen des Behemoth und des Leviathan. Und Rilke sagt:
„... Denn das Schöne ist nichts
als des Schrecklichen Anfang, den wir noch gerade ertragen,
und wir bewundern es so, weil es gelassen verschmäht,
uns zu stören. Ein jeder Engel ist schrecklich."
Die Herrlichkeit der Natur ist nicht leere Schönheit.
Und nun wollen wir auch die Worte des Apostels über die Tragik der Natur noch einmal in wörtlicher Übersetzung hören: „Selbst die Schöpfung wartet mit sehnsüchtigem Verlangen auf das Offenbarwerden der Kinder Gottes. Denn die Schöpfung war nicht eitel geworden durch ihre eigne Wahl, sondern durch den Willen dessen, der sie so zur Unterworfenen machte, auf die Hoffnung hin, daß die Schöpfung wie der Mensch eines Tages befreit sein würde von der Knechtschaft des Verfalls und die herrliche Freiheit der Kinder Gottes gewinnen würde. Wir wissen, daß bis auf den heutigen Tag die ganze Schöpfung seufzt und in Schmerzen bebt." Die Natur ist nicht nur herrlich, sie ist auch tragisch. Sie ist dem Gesetz der Endlichkeit und Zerstörung unterworfen. Sie leidet und seufzt mit uns. Niemand, der je den Lauten der Natur mitfühlend gelauscht hat, kann ihre schwermütigen Melodien vergessen. Das griechische Wort im Paulusbrief, das wir mit

„Schöpfung" übersetzt haben, wird vor allem auf die leblose Sphäre der Natur angewandt, so wie Paulus auf die Worte Gottes anspielt, die er zu Adam nach dem Sündenfall sagt: „Verflucht sei der Acker um deinetwillen." Die seufzenden Töne des Windes und das stets ruhelose, vergebliche Zerbrechen der Wellen mag die poetischen Worte von der Eitelkeit der Natur inspiriert haben. Aber was Paulus sagt, gilt in noch unmittelbarerer Weise auch für die lebenden Dinge. Die Schwermut des herbstlichen Blätterfalls, das Ende des jubelnden Lebens im Frühling und Sommer, der stumme Tod unzähliger Wesen in der herannahenden winterlichen Kälte — all dies hat das Gemüt nicht nur der Dichter, sondern jedes fühlenden Menschen ergriffen und wird es immer wieder ergreifen. Das Lied der Vergänglichkeit lebt in allen Völkern. Jesajas Worte: „Das Gras verwelkt, die Blume verdorrt, weil der Odem des Herrn darüber hinwegbläst", reden von der Kürze des Lebens in Menschen und Völkern. Aber sie hätten ohne ein tiefes Fühlen mit der Natur nicht geschrieben werden können. Und doch preist Jesus die Lilien auf dem Felde und sagt von ihnen: „Nicht einmal Salomo in seiner Herrlichkeit war gekleidet wie sie." In diesen entgegengesetzten Aussagen über die Blumen auf dem Felde haben wir beides: die Herrlichkeit und die Tragik der Natur.

Mitfühlen mit der Natur und ihrer Tragik ist nichts Sentimentales; es ist ein echtes Gefühl für die Wirklichkeit der Natur. Schelling sagt mit Recht, daß ein Schleier von Traurigkeit über alle Natur gebreitet ist, eine tiefe, unstillbare Schwermut über alles Lebendige. Sie ist sichtbar in den Zügen des Leidens, in allem, was lebt, und besonders im Ausdruck der Tiere. Die Auffassung, daß das Leiden zum Wesen des Lebens gehört, ist durch die Lehre Buddhas in weite Teile der Menschheit eingegangen. Aber nur, wer im Grunde seines eigenen Seins mit dem Grunde der Natur verbunden ist, kann ihre Tragik erkennen. Schelling sagt: „Der dunkelste und tiefste Grund in der menschlichen Natur ist Sehnsucht ... ist Schwermut. Sie — vor allem — schafft das Mitfühlen des Menschen mit der Natur. Denn auch in der Natur ist der tiefste Grund Schwermut. *Auch die Natur trauert um ein verlore-*

nes Gut." Können wir den Sinn solcher halb dichterischen, halb philosophischen Worte noch verstehen? Oder haben wir uns zu fest eingekapselt in menschlichen Hochmut, in geistige Arroganz, in herrische Haltung der Natur gegenüber? Sind wir unfähig geworden, die harmonischen Töne in der Natur zu vernehmen? Sind wir fühllos geworden gegen ihre tragischen Laute?
Warum ist die Natur tragisch? Wer ist verantwortlich für das Leiden der Tiere, für die Häßlichkeit des Todes und des Verfalls, für die allgegenwärtige Todesfurcht? Vor vielen Jahren stand ich mit einem bekannten Psychologen am Sylter Strand und blickte auf das Meer. Wir sahen unzählige kleine Fische, die eilends auf das Ufer zuschwammen. Sie wurden von größeren verfolgt, die ihrerseits von noch größeren gejagt wurden. Angriff, Flucht und Angst — ein vollkommenes Bild der alten, oft zitierten Geschichte von dem großen Fisch, der in der Natur wie in der Geschichte die kleinen auffrißt. Der Gelehrte, der die harmonische Struktur der Wirklichkeit in vielen Diskussionen verteidigt hatte, brach in Tränen aus und sagte: „Warum sind diese Wesen geschaffen, wenn sie nur existieren, um von anderen verschlungen zu werden?" In diesem Augenblick wurde er im Widerspruch zu seinem Optimismus von der Tragik in der Natur ergriffen, und er fragte: „Warum?"
Paulus versucht das Geheimnis dieser Frage zu ergründen. Und das ist seine erstaunliche Antwort: die Natur ist der Vergänglichkeit unterworfen, weil Gott sie wegen Adams Sündenfall verflucht hat. Die Tragik der Natur ist mit der Tragik des Menschen verknüpft, wie auch die Erlösung der Natur von der Erlösung des Menschen abhängig ist. Was heißt das? Immer hat die Menschheit von einer Zeit geträumt, in der Harmonie und Freude die ganze Welt erfüllte und Friede herrschte zwischen der Natur und dem Menschen — vom Paradies, vom goldenen Zeitalter. Aber da der Mensch das göttliche Gesetz verletzte, zerstörte er die Harmonie, und nun ist Feindschaft zwischen Mensch und Natur. Dieser Traum klingt in Paulus' schwermütigen Worten nach. Es ist ein Traum, aber er enthält eine tiefe Wahrheit: Mensch und Natur gehö-

In der Tiefe ist Wahrheit

ren zusammen in ihrer geschaffenen Herrlichkeit, in ihrer Tragik und in ihrer Erlösung. Wie die Natur — repräsentiert durch die Schlange — den Menschen in die Versuchung treibt, so treibt der Mensch, wenn er das göttliche Gesetz übertritt, die Natur in die Tragik. Das ist nicht in längst vergangener Zeit geschehen, wie es in der Erzählung berichtet wird, sondern es geschieht jederzeit und allerorts, solange es Zeit und Ort gibt. Solange der alte Himmel und die alte Erde bestehen, sind Mensch und Natur gemeinsam dem Gesetz der Vergänglichkeit unterworfen. Viele Denker — christliche und nichtchristliche — stimmen darin überein, daß der Mensch dazu bestimmt ist, die Sehnsucht der Natur zu erfüllen. Weil es ihm mißlingt — immer wieder mißlingt —, zu seiner eigenen Erfüllung zu kommen, ist er auch unfähig, der Natur die Erfüllung zu bringen, der Natur in ihm und um ihn. Wenn darum Jesus der Menschensohn genannt wird, der Mensch von oben, der wahre Mensch, in dem die Mächte der Trennung und der Tragik überwunden sind, so gilt das nicht nur für die Menschheit, sondern für die ganze Welt. Denn es gibt keine Erlösung des Menschen, wenn es keine Erlösung der Natur gibt. Der Mensch ist in der Natur, und die Natur ist im Menschen.

So wollen wir denn noch einmal die Worte des Propheten über die Erlösung der Natur hören:

„Dann sah ich den neuen Himmel und die neue Erde. Denn der erste Himmel und die erste Erde waren vergangen, und das Meer war nicht mehr... Dann zeigte er mir den Strom mit dem Wasser des Lebens, klar wie ein Kristall... auf beiden Seiten des Stromes wuchs der Baum des Lebens, der zwölf Arten von Früchten trug, und jeder Monat hatte seine eigene Frucht; und die Blätter des Baumes dienten der Heilung der Nationen."

In machtvollen Bildern beschreibt das letzte Buch der Bibel die Erlösung des Menschen und der Natur von der Knechtschaft der Verderbtheit: Die Stadt Gottes ist aus den kostbarsten Stoffen der unbelebten Natur erbaut. Das Meer, Symbol des ungeformten Chaos, hat aufgehört zu sein. Der Fluß ist

durch keine Verwesung verunreinigt. Die Bäume tragen Früchte ohne Unterlaß und ohne daß sie verderben. Die Tiere beten gemeinsam mit den Heiligen den Thron der Herrlichkeit an. Die dämonischen Mächte werden ins Nichts gestoßen. Es gibt kein Leiden und keinen Tod.
Das ist keine Beschreibung eines zukünftigen Weltzustandes. Wie das goldene Zeitalter der Vergangenheit ist auch das goldene Zeitalter der Zukunft ein Symbol, das auf etwas Geheimnisvolles in unserer gegenwärtigen Welt hinweist – nämlich auf die heilenden Kräfte. Aber das kommt in den Visionen des Propheten klar zum Ausdruck, daß Erlösung Erlösung der Welt bedeutet und nicht nur der Menschen. Löwen und Schafe, kleine Kinder und Schlangen werden in Frieden zusammenliegen, sagt Jesaja. Engel und Sterne, Menschen und Tiere beten in der Weihnachtsgeschichte das Kind an. Die Erde erbebt, als Christus stirbt, und sie erbebt wieder, als er aufersteht. Die Sonne verfinstert sich, als er seine Augen schließt, und sie geht auf, als er aus dem Grabe steigt. Die Auferstehung des Leibes – nicht die unsterbliche Seele – ist das Symbol des Sieges über den Tod. Nicht der körperlose Geist (das ist der Sinn all dieser Bilder) ist das Ziel der Schöpfung. Das Ziel der Erlösung ist nicht der abstrakte Intellekt oder die von der Natur befreite moralische Persönlichkeit. Aber sehen wir nicht überall die Entfremdung der Menschen von der Natur, von ihren eigenen, natürlichen Kräften und von der sie umgebenden Natur? Und wird ihr geistiges Leben nicht dürr und unschöpferisch, ihre moralische Haltung hart und arrogant, ihre Vitalität unterdrückt und vergiftet? Sie sind gewiß nicht das Abbild der Erlösung. Wie ein Theologe mit Recht gesagt hat: „Leiblichkeit ist das Ziel der Wege Gottes."
Schöpferische Maler und Bildhauer haben das immer gewußt. Ein wirkliches Kunstwerk – Bild oder Statue – ist eine Vorausnahme der neuen Erde, eine Offenbarung des Mysteriums der Natur. Bild und Statue sind ein Stück Natur (Pflanze oder Stein), das in den Träger eines geistigen Sinns verwandelt ist. Es ist Natur, die über sich selbst hinausgehoben ist, die ihre Tragik und zugleich den Sieg über ihre Tragik offen-

bart. Die Bilder von Jesus, den Aposteln und den Heiligen, die im Lauf der Jahrhunderte von der christlichen Kunst in Farbe oder Stein geschaffen wurden, waren Bilder von Menschen, in denen die Menschheit ihre Macht und Würde entdeckt hatte. Der unvergleichliche Ausdruck des Personhaften selbst im Gesicht des unscheinbarsten Individuums zeigt, daß der Geist zum Leib geworden ist und daß die Natur dem personhaften Zentrum nicht fremd ist. Das System der Zellen und Funktionen, das wir „Körper" nennen, ist imstande, die feinste Schwankung unseres geistigen Lebens auszudrükken. Künstler haben die ewige Bedeutung der Natur verstanden, während sich die Theologen für eine körperlose Geistigkeit entschieden und vergaßen, daß das erste, wodurch Jesus seinen messianischen Auftrag offenbarte, seine Macht war, körperliche Gebrechen zu heilen.

Ich möchte euch eines fragen: Können wir noch verstehen, was ein Sakrament bedeutet? Je mehr wir der Natur entfremdet sind, desto weniger können wir diese Frage bejahen. Das ist der Grund, warum heute die Sakramente so viel von ihrer Bedeutung für den einzelnen und für die Kirchen verloren haben. Denn in den Sakramenten nimmt die Natur am Erlösungsprozeß teil. Brot und Wein, Wasser und Licht, alle die großen Naturelemente werden zu Trägern geistiger Bedeutung und erlösender Kraft. Natürliche und geistige Kräfte sind vereinigt — wiedervereinigt — im Sakrament. Das Wort wendet sich an unsern Intellekt und beeinflußt unseren Willen. Das Sakrament — wenn seine Bedeutung lebendig ist — ergreift unser unbewußtes und unser bewußtes Sein in gleicher Weise. Es ergreift den schöpferischen Grund unseres Seins. Es ist das Symbol der Einheit von Natur und Geist, der Einheit in der Erlösung.

Deshalb eint euch mit der Natur! Versöhnt euch wieder mit der Natur, nachdem ihr euch von ihr entfremdet habt. Lauscht in Ruhe auf die Natur, und ihr werdet ihr Herz finden. Sie wird von der Herrlichkeit ihres göttlichen Grundes singen. Sie wird mit uns seufzen unter der Knechtschaft der Tragik. Sie wird reden von der unzerstörbaren Hoffnung auf die Erlösung.

VOM HEILIGEN

Des Jahres, da der König Usia starb,
Sah ich den Herrn sitzen auf einem hohen und erhabenen
    Stuhl,
Und sein Saum füllte den Tempel.
Seraphim standen über ihm; ein jeglicher hatte sechs Flügel;
Mit zweien deckten sie ihr Antlitz,
Mit zweien deckten sie ihre Füße,
Und mit zweien flogen sie.
Und einer rief zum andern und sprach:
Heilig, heilig, heilig ist der Herr Zebaoth;
Alle Lande sind seiner Ehre voll,
Daß die Türpfosten bebten von der Stimme ihres Rufens
Und das Haus ward voll Rauch.
Da sprach ich: Weh mir, ich vergehe,
Denn ich bin unreiner Lippen
Und wohne unter einem Volk von unreinen Lippen;
Denn ich habe den König, den Herrn Zebaoth, gesehen mit
    meinen Augen.
Da flog der Seraphim einer zu mir und hatte eine glühende
    Kohle in der Hand,
Die er mit der Zange vom Altar nahm,
Und rührte meinen Mund an und sprach:
Siehe, hiermit sind deine Lippen gerührt,
Daß deine Missetat von dir genommen werde und deine
    Sünde versöhnt sei.
Und ich hörte die Stimme des Herrn, daß er sprach:
Wen soll ich senden? Wer will unser Bote sein?
Ich aber sprach: Hier bin ich, sende mich!
Und er sprach: Gehe hin und sprich zu diesem Volk:
Höret und verstehet's nicht; sehet und merket's nicht!

In der Tiefe ist Wahrheit

Verstocke das Herz dieses Volkes,
Und laß ihre Ohren hart sein und blende ihre Augen,
Daß sie nicht sehen mit ihren Augen,
Noch hören mit ihren Ohren
Noch verstehen mit ihrem Herzen und sich bekehren
  und genesen.
Ich aber sprach: Herr, wie lange? Er sprach:
Bis daß die Städte wüst werden ohne Einwohner
Und die Häuser ohne Leute
Und das Feld ganz wüst liege.
Denn der Herr wird die Leute fern wegtun,
Daß das Land sehr verlassen wird.
Und ob noch der zehnte Teil darin bleibt,
So wird er auch verbrannt werden wie eine Eiche und Linde,
Von welchen beim Fällen noch ein Stumpf bleibt.

JES. 6.

Dieses Kapitel ist eines der mächtigsten des Alten Testaments. Es offenbart in großer Klarheit das Wesen der biblischen Religion. Der Prophet beschreibt die Vision seiner Berufung in Worten und Bildern, die zugleich seine tiefste Gotteserfahrung, seine Deutung der menschlichen Existenz und seine Vorstellung von der prophetischen Aufgabe zum Ausdruck bringen. Seine Erfahrung Gottes ist eine Erfahrung der Heiligkeit Gottes. Seine Deutung der menschlichen Existenz sieht den Menschen in einem Zustand der Unreinheit und Unfähigkeit, Gott gegenüberzutreten. Seine Vorstellung von der prophetischen Aufgabe widerspricht allem, was man sich darunter vorstellte. Diese drei Gedanken gehören zusammen und sind ein vollkommener Ausdruck des prophetischen Geistes.

Der Prophet beschreibt Gott selbst in keiner Weise. Er spricht nur von dem Saum, der den Tempel erfüllte, von den Engeln, die den Thron Gottes umstanden, von dem Erdbeben der Grundfesten und von dem Rauch, der das Haus erfüllte. Auf diese Weise deutet er an, daß sich Gott nur offenbart, indem er sich gleichzeitig verhüllt. Gott kann sich nur offenbaren, indem er zugleich verborgen bleibt. Aber selbst diese verhüllende Offenbarung bewirkt, daß Jesaja sich vergehen fühlt. Gott gegenüberzutreten, ja nur sich seiner Sphäre zu nähern, sogar wenn Gott selbst verhüllt bleibt, bedeutet die Vernichtung des Menschen.

Dasselbe Gefühl kommt in dem Ruf der Engel zum Ausdruck. „Heilig" hat einen doppelten Sinn, wie der Text deutlich zeigt. Er deutet auf die Herrlichkeit Gottes, die die Welt erfüllt, und auf seine Reinheit im Gegensatz zur Unreinheit des Menschen. Herrlichkeit ohne Reinheit gehört zum Charakter aller heidnischen Götter. Reinheit ohne Herrlichkeit gehört zum Charakter aller humanistischen Gottesvorstellungen. Der Humanismus hat die Unerreichbarkeit Gottes in die Erhabenheit moralischer Forderungen verwandelt. Der Humanismus hat die alte prophetische Erfahrung vergessen, daß Gott die Erde erbeben läßt, wenn er erscheint, und daß Gott sich in Rauch verhüllt, wenn er sich zeigt. Wenn Gott, wie im Humanismus, mit dem Vollkommensten im Menschen gleichgesetzt wird, geht seine erschreckende und vernichtende Majestät verloren. Aber Gottes Herrlichkeit kann nur deshalb die ganze Welt erfüllen, weil er im doppelten Sinne heilig ist. Die Herrlichkeit der Götter, die das nicht sind, erfüllt nur *ein* Land, *eine* Familie, *einen* Stamm, *eine* Nation, *einen* Staat, *eine* Sphäre des menschlichen Lebens. Sie haben nicht die Wahrheit, Güte und Gerechtigkeit des Gottes, der in Wahrheit Gott ist. Sie sind Dämonen, die Heiligkeit erstreben, aber nicht erreichen, weil ihre Göttlichkeit nur auf Majestät, nicht auch auf Reinheit beruht. Deshalb laßt uns im Gegensatz zu dem wiedererstehenden Heidentum unserer Zeit mit neuem Verständnis den alten Satz des „Dreimal-Heilig" sagen: „Nur Du allein bist heilig."

Der Prophet bekennt, daß er ein Mensch mit unreinen Lippen ist und daß er in einem Volk mit unreinen Lippen lebt. Er betont seine Lippen, weil Predigen seine Aufgabe ist, aber die Unreinheit seiner Lippen symbolisiert die Unreinheit seiner gesamten Existenz und der Existenz aller Menschen und der Menschheit als Ganzer. Jesaja bekundet eine tiefe Einsicht, wenn er sich in dem Augenblick, in dem er dieser außerordentlichen Vision für wert erachtet wird, mit seinem unreinen Volk gleichstellt. In dieser Einsicht liegt der Unterschied zwischen mystischer und prophetischer Religion. Denn selbst in der letzten Ekstase vergißt der Prophet nicht die soziale Gemeinschaft, zu der er gehört und an deren Unreinheit er teilhat. Deshalb ist die prohetische Ekstase im Gegensatz zur mystischen Ekstase niemals Selbstzweck, sondern vielmehr Mittel, um die göttlichen Weisungen zu empfangen, die dem Volk verkündet werden sollen. Jesajas Vision macht die beiden Voraussetzungen prophetischer Existenz offenbar. Die erste Voraussetzung ist, daß die Lippen des Propheten gereinigt sind. Dann erst kann er die Stimme Gottes vernehmen und von Gott gesandt werden. Niemand kann aus eigener Kraft Gottes Prophet sein, und niemand kann sich selbst lossprechen. Nur die Macht der göttlichen Heiligkeit kann, wenn sie unser Leben berührt hat, uns Gott nahebringen. Etliche Dinge aus unserem Leben müssen verbrannt, müssen ausgelöscht werden. Nur durch eine solche Vernichtung kann Gott zu uns und durch uns sprechen. Aber ob und wann er zu uns spricht, das hängt in keiner Weise von uns ab. Jesaja führt die Vision oder die Reinigung nicht selbst herbei. Er wird überwältigt und in Furcht und Schrecken gestürzt. Und er muß handeln. Denn Gott fragt: Wer will unser Bote sein? Gott wartet auf die Antwort. Er zwingt ihn nicht. Jesaja muß sich frei für seine Aufgabe entscheiden. Freiheit der Entscheidung ist die zweite Bedingung prophetischer Existenz. Ein Prophet muß sich entscheiden, ob er sich der Aufgabe weihen will oder nicht. Im Hinblick auf unsere Berufung sind wir frei, im Hinblick auf unsere Beziehung zu Gott sind wir abhängig.

Der Prophet beschreibt dann den Inhalt der göttlichen Forderung: „Verstocke das Herz dieses Volkes und laß ihre Ohren hart sein und blende ihre Augen." Unser natürliches sittliches Gefühl weigert sich, ein solches Paradox anzunehmen. Denn wenn wir sprechen, wollen wir gehört werden, und wenn wir predigen, wollen wir überzeugen und heilen. Aber der Prophet unterwirft sich dem ungeheuren Paradox. Und als sein natürliches Gefühl ihn zu der Frage drängt: „Herr, wie lange?" erhält er die Antwort: „Bis daß die Städte wüste werden ohne Einwohner und die Häuser ohne Leute und das Feld ganz wüste liege." Es wird weder Hoffnung noch Verheißung gegeben. Was bedeutet das? Es bedeutet, daß die wahren Propheten Werkzeuge Gottes sind bei der Ausübung seines Gerichts über die Menschheit. Das prophetische Wort ruft immer den Protest des Menschen hervor — Protest seines vitalen Daseins, seines sittlichen und religiösen Lebens, ganz besonders seines religiösen Lebens. Alle Menschen wünschen sich falsche Propheten, Propheten, die, wenn sie ihre Götter preisen, die Menschen verherrlichen, die diesen Göttern dienen. Die Menschen möchten gern bestätigt werden in ihren Wünschen und Tugenden, ihren religiösen Gefühlen und ihrem sozialen Handeln, in ihrem Willen zur Macht und ihren utopischen Hoffnungen, ihrem Wissen und ihrer Liebe, ihrer Familie und Rasse, ihrer Klasse und Nation. Und ein falscher Prophet läßt sich immer finden, der den Gott-Dämon, den sie anbeten, preist. Wenn sich daher die Stimme des wahren Propheten erhebt, verschließen sie ihre Ohren, sie widersprechen seinen Worten, und schließlich verfolgen und töten sie ihn. Denn sie sind nicht fähig, seine Verkündigung anzunehmen. Dieser Zustand hält an, bis sich die Worte des Propheten erfüllt haben: die Städte zerstört sind und das Land verwüstet ist.

Wir alle sind voll Verlangen nach dem prophetischen Geist. Wir wünschen sehnlichst, die Menschen zu neuer Gerechtigkeit und zu einer besseren Gesellschaftsordnung zu führen. Wir wollen die Völker vom Verderben erretten. Aber wird unser Wort — selbst wenn es Gottes Wort ist — eine größere Wirkung haben als Jesajas Wort? Sind wir mehr als er? Ist unser Volk heute weniger den Dämonen untertan als das Volk damals? Wenn nicht — können wir etwas anderes erwarten als das, was ihm in seiner Vision verheißen wurde? Wir beten um den prophetischen Geist, der so lange in unseren Kirchen tot war. Und derjenige, der fühlt, daß ihm die prophetische Aufgabe gegeben wurde, muß sie erfüllen, wie Jesaja es tat. Er muß die Botschaft einer neuen Gerechtigkeit und einer neuen sozialen Ordnung im Namen Gottes und seiner

In der Tiefe ist Wahrheit

Ehre verkünden. Aber er hat zu erwarten, daß ihn nicht nur seine Feinde verfolgen werden, sondern daß seine Freunde, seine Partei, seine Klasse und sein Volk ihm widersprechen werden. Er muß erwarten, in dem Maße verfolgt zu werden, in dem sein Wort das Wort Gottes ist — des Gottes, der allein heilig ist, des Gottes, der allein aus einer jeden Nation ein heiliges Volk schaffen kann.

DIE LAST DER RELIGION

Zu der Zeit antwortete Jesus und sprach: Ich preise dich, Vater und Herr Himmels und der Erde, daß du solches den Weisen und Klugen verborgen hast und hast es den Unmündigen offenbart. Ja, Vater, denn es ist also wohlgefällig gewesen vor dir. Alle Dinge sind mir übergeben von meinem Vater, und niemand kennet den Vater, denn nur der Sohn, und wem es der Sohn will offenbaren. Kommet her zu mir alle, die ihr mühselig und beladen seid, ich will euch erquicken. Nehmet auf euch mein Joch und lernet von mir, denn ich bin sanftmütig und von Herzen demütig, so werdet ihr Ruhe finden für eure Seelen. Denn mein Joch ist sanft, und meine Last ist leicht. MATTH. 11, 25—30.

Kurz bevor ich konfirmiert und als vollgültiges Glied in die Kirche aufgenommen wurde, sollte ich mir eine Bibelstelle aussuchen, die für mich Ausdruck der Begegnung mit der biblischen Botschaft und der christlichen Kirche wäre. Jeder Konfirmand erhielt diese Aufforderung und mußte das betreffende Bibelwort bei der Einsegnung aufsagen. Als ich das Wort wählte: „Kommet her zu mir alle, die ihr mühselig und beladen seid", wurde ich mit Erstaunen und vielleicht ein wenig Ironie gefragt, warum ich mir gerade diese Stelle gewählt hätte, denn ich verlebte eine glückliche Kindheit und hatte mit meinen 15 Jahren, äußerlich gesehen, weder „Mühsal noch Last". Ich konnte damals auf diese Frage nicht antworten, ich fühlte mich etwas in Verlegenheit gebracht, hatte aber doch das Gefühl, im Innersten recht zu haben. Und ich hatte wirklich recht, wie jedes Kind, das von diesen Worten unmittelbar angesprochen wird, und wie jeder Erwachsene, für den sie während seines ganzen Lebens in allem äußeren und inneren Schicksal Bedeutung besitzen. Diese Worte Jesu sind allumfassend und passen für jeden Menschen und jede menschliche Situation. Sie sind ganz schlicht und sprechen genauso zum Ungelehrten wie zum Gelehrten. Sie treffen und beunruhigen auch den Weisesten. Jedes Wort Jesu hat diesen Charakter. Das ist der Unterschied zwischen ihm und denen, die später seine Worte ausgelegt haben, den Jüngern und Heiligen, den Priestern und Theologen. Denke ich an das Bibelwort, das ich mir in meiner frühen Jugend auswählte, so fühle ich mich heute wie damals davon ergriffen, heute aber tiefer beunruhigt durch seine Größe und seinen unerschöpflichen Sinn. Angesichts solcher Worte ist es unsere Aufgabe zu zeigen, woher die Kraft stammt, die sie über unsere Seele haben. Wir müssen erklären, warum in ihrer beunruhigenden Größe die Macht einer letzten Wahrheit enthalten ist, und wir müssen versuchen, unsere menschliche Situation in ihrem Lichte zu verstehen.

Es sind drei Fragen, die bei diesen Worten Jesu auftauchen. Und wir müssen die Antworten auf sie zu finden suchen, indem wir seine Worte deuten. Von welcher Last und Mühsal können wir durch Jesus befreit werden? Welches ist das sanfte Joch und die leichte Last, die wir auf uns nehmen sollen? Warum ist er und nur er in der Lage, unseren Seelen Ruhe zu geben?

„Alle, die ihr mühselig und beladen seid..." Diese Worte sind an alle Menschen gerichtet, wenn sie auch nicht von allen in gleicher Weise empfunden werden. Es ist die allgemein menschliche Situation, ein Joch tragen zu müssen, das auf die Dauer zu schwer ist. Worin besteht es? Wir denken vielleicht zuerst an die Mühen des täglichen Lebens. Aber das meint unser Text nicht. Jesus sagt ja nicht, daß er uns die Bürden und Lasten des Lebens und der Arbeit erleichtern will. Wie könnte er das, auch wenn er es wollte? Ob wir zu ihm kommen oder nicht, die Drohung durch Krankheit und Arbeitslosigkeit wird nicht geringer, die Last der Arbeit wird nicht leichter, das Schicksal der Flüchtlinge, die von einem Land ins andere getrieben werden, ändert sich nicht, das Grauen der Trümmer, der Wunden und des Todes, das über uns fällt, hört nicht auf, und der Schmerz über den Verlust von Freunden, Eltern und Kindern ist nicht aufgehoben. Jesus kann denen, die er zu sich ruft, nicht mehr Freude und weniger Schmerz versprechen, und er tut es auch nicht. Im Gegenteil, manchmal verheißt er ihnen mehr Schmerz oder mehr Verfolgung oder schlimmeren Tod — das „Kreuz", wie er es nennt. All dies ist nicht gemeint mit der Last, von der er spricht.

Und es ist auch nicht die Last der Schuld und Sünde, wie mancher annehmen könnte, der in der traditionellen christlichen Deutung des Werkes Christi aufgewachsen ist. Auch davon steht nichts in Jesu Worten. Sein sanftes Joch auf sich nehmen heißt nicht: die Sünde leicht und die Schuld weniger ernst nehmen. Jesus sagt denen, die zu ihm kommen, nicht, ihre Sünden seien gar nicht so schlimm, wie sie ihnen scheinen. Er gibt ihnen kein leichteres Gewissen in bezug auf ihre Fehler und Vergehen, im Gegenteil, er schärft ihr Gewissen mit jedem seiner Worte. Er verdammt vieles als Sünde, was die Theologie seiner Zeit nicht als Sünde ansah. Das alles ist nicht die Last, die er meint.

Die Last, die er von uns nehmen will, ist die Last der Religion. Es ist das Joch des Gesetzes, das den Menschen seiner Zeit von den Priestern auferlegt wurde, von den „Weisen und Klugen", wie er sie in unserem Wort nennt, den Pharisäern und Schriftgelehrten, wie wir gewöhnlich sagen. Die Mühseligen und Beladenen sind diejenigen, die unter dem Joch des religiösen Gesetzes seufzen, und er will ihnen Macht geben, das Gesetz zu überwinden. Dagegen ist das Joch, das er ihnen auferlegt — das neue Sein — jenseits von Gesetz und Religion. Das, was sie von ihm lernen sollen, ist der Sieg über das Gesetz der „Weisen und Klugen", der Schriftgelehrten und Pharisäer.

Warum geht das uns an? Warum trifft das alle Menschen in allen Lebenslagen? Es geht uns und alles menschliche Dasein an, weil wir alle unter dem Gesetz seufzen, unter einem Gesetz, das uns die Religion auferlegt, und unter der Religion, die sich selbst zum Gesetz macht. Das ist die Tiefe in den Worten Jesu und die Wahrheit, die seinen Worten ihre Macht gibt. Der Mensch muß sich mühen und quälen, weil er das Wesen ist, das etwas weiß von seiner Endlichkeit, seiner Vergänglichkeit, seiner Gefährdetheit und dem tragischen Charakter seiner Existenz. Furcht und Angst sind das Erbteil aller Menschen, wie der Apostel Paulus erkannte, als er auf die Juden und Heiden sah. Ruhelosigkeit treibt den Menschen durch sein ganzes Leben, nach Augustins berühmtem Wort, und ein verstecktes Element der Verzweiflung ist in eines jeden Seele — so bezeugte es Kierkegaard aus eigener Erfahrung. Es gibt keinen wahrhaft religiösen Menschen, keinen scharfsichtigen Beobachter der menschlichen Seele, keinen, der das menschliche Herz wirklich schlagen hört, der diese Einsichten in die menschliche Natur und in das menschliche Dasein nicht bestätigen würde. Zerrissenheit und Gespaltenheit ist in jedes Menschen Seele. Wir wissen, daß wir mehr sind als Staub, und wir wissen, daß wir bald wieder Staub sein werden. Wir wissen, daß wir zu einer höheren Ordnung gehören als zu der unserer natürlichen Bedürfnisse und Begierden, und wir wissen zugleich, daß wir die höhere Ordnung immer wieder im Dienste der niederen mißbrauchen. Wir fühlen sehr gut, ein wie kleiner Teil der Welt wir sind und daß wir doch das Ganze sein wollen und uns zum Mittelpunkt der Welt machen.

Das ist das Wesen des Menschen, und weil es so ist, deshalb gibt es die Religion und ihre Gesetze. Die religiösen Gesetze sind der große Versuch des Menschen, Angst, Unruhe und Verzweiflung zu besiegen, die Zerrissenheit zu überwinden und Unsterblichkeit, Vergeistigung und Vollendung zu erlangen. Daher steht der Mensch immer unter dem Druck des Gesetzes, müht sich ab, quält sich in seinem Denken und plagt sich in seinem Tun.

Das religiöse Gesetz verlangt vom Menschen, das er bestimmte Vorstellungen und Dogmen anerkennt, daß er an traditionelle Lehren glaubt, deren Annahme die unerläßliche Bedingung für ihn ist, von Angst, Verzweiflung und Tod geheilt zu werden. So versucht er das alles anzuerkennen, obwohl er daran zweifelt und es ihm fragwürdig geworden ist. Er steht dauernd unter dem religiösen Anspruch, Dinge glauben zu sollen, die er nicht glauben kann, quält sich und leidet darunter. Schließlich versucht er, dem Gesetz der Religion zu entfliehen, indem er das Joch abschüttelt, das ihm von der Kirche, orthodoxen Pfarrern, frommen Eltern oder durch irgendwelche Überlieferung auferlegt worden ist. Er wird kritisch und skeptisch, er wirft das Joch von sich. Da aber niemand in dem luftleeren Raum der Skepsis leben kann, kehrt er mit einer Art selbstquälerischem Fanatismus zu dem alten Joch zurück und versucht, das Joch auch anderen aufzuzwingen, seinen Kindern oder seinen Schülern. Er wird von einem unbewußten Wunsch nach Rache getrieben für die Bürde, die er auf sich nehmen mußte. Viele Familientragödien sind auf diese Weise entstanden, und viele Menschen sind an dieser Haltung ihrer Eltern, Erzieher oder Pfarrer zerbrochen. Andere, unfähig, Leere und Skepsis zu ertragen, unterwerfen sich einem neuen Joch außerhalb der Kirche. Sie nehmen politische Ideologien an und propagieren sie mit religiösem Fanatismus, oder sie behandeln wissenschaftliche Theorien wie ein religiöses Dogma. Sie proklamieren utopische Erwartungen als Mittel und Wege zum Heil der Welt, und sie zwingen ganze Nationen unter das Joch ihrer Ideologie, die sie zum Range einer Religion erheben, während sie vorgeben, die Religion vernichten zu wollen. Wir alle leiden unter dem Joch der Religion, wir alle haben manchmal versucht, alte und neue Dogmen und Lehren abzuschütteln, aber über kurz oder lang kehren wir zu ihnen zurück, unterwerfen uns und zwingen uns und andere in dieselbe Knechtschaft.

Das gleiche gilt für die *praktischen* Gesetze der Religion. Sie verlangen Beteiligung am Ritual und Gottesdienst, Kenntnis der religiösen Überlieferung, Teilnahme an Gebet, Sakrament und Meditation. Sie verlangen moralischen Gehorsam, Selbstzucht und Askese, Hingabe an Menschen, Dinge und Pflichten weit über unsere Kraft, absolute Selbstkontrolle und uneingeschränkte Vollkommenheit. Das Gesetz der Religion verlangt Endgültiges in jeder Hinsicht. Und unser Gewissen sagt ja dazu. Aber unser Sein wird gespalten, denn Vollkommenheit — obwohl wir ihre Wahrheit anerkennen — übersteigt unsere Möglichkeiten. Sie steht gegen uns und verdammt uns. Darum versuchen wir, den moralischen und rituellen Forderungen den Rücken zu kehren: wir vernachlässigen sie, wir kritisieren und hassen sie, und viele tragen zynische Gleichgültigkeit gegen das religiöse und moralische Gesetz zur Schau. Aber da Zynismus und Skepsis auf die Dauer unmöglich sind, kehren wir zu den alten oder neuen Gesetzen zurück und werden fanatischer als zuvor. Wir nehmen ein Joch auf uns, das noch grausamer und unmöglicher ist, und zwingen andere Menschen im Namen der Vollkommenheit unter dasselbe Joch. Jesus selbst wird für diese Perfektionisten, Puritaner und Moralisten zum Verkünder eines religiösen Gesetzes, des schwersten, das uns auferlegt werden kann, nämlich seines eigenen. Aber das ist eine völlige Verkehrung der Verkündigung Jesu. Wir sind immer in der Gefahr, Jesus mißzuverstehen, wenn wir behaupten, er sei der Gründer einer neuen Religion oder der Schöpfer eines anderen, noch raffinierteren und noch bedrückenderen Gesetzes. Und so sehen wir in allen christlichen Kirchen Menschen, die als ernste Christen angesehen werden, sich abmühen unter unzähligen Gesetzen, die sie nicht erfüllen können, vor denen sie fliehen, zu denen sie wieder zurückkehren oder die sie durch andere Gesetze ersetzen. Das ist das Joch, von dem uns Jesus befreien will. Er ist mehr als ein Priester, ein Prophet oder ein religiöses Genie. Sie alle unterwerfen uns der Religion. Er macht uns frei von der Religion. Sie alle machen neue religiöse Gesetze. Er überwindet das Gesetz der Religion. „Nehmet auf euch mein Joch und lernet von mir... denn mein Joch ist sanft, und meine Last ist leicht." Darin ist kein gradueller Unterschied ausgedrückt — ein wenig leichter, ein wenig einfacher —, sondern es ist ein absoluter Gegensatz. Das Joch Jesu ist seinem Wesen nach leicht, weil er das Gesetz überwindet und unserer gequälten Seele Ruhe gibt. Das Joch der Religion und des Gesetzes bestätigt die Zerrissenheit und Zerspaltenheit in unserer Seele und bewirkt, daß wir immer wieder zu dem Versuch getrieben werden, ihrer Herr zu werden. Das Joch Jesu ist jenseits aller Zerrissenheit und Zerspaltenheit. Es hat sie überwunden, wo immer es erscheint und erfahren wird. Es ist keine neue Forderung, neue Lehre oder

Moral, sondern eine neue Wirklichkeit, ein neues Sein, eine neue Macht, das Leben zu verwandeln. Jesus nennt es ein Joch; er meint damit, daß es über uns kommt, daß es uns ergreift mit heilender Kraft. Wenn er es leicht nennt, meint er damit, daß es nichts mit Handeln und Streben zu tun hat, sondern daß es uns geschenkt wird, noch bevor wir etwas tun können. Es ist ein Sein, eine Macht, eine Wirklichkeit, durch die Angst und Verzweiflung, Furcht und Unrast besiegt werden. Es ist hier, unter uns, inmitten unserer persönlichen Tragödie und der Tragik der Geschichte. Plötzlich im heftigsten Kampf erscheint es als Sieg, der nicht durch uns herbeigeführt ist. Überraschend ist es da, wider alles Erwarten. Unvermutet werden wir ergriffen durch den Frieden, der höher ist als alle Vernunft, d. h. der unabhängig ist von unserem Suchen nach der Wahrheit und unserem Streben nach dem Guten. Die Wahrheit selbst, nämlich die Wahrheit unseres Lebens und Daseins, hat von uns Besitz ergriffen. Wir wissen, daß wir jetzt, in diesem Augenblick, in der Wahrheit sind — trotz unserer Unwissenheit über uns und unsere Welt. Wir sind nicht klüger und wissender im gewöhnlichen Sinne geworden. Aber die Wahrheit des Lebens ist in uns mit erleuchtender Gewißheit. Sie eint uns mit uns selbst und macht uns glücklich und ruhig. Und das Gute — das höchste Gute, das nicht für irgendeinen Zweck gut ist, sondern gut in sich selbst — hat von uns Besitz ergriffen. Wir wissen, daß wir jetzt, in diesem Augenblick, wirklich im Guten sind — trotz unserer Schwäche und des Bösen in uns, trotz der Brüchigkeit und Fragwürdigkeit unseres Ichs und der Welt. Wir sind nicht moralischer geworden oder heiliger, wir gehören noch zu der Welt, die dem Übel und der Selbstzerstörung unterworfen ist. Aber das Gute ist in uns. Es vereinigt uns mit allem Guten in der Welt und schenkt uns die beseligende Erfahrung der alles umfassenden Liebe. Wenn sich das ereignet, dann haben wir teil am Ewigen, an der höheren Ordnung und der geistigen Welt, zu der wir gehören und von der wir in unserem gewöhnlichen Dasein getrennt sind. Wir sind über uns hinausgewachsen, das neue Sein hat uns ergriffen, obwohl das alte Sein nicht verschwunden ist.

Wo können wir diese neue Wirklichkeit erleben? *Wir* können sie nicht finden, aber *sie* kann uns finden. Sie versucht uns zu finden während unseres ganzen Lebens. Sie ist in der Welt, sie trägt die Welt, und sie ist der Grund, daß wir und unsere Welt nicht der Selbstzerstörung überlassen sind. Obwohl die neue Wirklichkeit verborgen ist unter Angst und Verzweiflung, unter Endlichkeit und Tragik, ist sie doch in allem, im Seelischen und im Leiblichen, weil alles durch sie lebt. Das neue Sein bedeutet, daß das alte Sein sich selbst noch nicht ganz zerstört hat, daß das Leben noch möglich ist, daß unsere Seele noch Kraft hat, in die Zukunft zu gehen, und daß das Gute und das Wahre nicht ausgelöscht sind. Das neue Sein ist gegenwärtig, und es will uns finden. Wir wollen uns von ihm finden lassen. Es ist stärker als die Welt, obwohl es sanft, still und demütig ist.

Das ist der Sinn des Rufes Jesu: „Kommet her zu mir." Denn in ihm ist das neue Sein in einer Weise gegenwärtig, daß es sein ganzes Leben bestimmt. Das, was in allen Dingen verborgen ist, was uns manchmal in den großen Erhebungen *unserer* Seele aufleuchtet, das ist die gestaltende Kraft *seines* Lebens. Es ist die Einzigartigkeit und das Geheimnis seines Seins, daß das neue Sein ganz in ihm erscheint und Gestalt annimmt. Das ist auch der Grund, warum er Dinge sagen kann, die kein Prophet oder Heiliger je gesagt hat. „Daß keiner Gott kennt außer ihm und denen er es offenbaren will." Diese Worte bedeuten ganz gewiß nicht, daß Jesus eine neue Theologie oder ein neues religiöses Gesetz auferlegen will, sie bedeuten vielmehr: er ist das neue Sein, an dem jeder teilhaben kann, denn es ist allumfassend, und es ist allgegenwärtig. Wie kann er sich sanftmütig und von Herzen demütig nennen, nachdem er über seine Einzigartigkeit solche Worte gesagt hat, Worte, die im Munde eines jeden anderen Blasphemie und Arroganz darstellen würden? Er kann solche Worte sagen, weil das neue Sein, das in ihm Gestalt gewonnen hat, nicht von ihm selbst stammt. Es hat auch ihn geschaffen. Es hat ihn genau so gefunden, wie es auch uns finden muß. Daß sein Sein nicht das Resultat seines Mühens und Strebens und nicht Unterordnung unter ein religiöses Gesetz ist, sondern vielmehr der Sieg über Religion und Gesetz, das macht seine Einzigartigkeit aus. Jesus bürdet den Menschen keine Religion und kein Gesetz auf, kein Joch und keine Last. Wir würden uns mit Haß von seinem Ruf abwenden, wenn er uns zu der „christlichen Religion" oder zur „christlichen Lehre" oder zur „christlichen Moral" bekehren wollte. Wir würden ihm nicht glauben können, daß er sanft und demütig ist und daß er unseren Seelen Ruhe gibt, wenn er neue Forderungen an unser Tun und Denken stellte. Jesus ist nicht der Schöpfer einer neuen Religion, sondern der Sieger über die Religion, er ist nicht der Schöpfer eines neuen Gesetzes, sondern der Bezwinger des Gesetzes. Wir geistlichen und christlichen Lehrer rufen euch auch nicht zum Christentum, sondern zu einem neuen Sein, für das das Christentum Zeuge sein sollte und sonst nichts; wir wollen das Christentum nicht mit dem neuen Sein selbst verwechseln. Vergeßt alle christliche Lehre, vergeßt eure Gewißheit und eure Zweifel, wenn ihr den Ruf Jesu hört. Vergeßt alle christliche Moral, all eure Verdienste und eure Fehler, wenn ihr zu ihm kommt. Nichts wird von euch verlangt, keine Gottesvorstellung, nicht, daß ihr gut seid, nicht, daß ihr moralisch seid, nicht, daß ihr weise seid, nicht, daß ihr religiös seid, nicht, daß ihr Christen seid. Was von euch verlangt wird, ist einzig, daß ihr offen seid und annehmen wollt, was euch gegeben wird, das neue Sein, das Sein der Liebe und Gerechtigkeit und Wahrheit, wie es in Jesu anschaubar ist, in ihm, dessen Joch sanft und dessen Last leicht ist.

Ich will schließen mit einem persönlichen Wort, so wie ich begann. Glaubt mir, ihr, die ihr euch religiös und christlich nennt: Es würde nicht der Mühe wert sein, das Christentum zu predigen, wenn es dabei nur um das Christentum ginge! Und glaubt mir, ihr, die ihr euch von Religion und Christentum abgekehrt habt: Es ist nicht unsere Absicht, euch religiös und christlich zu machen, wenn wir den Ruf Jesu für euch zu deuten versuchen! Wir bezeichnen Jesus nicht deshalb als den Christus, weil er eine neue Religion gebracht hat, sondern weil er das Ende der Religion *ist,* jenseits von Religion und und Irreligion, jenseits von Christentum und Nichtchristentum. Wir verbreiten seine Botschaft, weil sie für jeden Menschen in jedem Zeitalter der Ruf ist, das neue Sein zu empfangen, diese verborgene, heilende Kraft in unserem Dasein, die Mühsal und Last von uns nimmt und unseren Seelen Ruhe gibt.

Fragt jetzt nicht, was wir tun sollen oder was für Taten aus dem neuen Sein und dem Frieden unserer Seele entstehen sollen. Fragt nicht, denn ihr fragt auch nicht, wie gute Früchte auf einem guten Baum reifen können. *Sie reifen.* Das Handeln erwächst aus dem Sein. Neues Handeln, besseres Handeln, machtvolleres Handeln erwächst aus dem neuen Sein, dem besseren Sein, dem machtvolleren Sein. Wir und unsere Welt würden besser, wahrer und gerechter sein, wenn mehr Seelenfrieden in der Welt wäre. Unser Handeln würde voll schöpferischer Kraft sein und könnte die Tragödie unserer Zeit bezwingen, wenn es aus einer tieferen Schicht unseres Lebens erwüchse. Denn unsere schöpferische Tiefe ist die Tiefe, in der wir stille sind.

VON DER VORSEHUNG

Denn ich bin gewiß, daß weder Tod noch Leben, weder Engel noch Fürstentümer, noch Gewalten, weder Gegenwärtiges noch Zukünftiges, weder Hohes noch Tiefes, noch keine andere Kreatur mag uns scheiden von der Liebe Gottes, die in Christo Jesu ist, unserem Herrn. RÖM. 8, 38—39.

Diese wohlbekannten Worte von Paulus drücken den christlichen Glauben an die göttliche Vorsehung aus. Sie sind die erste und grundlegende Deutung der erstaunlichen Worte im Matthäus-Evangelium, wo Jesus uns befiehlt, uns keinerlei Gedanken über unser Leben, unsere Nahrung und Kleidung zu machen, sondern zuerst das Reich Gottes zu suchen, weil Gott unser tägliches Leben und unsere Bedürfnisse kennt. Wir bedürfen einer solchen Deutung, denn es gibt wenige Sätze des christlichen Glaubens, die wichtiger sind für das tägliche Leben eines jeden Menschen, und es gibt wenige, die Mißverständnissen und Verdrehungen stärker ausgesetzt sind. Und solches Mißverständnis führt notwendig zu einer Enttäuschung, die die Herzen der Menschen nicht nur von Gott abwendet, sondern auch eine Auflehnung gegen die Religion erzeugt. Als ich zwischen den Schlachten des letzten Krieges mit Soldaten sprach, brachten sie ihre Ablehnung der christlichen Botschaft in der Form eines Angriffs gegen den Vorsehungsglauben zum Ausdruck — ein Angriff, dessen Schärfe ganz offensichtlich aus tiefen Enttäuschungen herrührte. Nachdem ich einen Aufsatz von Einstein gelesen hatte, in dem er den Glauben an einen persönlichen Gott ablehnt, kam ich zu der Überzeugung, daß kein Unterschied bestand zwischen seinem Fühlen und dem der unkomplizierten

Soldaten. Der Gottesgedanke scheint unannehmbar zu sein, weil die Wirklichkeit unserer Welt im Gegensatz zu der allmächtigen Kraft eines weisen und gerechten Gottes zu stehen scheint.

Als ich einmal einer Gruppe christlicher und jüdischer Emigranten den paradoxen Charakter des göttlichen Weltregiments zu deuten versuchte, sagte mir ein Jude aus Westdeutschland, daß er viele Telegramme aus Südfrankreich erhalten habe, die ihm von der schrecklichen plötzlichen Evakuierung von fast 10 000 hochbetagten Juden aus Deutschland und von ihrer Überführung in Konzentrationslager berichteten. Er sagte, der Gedanke an dies unvorstellbare Elend hindere ihn daran, in einer Botschaft von der göttlichen Vorsehung — und sei es auch die machtvollste Botschaft — einen Sinn zu finden. Welche Antwort sollen wir geben, welche Anwort können wir auf solch eine Frage geben? Im Problem der Vorsehung steht das Christentum als Ganzes auf dem Spiele. Es hat nichts mit theoretischer Kritik der Gottesidee zu tun, wohl aber mit der Angst des menschlichen Herzens, das nicht länger der Gewalt der dämonischen irdischen Mächte standzuhalten vermag. Paulus spricht von diesen Mächten. Er kennt sie alle: den Schrecken des Todes und die Angst vor dem Leben, die unwiderstehliche Stärke natürlicher und historischer Mächte, die Zweideutigkeit der Gegenwart und die unerforschliche Dunkelheit der Zukunft, die unberechenbaren Schicksalswendungen von der Höhe zur Tiefe und von der Tiefe zur Höhe und die natürliche Zerstörung der einen Kreatur durch die andere. Er kennt sie alle ebensogut wie wir, die wir sie in unseren Tagen wiederentdeckt haben, nachdem eine Zeitlang der Vorsehungsglaube selbstverständlich zu sein schien. Aber er war es niemals, und er kann es niemals werden. Der Vorsehungsgedanke ist vielmehr Sache des machtvollsten, paradoxesten und wagemutigsten Glaubens. Nur als solcher hat er Sinn und Wahrheit.

Was ist sein Inhalt? Vorsehung ist bestimmt kein Versprechen, das mit Gottes Hilfe alles zu einem guten Ende kommen wird; viele Dinge kommen zu einem schlechten Ende, und es heißt auch nicht, daß wir in jeder Situation an der Hoffnung festhalten können; es gibt Situationen, in denen die Hoffnung aufhört. Es ist auch nicht die Erwartung einer Geschichtsperiode, in der sich die göttliche Vorsehung dadurch erweist, daß alle Menschen gut und glücklich werden. Es gibt keine Generation, in der der Vorsehungsglaube weniger paradox scheint als in der unseren. Dies ist der Inhalt des Glaubens an die Vorsehung: Wenn es Tod vom Himmel regnet, wie es heute geschieht; wenn Grausamkeit Völker und einzelne ergreift, wie es heute geschieht; wenn Hunger und Verfolgung Millionen von Ort zu Ort treiben, wie es heute geschieht; wenn Gefängnisse und Elendsquartiere über die ganze Welt hin Leib und Seele zerstören, wie es heute geschieht, dann können wir in einer solchen Zeit und gerade in einer solchen Zeit uns rühmen, daß all dies uns nicht scheiden kann von der Liebe Gottes. In diesem Sinn und allein in diesem Sinn wirken alle Dinge zusammen zum Guten, zum Sieg der Liebe und zum Reiche Gottes. Glaube an die göttliche Vorsehung ist der Glaube, daß nichts uns davon abhalten kann, den letzten Sinn unserer Existenz zu erfüllen. Vorsehung bedeutet nicht, daß alles wie bei einer Maschine nach einem festgelegten Plan abrollt. Vielmehr bedeutet Vorsehung, daß in jeder Situation eine schöpferische und rettende Möglichkeit liegt, die durch kein Ereignis zerstört werden kann. Vorsehung bedeutet, daß die dämonischen und zerstörerischen Kräfte in uns und unserer Welt niemals gänzlich von uns Besitz ergreifen und die Bande, die uns mit der vollendeten Liebe verbinden, niemals zerrissen werden können.

Diese Liebe erscheint verkörpert in „Christus Jesus, unserem Herrn". Indem er das hinzufügt, spricht Paulus nicht nur eine feierliche Phrase aus, wie wir es oft tun, wenn wir diese Worte gebrauchen. Er benutzt sie vielmehr, nachdem er auf das Einzige hingewiesen hat, das unseren Glauben an die Vorsehung zerstören kann: nämlich unser Unglaube an die Liebe Gottes, unser Mißtrauen gegen Gott, unsere Furcht vor seinem Zorn, unser Haß gegen seine Gegenwart, unser Bild von ihm als einem uns verdammenden Tyrannen und unser Gefühl von Sünde und Schuld. Es ist nicht die Tiefe unseres Leidens, sondern die Tiefe unseres Getrenntseins von Gott, die unseren Vorsehungsglauben zerstört. Vorsehung und Vergebung der Sünden sind nicht zwei getrennte Seiten des christlichen Glaubens; sie sind ein und dasselbe — die Gewißheit, daß wir das ewige Leben trotz Leid und Sünde erlangen können. Paulus vereint beides, indem er sagt: „Wer ist es, der verdammen will — es ist Jesus Christus..., der für uns eintritt." Und darum fährt er fort: „Wer will uns scheiden von der Liebe Gottes? Trübsal oder Angst oder Verfolgung oder Hunger oder Blöße oder Fährlichkeit oder Schwert...? In dem allen überwinden wir weit um des willen, der uns geliebet hat..." Das ist der Glaube an die Vorsehung und das allein.

ERKENNTNIS IST LIEBE

Die Liebe vergeht niemals. Seien es aber Reden aus Weissagung, sie werden abgetan werden; seien es Zungenreden, sie werden aufhören; sei es Erkenntnis, sie wird abgetan werden. Denn unser Erkennen ist Stückwerk, und unser Reden aus Weissagung ist Stückwerk. Wenn aber das Vollkommene kommen wird, dann wird das Stückwerk abgetan werden. Als ich ein Kind war, redete ich wie ein Kind, sann wie ein Kind, urteilte wie ein Kind; als ich ein Mann wurde, tat ich ab, was kindisch war. Denn wir sehen jetzt mittels eines Spiegels, dunkel, dann aber von Angesicht zu Angesicht. Jetzt ist mein Erkennen Stückwerk, dann aber werde ich völlig erkennen, wie ich auch völlig erkannt worden bin.

1. KOR. 13, 8—12.

In den berühmten Worten unseres Textes spricht Paulus von den Dingen, die Stückwerk sind, oder, wie wir heute sagen würden, den fragmentarischen Dingen, und von den vollendeten oder vollkommenen Dingen. Die fragmentarischen Dinge werden vergehen, die vollkommenen werden bleiben; jene sind zeitlich, diese sind ewig. Das Fragmentarische, Zeitliche ist keineswegs das Materielle. Fragmentarisch sind auch einige der höchsten Gaben des Heiligen Geistes: Weissagung, d. h. die Deutung von Gegenwart und Geschichte; Zungenreden, d. h. unser ekstatisches Fühlen und Sprechen; Erkenntnis, d. h. das Verstehen unserer Existenz. Sogar diese geistlichen Güter werden mit allen materiellen und intellektuellen Gütern vergehen. Sie sind fragmentarisch, zeitlich, vergänglich. Die Liebe allein vergeht nicht, sie bleibt ewig. Denn Gott selbst ist Liebe, wie Johannes sagt, der den Gedanken des Paulus weiterführt.

In der Tiefe ist Wahrheit

Aber es ist noch eine andere Betrachtung in unserem Text, die den Worten über die Liebe zu widersprechen scheint. Paulus weist auf die Verschiedenheit hin zwischen unserer fragmentarischen, indirekten und verdunkelten Erkenntnis und der vollkommenen, direkten und ganzen Erkenntnis, die da kommen soll. Er vergleicht die primitiven Vorstellungen der Kinder mit den reifen Einsichten der Erwachsenen. Er spricht von etwas, das neben der Liebe vollkommen sein kann und darum zum Ewigen gehört, nämlich das Schauen der Wahrheit von Angesicht zu Angesicht, d. h. eine Erkenntnis, die so vollkommen ist wie die, mit der Gott uns erkennt.

Wie lassen sich diese beiden Betrachtungen vereinen? Hat Paulus vergessen, daß er noch eben von der Vollkommenheit und Ewigkeit der Liebe allein gesprochen hat? Er hat es nicht vergessen. Beschließt er doch diesen Teil seines Briefes mit den Worten über die Liebe, die das Größte unter allem Bleibenden ist. Oder sind die Worte über die Erkenntnis eingefügt ohne einen ausdrücklichen Zusammenhang mit dem übrigen Text? Keineswegs! Was die beiden Gedanken verbindet, ist eines der tiefsten Worte dieses Kapitels, nämlich: „Gleichwie ich erkannt bin" — völlig erkannt, das heißt durch Gott erkannt. Aber es gibt nur einen Weg, einen Menschen zu erkennen — mit diesem Menschen durch die Liebe verbunden sein. Völlige Erkenntnis setzt völlige Liebe voraus. Gott kennt mich, weil er mich liebt, und ich werde ihn erkennen von Angesicht zu Angesicht durch ein ähnliches Einssein, das Liebe und Erkenntnis zugleich ist. Die Liebe ist etwas Bleibendes, die Liebe allein hat Dauer, aber nichts außer der Liebe, nichts, was unabhängig ist von der Liebe. In der Liebe jedoch ist das Sehen von Angesicht zu Angesicht, d. h. die volle Erkenntnis des anderen, enthalten. Nicht die blinde Liebe ist die Liebe, die bleibt. Es ist eine sehende Liebe, eine erkennende Liebe, eine Liebe, die bis in die Tiefe des göttlichen Herzens und in die Tiefe unseres eigenen Herzens schaut. Für Liebe gibt es keine bleibende Fremdheit; sie ist die Macht völliger und bleibender Erkenntnis. Erkenntnis ist ewig, sofern sie eins ist mit Liebe. Das Maß der Erkenntnis ist eins mit dem Maß der Liebe. Für Paulus existiert die Unterscheidung zwischen Er-

Erkenntnis ist Liebe

kenntnis und Liebe, zwischen Sehen und Handeln, zwischen Theorie und Praxis nur, wenn es sich um unsere fragmentarische Erkenntnis handelt. Die Liebe überwindet den scheinbaren Gegensatz zwischen Theorie und Praxis, sie ist Wissen und Tun zugleich. Deshalb ist sie das Größte, deshalb ist Gott selber Liebe. Deshalb ist Christus, die Offenbarung der göttlichen Liebe, voll Gnade und Wahrheit. Das ist es, was Paulus meint, und das ist das Kriterium der Erkenntnis, das er gibt.

Und nun wollen wir damit unser Dasein und die Erkenntnis, die wir haben, vergleichen. Paulus sagt: All unsere gegenwärtige Erkenntnis ist verzerrt wie in einem unklaren Spiegel und gibt uns Rätsel auf. So wird, auf eine andere Weise, der fragmentarische Charakter unserer Erkenntnis ausgedrückt. Denn Teile, aus dem Zusammenhang herausgerissen, sind für uns Rätsel. Wir mögen die Natur des Ganzen ahnen, wir mögen uns auf indirektem Weg dem Ganzen nähern, aber wir sehen nicht das Ganze selber. Wir erfassen es nicht von Angesicht zu Angesicht. Ein wenig Licht und viel Dunkelheit; ein paar Fragmente, aber nie das Ganze; viele Probleme und nie eine Lösung; nur Reflexe im Spiegel unserer Seele, ohne die Quelle der Wahrheit selber: das ist die Situation unserer Erkenntnis. Und es ist die Situation unserer Liebe. Weil unsere Liebe zu den anderen und zu dem Grund unseres Seins Stückwerk ist, ist auch die Erkenntnis der anderen und unsere Erkenntnis Gottes Stückwerk. Nietzsche hat einmal gesagt, daß unsere Erkenntnis so weit reicht wie unser schöpferischer Wille. Das trifft auf einen bestimmten Bereich des Lebens zu, aber nicht auf das Ganze unseres Lebens. Die Tatsache dagegen, daß unsere Erkenntnis so weit reicht wie unsere vereinigende Liebe, gilt für das Ganze der menschlichen Existenz.

Die Menschheit hat stets versucht, die rätselvollen Bruchstücke des Lebens zu entziffern. Dieser Versuch ist nicht nur eine Angelegenheit der Philosophen, Priester, Propheten und Weisen aller Zeitalter gewesen. Jeder Mensch muß das für sich versuchen. Denn jeder Mensch ist ein Bruchstück. Er ist sich selbst ein Rätsel, dunkel, geheimnisvoll, verwirrend, erregend, quälend. Unser Sein ist ein ständiges Fragen nach dem

In der Tiefe ist Wahrheit

Sinn unseres Seins, ein ständiger Versuch, das Rätsel unserer Welt und unserer Seele zu lösen. Bevor sich Kinder dem konventionellen Verhalten der Erwachsenen angepaßt haben und aus ihrer schöpferischen Individualität herausgerissen sind, fragen sie ständig, getrieben durch den Wunsch, die Rätsel zu entziffern, die sie im primitiven Spiegel ihrer Erfahrung sehen. In allen Bereichen seines Lebens ist der schöpferische Mensch wie ein Kind, das über die Grenzen der konventionellen Antworten hinaus zu fragen wagt. Er entdeckt den fragmentarischen Charakter dieser Antworten, den die anderen nur dumpf und unbewußt fühlen. Durch eine einzige fundamentale Frage kann es geschehen, daß er ein ganzes, fest organisiertes System des Lebens, der Gesellschaft, der Ehtik und der Religion zerstört. Er zeigt den Menschen, daß das, was sie für etwas Vollkommenes hielten, nur das Fragment eines Fragmentes ist. Er kann die Sicherheit von Jahrhunderten erschüttern, indem er den tiefsten Grund eines ungelösten Rätsels ans Tageslicht bringt. Das Elend des Menschen liegt in dem fragmentarischen Charakter seines Lebens und seiner Erkenntnis, die Größe des Menschen liegt in seiner Fähigkeit, zu wissen, daß das Sein fragmentarisch und rätselhaft ist. Denn der Mensch ist fähig, sich beunruhigen zu lassen und zu fragen, hinter die Fragmente vorzustoßen und das Vollkommene zu suchen. Das aber macht ihm die Tragik seines Seins bewußt. Der Mensch ist wie alle Wesen dem Gesetz der Vergänglichkeit unterworfen. Aber der Mensch allein ist sich dieses Gesetzes bewußt. Deshalb ist er elender als die Wesen, die unbewußt unter der Knechtschaft dieses Gesetzes stehen. Zugleich ist er ihnen überlegen und glücklicher als sie, weil er allein weiß, daß es etwas gibt jenseits der Vergänglichkeit und des Verfalls, jenseits der Rätsel und Bruchstücke. Paulus fühlt das, wenn er sagt, daß die Schöpfung selbst aus der Knechtschaft der Eitelkeit erlöst werden und an der Freiheit der Kinder Gottes teilnehmen soll.

Der Mensch ist sich selbst ein Bruchstück und ein Rätsel. Je mehr er diese Tatsache erfahren hat und um sie weiß, desto mehr ist er wirklich Mensch. Paulus hatte den Zusammenbruch eines Lebens- und Denksystems erfahren, von dem er

Erkenntnis ist Liebe

glaubte, daß es etwas Vollkommenes sei, eine Wahrheit ohne Rätsel und Brüche, bis er sich verschüttet fand unter den Trümmern seiner früheren Welt. Paulus versuchte nie wieder, ein neues, bequemes Haus aus den Trümmern aufzubauen. Er wußte, daß Fragmente Fragmente bleiben, auch wenn man versucht, sie zusammenzufügen. Die Einheit, zu der sie gehören, liegt jenseits von ihnen; sie wird ergriffen durch Hoffnung, nicht von Angesicht zu Angesicht.
Wie konnte Paulus das Leben unter Trümmern bejahen? Er bejahte es, weil die Bruchstücke *als* Bruchstücke ihm etwas zeigten: das Vollkommene, die Wirklichkeit der Liebe. Und die Macht der Liebe verwandelte die quälenden Rätsel in Symbole der Wahrheit, die tragischen Fragmente in Symbole der Ganzheit.

VOM TUN DER WAHRHEIT

Denn Gott hat seinen Sohn nicht gesandt in die Welt, daß er die Welt richte, sondern daß die Welt durch ihn selig werde. Wer an ihn glaubt, der wird nicht gerichtet; wer aber nicht glaubt, der ist schon gerichtet, denn er glaubt nicht an den Namen des eingeborenen Sohnes Gottes. Das ist aber das Gericht, daß das Licht in die Welt gekommen ist, und die Menschen liebten die Finsternis mehr als das Licht; denn ihre Werke waren böse. Wer Arges tut, der haßt das Licht und kommt nicht an das Licht, auf daß seine Werke nicht gestraft werden. Wer aber die Wahrheit tut, der kommt an das Licht, daß seine Werke offenbar werden; denn sie sind in Gott getan.
JOH. 3, 17—21.

„Wer aber die Wahrheit tut!" Diese Zusammenstellung von Worten überrascht uns. Wir können die Wahrheit erkennen und wissen, und es mag zuweilen vorkommen, daß wir unserer Erkenntnis gemäß handeln, aber wie können wir die Wahrheit *tun?* Die Wahrheit begegnet uns in einer wahren Theorie. Unser Handeln kann sich nach dieser Theorie richten oder nicht. Theorie und Praxis scheinen zwei ganz verschiedene Dinge zu sein, und es ist schwierig, sie sich als eine Einheit vorzustellen. Darum ist es schwer, den Satz „Er tut die Wahrheit" zu verstehen. Vielleicht sollten wir den Ausdruck nicht zu ernst nehmen. Vielleicht sollte er nur gedeutet werden als „der Wahrheit gemäß handeln". Aber wenn eine solche Deutung richtig wäre, was würden dann Sätze wie die folgenden bedeuten: „ich bin die Wahrheit", „die Wahrheit ist geworden", es gibt Menschen, die „aus der Wahrheit sind"? Keine dieser Aussagen wäre sinnvoll, wenn die Wahrheit reine Theorie wäre.

Vom Tun der Wahrheit

Man sagt manchmal: „Das ist in der Theorie richtig, aber nicht in der Praxis." Man sollte besser sagen: „Das ist in der Theorie falsch, und folglich ist es auch in der Praxis falsch." Der Gegensatz von Theorie und Praxis ist von Menschen erdacht worden, die scharfem und exaktem Denken ausweichen wollen. Sie bewegen sich lieber im seichten Gewässer der gewohnten Praxis, auf der Oberfläche der sogenannten Erfahrung. Sie wollen nichts anerkennen als die ständige Bestätigung und Wiederholung dessen, was sie bereits wissen oder glauben. Aber nur die Fragen, die das Selbstverständliche um der Wahrheit willen angegriffen haben, brachten Wahrheit und haben mit der neuen Wahrheit die alte Praxis erschüttert und verwandelt. Das gilt in der Wissenschaft, der Ethik und der Religion. Als der Prophet Amos die Grundvoraussetzung alles Heidentums in Frage stellte, nämlich die Bindung Gottes an sein Land und sein Volk, war das Heidentum grundsätzlich gebrochen. Als der Zweite Jesaja den Glauben angriff, daß das Leiden eines Volkes die Strafe seiner Sünden sei und statt dessen vom stellvertretenden Leiden des Gottesknechtes sprach, war ein neues Verständnis der Weltgeschichte möglich geworden. Als die Apostel das gewohnte Bild des Messias als eines siegreichen Herrschers ablehnten und die Hoffnung auf den Messias mit der Tatsache des Kreuzes vereinigten, war das System der alten Werte außer Kraft gesetzt. Als Augustin die Lehre von der menschlichen Freiheit in Beziehung zu Gott verwarf, als Luther die Notwendigkeit der kirchlich-sakramentalen Vermittlung zwischen Gott und Mensch bestritt, als die moderne Geschichtswissenschaft die überlieferte, abergläubische Lehre von der wörtlichen Inspiration der Bibel außer Kraft setzte — war eine neue Wirklichkeit geschaffen und die Praxis unzähliger Menschen grundlegend verändert. Wahre Theorie und rechte Praxis gehören zusammen; das zeigt die Geschichte, und das liegt hinter den Worten des vierten Evangeliums. Und das sollte denen, die dem Denken in der Tiefe feindlich gegenüberstehen, einen Anstoß geben, selbst zu denken und die zu ehren, die durch rücksichtslose Denkarbeit die Praxis der Menschen fundamental verändert haben.

In der Tiefe ist Wahrheit

Das griechische Wort für Wahrheit bedeutet: *„das Unverborgene"*. Die Wahrheit ist verborgen und muß entdeckt werden. Niemand besitzt sie von Natur aus. Sie wohnt in der Tiefe, unterhalb der Oberfläche. Die Oberfläche unseres Daseins wechselt, sie ist in ständiger Bewegung wie die Wellen des Meeres, deshalb ist sie trügerisch. Die Tiefe ist ewig und deshalb ein sicherer Grund. Das vierte Evangelium gebraucht das griechische Wort und übernimmt damit die griechische Bedeutung, aber es verwandelt sie zugleich. „Die Wahrheit tun", „aus der Wahrheit sein", „die Wahrheit ist geworden", „ich bin die Wahrheit", alle diese Worte machen deutlich, daß das Christentum unter Wahrheit etwas versteht, was *geschieht*, was an einen besonderen Ort, eine besondere Zeit, eine besondere Person gebunden ist. Die Wahrheit ist etwas Neues, ein Ereignis der Geschichte, von Gott getan, und ein Ereignis im Einzelleben. Die Wahrheit ist verborgen, die Wahrheit ist ein Geheimnis — im christlichen wie im griechischen Denken. Aber das Geheimnis der Wahrheit im Christentum ist ein Ereignis, das stattgefunden hat und das immer wieder stattfindet. Sie ist Leben, persönliches Leben, Offenbarung und Entscheidung. Die Wahrheit ist ein Lebensstrom, der seine Mitte im Christus hat und in jedem, der mit ihm verbunden ist, zur Wirklichkeit kommt. Im griechischen Denken kann die Wahrheit *nur* gefunden werden. Im Christentum wird die Wahrheit gefunden, wenn sie *getan* wird, und sie wird getan, wenn sie gefunden wird. Im griechischen Denken ist die Wahrheit die Offenbarung der ewigen, unveränderlichen Wesenhaftigkeit der Dinge. Im Christentum ist die Wahrheit die neue Schöpfung, die sich selbst in der Geschichte verwirklicht. Daher ist im Christentum das Gegenteil der Wahrheit die Lüge und nicht — wie im Griechischen — die falsche Meinung. Die Entscheidung für oder gegen die Wahrheit ist Entscheidung auf Tod und Leben, und diese Entscheidung ist gleichbedeutend mit der Entscheidung für oder gegen Christus. Man kann keine falsche Meinung über Christus haben, nachdem man ihm begegnet ist. Man kann nur die Wahrheit tun, indem man ihm nachfolgt, oder die Lüge tun, indem man ihn verneint. Deshalb ist es nicht möglich, aus

ihm einen Lehrer der Wahrheit zu machen — einen Lehrer unter anderen, und sei er auch der größte, der über allen anderen steht. Das würde es unmöglich machen, von ihm zu sagen, daß er die Wahrheit ist. Die Entscheidung für ihn wären zwei getrennte Dinge (genau so wie die Entscheidung für Platos Lehre etwas anderes ist als die Enscheidung für Plato). Aber gerade diese Trennung wird vom vierten Evangelium verneint, wenn es Christus „die Wahrheit, die geworden ist" nennt und wenn es von denen, die ihm nachfolgen, behauptet, daß sie aus der Wahrheit sind und deshalb fähig, die Wahrheit zu tun.
Die christliche Theologie wurzelt in einer Auffassung von der Wahrheit, in der es keinen Gegensatz zwischen Theorie und Praxis gibt, weil die christliche Wahrheit erlösende Wahrheit ist. Es gibt keine wahre theologische Behauptung, die nicht direkt oder indirekt erlösende Wahrheit ist. Und erlösende Wahrheit ist die Wahrheit, die getan wird; erlösende Wahrheit hat „der, der die Wahrheit tut".

DER THEOLOGE

I. TEIL

Von den geistlichen Gaben aber will ich euch, liebe Brüder, nicht verhalten.
Ihr wisset, daß ihr Heiden seid gewesen und hingegangen zu den stummen Götzen, wie ihr geführt wurdet.
Darum tue ich euch kund, daß niemand Jesum verflucht, der durch den Geist Gottes redet; und niemand kann Jesum einen Herrn heißen ohne durch den Heiligen Geist.
Es sind mancherlei Gaben; aber es ist ein Geist.
Und es sind mancherlei Ämter; aber es ist ein Herr.
Und es sind mancherlei Kräfte; aber es ist ein Gott, der da wirket alles in allem.
In einem jeglichen erzeigen sich die Gaben des Geistes zum gemeinen Nutzen.
Einem wird gegeben durch den Geist, zu reden von der Weisheit; dem andern wird gegeben, zu reden von der Erkenntnis nach demselben Geist;
einem andern der Glaube in demselben Geist; einem andern, gesund zu machen in demselben Geist;
einem andern, Wunder zu tun; einem andern Weissagung; einem andern, Geister zu unterscheiden; einem andern mancherlei Sprachen; einem andern, die Sprachen auszulegen.
Dies aber alles wirkt derselbe eine Geist und teilt einem jeglichen seines zu, nach dem er will. 1. KOR. 12, 1—11.

Die meisten unter uns sind Studierende der Theologie, ob wir lernen oder lehren, ob wir Missionare oder Erzieher, Pfarrer oder Diakone, Beamte oder politische Führer sind. Hier in unserem Kreise sind wir *Theologen*, Menschen, die nach dem fragen, was Menschen unbedingt angeht, die Frage nach Gott und seiner Offenbarung. Was wir auch sonst sein mögen, wir sind in erster Linie Theologen. Deshalb ist es das Naheliegendste, obwohl nicht das Gewohnteste, daß wir unsere Existenz als Theologen einer Betrachtung unterziehen. Worauf gründet sich diese Existenz? Was macht einen Menschen zum Theologen? Welche Beziehung besteht zu anderen Daseinsformen? Was ist der Sinn unserer Existenz als solcher? Paulus macht uns deutlich, was er für die Grundlage aller Theologie hält: den göttlichen Geist. Und das Wort der Weisheit und Erkenntnis, die Theologie, ist nach dem Zeugnis der ganzen christlichen Kirche zuerst und vor allem eine Gabe des Heiligen Geistes. Sie ist *eine* der Gaben neben anderen. Sie ist eine *besondere* Gabe neben anderen besonderen Gaben. Aber sie ist eine *Gabe* des Heiligen Geistes und kein natürliches Vermögen. Das Wort der Erkenntnis – die Theologie – ist zu uns gesprochen worden, bevor wir es anderen oder sogar uns selbst mitteilen können. Theologe zu sein bedeutet in erster Linie das Vermögen, *geistliche* Erkenntnis zu empfangen. Wenn wir aber dieses Kriterium zugrunde legen, können wir uns dann Theologen nennen? Können wir sagen, daß *unser* theologisches Denken die Gabe des Heiligen Geistes ist? Sind wir gewiß, daß unsere theologische Existenz wirklich über unsere menschlichen Fähigkeiten hinausgeht, daß wir das Wort der Erkenntnis, das Wort geistlicher Weisheit, besitzen?

Paulus gibt uns ein ganz konkretes Kriterium für das, was theologische Existenz ist. Es ist das Kriterium aller geistlichen Existenz. Er sagt: Wer ausruft: „Jesus sei verflucht!", redet nicht im Geiste Gottes; und keiner kann sagen: „Jesus ist der Herr", es sei denn im Heiligen Geiste. Wer Jesus als Christus annimmt, beweist gerade durch dieses Annehmen, daß er den Geist Gottes empfangen hat. Denn der Menschengeist allein ist nicht imstande, die Aussage zu machen: „Ich nehme Jesus an als den Christus". Diese Aussage ist das Geheimnis und das Fundament der christlichen Kirche, das Paradox und der Stein des Anstoßes. Sie ist das Ärgernis des Christentums und zugleich die Tiefe und die Macht, die ein neues Sein schafft, in der Welt, in der Geschichte und im Menschen. Deshalb hat je-

In der Tiefe ist Wahrheit

der, der im Ernst mit der Kirche bekennt: „Jesus ist der Christus", teil am göttlichen Geist. Und er kann den Geist der Weisheit und Erkenntnis empfangen, er kann Theologe werden.

Es gibt keine Theologie außerhalb der Gemeinschaft derer, die bezeugen: „Jesus ist der Christus", außerhalb der Kirche, d. h. der „Versammlung Gottes". Theologie ist ein Werk der Kirche eben deshalb, weil sie ein Werk des göttlichen Geistes ist. Theologische Existenz ist ein Element kirchlicher Existenz. Sie ist nicht einfach eine Weise „freien" Denkens, wissenschaftlicher Forschung oder allgemeiner philosophischer Analyse. Die Theologie bringt den Glauben der Kirche zum Ausdruck. Sie wiederholt die paradoxe Behauptung: „*Jesus ist der Christus*" und betrachtet alle darin liegenden Voraussetzungen und Folgerungen. Theologische Existenz bezeichnet die Existenz dessen, der innerhalb der Kirche vom göttlichen Geist ergriffen ist und das Wort der Weisheit und Erkenntnis empfangen hat.

Aber wir müssen noch eine andere Frage stellen. Wenn *das* theologische Existenz ist, wer von uns könnte sich Theologe nennen? Wer kann sich dazu entschließen, Theologe zu werden? Und wer kann es wagen, Theologe zu bleiben? Gehören wir wirklich zur Gemeinde Gottes? Können wir ernstlich das Paradox annehmen, auf dem die Kirche ruht, das Paradox, daß Jesus der Christus ist? Sind wir ergriffen durch den göttlichen Geist, und haben wir das Wort der Erkenntnis als Gabe empfangen? Wenn jemand käme und uns sagte, er gehöre gewißlich zur Kirche, er zweifle nicht mehr daran, daß Jesus der Christus sei, er sei ständig vom Heiligen Geist ergriffen und habe die Gabe der Erkenntnis — was sollten wir ihm antworten? Wir müßten ihm sagen, daß er nicht einmal die erste Vorbedingung theologischer Existenz erfüllt, die darin besteht, daß man selbst nicht weiß, ob man den Geist Gottes oder einen widergöttlichen Geist empfangen hat. Wir würden ihn nicht anerkennen als Theologen. Aber wenn einer käme und uns sagte, daß er von der christlichen Kirche und ihren Grundlagen entfremdet sei, daß er die Gegenwart und Macht des Heiligen Geistes nicht fühle, daß er leer sei von geistlicher

Erkenntnis, aber daß er immer und immer wieder die theologische Frage stelle, die Frage nach dem, was ihn unbedingt angeht und nach Jesus als dem Christus — dann würden wir ihn einen Theologen nennen. Vielleicht würden wir die Ernsthaftigkeit seines Zweifels prüfen, um zu sehen, ob nicht sein Zweifel und seine Verzweiflung ein raffinierter Ausdruck seines Hochmuts sind. Aber wenn wir von seiner Ernsthaftigkeit überzeugt wären, würden wir ihn als Theologen anerkennen.

Es sind viele unter uns, die von sich glauben, daß sie niemals gute Theologen werden können, daß sie in jedem anderen Beruf Besseres leisten würden. Und doch können sie sich nicht vorstellen, daß ihr Dasein etwas anderes als ein theologisches Dasein wäre. Selbst wenn sie die Theologie als Beruf aufgeben müßten, würden sie niemals aufhören, die theologische Frage zu stellen. Sie würde sie überallhin verfolgen. Sie wären an sie gebunden, wenn auch nicht durch ihren Beruf, so doch durch die Wirklichkeit ihres Lebens. Sie wären nicht sicher, ob sie ihre Forderungen je erfüllen könnten, aber sie wären sicher, daß sie sich ihrem Ruf nicht entziehen könnten. Wer das in seinem Herzen glaubt, gehört zur Versammlung Gottes. Er ist ergriffen vom göttlichen Geist. Er hat die Gabe der Erkenntnis empfangen, er ist Theologe.

DER THEOLOGE

II. TEIL

Denn wiewohl ich frei bin von jedermann, habe ich doch mich selbst jedermann zum Knechte gemacht, auf daß ich ihrer viele gewinne.
Den Juden bin ich geworden wie ein Jude, auf daß ich die Juden gewinne. Denen, die unter dem Gesetz sind, bin ich geworden wie unter dem Gesetz, auf daß ich die, so unter dem Gesetz sind, gewinne.
Denen, die ohne Gesetz sind, bin ich wie ohne Gesetz geworden (so ich doch nicht ohne Gesetz bin vor Gott, sondern bin in dem Gesetz Christi), auf daß ich die, so ohne Gesetz sind, gewinne.
Den Schwachen bin ich geworden wie ein Schwacher, auf daß ich die Schwachen gewinne. Allen bin ich alles geworden, auf daß ich allenthalben ja etliche selig mache.
Solches aber tue ich um des Evangeliums willen, auf daß ich sein teilhaftig werde. 1. KOR. 9, 19—23.

Wir haben in der ersten Rede gesehen: die Grundlage unserer theologischen Existenz besteht darin, daß der göttliche Geist sich unserer bemächtigt und es uns unmöglich macht, der theologischen Frage auszuweichen, der Frage nach dem, was uns unbedingt angeht, der Frage nach Gott. Wir sehen in dem Theologen einen Gläubigen trotz seines Zweifels und seiner Verzweiflung, und wir sehen in ihm ein Glied der Kirche, in deren Kraft alle theologische Arbeit getan wird, auch dann, wenn ihm die Gewißheit des Glaubens fehlt.
Nun werden uns einige Paulusworte über sein Predigeramt eine andere Seite unserer theologischen Existenz verständlich machen. Ein Apostel ist gewiß mehr als ein Theologe, und

ein Geistlicher hat größere Funktionen als ein Theologiestudent. Aber ein Apostel ist *auch* ein Theologe, und ein Geistlicher kann ohne Theologie seine Arbeit nicht tun. Deshalb gelten Paulus' Worte, die er über sein Amt als Ganzes sagt, auch für die theologische Seite seines Amtes: „Allen aber bin ich alles geworden." Die theologische Existenz verlangt dieselbe Haltung; der Theologe muß in seiner Theologie „allen alles werden". Wir wollen den Sinn dieser Worte betrachten.

„Denen, die unter dem Gesetz sind, bin ich geworden wie unter dem Gesetz, auf daß ich die, so unter dem Gesetz sind, gewinne." Wir wollen das Wort „Gesetz" durch „Idealismus" ersetzen, nicht nur, weil Idealisten für gewöhnlich gesetzlich denken, sondern auch, weil Idealismus eine edle Haltung ist, die uns über die niedere Schicht unseres Daseins erhebt und, ebenso wie das Gesetz, Glaube und Ehrfurcht erweckt. „Den Idealisten wurde ich einer ihresgleichen, um die zu gewinnen, die Idealisten sind, obwohl ich selbst kein Idealist bin." Wie ist so ein Akt möglich? Wie kann der Theologe, der selbst kein Idealist ist, den Idealisten ein Idealist sein? Er kann in derselben Weise ein Idealist werden, wie der Apostel Christi den Juden ein Jude werden kann. Paulus sagt, daß das Gesetz gut ist, daß es nicht abgeschafft, sondern vielmehr in Christus erfüllt werden soll. Ebenso wird der Theologe, der selbst kein Idealist ist (und auch niemals einer sein könnte), den Idealismus nicht bekämpfen. Er wird ihn für sein Ziel nutzbar machen und sagen, daß er ein Stück Wahrheit enthält. Er wird bezeugen, daß der Theologe ständig in der Gefahr ist, selbst Idealist zu werden und damit das Kreuz zu verdunkeln, von dem der Idealismus gerichtet ist. Der Theologe gebraucht den Idealismus, seine Begriffe und Methoden. Er wird den Platonikern ein Platoniker, den Stoikern ein Stoiker, den Hegelianern ein Hegelianer, den Fortschrittsgläubigen ein Fortschrittsgläubiger. Aber er kann keine dieser Formen des Idealismus mit der christlichen Botschaft vermengen. Er ist den einen mehr zugetan als den anderen. Aber er stellt niemals die von ihm bevorzugte Form im Namen des Christentums über die anderen. Er weiß von der Verzweiflung, die der Idealismus ebenso wie das Gesetz über uns bringen kann. Und er weiß, daß in Christus ein neues Sein ist, in dem alle Ideale verkörpert und sichtbar geworden sind und zwar nicht mehr als Ideale, sondern als Wirklichkeiten.

„Denen, die ohne Gesetz sind, bin ich wie ohne Gesetz geworden, so ich doch nicht ohne Gesetz bin vor Gott, sondern bin in dem Gesetz Christi, auf daß ich die, so ohne Gesetz sind, gewinne." Wir wollen die Worte „ohne Gesetz" durch „Realismus" ersetzen, nicht deshalb, weil die Realisten kein Gesetz haben (weder sie noch die Heiden sind ohne ein gewisses Gesetz), sondern weil sie keine abstrakten Prinzipien haben, mit denen sie die Wirklichkeit in ein System bringen. Ihre Größe liegt in ihrem schlichten Entgegennehmen der Dinge, wie sie sind. Die Frömmigkeit des Realismus ist Schlichtheit. „Den Realisten wurde ich einer von ihnen, um sie zu gewinnen, obgleich ich selbst kein Realist bin." Der Theologe, der selbst kein Realist ist (und niemals ein Realist werden könnte), greift den Realismus nicht an. Er erkennt die Wahrheit des Realismus und ist ständig in Versuchung, selbst ein Realist zu werden und damit das ewige Leben zu leugnen, das das Gericht über den Realismus ist. Der Theologe gebraucht den Realismus und wird den Positivisten ein Positivist, den Pragmatisten ein Pragmatist, den Tragikern ein Tragiker. Aber er sagt nicht, daß der Realismus die christliche Botschaft ist. Er kämpft nicht für ihn im Namen des Christentums. Er kennt die Verzweiflung des reinen Realismus, und er weiß, daß es ein neues Sein gibt, das die Selbstzerstörung der Wirklichkeit überwindet.

„Den Schwachen bin ich geworden wie ein Schwacher, auf daß ich die Schwachen gewinne". Das ist die tiefste der drei Aussagen, die Paulus über sich macht, und die bedeutsamste für unsere Existenz als Theologen. Wir müssen Schwachheit bejahen, obgleich wir als durch den Heiligen Geist Ergriffene nicht schwach sind. Wie können wir schwach sein, wenn wir nicht schwach sind? Wir können dadurch schwach sein, daß wir die Stärke besitzen, unsere Schwachheit anzuerkennen, daß wir uns von allem Fanatismus und aller theologischen Selbstsicherheit befreien und daß wir nicht nur scheinbar, sondern in Wahrheit an der Schwachheit derer teilnehmen, zu denen wir als Theologen sprechen. Unsere Stärke ist *unsere Schwäche,* unsere Stärke ist nicht *unsere* Stärke. Deshalb sind wir stark nur insoweit, als wir um unseretwillen und der andern willen auf die Wahrheit hinweisen, die uns besitzt, aber die nicht wir besitzen.

Nichts ist für den Theologen selbst anstößiger und läßt ihn denen, die er überzeugen möchte, verächtlicher erscheinen als eine Theologie der Selbstsicherheit. Der wahre Theologe ist der, der die Kraft besitzt, seine Schwachheit zu erkennen und zu bekennen, und der deshalb die Kraft hat, für die Schwachen so schwach zu sein, daß der Sieg sein ist.

DER THEOLOGE

III. TEIL

Da trat Paulus in die Mitte des Areopags und sprach: Ihr Männer von Athen, ich sehe an allem, daß ihr recht viel Scheu vor den Göttern habt. Denn als ich umherging und eure Heiligtümer besichtigte, fand ich auch einen Altar, an dem die Inschrift stand: Dem unbekannten Gott. Was ihr nun, ohne es zu kennen, verehrt, das verkündige ich euch. Gott, der die Welt geschaffen hat und alles, was darin ist, er, der Herr des Himmels und der Erde, wohnt nicht in Tempeln, die mit Händen gemacht sind, noch läßt er sich von Menschenhänden Dienst erweisen, als ob er noch etwas bedürfte, während er selbst allen Leben und Atem und alles gibt. Und er hat von e i n e m Menschen alle Völker abstammen und sie auf dem ganzen Erdboden wohnen lassen und hat im voraus ihre Zeiten und die Grenzen ihres Wohnens bestimmt, damit sie Gott suchten, ob sie ihn wohl spüren und finden möchten, da er doch nicht fern ist von einem jeden unter uns. Denn in ihm leben, weben und sind wir, wie auch einige von euren Dichtern gesagt haben: „Seines Geschlechtes sind wir ja auch." Da wir also Gottes Geschlecht sind, dürfen wir nicht meinen, die Gottheit sei gleich Gold oder Silber oder Stein, einem Gebilde menschlicher Kunst und Überlegung. Über die Zeiten der Unwissenheit nun hat Gott hinweggesehen; jetzt aber läßt er den Menschen verkündigen, daß sie alle überall Buße tun sollen, wie er denn einen Tag festgesetzt hat, an dem er den Erdkreis mit Gerechtigkeit richten wird durch einen Mann, den er dafür bestimmte. Und er hat ihn für jedermann dadurch beglaubigt, daß er ihn von den Toten auferweckt hat. Als sie aber von der Auferstehung der Toten hörten, spotteten die einen, die andern sagten: Wir wollen dich darüber ein anderes Mal wieder hören. APG. 17, 22—32.

In der ersten Rede hatte ich von unserer Existenz als Theologen gesprochen und gesagt, daß die Grundlage seiner Existenz in der Macht des Heiligen Geistes und in der Realität der Kirche liegt. Es war der *gläubige* Theologe — gläubig trotz all seiner Zweifel und Verzweiflungen —, den ich zu beschreiben suchte.

Das zweite Mal, als wir über unsere Existenz als Theologen nachdachten, betrachteten wir den *sich selbst aufgebenden Theologen,* der durch die Macht der Liebe „allen alles wird", den Theologen, der sich durch das Verständnis von allem und jedem selbst zu verlieren scheint. Dieses Mal wollen wir über den *antwortenden Theologen* nachdenken, der, obwohl er an der Schwäche und dem Irrtum aller Menschen teilhat, ihre Fragen zu beantworten imstande ist durch die Macht seines Gegründetseins im neuen Sein, in Christus.

Die berühmte Szene, in der Paulus am zentralen Ort der griechischen Weisheit spricht, zeigt uns einen Mann, der der Prototyp des antwortenden Theologen ist. Paulus ist nach seiner Botschaft gefragt worden, teils weil die Athener immer gern etwas Neues hörten, teils weil sie wußten, daß sie die Wahrheit nicht kannten und den ernsthaften Wunsch hatten, sie zu erfahren. Es sind drei Stufen in Paulus' Antwort, die die drei Aufgaben der antwortenden Theologie offenbaren. Der erste Teil in Paulus' Antwort besteht in der Behauptung, daß denen, die die tiefste Frage an ihn richten, die Antwort nicht unbekannt ist: Diese Männer beteten zu einem unbekannten Gott und bezeugten so ihr religiöses Wissen trotz ihrer religiösen Unwissenheit. Dieses Wissen ist nicht erstaunlich, denn Gott ist jedem von uns nahe, in ihm leben, weben und sind wir; auch die Athener gehören zu seinem Geschlecht. Darum ist die erste Antwort, die wir denen, die uns eine solche Frage stellen, geben sollen, daß sie um die Antwort schon selbst wissen. Wir müssen ihnen zeigen, daß weder sie noch wir außerhalb von Gott sind, daß selbst die Atheisten in Gott stehen — in jener Kraft, aus der sie leben, jener Wahrheit, nach der sie tasten, jenem letzten Lebenssinn, an den sie glauben. Es ist schlechte Theologie und religiöse Schwäche, zu meinen, daß es irgendeinen Ort gäbe, von wo aus wir auf Gott sehen könnten, als ob er etwas außerhalb von uns wäre, dessen Existenz bejaht oder verneint werden könnte. Wirklicher Atheismus ist keine menschliche Möglichkeit, denn Gott ist dem Menschen näher als der Mensch sich selbst. Ein Gott kann nur im Namen eines anderen Gottes geleugnet und überwunden werden. Das ist die erste Antwort, die wir uns und allen denen geben müssen, die uns fragen — nicht als eine abstrakte Aussage, sondern als eine ständige Deutung unserer menschlichen Existenz, in all ihren verborgenen Antrieben, Abgründen und Gewißheiten.

Gott ist uns näher als wir uns selbst sind. Wir können keinen Ort finden, wo er nicht ist, aber wir können *versuchen*, solch einen Ort zu entdecken. Der zweite Teil von Paulus' Antwort ist die Aussage, daß wir in ständiger Flucht vor Gott sein können. Wir können einen Fluchtweg nach dem andern ersinnen; wir können Gott durch die Produkte unserer Einbildungskraft ersetzen. Obwohl die Menschheit Gott nicht fremd ist, so hat sie sich ihm doch entfremdet. Obwohl die Menschheit niemals ohne Gott ist, verfälscht sie doch das Bild Gottes. Obwohl die Menschheit niemals ohne Wissen von Gott ist, kennt sie Gott nicht. Die Menschheit ist von ihrem Ursprung getrennt, sie lebt unter einem Gesetz des Zornes und der Vernichung, der Tragik und Selbstzerstörung, weil sie sich von Gott ein verzerrtes Bild nach dem andern macht und diese Bilder anbetet. Der antwortende Theologe muß die falschen Götter in der Einzelseele und in der Gesellschaft aufdecken. Er muß ihre geheimsten Verstecke ergründen. Er muß sie angreifen durch die Macht des göttlichen Logos, der ihn zum Theologen macht. Theologische Polemik ist keine theoretische Diskussion, sondern ein geistiges Gericht über die Götter, die nicht Gott sind, gegen die dämonischen Gestalten, die Verzerrungen Gottes im Denken und Handeln. Auf dieser Ebene ist kein Kompromiß, keine Angleichung und kein theologisches Ausweichen erlaubt. Denn der Felsen, auf dem die Theologie steht, ist das erste Gebot. Da ist keine Synthese möglich zwischen Gott und den Götzen. Trotz der Gefahr, die ein solches Urteilen in sich birgt, muß der Theologe zum Instrument des göttlichen Gerichts gegenüber der Welt werden.

Soweit sie es im Lichte ihren eigenen Fragen zu begreifen vermögen, sind Paulus' Hörer willig, diese doppelte Antwort anzunehmen. Aber Paulus spricht noch von einem dritten, das sie nicht zu ertragen vermögen. Sie weisen es entweder gleich von sich, oder sie schieben die Entscheidung auf. Paulus spricht von einem Menschen, den Gott bestimmt hat, das Gericht und das Leben dieser Welt zu sein. Das ist der dritte und entscheidende Teil der theologischen Antwort. Denn wir sind nur dann wahre Theologen, wenn wir behaupten, das Jesus der Christus ist und daß in ihm die Wahrheit der Existenz offenbar wird.

Aber nur dann sind wir Theologen, wenn wir dieses Paradox deuten, diesen Stein des Anstoßes für Idealisten und Realisten, für die Schwachen und Starken, für die Heiden und Juden. Als Theologen müssen wir dieses Paradox deuten und dürfen den Menschen keine paradoxen Phrasen an den Kopf werfen. Wir dürfen keine künstlichen Steine des Anstoßes verteidigen oder ausgraben: absurde Wundergeschichten, offensichtliche Legenden und Mythen, unechte Paradoxien. Wir dürfen weder durch geistliche noch durch theologische Arroganz das große kosmische Paradox verzerren, daß der Sieg über den Tod inmitten der Welt des Todes geschehen ist. Wir dürfen nicht die schwere Last falschen Ärgernisses auf die bürden, die uns befragen. Aber wir dürfen auch nicht das wahre Paradox von seiner Macht entleeren. Denn echte theologische Existenz heißt Zeugnis ablegen für ihn, dessen Joch sanft und dessen Last leicht ist, für ihn, der das wahre Paradox ist.

DER GEIST GIBT ZEUGNIS UNSEREM GEIST

So ist nun nichts Verdammliches an denen, die in Christo Jesu sind, die nicht nach dem Fleisch wandeln, sondern nach dem Geist. Denn das Gesetz des Geistes, der lebendig macht in Christo Jesu, hat mich freigemacht von dem Gesetz der Sünde und des Todes. Denn was dem Gesetz unmöglich war (sintemal es durch das Fleisch geschwächt war), das tat Gott und sandte seinen Sohn in der Gestalt des sündigen Fleisches um der Sünde willen und verdammte die Sünde im Fleisch, auf daß die Gerechtigkeit, vom Gesetz erfordert, in uns erfüllet würde, die wir nun nicht nach dem Fleische wandeln, sondern nach dem Geist. Denn die da fleischlich sind, die sind fleischlich gesinnt; die aber geistlich sind, die sind geistlich gesinnt. Aber fleischlich gesinnt sein ist der Tod, und geistlich gesinnt sein ist Leben und Friede. Denn fleischlich gesinnt sein, ist eine Feindschaft gegen Gott, sintemal das Fleisch dem Gesetze Gottes nicht untertan ist; denn es vermag es auch nicht. Die aber fleischlich sind, können Gott nicht gefallen. Ihr aber seid nicht fleischlich, sondern geistlich, so anders Gottes Geist in euch wohnt. Wer aber Christi Geist nicht hat, der ist nicht sein. So aber Christus in euch ist, so ist der Leib zwar tot um der Sünde willen, der Geist aber ist Leben um der Gerechtigkeit willen. So nun der Geist des, der Jesum von den Toten auferweckt hat, in euch wohnet, so wird auch derselbe, der Christum von den Toten auferweckt hat, eure sterblichen Leiber lebendig machen um des willen, daß sein Geist in euch wohnet. So sind wir nun, liebe Brüder, Schuldner nicht dem Fleisch, da wir nach dem Fleisch leben. Denn wo ihr nach dem Fleisch lebet, so werdet ihr sterben müssen; wo ihr aber durch den Geist des Fleisches Geschäfte tötet, so werdet ihr leben.

Der Geist gibt Zeugnis unserem Geist

Denn welche der Geist Gottes treibt, die sind Gottes Kinder. Denn ihr habt nicht einen knechtischen Geist empfangen, daß ihr euch abermals fürchten müßtet; sondern ihr habt einen kindlichen Geist empfangen, durch welchen wir rufen: Abba, lieber Vater! Derselbe Geist gibt Zeugnis unserem Geist, daß wir Gottes Kinder sind. Desgleichen auch der Geist hilft unserer Schwachheit auf. Denn wir wissen nicht, was wir beten sollen, wie sich's gebührt, sondern der Geist selbst vertritt uns aufs beste mit unaussprechlichem Seufzen. Der aber die Herzen erforschet, der weiß, was des Geistes Sinn sei; denn er vertritt die Heiligen nach dem, das Gott gefällt.

RÖM. 8, 1—16, 26, 27.

Dieser Text klingt unseren modernen Ohren schwierig und fremd, fast unverständlich. Worte wie „Geist und Fleisch", „Sünde und Gesetz", „Leben und Tod" scheinen uns mehr eine philosophische Abstraktion zu sein als eine konkrete Beschreibung christlicher Erfahrung. Für Paulus aber bringen sie die realste und konkreteste Erfahrung seines Lebens zum Ausdruck. Dieses achte Kapitel seines Briefes an die Christen in Rom ist wie eine Hymne, die in ekstatischen Worten die neue Wirklichkeit preist, die ihm erschienen ist, die sich in der Geschichte offenbarte und seine ganze Existenz verwandelt hat. Paulus nennt dieses neue Sein „Christus", sofern es zuerst in Jesus dem Christus sichtbar geworden ist. Und er nennt es „Geist", sofern es im Geiste jedes einzelnen Christen und jeder Gemeinschaft von Christen überall und zu allen Zeiten verwirklicht ist. Beide Worte deuten auf die gleiche Wirklichkeit. Christus ist der Geist, und der Geist ist der Geist Christi. Ein Christ ist jeder, der an dieser neuen Wirklichkeit teilhat, d. h. einer, der den Geist hat. „Wer aber Christi Geist nicht hat, der ist nicht sein." Ein Christ zu sein bedeutet, den Geist zu haben, und jede Beschreibung des Christentums muß eine Beschreibung des Geistes und seiner Erscheinung sein. Wir wollen der Beschreibung nachgehen, die uns Paulus vom Geiste gibt, und wir wollen unsere eigene Existenz damit vergleichen. Dabei werden wir entdecken, wie weit entfernt wir von Paulus' Erfahrung sind und wie doch zugleich unsere Erfahrung der seinigen so ähnlich ist. Seine geheimnisvollen Worte können uns mehr über unser Leben enthüllen als alles, was unsere Zeitgenossen über die Natur des Menschen, sein Leben und Schicksal denken und schreiben.

„Derselbe Geist gibt Zeugnis unserem Geist, daß wir Gottes Kinder sind." Diese Worte bedeuten, daß *unser* Geist es nicht vermag, uns diese Gewißheit zu geben. Unser Geist, d. h. unser natürlicher Sinn, unsere Gedanken, unser Wille, unsere Regungen, das Ganze unseres inneren Lebens kann uns nicht davon überzeugen, daß wir Gottes Kinder sind. Das besagt nicht, daß Paulus die menschliche Natur und den menschlichen Geist an sich gering einschätzt. Im Gegenteil, wenn er von unserem Geist spricht, erkennt er die Schöpferkraft des Menschen an, seine Gottesebenbildlichkeit — denn Gott ist Geist —, seine Fähigkeit, frei zu sein und durch seine Befreiung die ganze Natur von der Knechtschaft der Vergänglichkeit zu befreien. „Denn wir sind seines Geschlechts", sagte er zu den Athenern in seiner berühmten Rede auf dem Areopag und bestätigte die Ansichten ihrer eigenen Philosophen. Paulus denkt ebenso hoch vom Menschen wie irgendein Mensch der modernen Zeit. Ein berühmter Renaissance-Philosoph beschreibt einmal in poetischen Worten den Menschen als den Mittelpunkt der Natur. Er preist seine Menschlichkeit und seine Schöpferkraft, und er zeigt, wie im Menschen alle Seiten der Natur gegenwärtig und erfüllt sind. Paulus würde zustimmen. Aber Paulus wußte mehr als die griechischen Philosophen. Er wußte etwas, das auch die Renaissance-Philosophen vergessen hatten: daß menschlicher Geist an menschliches Fleisch gebunden ist und daß das menschliche Fleisch in Feindschaft gegen Gott steht.

„Menschliches Fleisch" bedeutet nicht menschlicher Körper. Der menschliche Körper kann nach Paulus zum Tempel des Geistes werden. „Menschliches Fleisch" sind die natürlichen menschlichen Neigungen, die Begierden des Menschen, seine Bedürfnisse, seine Gedanken, seine Ziele, die Weise seines Fühlens, all das, sofern es vom Geist getrennt und ihm feindlich ist. „Fleisch" ist die Verzerrung der Natur des Menschen, der Mißbrauch seines Schöpfertums — der Mißbrauch vor allem seiner unendlichen Möglichkeiten im Dienste seiner grenzenlosen Begierden und seines grenzenlosen Machtwillens. Diese Begierden und dieser Machtwille, über die wir durch die moderne Psychologie und Soziologie wieder vieles gelernt haben, wurzeln in unserer menschlichen Existenz, in dem, was Paulus die Welt der Sünde und des Fleisches nennt.

Er beschreibt den Willen des Fleisches mit unvergleichlicher Tiefe. „Denn fleischlich gesinnt sein ist Feindschaft gegen Gott, sintemal es dem Gesetz Gottes nicht untertan ist; *denn es vermag es auch nicht.*" Wenn uns ein Gesetz auferlegt wird, das wir als richtig erkennen, das wir aber nicht zu erfüllen vermögen, bricht in unserer Seele Haß gegen den aus, der uns das Gesetz gegeben hat. Der Vater, der das Gesetz repräsentiert, das dem Wunsche des Kindes widerspricht, wird notwendig zum Gegenstand des unbewußten kindlichen Hasses, der bewußt werden und mit ungeheurer Kraft in Erscheinung treten kann. Das wäre nicht so, wenn das Kind das Gesetz gegen seine zügellosen und unbegrenzten Wünsche als willkürlich und ungerecht empfinden würde. Aber es wird als berechtigt empfunden. Es ist ein Teil des kindlichen „Über-Ichs" geworden, wie die moderne Psychologie sagen würde; oder, in der Sprache traditioneller Ethik: es ist eine Forderung seines Gewissens geworden. Weil das Gesetz des Vaters gut ist und das Kind nicht anders kann, als es anzuerkennen, und weil es dem Gesetz nicht entrinnen kann, deshalb muß es den Vater hassen, denn er scheint die Ursache für den quälenden Zwiespalt in der Seele des Kindes zu sein. Das ist die Situation des Menschen vor Gott. Der natürliche Mensch haßt Gott und betrachtet ihn als Feind, denn er stellt für den Menschen das Gesetz dar, dem er nicht gerecht werden kann, gegen das er kämpft und das er doch als gut und wahr anerkennt. In diesem Punkte besteht kein Unterschied zwischen Theisten und Atheisten. Atheismus ist nur eine Form der Feindschaft gegen Gott, den Gott nämlich, der das Gesetz repräsentiert und mit dem Gesetz den Zwiespalt, die Verzweiflung und die Sinnlosigkeit unseres Daseins. Der Atheist ebenso wie der Theist haßt den Spiegel, der ihm zeigt, wie er sein sollte, der ihm das Gute zeigt, das er bejahen muß, aber nicht vollbringen kann. Der Atheist gibt Gott, den er haßt, andere Namen, aber er kann ihm nicht entfliehen, wie er auch dem Haß gegen ihn nicht entfliehen kann. Aus diesem Grunde sagt Paulus nicht: „Unser eigener Geist bezeugt uns, daß wir Gottes Kinder sind." Unser eigener Geist bezeugt uns nur, daß wir seine Feinde sind!

Immer wenn Christen von Gott und von ihrer Liebe zu Gott sprechen, sollten sie das bedenken. Die Majestät Gottes wird herausgefordert, wenn wir ihn zum liebenden Vater machen, bevor wir ihn als das verdammende Gesetz erkannt haben, ihn, den wir in der Tiefe unseres Herzens hassen.

„Der Geist gibt Zeugnis unserem Geist, daß wir Gottes Kinder sind." Etwas Neues ist erschienen, eine neue Wirklichkeit, ein neues Sein, ein neuer Geist, anders als unser Geist, aber imstande, sich unserem Geist verständlich zu machen – der Geist Gottes, der zugleich in uns und über uns ist. Die ganze Botschaft des Christentums ist in dieser Behauptung enthalten. Das Christentum überwindet Gesetz und Verzweiflung durch die Gewißheit, daß wir Gottes Kinder sind. Es gibt nichts Größeres als das! Denn obgleich wir im Fleisch und *unter* dem Gesetz und in der Spaltung unserer Existenz leben, sind wir doch gleichzeitig im Geist und *über* dem Gesetzt und versöhnt mit unserem Sein. Für Paulus war dieses Paradox der erstaunlichste und – vom Menschen her gesehen – *unglaubliche* Inhalt des Christentums. Es trieb ihn dazu, seine Botschaft der ganzen Welt zu predigen und sie zu erobern. Es gab ihm die Kraft, mit seinem Volk zu brechen und eine Fülle von Leiden und Kampf und schließlich Märtyrertum auf sich zu nehmen. Christus hat das Gesetz überwunden, dieses System von Forderungen, das uns zu Sklaven macht, weil wir ihm nicht entgehen können, und das uns in Verzweiflung stürzt, weil es uns zu Feinden unseres eigenen Schicksals macht. Die Gewißheit, daß wir Gottes Kinder sind, bedeutet für Paulus „den Geist haben". Aus dieser Gewißheit heraus folgt alles, was christliche Existenz zu dem macht, was sie ist. Vor allem gibt sie uns die Kraft zu rufen:

„Abba, Vater", d. h. die Kraft, das Vaterunser zu beten. Nur wer den Geist hat, hat die Kraft, zu Gott „Vater" zu sagen. Jeder kann das Vaterunser hersagen, und es wird millionenfach jeden Tag hergesagt. Aber wie viele von denen, die es *sagen*, haben die Kraft es zu *beten*? Die Vaterschaft Gottes, dieser größte und unglaublichste Begriff des Christentums, ist zu einer der üblichsten und bedeutungslosesten Phrasen des Lebens geworden. Die Christenheit hat vergessen, daß bei jeder Anrufung Gottes als des Vaters die Feindlichkeit gegen Gott überwunden werden muß. Die ekstatische Gewißheit unserer Kindschaft muß vom Geist gegeben werden. Viele Menschen, die außerhalb des Christentums stehen, wissen davon mehr als die Christen selbst. Sie wissen, wie paradox und unmöglich es ist, Gott „Vater" zu nennen. Aber wo es sich ereignet hat, daß der Mensch diese Freiheit gewonnen hat, da ist der „knechtische Geist der Furcht" durch den kindlichen Geist" überwunden. Überkommt einmal das Kind jener Augenblick, den man begnadet nennen könnte, dann tut es das Gute, ohne daß es befohlen war, ja es tut mehr, als ihm befohlen war, und in seinem Gesicht leuchtet das Glück auf. Es ist innerlich ausgeglichen, ohne Feindseligkeit und voller Liebe. Knechtschaft und Furcht sind von ihm gewichen, Gehorsam hat aufgehört, Gehorsam zu sein, er ist zur freien Neigung geworden; Ich und Über-Ich sind vereint. Das ist die Freiheit der Kinder Gottes, Freiheit vom Gesetz und von der Verzweiflung, die das Gesetz bewirkt.

Die den Geist haben, wandeln nicht nach dem Fleisch, sondern nach dem Geist. Die Macht unendlicher Begierde und unbegrenzten Machtwillens ist gebrochen. Sie ist nicht ausgelöscht, Hunger und Durst nach dem Leben bleiben. Aber wenn in uns der Geist gegenwärtig ist, verwandelt sich Begierde in Liebe und Machtwille in Gerechtigkeit. In dem Kapitel über die Liebe im ersten Korintherbrief macht Paulus uns klar, daß Liebe die Frucht des Geistes ist und daß es keine Liebe gibt ohne Geist. Liebe ist keine Sache des Gesetzes. Solange sie befohlen wird, gibt es sie nicht. Sie ist auch keine Sache des Gefühls. Sie ist keine Möglichkeit des natürlichen Menschen, und wo sie erscheint, ist sie ekstatisch wie jede Gabe des Geistes.

In der Tiefe ist Wahrheit

Und schließlich: Geist ist Leben. „Fleischlich gesinnt sein ist der Tod." Es gibt in unserer Zeit einen Mann, der die tiefe Wahrheit dieser Behauptung entdeckt hat. Sigmund Freud erkannte, daß an der Wurzel unserer unendlichen Begierde der Wille zum Tode liegt. Der Mensch, der die Unmöglichkeit fühlt, seine Begierde zu erfüllen, will sich davon befreien, indem er sich als Individuum aufgibt. Wir müssen nicht nur sterben, wir wollen auch sterben, „denn fleischlich gesinnt sein ist Tod". „Aber", fährt Paulus fort, „geistlich gesinnt sein ist Leben." Geist ist Leben, schöpferisches Leben, wie die alte Hymne *Veni Creator Spiritus* verkündet. Das Wort „Geist" ist weithin aus unserer täglichen Sprache und gänzlich aus unserem wissenschaftlichen Wortschatz verschwunden. Es wurde ersetzt durch „Vernunft". Aber Vernunft analysiert das Leben, und oft tötet sie das Leben. Sie ist nicht das Leben selbst, sie ist ohne schöpferische Kraft. Der Geist dagegen ist Kraft und Vernunft zugleich. Er vereint beide und ist doch mehr als sie. Er ist schöpferisches Leben. Weder Kraft allein noch Vernunft allein schafft die Werke der Kunst und Poesie, der Philosophie und Politik, sondern der Geist schafft sie. In jedem großen menschlichen Werke bewundern wir die unerschöpfliche Tiefe von etwas Persönlichem und Unvergleichlichem, die Mächtigkeit von etwas Einmaligem, das nicht wiederholt werden kann und das doch, von Jahrhundert zu Jahrhundert sichtbar, der ganzen Menschheit und jedem Zeitalter zugänglich ist.

Kein Argument vermag uns religiöse Gewißheit zu geben. Das Endliche kann nicht das Unendliche begründen, es kann weder Gott noch seine eigene Ewigkeit beweisen. Aber es gibt zwei Dinge, die gewiß sind. In jedes Menschen Seele lebt die Gewißheit, daß weder Leben noch Tod ihn von der Forderung befreien kann, zu sein, was er sein soll, und von der Verurteilung, weil er nicht sein kann, was er sein soll. Diese Selbstverurteilung wird als Verzweiflung erlebt, und die Verzweiflung selbst zeugt für die unbedingte Gültigkeit der Forderung. Ganz anders ist die Gewißheit derer, die den Geist haben; sie bedürfen keiner Beweise. Denn das Unendliche selbst erscheint in ihrem endlichen Sein und das Ewige in ihrer zeitlichen Existenz. Das hat nichts mit einem zukünftigen Leben nach dem Tode zu tun, es ist die überzeugende Gegenwart des Geistes, der Leben ist, jenseits von Leben und Tod.

Im Pfingstereignis erweist der Geist Christi seine schöpferische Kraft in einzelnen und in der Gruppe. Jeder Jünger empfängt die feurige Zunge, d. h. den neuen schöpferischen Geist. Und Angehörige von Völkern, die durch ihre verschiedenen Sprachen getrennt waren, verstehen einander. Im Gegensatz zu der babylonischen Sprachverwirrung bringt der Geist eine neue Einheit der Menschen, die Einheit der Versammlung Gottes, die Einheit der Kirche. Denn die Gewißheit, daß wir Gottes Kinder sind, daß der ewige Sinn unseres Lebens erfüllt ist, kommt selbst aus dem Ewigen. Kein Argument beweist die Unsterblichkeit der Seele und überwindet die Verzweiflung, die das Gesetz uns gebracht hat. Aber der Geist legt Zeugnis davon ab, daß wir Gottes Kinder sind, jenseits von Gesetz und Verzweiflung, und darum teilhaben am ewigen Leben.

Aber es könnte jemand sagen: „Ich habe dies Zeugnis nicht empfangen, ich habe den Geist nicht erfahren, von dem Paulus spricht, ich bin kein Christ." Dann höre er auf Paulus' Antwort. Vielleicht ist es die seltsamste und geheimnisvollste aller seiner Aussagen. „Desgleichen auch der Geist hilft unserer Schwachheit auf. Denn wir wissen nicht, was wir beten sollen, wie es sich gebührt, sondern der Geist selbst vertritt uns aufs beste mit unaussprechlichem Seufzen. Der aber die Herzen erforschet, der weiß, was des Geistes Sinn sei, denn er vertritt die Heiligen nach dem, was Gott gefällt." Paulus sieht, daß wir gewöhnlich zu schwach sind, um den Geist zu erfahren und das rechte Gebet zu sprechen. Und doch dürfen wir gewiß sein, das in solchen Zeiten der Geist nicht ferne von uns ist. Er ist in uns, obwohl wir ihn nicht spüren. Das Seufzen in der Tiefe unserer Seele, das sich nicht zu Worten formen läßt, wird von Gott als das Wirken des Geistes in uns aufgenommen. Der Mensch, der sich nach Gott sehnt und ihn nicht finden kann; der Mensch, der von Gott bejaht werden möchte und nicht glauben kann, daß er schon bejaht ist;

In der Tiefe ist Wahrheit

der Mensch, der nach einem neuen und unvergänglichen Sinn seines Lebens strebt und ihn nicht entdecken kann — das ist der Mensch, zu dem Paulus spricht. Jeder von uns ist solch ein Mensch. Denn gerade dann, wenn der Geist unserem Bewußtsein fern ist, wenn wir unfähig sind, zu beten oder irgendeinen Sinn in unserem Leben zu erkennen, arbeitet der Geist im stillen in der Tiefe unserer Seele. Wenn wir uns von Gott getrennt fühlen, der Sinnlosigkeit preisgegeben und zur Verzweiflung verdammt, sind wir nicht verlassen. Der Geist, der in uns seufzt und sich in uns und mit uns sehnt, vertritt uns. Er tut kund, was wir wirklich sind. Wer dies fühlt — gegen alles Fühlen; wer es glaubt — gegen alles Glauben; wer es weiß — gegen alles Wissen, der hat den Geist. Wer das nie erfahren hat, hat ihn nicht. Trotz seines kühnen Glaubens und seiner tiefsinnigen Mystik ist Paulus ganz menschlich und wirklichkeitsnah. Er ist denen verwandter, die schwach sind, als denen, die stark sind. Er weiß, das wir und alle Kreatur im Stande der Erwartung sind, sehnsüchtig und leidend mit allen Tieren und Pflanzen, mit den Meeren und den Winden. Die stumme Trauer dieser Kreatur hallt wider im stummen Sehnen der menschlichen Seele. Paulus weiß, daß das, was wir sein sollen, noch nicht erschienen ist. Und doch hat er seinen triumphierenden und ekstatischen Brief über Geist und Leben geschrieben. Es ist nicht *sein* Geist, der ihm diese Worte eingab, sondern der Geist, der seinem Geist Zeugnis gab und unserem Geist Zeugnis gibt, daß wir Gottes Kinder sind.

ER, DER DER CHRISTUS GENANNT WIRD

Und Jesus ging aus mit seinen Jüngern in die Ortschaften um Cäsarea Philippi. Und auf dem Wege fragte er seine Jünger und sprach zu ihnen: Wer sagen die Leute, daß ich sei? Sie antworteten: Sie sagen, du seist Johannes der Täufer; etliche sagen, du seist Elia; etliche, du seist der Propheten einer. Und er sprach zu ihnen: Ihr aber, wer sagt ihr, daß ich sei? Da antwortete Petrus und sprach zu ihm: Du bist Christus! Und er bedrohte sie, daß sie niemand von ihm sagen sollten. Und er hob an, sie zu lehren: Des Menschen Sohn muß viel leiden und und verworfen werden von den Ältesten und Hohenpriestern und Schriftgelehrten und getötet werden und nach drei Tagen auferstehen. Und er sprach davon ohne Rückhalt. Und Petrus nahm ihn zu sich und fing an, ihm zu wehren. Er aber wandte sich um und sah seine Jünger an und bedrohte Petrus und sprach: Gehe hinter mich, du Satan! Denn du meinst nicht, was göttlich, sondern was menschlich ist. MARK. 8, 27—33.

Diese Bibelstelle ist das Zentrum des Markus-Evangeliums und das Herzstück der christlichen Botschaft. Die Botschaft ist unendlich einfach und doch reich und tief und besteht aus vier Worten: „Du bist der Christus." Wir wollen über diese Botschaft nachdenken und sie im Zusammenhang der ganzen Bibelstelle betrachten, die den tatsächlichen Beginn des Leidens und Sterbens Jesu darstellt. „Dann gingen Jesus und seine Jünger hinaus in die Ortschaften um Cäsarea Philippi", auf einem Wege und zu einer Zeit, die ganz unbestimmt gelassen werden. Aber auf diesem Wege geschah das bedeutsamste Ereignis der Menschheitsgeschichte. Es ist das bedeutsamste Ereignis nicht nur für den Gläubigen,

sondern auch für jeden nüchternen Betrachter der Weltgeschichte. Das unbestimmte „dann" deutet auf den bestimmtesten und entscheidensten Augenblick in der Erfahrung der Menschheit, den Augenblick, in dem ein Mensch es wagte, zu einem anderen zu sagen: „Du bist der Christus".
Auf dem Wege fragte er seine Jünger: „Wer sagen die Leute, daß ich sei?" „Johannes der Täufer", antworteten sie ihm, „einige sagen, du seist Elia; etliche, du seist der Propheten einer." Warum gaben sie ihm Namen, die ihn über das Gewöhnlich-Menschliche hinaushoben? Weil sie etwas Außergewöhnliches erwarteten: das Kommen der neuen Weltordnung in naher Zukunft. Alle vorhergehenden Generationen hatten vergeblich auf diesen neuen Weltzustand gewartet, in dem Gerechtigkeit und Frieden regieren sollten. Jetzt glaubten viele, daß ihre Generation Zeuge seines Kommens sein würde. Aber zuvor würden Vorläufer erscheinen, um sein Kommen anzukündigen und das Volk auf ihn vorzubereiten. Elias würde vom Himmel kommen, in den er entrückt worden war; vielleicht würde Jeremia von den Toten auferstehen; oder irgend ein anderer Prophet würde erscheinen; selbst Johannes der Täufer könnte aus dem Grabe zurückkehren. Sie fühlten, daß hinter der Gestalt dieses lehrenden und heilenden Rabbi etwas Geheimnisvolles verborgen war. Sie dachten, daß er gleichsam die Maske für einen der Vorläufer sei, die kommen würden, um die neue und endgültige Geschichtsepoche vorzubereiten. Das war es, was die Jünger vom Volke hörten.
Obwohl das Christentum seit zweitausend Jahren existiert, gibt es immer noch solche Menschen. Für sie bleibt Jesus der Vorläufer. Die neue Welt und der, der sie bringen soll, werden noch erwartet. Die Herrschaft der Gerechtigkeit und des Friedens hat noch nicht begonnen. Die neue Welt mag nahe oder weit entfernt von uns sein — jedenfalls ist sie noch nicht erschienen. Das ist die Grundstimmung des jüdischen Volkes, die sie daran hindert, Christen zu werden. Es ist auch die Grundstimmung weiter Kreise innerhalb der gegenwärtigen Christenheit, die sie dazu treibt, zu warten und für die Welt des Friedens und der Gerechtigkeit zu arbeiten, obwohl sie ständig enttäuscht werden und ständig von neuem beginnen

Er, der der Christus genannt wird

müssen. Wenn Jesus uns heute fragen würde: „Wer sagen die Leute, daß ich sei?", dann würden wir genauso wie seine ersten Jünger antworten: einer der Vorläufer, und wenn auch vielleicht der größte von ihnen allen, so doch vermutlich nicht der letzte; ein Vorläufer und ein Prophet, aber nicht der, der alles erfüllen soll. Die Herrschaft der Gerechtigkeit und des Friedens, die neue Welt ist noch nicht gekommen.
Und so fragte er sie: „Wer sagt *ihr*, daß ich sei?" Dies ist die Frage, die jedem Christen jederzeit gestellt wird. Es ist die Frage, die der Kirche als Ganzer gestellt wird, weil die Kirche auf die Antwort gebaut ist, die Petrus auf die Frage gibt: „Du bist der Christus!" Petrus fügte den Namen, die das Volk ihm gegeben hatte, nicht einfach einen neuen und erhabeneren hinzu. Petrus sagte: „Du bist der Christus". Mit diesen Worten drückte er etwas aus, was völlig verschieden von dem war, was das Volk gesagt hatte. Er bestritt, daß Jesus der Vorläufer sei; er bestritt, daß noch irgendein anderer zu erwarten sei. Er behauptete, daß das entscheidende Ereignis der Geschichte sich vollzogen habe und daß der Christus in diesem Menschen Jesus erschienen sei, der mit ihm zusammen eine staubige Straße im Norden Palästinas entlangging.
Ist es uns noch möglich, den Sinn von Petrus' Bekenntnis nachzuvollziehen? Es fällt uns schwer, weil aus dem Wort „Christus" der zweite Name für Jesus geworden ist. Aber als Petrus Jesus den Christus nannte, war das Wort Christus noch die Bezeichnung für ein Amt. Es bezeichnete den, der die Befreiung Israels bringen sollte, den Sieg Gottes über die Heiden, die Verwandlung der menschlichen Herzen und die Aufrichtung des messianischen Reiches des Friedens und der Gerechtigkeit. Durch den Christus sollte die Geschichte erfüllt werden. Gott würde wieder der Herr der Menschheit sein, und die Erde würde in einen Ort der Seligkeit verwandelt werden. All dies enthielten die Worte des Petrus: „Du bist der Christus."
Die Größe und die Tragik des Augenblicks, in dem Petrus diese Worte aussprach, werden im Verhalten Jesu deutlich: er verbot ihnen, irgend jemandem etwas davon zu sagen. Sein

messianischer Charakter war ein Geheimnis. Er bedeutete ihm etwas anderes als dem Volke. Wenn es gehört hätte, daß er sich selbst den Christus nannte, dann hätte es entweder einen großen politischen Führer oder eine vom Himmel kommende göttliche Gestalt erwartet. Er aber glaubte nicht, daß eine politische Tat, die Befreiung Israels und der Sturz des Weltreichs, eine neue Wirklichkeit auf Erden hervorbringen könnte. Und er konnte sich nicht selbst den vom Himmel kommenden Menschensohn nennen, ohne denen, die ihn notwendigerweise mißverstanden, blasphemisch zu erscheinen. Denn Christus ist weder der politische „Friedenskönig", den, solange es die Geschichte gibt, alle Völker erwarteten und den wir heute noch genauso sehnlich erwarten; noch ist er der himmlische „König der Herrlichkeit", den die vielen Seher seiner Zeit erwarteten. Sein Geheimnis ist tiefer; es läßt sich nicht durch die traditionellen Namen ausdrücken. Es kann nur durch jene Ereignisse offenbar werden, die er nach dem Bekenntnis des Petrus voraussagte: Leiden, Tod und Auferstehung. Würde er heute erscheinen, so würde er vielleicht den christlichen Pfarrern für lange Zeit verbieten, von ihm zu reden. „Er bedrohte sie, daß sie niemand von ihm sagen sollten." Tag für Tag, Sonntag für Sonntag sprechen unsere Kirchen von ihm, einige mehr von einem politischen Friedenskönig, andere mehr von einem himmlischen König der Herrlichkeit. Sie nennen ihn Jesus Christus und vergessen dabei, was es heißt, wenn man sagt: „Jesus Christus". Die unglaublichste, paradoxeste Aussage, daß ein wandernder jüdischer Rabbi der Christus ist, das ist für uns etwas Natürliches geworden. Wir wollen wenigstens von Zeit zu Zeit uns und unser Volk daran erinnern, daß *Jesus Christus* bedeutet: *Jesus, von dem gesagt wird, daß er der Christus ist.* Wir wollen uns von Zeit zu Zeit fragen, ob wir im Ernst mit Petrus in seinen ekstatischen Ausruf einstimmen können und ob wir ebenso überwältigt sind von dem Geheimnis dieses Menschen. Und wenn wir es nicht bejahen könnten, sollten wir dann nicht wenigstens still sein, damit das Geheimnis der Worte erhalten bleibt, anstatt ihren Sinn durch unser gewohntes Gerede zu zerstören?

Und er fuhr fort, sie zu lehren, daß der Menschensohn viel Leiden ertragen, daß er von den Ältesten und den Hohepriestern und Schriftgelehrten verworfen werden, daß er getötet werden müsse, um nach drei Tagen wieder aufzuerstehen. Er machte kein Geheimnis daraus. In dem Augenblick, in dem Petrus ihn den Christus nannte, prophezeite Jesus sein Leiden und Sterben, und er begann, das Geheimnis seines messianischen Schicksals zu offenbaren. Es widersprach allem, was das Volk erwartete, wovon die Seher geträumt und worauf die Jünger gehofft hatten. Er würde verworfen werden von den politischen Autoritäten des Volkes, die geglaubt hatten, daß der Christus ihr nationaler König sei. Er würde verworfen werden von den religiösen Autoritäten des auserwählten Volkes, die geglaubt hatten, daß der Christus sie rechtfertige. Er würde verworfen werden von den kulturellen Autoritäten, die geglaubt hatten, daß alle heidnische Kultur durch den Christus überwunden werde. Er würde leiden — er, von dem man erwartet hatte, daß er allen Leiden ein Ende mache. Er würde sterben — er, von dem man geglaubt hatte, daß er in göttlicher Glorie vom Himmel her erscheine. Jesus verleugnete seine messianische Berufung nicht. In den symbolischen Worten „nach drei Tagen auferstehen" verkündete er, daß seine Verwerfung und sein Tod keine Niederlage seien, sondern vielmehr notwendige Stufen, um der Christus zu werden. Nur als ein Leidender und Sterbender wäre er der Christus, oder, wie er sich selber noch geheimnisvoller nannte, der Menschensohn.

Petrus nahm ihn beseite und begann, ihn wegen seiner Worte zu tadeln. Aber Jesus wandte sich zu ihm, und indem er auf seine Jünger blickte, wies er Petrus zurecht und sagte: „Gehe von mir, du Satan, denn du meinst nicht, was göttlich, sondern was menschlich ist." Kein Mensch zur Zeit Jesu hätte daran gezweifelt, daß Gott sogar den Gerechten Leiden und Martyrium schickt. Das Alte Testament bezeugt das auf jeder Seite. Deshalb ist es nicht das Leiden an sich, das die Passionsgeschichte zum bedeutsamsten Teil des ganzen Evangeliums gemacht hat. Es war nicht der Wert des Leidens und der Wert

In der Tiefe ist Wahrheit

eines heroischen Todes, die dem Bild des Gekreuzigten Macht verliehen haben. Es hat in der Geschichte viele Bilder schöpferischen Leidens und heroischen Sterbens gegeben. Aber keines von ihnen kann dem Bilde vom Tode Jesu verglichen werden. Es war und es ist ein göttliches Geheimnis, das der Mensch nicht begreift, das aber von Gott her gesehen notwendig ist. Als deshalb Petrus versuchte, ihn von seinem Gang nach Jerusalem zurückzuhalten, da betrachtete Jesus diese Bitte als eine satanische Versuchung. Ihre Erfüllung hätte seine messianische Berufung nichtig gemacht. Der wahre Christus ist nicht der Christus, der in Macht und Herrlichkeit erscheint.

Der Christus mußte leiden und sterben, weil immer, wenn das Göttliche in seiner ganzen Tiefe erscheint, es von Menschen nicht ertragen werden kann. Es muß von den politischen Mächten, den religiösen Autoritäten und den Trägern der kulturellen Tradition beseitigt werden. Im Bilde des Gekreuzigten sehen wir die Verwerfung des Göttlichen durch die menschliche Natur. Wir sehen, daß in dieser Verwerfung nicht die niedrigsten, sondern die höchsten Repräsentanten der Menschheit gerichtet sind. Immer, wenn das Göttliche erscheint, ist es ein radikaler Angriff auf alles, was dem Menschen gut erscheint, und deshalb muß der Mensch es zurückstoßen, muß es beseitigen, muß es kreuzigen. Wenn immer das Göttliche sich selbst als eine neue Wirklichkeit offenbart, muß es von den Repräsentanten der alten Wirklichkeit verworfen werden. Denn das Göttliche vollendet nicht das Menschliche; es revoltiert gegen das Menschliche. Deshalb muß das Menschliche sich selbst gegen das Göttliche verteidigen, muß es verwerfen und muß versuchen, es zu zerstören.

Aber wenn das Göttliche verworfen wird, so nimmt es die Verwerfung auf sich. Es nimmt unseren Willen zu seiner Kreuzigung, zu seiner Ausstoßung, zu unserer Selbstverteidigung an. Es nimmt unsere Weigerung, es anzunehmen, auf und überwindet uns auf diese Weise. Dies ist das Zentrum im Geheimnis des Christus. Stellen wir uns einen Christus vor, der nicht gestorben, sondern in Herrlichkeit zu uns gekommen wäre und uns mit seiner Macht, seiner Weisheit, seiner Ethik und seiner Frömmigkeit belastet hätte! Er wäre fähig gewesen, unseren Widerstand zu brechen durch seine Stärke, seine Macht, seine Weisheit und damit seiner Vollkommenheit. Aber er hätte unsere Herzen nicht gewinnen können. Er hätte uns ein neues Gesetz gebracht und es uns auferlegt durch seine allmächtige und vollkommene Persönlichkeit. Seine Macht hätte unsere Freiheit zerbrochen; seine Herrlichkeit würde uns wie eine brennende, blendende Sonne überwältigen. Unsere Menschlichkeit wäre durch seine Göttlichkeit verschlungen worden. Eine der tiefsten Einsichten Luthers war die, daß Gott sich selbst für uns in Christus klein gemacht hat. Indem er das tat, ließ er uns unsere Freiheit und unsere Menschlichkeit. Er zeigte uns sein Herz, auf daß unsere Herzen gewonnen würden.

Wenn wir auf das Elend unserer Welt blicken, auf ihre Bosheit, ihre Sünde, vornehmlich in diesen Tagen, die das Ende einer Weltepoche zu sein scheinen, dann sehnen wir uns nach einem göttlichen Eingreifen, damit die Welt und ihre dämonischen Herrscher überwunden werden. Wir sehnen uns nach einem Friedenskönig innerhalb der Geschichte oder nach einem König der Herrlichkeit jenseits der Geschichte. Wir sehnen uns nach einem Christus der Macht. Aber wenn er kommen und uns und unsere Welt verwandeln würde, so müßten wir den *einen* Preis zahlen, den wir nicht zahlen könnten: wir müßten unsere Freiheit, unsere Menschlichkeit und unsere geistige Würde aufgeben. Vielleicht würden wir glücklicher sein; aber wir würden auch Wesen einer niedrigeren Seinsstufe sein. Wir würden mehr glücklichen Tieren als Menschen, zum Ebenbilde Gottes geschaffen, gleichen. Diejenigen, die von einem besseren Leben träumen und dem Kreuz auszuweichen versuchen, und diejenigen, die auf einen Christus hoffen und den Gekreuzigten meiden möchten, kennen nicht das Geheimnis Gottes und des Menschen.

Es sind dieselben, die Jesus für einen Vorläufer halten, und es sind die, die immer noch auf einen anderen warten, der größere Macht hat, die Welt zu verändern und größere Weisheit, unsere Herzen zu verwandeln. Aber selbst der, der die größte Macht und die größte Weisheit besäße, könnte nicht vollkommener das göttliche und das menschliche Herz offenbaren, als es der Gekreuzigte schon getan hat. All dies ist ein für allemal offenbart worden — „Es ist vollbracht." Im Angesicht des Gekreuzigten sind alle die „Mehr" oder „Weniger", aller Fortschritt und alle Annäherung sinnlos. Deshalb können wir nur von ihm allein sagen: Er ist die neue Wirklichkeit; er ist das Ende; er ist der Messias. Zu dem Gekreuzigten allein können wir sagen: „Du bist der Christus."

VOM WARTEN

Ich warte auf den Herrn, meine Seele wartet, und ich hoffe auf sein Wort.
Meine Seele wartet auf den Herrn mehr als die Wächter, die auf den Morgen warten.
Israel hofft auf den Herrn. Denn bei dem Herrn ist Erbarmen und viel Erlösung bei ihm. PSALM 130, 5—7.

Denn wir sind erlöst durch Hoffnung. Aber eine Hoffnung, die man sieht, ist nicht mehr Hoffnung. Denn was ein Mensch sieht, warum soll er darauf noch hoffen? Aber wenn wir auf das hoffen, was wir nicht sehen, dann warten wir darauf in Geduld. RÖM. 8, 24—25.

Sowohl das Alte als auch das Neue Testament beschreiben unser Dasein in seiner Beziehung zu Gott als ein Dasein der Erwartung. Beim Psalmisten ist es ein banges, beim Apostel ein geduldiges Warten. Erwartung heißt: Nicht-Haben und Haben zu gleicher Zeit. Denn wir haben das nicht, was wir erwarten, oder, wie es der Apostel ausdrückt: wenn wir auf das hoffen, was wir nicht sehen, dann erwarten wir es. Die menschliche Beziehung zu Gott ist zunächst eine des Nicht-Habens, des Nicht-Sehens, des Nicht-Wissens, des Nicht-Ergreifens. Eine Religion, die das vergessen hat, ganz gleich, wie ekstatisch, wie aktiv, wie vernunftgemäß sie ist, setzt an die Stelle Gottes ein selbstgeschaffenes Gottesbild. Durch nichts ist unser religiöses Leben mehr gekennzeichnet als durch diese selbstgeschaffenen Gottesbilder. Ich denke an den Theologen, der nicht auf Gott wartet, weil er ihn, in ein Lehrgebäude eingeschlossen, besitzt. Ich denke an den Theologiestudenten, der nicht auf Gott wartet, weil er ihn, in ein Buch eingeschlossen, besitzt. Ich denke an den Geistlichen, der nicht auf Gott wartet, weil er ihn, in eine Institution eingeschlossen, besitzt. Ich denke an den Gläubigen, der nicht auf Gott wartet, weil er ihn, in seine eigene Erfahrung eingeschlossen, besitzt. Es ist nicht leicht, dieses Nicht-Haben Gottes, dieses Warten auf Gott zu ertragen. Es ist nicht leicht, Sonntag für Sonntag zu predigen, ohne den Anspruch zu erheben, Gott zu besitzen und über ihn verfügen zu können. Es ist nicht leicht, Kindern und Heiden, Skeptikern und Atheisten Gott zu verkünden und ihnen gleichzeitig klarzumachen, daß wir selbst Gott nicht besitzen, daß auch wir auf ihn warten. Ich bin überzeugt, daß ein großer Teil des Widerstandes gegen das Christentum daher rührt, daß die Christen, offen oder versteckt, den Anspruch erheben, Gott zu besitzen und daher das Element der Erwartung verloren haben, das so entscheidend für die Propheten und Apostel ist. Wir wollen uns keiner Täuschung hingeben und glauben, daß sie nur deshalb von der Erwartung sprechen, weil sie auf das Ende, das Gericht und die Erfüllung aller Dinge und nicht auf Gott warteten, der dieses Ende bringen sollte. Gott war ihnen nicht zum Besitz geworden; sie warteten auf ihn. Denn wie kann man Gott besitzen? Ist Gott ein Ding unter anderen Dingen, das ergriffen und erkannt werden kann? Ist Gott weniger als eine menschliche Person? Auch in der Begegnung mit einem Menschen müssen wir warten. Selbst in der innigsten Vereinigung zwischen Menschen ist ein Element des Nicht-Habens, Nicht-Kennens und der Erwartung. Deshalb müssen wir, weil Gott unendlich verborgen, frei und unerforschlich ist, auf ihn in einem noch viel unbedingteren Sinn warten. Er ist für uns Gott nur in dem Maße, als wir ihn nicht besitzen. Der Psalmist sagt, daß seine ganze Seele auf den Herrn wartet. Das bedeutet, daß das Warten auf Gott nicht nur eine Weise unserer Beziehungen zu Gott ist, sondern vielmehr die Vorbedingung aller unserer Beziehungen zu ihm. Wir haben Gott dadurch, daß wir ihn nicht haben. Aber obwohl Erwartung Nicht-Haben bedeutet, so ist sie doch auch ein Haben. Daß wir auf etwas warten, zeigt ja, daß wir es in gewisser Weise schon besitzen. Erwartung nimmt das voraus, was noch nicht wirklich ist. Wenn wir in

Vom Warten

Hoffnung und Geduld warten, dann ist die Kraft dessen, worauf wir warten, in uns schon wirksam. Wer in einem unbedingten Sinne wartet, ist nicht weit entfernt von dem, worauf er wartet. Wer mit absoluter Ernsthaftigkeit wartet, ist schon von dem ergriffen, worauf er wartet. Wer in Geduld wartet, hat schon von dem empfangen, auf das er wartet. Wer leidenschaftlich wartet, trägt schon die Kraft dessen, auf das er wartet, in sich und ist fähig, Leben und Geschichte zu verändern. Wir sind stärker, wenn wir warten, als wenn wir besitzen. Wenn wir Gott besitzen, so reduzieren wir ihn auf den kleinen Ausschnitt, den wir von ihm erfahren und begriffen haben, und wir machen aus ihm einen Götzen. Nur in der Götzenverehrung kann man glauben, Gott zu besitzen. Aber wenn wir wissen, daß wir ihn nicht kennen, und wenn wir auf ihn warten, um ihn zu erkennen, dann wissen wir wirklich etwas von ihm, dann hat er uns ergriffen und erkannt und besitzt uns. Dann sind wir Glaubende in unserem Unglauben, und dann sind wir von ihm bejaht trotz unseres Getrenntseins von ihm.
Wir wollen jedoch nicht vergessen, daß Erwartung eine fruchtbare Spannung bedeutet. Sie hindert uns daran, im Nicht-Haben Befriedigung zu finden; sie läßt es nicht zu, daß wir uns gleichgültig oder verächtlich gegen die verhalten, die etwas haben; sie verhindert, daß wir uns der Verzweiflung und dem Zweifel hingeben. Wir wollen aus unserem Stolz, nichts zu besitzen, keinen neuen Besitz machen. Das ist eine der großen Versuchungen unserer Zeit, denn uns sind wenige Dinge geblieben, die wir als Besitz beanspruchen können. Und wir erliegen der gleichen Versuchung, wenn wir uns rühmen, daß wir nichts besitzen. Die göttliche Antwort auf einen solchen Versuch ist völlige Leere. Erwartung ist nicht Verzweiflung. Sie ist die Bejahung unseres Nicht-Habens in der Kraft dessen, was wir schon haben.
Unsere Zeit ist eine Zeit des Wartens; Warten ist ihr eigentliches Schicksal. Irgendwie aber ist jede Zeit eine Zeit des Wartens, des Wartens auf den Einbruch der Ewigkeit. Zeit läuft nach vorn, Zeit im geschichtlichen und persönlichen Leben ist Warten auf das, was ewig ist.

DENNOCH BEJAHT

*Wo aber die Sünde mächtig geworden ist, da ist doch die
Gnade viel mächtiger geworden.* RÖM. 5, 20.

Diese Worte des Paulus fassen seine apostolische Erfahrung, das Ganze seiner religiösen Botschaft und das christliche Lebensverständnis zusammen. Über diese Worte zu diskutieren oder gar sie einer Predigt als Text zugrunde zu legen, ist mir immer unmöglich erschienen. Ich habe sie früher niemals zu behandeln gewagt. Aber etwas hat mich dazu getrieben, sie während der letzten Monate zu bedenken, ein Verlangen, von den zwei Dingen Zeugnis zu geben, die mir in Stunden der Rückschau als die entscheidenden Tatsachen unseres Lebens erschienen: die Macht der Sünde und die Übermacht der Gnade.

Es gibt wenig Worte, die den meisten von uns fremder wären als „Sünde" und „Gnade". Sie sind fremd, gerade weil wir sie so gut kennen. Im Laufe der Jahrhunderte hat sich ihre Bedeutung verzerrt, und sie haben so viel von ihrer echten Kraft verloren, daß wir uns ernstlich fragen müssen, ob wir sie überhaupt noch gebrauchen oder sie wie nutzloses Gerät wegwerfen sollen. Aber es ist etwas Geheimnisvolles um die großen Worte unserer religiösen Tradition: sie können nicht ersetzt werden. Alle Versuche, sie zu ersetzen – auch meine eigenen –, vermochten nicht, die Wirklichkeit dessen, was sie meinen, zum Ausdruck zu bringen; sie führten zu seichtem und kraftlosem Gerede. Es gibt keinen Ersatz für Worte wie „Sünde" und „Gnade". Aber es gibt einen Weg, ihren Sinn wieder zu entdecken. Es ist der gleiche Weg, der uns in die Tiefe unserer menschlichen Existenz führt. In jener Tiefe wurden die Worte begriffen, und da gewannen sie Macht für alle Zeiten, da müssen sie von jeder Generation und von jedem von uns neu gefunden werden. Laßt uns deshalb versuchen, in die tieferen Schichten unseres Lebens einzudringen, um zu sehen, ob wir in ihnen die Wirklichkeiten, von denen unser Text schreibt, auffinden können.

Haben wir heute noch ein Gefühl für die Bedeutung der Sünde? Begreifen wir noch, daß Sünde nicht einen unmoralischen Akt meint, daß das Wort „Sünde" niemals im Plural gebraucht werden sollte und daß nicht nur unsere Sünden, sondern vielmehr unsere *Sünde* das große, alles durchdringende Problem unseres Lebens ist? Erkennen wir noch, daß es anmaßend und irrig ist, die Menschen einzuteilen in solche, die man Sünder und in solche, die man Gerechte nennt? Denn bei solcher Teilung pflegen wir festzustellen, daß wir selbst nicht völlig zu den Sündern gehören, da wir ja schwere Sünden vermieden haben und Fortschritte gemacht haben, sündige Neigungen zu unterdrücken, und da wir vor allem demütig genug sind, uns nicht als „Gerechte" zu bezeichnen. Können wir noch begreifen, daß diese Art, über die Sünde zu denken und zu fühlen, weit entfernt ist von dem, was die religiöse Tradition innerhalb und außerhalb der Bibel meint, wenn sie von „Sünde" spricht?

Ich möchte ein anderes Wort vorschlagen, nicht als Ersatz für das Wort „Sünde", sondern als ein Hilfsmittel für die Deutung des Wortes „Sünde": „Trennung". Trennung ist ein anschaulicher Begriff aus der Erfahrung jedes Menschen. Vielleicht hat das Wort „Sünde" die gleiche Wurzel wie das Wort „abgesondert". Auf jeden Fall: *Sünde ist Trennung.* Im Zustand der Sünde sein heißt: im Zustand der Trennung sein. Und die Trennung ist eine dreifache: sie ist eine Trennung zwischen den Menschen, eine Trennung des Menschen von sich selbst und eine Trennung aller Menschen vom Grunde des Seins. Diese dreifache Trennung macht den Zustand alles Existierenden aus; sie ist ein unvermeidbares Faktum, sie ist das Schicksal jedes Lebens. Und sie ist unser menschliches Schicksal in einem ganz besonderen Sinn. Denn als Menschen wissen wir, daß wir getrennt sind. Wir leiden nicht nur gemeinsam mit allen Geschöpfen an den selbstzerstörerischen Folgen unserer Trennung, sondern wir wissen auch, warum wir leiden. Wir wissen, daß wir entfremdet sind von etwas, zu dem wir eigentlich gehören und mit dem wir vereint sein sollten. Wir wissen, daß das Schicksal der Trennung kein Naturereignis ist, sondern eine Wirklichkeit, an der wir handelnd teilnehmen, in die unsere ganze Existenz einbezogen ist und die nicht nur Schicksal, sondern auch „Schuld" ist. Die Trennung, die Schicksal *und* Schuld zugleich ist, das ist es, was „Sünde" bedeutet. Und sie ist das Kennzeichen unserer ganzen Existenz, von ihren ersten Anfängen bis zu ihrem Ende. In diese Trennung werden wir hineingeboren, sie ist im Mutterleib und durch jede vorangehende Generation vorbereitet. Sie wird in unserem bewußten Tun offenbar. Sie setzt sich über unseren Tod hinaus fort bis in alle folgenden Generationen. Sie ist unsere Existenz selbst. *Existenz ist Trennung!* Bevor Sünde zur Tat wird, ist sie ein „Stand".

Das gleiche gilt von der Gnade. Denn Sünde und Gnade sind aneinander gebunden. Wir könnten nicht einmal wissen, was Sünde ist, hätten wir nicht schon etwas von der Einheit des Lebens erfahren, die Gnade heißt. Und umgekehrt, wir könnten die Bedeutung von Gnade nicht erfahren, hätten wir nicht die Zerspaltung des Lebens, die Sünde, erfahren. Gnade läßt sich ebenso schwer beschreiben wie Sünde. Für manche ist Gnade die Bereitwilligkeit eines göttlichen Königs und Vaters, die Torheit und Schwachheit seiner Untertanen und seiner Kinder immer wieder zu vergeben. Ein solches Verständnis der Gnade müssen wir ablehnen, denn es ist eine kindliche Verneinung menschlicher Würde. Für andere ist Gnade eine magische Kraft in den dunklen Untergründen der Seele, aber eine Kraft ohne jede Bedeutung für das praktische Leben, rasch verschwindend, unerfahrbar. Für andere ist Gnade Güte, die es im Leben neben der Grausamkeit und Zerstörung gibt. Aber dann spielt es keine Rolle, ob wir sagen „das Leben geht weiter" oder „es gibt Gnade im Leben". Wenn Gnade nicht mehr bedeutet als dies, dann

sollte und wird das Wort verschwinden. Für andere wieder weist das Wort Gnade auf die Gabe hin, die man von der Natur oder der Gesellschaft empfangen hat, und auf die Kraft, mit Hilfe dieser Gaben Gutes zu tun. Aber Gnade ist mehr als Gabe. In der Gnade wird etwas überwunden. Gnade hat die Form des „Obgleich": Gnade ereignet sich trotz Trennung und Entfremdung. Gnade ist die Wiedervereinigung des Lebens mit sich selbst, die Versöhnung des Selbst mit sich selbst. Gnade ist die Wiederannahme dessen, was verworfen ist. Gnade verwandelt Verhängnis in sinnvolles Schicksal; sie verwandelt Schuld in Vertrauen und Mut. Es ist etwas Sieghaftes in dem Wort Gnade. Obwohl die Sünde mächtig geworden ist, ist die Gnade noch viel mächtiger geworden.
Und nun wollen wir einen Blick in uns selber tun, um dort den Kampf zwischen Entfremdung und Wiedervereinigung, zwischen Sünde und Gnade zu erkennen, und zwar in unserer Beziehung zum anderen, zu uns selbst und zum Grund und Ziel unseres Seins. Wenn unser Inneres auf die Beschreibung antwortet, die ich zu geben versucht habe, dann gewinnen Worte wie „Sünde" und „Entfremdung", „Gnade" und „Wiedervereinigung" einen neuen Sinn. Die Worte als solche sind nicht wichtig, wichtig allein ist die Antwort aus den tiefsten Schichten unseres Sein. Wenn in diesem Augenblick eine solche Antwort in uns wach würde, dann könnten wir sagen, daß wir erkannt haben, was Gnade ist.
Wer hat sich nicht irgendwann einmal inmitten einer gesellschaftlichen Veranstaltung einsam gefühlt? Wir fühlen uns oft dann am meisten vom Leben abgeschnitten, wenn es uns mit Lärm und Gerede umgibt. Viel tiefer als in Augenblicken äußerster Einsamkeit erfahren wir dann, wie fremd wir einander sind, wie entfremdet Leben vom Leben ist. Jeder zieht sich in sich selbst zurück. Wir können nicht in das verborgene Zentrum des anderen Menschen eindringen, und so kann auch jener andere die Wand, die unser ganzes Sein umgibt, nicht durchbrechen. Auch die größte Liebe kann nicht die Mauer des Selbst durchstoßen. Wer hätte nicht die Desillusionierung in jeder großen Liebe erlebt? Und selbst dann, wenn jemand sein Inneres in völliger Selbstpreisgabe öffnen würde, so

würde er nur zu einem Nichts werden, ohne Form und Kraft, ein Selbst ohne Selbst, ein Gegenstand der Verachtung und des Mißbrauchs. Unsere Generation weiß mehr als die Generation unserer Väter von der heimlichen Feindschaft in der Tiefe unserer Seelen. Wir wissen heute vieles von der Feindseligkeit, die in jedem lebt. Heute können wir bestätigen, was Kant, der Verkünder menschlicher Vernunft und Würde, ehrlich bekannte: „Es gibt etwas im Mißgeschick unseres besten Freundes, was uns nicht mißfällt." Wer von uns wäre so unehrlich zu bestreiten, daß das auch von ihm gilt? Sind wir nicht fast immer bereit, jeden Menschen, wenn auch in verfeinerter Art, zu mißbrauchen zur Selbsterhöhung, als Gelegenheit zum Prahlen, für einen Augenblick der Lust? Zu wissen, daß wir dazu bereit sind, heißt, von der Bedeutung der Trennung des Lebens vom Leben zu wissen und von der „Sünde, die übermächtig geworden ist".

In der Gegenwart zeigt sich die Trennung des Lebens vom Leben in der Haltung von Gruppen innerhalb einer Nation und von Nationen gegenüber anderen Nationen. Die Mauern der Entfernung in Zeit und Raum sind durch den technischen Fortschritt beseitigt worden, aber die Mauern der Entfremdung von Herz zu Herz haben sich in ungeheurer Weise verstärkt. Der Wahnsinn der deutschen Nationalsozialisten und die Grausamkeit des lynchenden Mobs im Süden der Vereinigten Staaten verschaffen uns eine leichte Entschuldigung, mit der wir unsere Gedanken von uns selbst ablenken. Aber laßt uns an uns selbst denken und fragen, was wir empfinden, wenn wir heute lesen, daß in einigen Teilen Europas alle Kinder unter drei Jahren krank sind und in Massen sterben oder daß in Asien Millionen von Heimatlosen erfrieren und verhungern. Die Fremdheit des Lebens zum Leben zeigt sich in der befremdenden Tatsache, daß wir das alles wissen und doch noch so leben können — heute und morgen —, als wüßten wir nichts davon. Dabei denke ich an die Feinfühligsten unter uns. In der Menschheit wie in der Natur ist das Leben vom Leben getrennt. Entfremdung beherrscht alles, was lebt. Die Sünde ist übermächtig geworden.

Aber wir sind nicht nur einer vom anderen getrennt. Wir sind auch getrennt von uns selbst. „Man Against Himself" ist nicht nur der Titel eines Buches, sondern zeigt die Wiederentdeckung einer uralten Einsicht. Der Mensch ist in sich selbst gespalten. Das Leben wendet sich gegen sich selbst durch Aggression, Haß und Verzweiflung. Wir sind gewohnt, die Selbstliebe zu verurteilen; aber was wir wirklich verdammen sollten, ist das Gegenteil der Selbstliebe. Es ist jene Mischung von Selbstsucht und Selbsthaß, die uns ständig verfolgt, die uns hindert, den anderen zu lieben und uns der Liebe öffnen, mit der wir ewig geliebt werden. Wer fähig ist, sich selbst zu lieben, ist auch fähig, den anderen zu lieben. Wer gelernt hat, die Selbstverachtung zu überwinden, hat damit auch seine Menschenverachtung überwunden. Aber die Tiefe unserer Entfremdung ist gerade darin begründet, daß wir nicht fähig sind zu einer großen, barmherzigen, göttlichen Liebe zu uns selbst. Im Gegenteil, in jedem Menschen ist der Trieb zur Selbstzerstörung, der genau so stark ist wie der Trieb zur Selbsterhaltung. Unser Bestreben, andere zu mißbrauchen und zu zerstören, enthält ein offenes oder heimliches Streben, auch uns selbst zu mißbrauchen und zu zerstören. Grausamkeit gegen andere ist immer auch Grausamkeit gegen uns selbst. Nichts zeigt sich so deutlich wie der Zwiespalt sowohl in unserem unbewußten Leben als auch in unserer bewußten Persönlichkeit. Ohne die Hilfe der modernen Psychologie hat Paulus diese Tatsache in jenen berühmten Worten ausgedrückt: „Denn das Gute, das ich will, das tue ich nicht, aber das Böse, das ich nicht will, das tue ich." Und die anschließenden Worte könnten wohl das Motto jeder Tiefenpsychologie sein: „Wenn ich aber das tue, was ich nicht will, so bin ich es nicht mehr, der es tut, sondern die in mir wohnende Sünde." Der Apostel fühlte eine Kluft zwischen seinem bewußten Willen und dem wirklich vorhandenen Willen, zwischen sich selbst und etwas Fremden in ihm. Er war sich selbst entfremdet, und diese Entfremdung nannte er „Sünde". Er nannte sie auch „ein fremdes Gesetz in meinen Gliedern", einen unwiderstehlichen Zwang. Wie oft tun wir Dinge mit vollkommener Bewußtheit und dennoch mit dem erschreckenden Gefühl, von einer fremden Macht beherrscht zu sein. Das ist die Erfahrung der Entfremdung von uns selbst, d. h. der „Sünde", ob wir das Wort gebrauchen wollen oder nicht.

Der Zustand unseres ganzen Lebens ist ein Zustand der Entfremdung von anderen und von uns selbst, weil wir vom Grunde unseres Seins, dem Ursprung und Ziel unseres Lebens entfremdet sind. Wir wissen nicht, woher wir kommen und wohin wir gehen, wir sind getrennt von dem Mysterium, von der Tiefe und von der Größe unserer Existenz. Wir hören die Stimme dieser Tiefe, aber unsere Ohren verschließen sich ihr. Wir fühlen, daß etwas Radikales, Ganzes und Unbedingtes von uns gefordert wird, aber wir lehnen uns dagegen auf, wir versuchen, uns seiner Dringlichkeit zu entziehen und wollen seine Verheißung nicht annehmen.

Trotzdem können wir ihm nicht entgehen. Wenn dieses „Etwas" der Grund unseres Seins ist, so sind wir für alle Ewigkeit daran gebunden, genau so wie wir an uns selbst und an alles andere Leben gebunden sind. Immer bleiben wir in der Macht dessen, dem wir entfremdet sind. Das führt uns in die letzte Tiefe der Sünde: getrennt und doch gebunden, entfremdet und doch ihm zugehörig, zerstört und doch erhalten. Es ist der Zustand, den wir Verzweiflung nennen. Verzweiflung bedeutet, daß es kein Entrinnen gibt. Verzweiflung ist „die Krankheit zum Tode". Aber das Furchtbare an der Krankheit der Verzweiflung ist, daß wir nicht von ihr befreit werden können, auch nicht durch direkten oder indirekten Selbstmord. Denn wir alle wissen, daß wir ewig und unentrinnbar an den Grund unseres Seins gebunden sind. Der Abgrund der Entfremdung ist nicht immer sichtbar. Aber unserer Generation ist er deutlicher erkennbar geworden als früheren Generationen. Wir haben ein Gefühl für die Sinnlosigkeit, die Leere, den Zweifel und den Zynismus: alles Ausdrucksformen der Verzweiflung und unserer Trennung von den Wurzeln und dem Sinn unseres Lebens. Sünde im tiefsten Sinn — die Sünde der Verzweiflung — ist unter uns übermächtig geworden.

„Wo aber die Sünde mächtig geworden ist, da ist doch die

Gnade noch viel mächtiger geworden", sagt Paulus in dem gleichen Brief, in dem er die ungeheure Macht der Entfremdung und Selbstzerstörung in der Gesellschaft und in der einzelnen Seele schildert. Er sagt diese Worte nicht, weil unsere Sentimentalität den guten Ausgang alles Tragischen fordert, sondern weil sie die überwältigendste und entscheidendste Erfahrung seines Lebens beschreiben. In dem Bilde Jesu als des Christus, der ihm in dem Augenblick erschien, als er sich am stärksten von den anderen Menschen, von sich selbst und von Gott getrennt fühlte, fand er sich selbst zugleich verworfen und bejaht. Und als er erkannte, daß er bejaht war, war er imstande, sich selbst zu bejahen und mit den anderen versöhnt zu werden. In dem Augenblick, in dem die Gnade ihn traf und überwältigte, war er mit dem wiedervereint, dem er gehörte und von dem er getrennt und entfremdet war. Wissen wir, was es heißt, von der Gnade ergriffen zu sein? Es heißt nicht, daß wir plötzlich glauben, Gott existiert, oder Jesus ist der Erlöser, oder die Bibel enthält die Wahrheit. Der Glaube, daß etwas *ist*, stellt fast das Gegenteil dessen dar, was Gnade ist. Und weiter: Gnade heißt nicht, daß wir in unserer moralischen Selbstbeherrschung, in unserem Kampf gegen besondere Fehler und in unseren menschlichen und gesellschaftlichen Beziehungen Fortschritte machen. Der sittliche Fortschritt kann eine Frucht der Gnade sein, aber er ist nicht die Gnade selbst, und er kann uns sogar daran hindern, die Gnade zu empfangen. Denn es gibt ein Annehmen der christlichen Lehren, es gibt ein Kämpfen gegen das Böse, es gibt eine Religion und eine Sittlichkeit, die gnadenlos sind. Aber es wäre besser, Gott und Christus und die Bibel abzulehnen, als sie ohne Gnade zu bejahen. Denn wenn wir sie ohne Gnade bejahen, so tun wir das im Zustand der Entfremdung, und dann wird die Entfremdung noch größer. Wir können unser Leben nicht verwandeln, wenn wir nicht zulassen, daß es von der Gnade verwandelt wird. Gnade ereignet sich, oder sie ereignet sich nicht. Und gewiß ereignet sie sich nicht, wenn wir versuchen, uns zu ihr zu zwingen, wie sie sich auch nicht ereignen wird, solange wir glauben, daß wir sie nicht brauchen. Die Gnade trifft uns, wenn wir in großer Qual und Unruhe sind. Sie trifft uns, wenn wir durch das finstere Tal eines sinnlosen und leeren Lebens gehen. Sie trifft uns, wenn wir fühlen, daß wir ein anderes Leben verletzt haben, ein Leben, das wir liebten oder von dem wir entfremdet waren. Sie trifft uns, wenn der Ekel an unserem eigenen Sein, an unserer Gleichgültigkeit, unserer Schwachheit, unserer Feindseligkeit, unserem Mangel an zielbewußtem Leben unerträglich geworden ist. Sie trifft uns, wenn Jahr für Jahr die Vollendung unseres Lebens, nach der wir uns sehnen, ausbleibt, wenn die alten Mächte in uns herrschen, wenn die Verzweiflung alle Freude und allen Mut zerstört. Zuweilen bricht in einem solchen Augenblick eine Welle von Licht in unsere Finsternis ein, und es ist, als ob eine Stimme sagte: „Du bist dennoch bejaht!" *Dennoch bejaht,* bejaht durch das, was größer ist als du und dessen Namen du nicht kennst. Frage jetzt nicht nach dem Namen, vielleicht wirst du ihn später finden. Versuche jetzt nicht, etwas zu tun, vielleicht wirst du später viel tun. Trachte nach nichts, versuche nichts, beabsichtige nichts. *Nimm nur dies an, daß du bejaht bist.* Wenn uns das geschieht, dann erfahren wir Gnade. Nach einer solchen Erfahrung werden wir nicht besser sein als zuvor und keinen größeren Glauben haben als zuvor. Aber alles ist verwandelt. In diesem Augenblick überwindet die Gnade die Sünde, und die Versöhnung überbrückt den Abgrund der Entfremdung. Diese Erfahrung fordert nichts; sie bedarf keiner Voraussetzung, weder einer religiösen, noch einer moralischen, noch einer intellektuellen; sie bedarf nichts als nur das Annehmen.

Im Lichte dieser Gnade erfassen wir die Kraft der Gnade in unserem Verhältnis zu anderen und zu uns selbst. Wir erfahren die Gnade, daß einer den anderen versteht. Wir verstehen dann nicht nur den buchstäblichen Sinn seiner Worte, sondern auch das, was hinter ihnen liegt, auch wenn sie hart oder zornig sind. Denn auch hinter solchen Worten liegt das Verlangen, die Mauern der Trennung zu durchstoßen. Wir erfahren die Gnade, daß wir fähig werden, ein anderes Leben zu bejahen, selbst wenn es uns feindlich und verletzend entgegentritt, denn durch die Gnade wissen wir, daß es zu dem gleichen Grund gehört, zu dem wir gehören und von dem wir bejaht worden sind. Wir erfahren die Gnade, die imstande ist, die tragische Trennung der Geschlechter, der Generationen, der Völker, der Rassen und selbst die Trennung zwischen den Menschen und der Natur zu überwinden. Manchmal erscheint in all dieser Entfremdung die Gnade, die uns wiedervereint mit dem, zu dem wir gehören. Denn Leben gehört zu Leben.

Und im Licht dieser Gnade erfahren wir die Kraft der Gnade in unserer Beziehung zu uns selbst. Wir erleben Augenblicke, in denen wir uns bejahen, weil wir fühlen, das wir bejaht worden sind von etwas, das größer ist als wir. Wären uns doch mehr solcher Augenblicke beschieden! Denn das sind die Augenblicke, in denen wir unser Leben lieben und uns selbst bejahen, nicht um deswillen, was wir sind, sondern um der Gewißheit willen, daß unser Leben einen ewigen Sinn hat. Wir können uns nicht zwingen, uns selbst zu bejahen. Wir können niemanden zwingen, sich selbst zu bejahen. Aber manchmal geschieht es, daß wir die Kraft empfangen, „Ja" zu uns zu sagen, daß Friede in uns einkehrt und uns heilt, daß Selbsthaß und Selbstverachtung aufhören und daß unser Selbst mit sich selbst wiedervereinigt wird. Dann können wir sagen, daß die Gnade über uns gekommen ist.

„Sünde" und „Gnade" sind fremde Worte, aber keine fremden Dinge. Wir finden sie, wenn immer wir mit suchenden Augen und verlangenden Herzen in uns blicken. Sie bestimmen unser Leben. Sie sind mächtig in uns und in jedem Leben. Möge die Gnade mächtiger in uns werden!

IM GRABE GEBOREN

Am Abend aber kam ein reicher Mann von Arimathia, der hieß Josef, welcher auch ein Jünger Jesu war. Der ging zu Pilatus und bat ihn um den Leib Jesu. Da befahl Pilatus, man solle ihm ihn geben. Und Josef nahm den Leib und wickelte ihn in eine reine Leinwand und legte ihn in sein eigenes neues Grab, welches er hatte in einen Fels hauen lassen, und wälzte einen großen Stein vor die Tür des Grabes und ging davon. Es war aber allda Maria Magdalena und die andere Maria, die setzten sich gegen das Grab. Des anderen Tages, der da folgt nach dem Rüsttage, kamen die Hohenpriester und Pharisäer sämtlich zu Pilatus und sprachen: Herr, wir haben gedacht, daß dieser Verführer sprach, da er noch lebte: Ich will nach drei Tagen auferstehen. Darum befiehl, daß man das Grab verwahre bis an den dritten Tag, auf daß nicht seine Jünger kommen und stehlen ihn und sagen zum Volk: Er ist auferstanden von den Toten, — und werde der letzte Betrug ärger denn der erste. Pilatus sprach zu ihnen: Da habt ihr die Hüter; gehet hin und verwahret, wie ihr wisset. Sie gingen hin und verwahrten das Grab mit Hütern und versiegelten den Stein.

MATTH. 27, 57—66.

Bei den Nürnberger Kriegsverbrecher-Prozessen erschien als Zeuge ein Mann, der eine Zeitlang in einem Grab eines jüdischen Friedhofes in Wilna gelebt hatte. Es war das einzige Versteck, wo er – und viele andere – leben konnten, nachdem sie der Gaskammer entronnen waren. Während dieser Zeit schrieb er Gedichte, und eines davon war die Beschreibung einer Geburt. In einem Grab, ganz in seiner Nähe, gebar eine junge Frau einen Sohn. Der 80jährige Totengräber, in ein Leichentuch gehüllt, half bei der Geburt. Als das

Im Grabe geboren

neugeborene Kind seinen ersten Schrei ausstieß, betete der alte Mann: „Großer Gott, hast Du endlich den Messias zu uns gesandt? Denn wer anders als nur der Messias selbst könnte in einem Grab geboren werden?" Drei Tage später sah der Dichter, wie das Kind die Tränen seiner Mutter trank, weil sie ihm keine Milch geben konnte.

Diese Geschichte, die alles übertrifft, was menschliche Einbildungskraft ersinnen könnte, ergreift nicht nur unser Gefühl, sondern hat auch eine große symbolische Kraft. Als ich sie das erstemal las, wurde mir stärker als je zuvor bewußt, daß unsere christlichen Symbole, die der evangelischen Geschichte entstammen, einen großen Teil ihrer Macht verloren haben, weil sie zu oft wiederholt und zu oberflächlich gebraucht worden sind. Es ist in Vergessenheit geraten, daß die weihnachtliche Krippe der Ausdruck äußerster Armut und Not war, ehe sie zu der Stätte wurde, an der die Engel erschienen und auf die der Stern hinführte. Und es ist in Vergessenheit geraten, daß das Grab Jesu das Ende seines Lebens und seines Werkes war, ehe es zur Stätte seines endgültigen Triumphes wurde. Wir sind der unendlichen Spannung gegenüber unempfindlich geworden, die in diesen Worten des Apostolischen Glaubensbekenntnisses liegt „... gelitten..., gekreuzigt, gestorben und begraben,... am dritten Tage wieder auferstanden von den Toten." Schon wenn wir die ersten Worte hören, wissen wir, wie der Schluß sein wird: „wieder auferstanden"; und für viele Menschen bedeutet er nicht mehr als das unvermeidliche „happy end". Der alte jüdische Totengräber wußte es besser. Für ihn war die unermeßliche Spannung der Messias-Erwartung eine Wirklichkeit, die in dem unendlichen Kontrast zwischen den Dingen, die er sah, und der Hoffnung, die er in sich trug, hervorbrach.

Die Tiefe dieser Spannung wird durch den letzten Teil der Geschichte zum Ausdruck gebracht. Nach drei Tagen wurde das Kind nicht zur himmlischen Herrlichkeit emporgehoben; es trank die Tränen seiner Mutter, weil es nichts anderes zu trinken hatte. Wahrscheinlich ist es gestorben, und die Hoffnung des alten Juden wurde wieder einmal enttäuscht, wie sie schon unzählige Male vorher enttäuscht worden war. Von dieser Erzählung kann uns kein Trost kommen — es kann kein glückliches Ende geben; aber genau das entspricht der Wahrheit über unser Leben. An einer bemerkenswerten Stelle schreibt Karl Barth in seinem Buch „Credo" über das Wort „begraben" im Apostolischen Glaubensbekenntnis: „Wenn ein Mensch begraben wird, ist es augenscheinlich bekräftigt und bewiesen — obwohl er scheinbar noch gegenwärtig, tatsächlich aber bereits abwesend ist —, daß er keine Gegenwart mehr besitzt, noch weniger eine Zukunft. Er ist nur mehr Vergangenheit. Er ist nur noch durch die Erinnerung erreichbar, und auch das nur solange, bis die, denen es möglich ist und die bereit sind, sich seiner zu erinnern, selbst begraben werden. Und die Zukunft, auf die die ganze menschliche Gegenwart hinläuft, ist gerade dieses: begraben zu werden." Diese Worte beschreiben genau die Situation, in der der fromme alte Jude betete: „Großer Gott, hast Du endlich den Messias zu uns gesandt?"

Wir schieben oft den Ernst dieses Wortes „begraben" beiseite — nicht nur in bezug auf Christus, sondern auch auf uns —, in der Vorstellung, daß nicht wir, sondern nur ein verhältnismäßig unbedeutender Teil von uns, unser Körper, begraben wird. Doch das ist nicht das, was das Glaubensbekenntnis darunter versteht. Es ist immer derselbe Jesus Christus, von dem gesagt wird, daß er gelitten hat und daß er begraben wurde und daß er wieder auferstanden ist. Er wurde begraben, er — seine ganze Person — wurde von der Erde hinweggenommen. Das gleiche gilt auch für uns. Wir werden sterben, wir, unsere Person, von der wir unseren Körper nicht als einen zufälligen Teil abtrennen können, wird begraben werden.

Nur wenn wir das „begraben" aus dem Evangelium so ernst nehmen, erkennen wir den Wert der Ostergeschichte und der Worte des Totengräbers: „Wer anders als der Messias kann in einem Grab geboren werden?" Seine Frage hat zwei Seiten. Nur der Messias kann Leben aus dem Tod erwecken. Es ist kein natürliches Ereignis. Es geschieht nicht jeden Tag, aber es geschieht am Tage des Messias. Es ist das erstaun-

Im Grabe geboren

lichste, tiefste und paradoxeste Mysterium des Daseins. Leben aus dem Grabe kann nicht durch den Hinweis auf die Unsterblichkeit eines angeblich besseren Teils unseres Selbst hervorgebracht werden. Ewiges Leben entsteht nur durch das Kommen einer „neuen Wirklichkeit", die nach unserem Glauben schon in Jesus als dem Christus erschienen ist.

Aber die Behauptung, daß niemand anderes als der Messias in einem Grab geboren werden könnte, hat noch eine andere Seite, die dem frommen Juden vielleicht weniger bewußt war. Christus mußte begraben werden, um der „Christus" zu sein, nämlich der, welcher den Tod besiegt hat. Die Geschichte aus dem Evangelium, die wir gehört haben, bezeugt uns den wirklichen und unwiderruflichen Tod und das Begräbnis Jesu. Die Frauen, die Hohenpriester, die Soldaten, der versiegelte Stein — sie alle ruft das Evangelium als Zeugen an für die Wirklichkeit seines Endes. Wir sollten sorgfältiger auf diese Zeugen hören, die uns mit Triumph oder Zynismus erzählen, daß er begraben wurde, daß er für immer von der Erde hinweggenommen wurde und daß von ihm keine Spuren mehr in der Welt zurückgeblieben sind. Auch sollten wir mehr auf jene anderen hören, die in Zweifel und Hoffnungslosigkeit sagen: „Aber wir vertrauen ihm, daß er es sei, der gekommen ist, um Israel zu erlösen." Es ist heutzutage nicht schwer, beide Stimmen zu hören in einer Welt, in der es so viele Orte wie den jüdischen Friedhof in Wilna gibt. Es ist sogar möglich, sie in uns zu hören, jeder von uns in sich selbst. Und wenn wir sie hören, was können wir darauf antworten? Wir wollen uns darüber klar sein: die Antwort, die uns das Osterfest gibt, ist keine notwendige Antwort. In der Wirklichkeit kommt nicht alles unvermeidbar zu einem „happy end" wie in verlogenen Filmen. Aber die Antwort von Ostern ist gerade dadurch möglich geworden, daß Christus begraben worden ist. Das neue Leben wäre nicht wirklich *neues* Leben, wenn es nicht aus dem radikalen Ende des alten Lebens erstanden wäre. Sonst müßte es wieder begraben werden. Aber wenn das neue Leben aus dem Grab hervorgekommen ist, dann ist der Messias selbst erschienen.

DER TOD IST TOT

Da nun die Kinder an Fleisch und Blut Anteil bekommen haben, hat in ähnlicher Weise auch er daran teilgenommen, damit er durch den Tod den zunichte machte, der die Macht über den Tod hat, d. h. den Teufel, und alle die befreite, die durch Furcht vor dem Tode ihr ganzes Leben lang in Knechtschaft gebunden waren. Denn wahrlich, er nimmt sich nicht der Engel an, sondern der Kinder Abrahams. Und deshalb mußte er in allem seinen Brüdern gleich werden, damit er barmherzig würde und ein treuer Hoherpriester im Dienst vor Gott, um die Sünden des Volkes zu sühnen. Denn weil er gelitten hat und damit selbst versucht worden ist, vermag er denen, die versucht werden, zu helfen. HEBR. 2, 14—18.

Die Dunkelheit, in die das weihnachtliche Licht hineinscheint, ist vor allem die Dunkelheit des Todes. Die Drohung des Todes, die unseren ganzen Lebensweg beschattet, ist der dunkle Hintergrund aller adventlichen Erwartung der Menschheit. Der Tod ist ja nicht nur die Schere, die unseren Lebensfaden durchschneidet, wie ein altes Symbol ihn darstellt. Er ist vielmehr einer jener Fäden, die immer in unser Dasein verwoben sind, von seinem Anfang bis zu seinem Ende. Daß wir sterben müssen, ist in jedem Augenblick die formende Macht unseres ganzen leiblichen und seelischen Seins. Jedes Menschenantlitz trägt die Spuren des immer gegenwärtigen Todes: Todesfurcht und Todesmut — und Resignation gegenüber dem Tod. Diese furchtbare Todesgegenwart läßt den Menschen sein ganzes Leben lang nicht los und hält ihn in Knechtschaft, wie unser Text es ausdrückt. Denn in dem Maße, in dem ich in der Todesfurcht stehe, bin ich nicht im Stande der Freiheit; ich kann nicht in völliger Freiheit handeln, wie es die augenblickliche Situation von mir verlangt, vielmehr werde ich von meiner Todesfurcht getrieben und den Eingebungen und Gedanken, die sie in mir wachruft. Die Todesfurcht ist in erster Linie die Furcht vor dem Unbekannten, und die Leerheit des Unbekannten ist mit Bildern ausgefüllt, die die Furcht geschaffen hat. Das gilt sogar für die Geschehnisse des täglichen Lebens: Ein unbekanntes Gesicht erschreckt das Kind, der unbekannte Wille der Eltern und Lehrer beunruhigt es, die unbekannten Umstände einer neuen Situation oder einer neuen Aufgabe schaffen Furcht. Man fürchtet, der Situation nicht gewachsen zu sein. All das gilt im höchsten Grade im Hinblick auf den Tod, das absolut Unbekannte, die Finsternis, in der es nicht das geringste Licht gibt und der gegenüber sogar unsere Vorstellungskraft versagt. Der Tod ist der Abgrund, in dem all unser Handeln und all unsere Macht und alles, was wir gewesen sind, ein Ende hat. Der Tod ist die unvermeidlichste und zugleich unbegreiflichste Wirklichkeit, der wahre und unbedingte Gegenstand unserer Furcht, aus der alle anderen Formen der Furcht ihre Macht herleiten. Er schafft die Furcht, vor der sogar Christus in Gethsemane überwältigt wurde.

Aber wir müssen fragen, welches die Ursache dieser Furcht ist. Sind wir nicht endlich und begrenzt und gar nicht imstande, uns die unendliche Fortsetzung unserer Endlichkeit vorzustellen oder sie gar zu wünschen? Wäre dies nicht schlimmer als der Tod? Ist nicht ein Gefühl der Erfüllung, der Befriedigung und der Lebensmüdigkeit in uns, wie es in manchen Worten des Alten Testamentes zum Ausdruck kommt? Ist nicht das Gesetz „Staub zu Staub" ein Naturgesetz? Aber wenn dem so ist, warum erscheint es als Fluch in der Geschichte vom Paradies? Es muß um den Tod noch ein tieferes Geheimnis sein als nur die natürliche Schwermut, die das Erlebnis unserer Vergänglichkeit begleitet. Der Apostel Paulus hat eine Antwort auf diese Frage gegeben: er nennt den Tod der Sünde Sold und die Sünde des Todes Stachel. Und unser Text sagt es in ähnlichen Worten· „Ihn, der die Macht über den Tod hat, den Teufel", die leibhaftig gewordene Macht des Bösen und der Sünde. Obwohl der Tod jedem endlichen Wesen von Natur aus zukommt, scheint er doch zugleich der Feind aller Natur zu sein. Nur der Mensch ist imstande, dem Tode mit vollem Bewußtsein gegenüberzustehen, das gehört zu seiner Größe und Würde. Das macht es ihm möglich, sein Leben als Ganzes anzuschauen, einen Anfang zu sehen und ein Ende. Es ist das, was ihn fähig macht, nach dem Sinn seines Lebens zu fragen — eine Frage, die ihn über sein Leben hinaushebt und ihm das Gefühl seiner Ewigkeit gibt. Des Menschen Wissen um sein Sterben ist also gleichzeitig sein Wissen, daß er über dem Tod steht. Es ist des Menschen Schicksal, sterblich und unsterblich zugleich zu sein. Und jetzt wissen wir auch, was der Stachel des Todes ist und warum der Teufel die Macht über den Tod hat: wir haben unsere Ewigkeit verloren! Nicht unsere Sterblichkeit läßt diese tiefste Furcht vor dem Tode entstehen, sondern die Tatsache, daß wir unsere Ewigkeit jenseits unseres natürlichen Todes verloren haben durch die Abkehr vom Ewigen, die unsere Schuld ist.

Beständig in der Knechtschaft der Todesfurcht leben heißt: in der Furcht vor dem Tode leben, der Natur *und* Schuld zugleich ist. In der Todesfurcht liegt nicht nur die Erinnerung an unsere Endlichkeit, sondern auch das Bewußtsein unserer Unendlichkeit, das Bewußtsein, daß wir für die Ewigkeit bestimmt sind und daß wir die Ewigkeit verloren haben. Nicht deshalb sind wir Sklaven der Furcht, weil wir sterben müssen, sondern weil wir es verdient haben zu sterben.

Deshalb ist die Erlösung kein magisches Verfahren, durch das wir unsere Endlichkeit loswerden. Vielmehr ist sie das göttliche Urteil, daß wir das Sterben nicht mehr verdienen, weil wir gerechtfertigt sind, ein Urteil, das sich nicht auf unser Handeln gründet — dann würden wir gewiß nicht daran glauben können —, sondern es ist auf etwas gegründet, das aus der Ewigkeit kommt, etwas, das wir anschauen können in der Wirklichkeit des *einen* sterbenden Menschen, der durch seinen Tod den besiegte, der die Macht über den Tod hat.

Der Tod ist tot

Wenn Weihnachten irgend einen Sinn hat, so hat es diesen Sinn. Fragt euch selbst, wenn ihr die Adventsbotschaft oder die Weihnachtsgeschichte hört, ob sich dann nicht eure Stellung zum Tode geändert hat, ob ihr noch länger in der Knechtschaft der Todesfurcht seid, ob ihr nicht den Gedanken an euren eigenen Tod ertragen könnt. Täuscht euch nicht über den Ernst des Todes — nicht des Todes im allgemeinen, nicht des Todes von jemand anderem, sondern eures eigenen Todes —, z. B. durch Beweise für die „Unsterblichkeit der Seele". Die christliche Botschaft ist realistischer als solche Vorstellung. Sie weiß, daß wir, wirklich wir selbst, sterben müssen, nicht nur ein Teil von uns. Und nur einen Gedanken gibt es im Christentum, der den Tod überwindet: die Vergebung der Sünden und der Sieg über den, der die Macht über den Tod hat. Das Christentum verkündet das Kommen des Ewigen, das Hereinbrechen des Ewigen in die Zeit, die Gabe der Ewigkeit an uns. Der ganze Mensch ist zugleich sterblich und unsterblich; der ganze Mensch ist zugleich zeitlich und ewig, und der ganze Mensch ist zugleich gerichtet und gerettet, weil das Ewige an Fleisch und Blut teilgenommen und die Todesfurcht auf sich genommen hat. Das ist die weihnachtliche Botschaft.

SIEHE, ES IST ALLES NEU GEWORDEN

So spricht der Herr,
Der im Meer einen Weg,
Einen Pfad in mächtigen Wassern macht:
— — — — — —
 — —
Gedenket nicht der vorigen Dinge,
Und vertieft euch nicht in das Alte.
Siehe, ich mache Neues.
Jetzt kommt es ans Licht.
Vernehmet ihr es nicht?
Einen Weg mach ich in der Einöde
Und Ströme in der Wüste.   JES. 43, 16; 18—19.

Lasset uns hören die Worte des Alten und Neuen Testaments,
    die von dem Neuen sprechen, das Gott im Leben und
    in der Geschichte tut:
Siehe, es kommt die Zeit, spricht der Herr,
Da will ich mit dem Hause Israel
Und dem Hause Juda
Einen neuen Bund machen,
Nicht wie der Bund gewesen ist,
Den ich mit ihren Vätern gemacht habe,
Als ich sie an der Hand nahm,
Um sie aus Ägyptenland zu führen,
Den Bund, den sie nicht gehalten haben,
So daß ich sie verwerfen mußte.
Sondern das soll der Bund sein,
Den ich mit dem Hause Israel machen will nach dieser Zeit,
    spricht der Herr:
Ich will mein Gesetz in ihr Herz geben

Siehe, es ist alles neu geworden

Und in ihren Sinn schreiben,
Und ich will ihr Gott sein,
Und sie sollen mein Volk sein...
Denn ich will ihnen ihre Missetat vergeben
Und ihrer Sünde nimmermehr gedenken.   JER. 31, 31—34.

(So spricht der Herr:) ...
Ich will euch ein neues Herz geben
Und einen neuen Geist in euer Inneres legen.
Ich will euer steinernes Herz wegnehmen
Und euch ein fleischernes Herz geben.   HESEK. 11, 19.

(So spricht der Herr:) ...
Ich vergesse die vergangenen Ängste,
Und sie sind vor meinen Augen verborgen.
Denn siehe, ich schaffe einen neuen Himmel und eine neue
    Erde.
Man wird des Vergangenen nicht mehr gedenken
Noch es zu Herzen nehmen,
Vielmehr ewig frohlocken und jubeln über das, was ich
    schaffe.   JES. 65, 16—18.

Aber lasset uns nicht vergessen die tragischen Worte des
    Predigers:
Eitelkeit der Eitelkeiten, spricht der Prediger,
Eitelkeit der Eitelkeiten, alles ist eitel.
— — — — — —
  — — — — —

Was geschehen ist, das ist's, was sein wird,
Und geschieht nichts Neues unter der Sonne.
Geschieht auch etwas, davon man sagen möchte:
Siehe, das ist neu?
Es ist zuvor auch geschehen in den langen Zeiten,
Die vor uns gewesen sind.   PRED. SALOMO 1, 2; 9—10.

Und das ist die Antwort, die der Apostel gibt:
Darum, ist jemand in Christo, so ist er eine neue Kreatur.
Das Alte ist vergangen; siehe, es ist alles neu geworden.
                                               2. KOR. 5, 17.

(Und Jesus sprach zu ihnen:) ... *Niemand flickt ein altes Kleid mit einem Lappen von neuem Tuch, denn der Lappen reißt doch wieder vom Kleid, und der Riß wird ärger. Man faßt auch nicht Most in alte Schläuche, sonst zerreißen die Schläuche, und der Most wird verschüttet, und die Schläuche kommen um. Sondern man faßt Most in neue Schläuche, so werden sie beide miteinander erhalten.* MATTH. 9, 16—17.

Und endlich laßt uns hören den Seher des Neuen Testamentes: Und ich sah einen neuen Himmel und eine neue Erde, denn der erste Himmel und die erste Erde sind vergangen... Und ich sah die heilige Stadt, das neue Jerusalem... herabfahren... Und ich hörte eine große Stimme von dem Stuhl, die sprach: Siehe da, die Hütte Gottes ist bei den Menschen... Und Gott wird abwischen alle Tränen von ihren Augen, und der Tod wird nicht mehr sein..., denn das erste ist vergangen... Siehe, ich mache alles neu. OFFB. 21, 1—5.

Laßt uns miteinander bedenken das Alte und das Neue in uns und in unserer Welt. In diesen biblischen Texten wird ein Gegensatz aufgerissen zwischen dem Alten und dem Neuen. Das Alte wird verworfen und das Neue wird leidenschaftlich erwartet und verheißen. Und selbst der Prediger Salomo, für den es nichts Neues unter der Sonne gibt, verbirgt nicht seine Sehnsucht nach dem Neuen und seine tiefe Enttäuschung darüber, daß er es nicht finden kann. Woher kommt dieses Gefühl, daß das Alte schlecht und das Neue gut ist, und warum wird Gott ein Gott des Neuen genannt? Warum spricht die Bibel allenthalben von Neu-Geborenwerden, vom neuen Herzen, vom neuen Menschen, vom neuen Bund, vom neuen Jerusalem, vom neuen Himmel und von der neuen Erde? Sicher nicht, weil das Spätere für besser gehalten wird als das Frühere, nur *weil* es später ist, wie man es in der Neuzeit vielfach geglaubt hat. Die bloße Tatsache, daß etwas später ist, macht es noch nicht göttlicher. Nirgendwo in der Bibel ist davon die Rede, daß Gott den ständigen Fortschritt vom Schlechteren zum Besseren garantiert. Gegen solche Illusionen wenden sich die enttäuschten Worte des Predigers. Gott ist nicht ein Gott des Fortschritts, sondern ein Gott des Neuen. Den gleichen Ton schlagen Propheten und Apostel an, wenn sie vom Neuen sprechen. Was ist der Inhalt ihrer Erwartung? Was meinen sie, wenn sie uns davor warnen, uns in die alten Dinge zu vertiefen? Welches sind die alten Dinge, und was ist das Neue, auf das wir hinblicken und das wir annehmen sollen?

Das Wort „alt" hat in der Bibel noch einen anderen Sinn. Es meint oft das, was sich durch alle Zeiten hindurch gleich bleibt, das, was heute so ist, wie es in der Vergangenheit war und wie es in aller Zukunft bleiben wird. Es gibt etwas, was nicht altert, etwas, was immer gleich alt und neu ist, weil es ewig ist. So wird Gott der „Alte der Tage" oder der „Erlöser von alters her" genannt. So werden die Weisheit von Urzeiten und das Gesetz Gottes, die so alt sind wie die Grundfesten der Welt, gerade deshalb gepriesen, weil sie alt sind. Dieses Alte soll nicht abgelöst werden durch ein Neues, wie auch der Gott von alters her nicht abgelöst werden kann durch einen neuen Gott. „Alt" in diesem Sinne heißt „ewig und weist auf etwas hin, was dem Wandel der Zeiten nicht unterworfen ist.

Aber in unserem Jesaja-Text hat das Wort „alt" den genau entgegengesetzten Sinn. Alt ist das, was vergeht und an das wir uns nicht mehr erinnern sollen. Es ist das, was uns gerade nicht festhalten soll, was keine Ewigkeit hat. Altwerden ist das Schicksal alles Geschaffenen, der Sterne und des Grases, der Menschen und der Tiere, der Nationen und der Individuen, des Himmels und der Erde. Sie alle altern und vergehen. Was bedeutet es, jemand altert, oder: etwas wird alt? Alles Leben wächst; es strebt danach, zu wachsen und lebt, solange es wächst. Immer sind die Menschen fasziniert gewesen von dem Gesetz des Wachsens. Für viele ist es so faszinierend, daß sie gut nennen, was Wachstum fördert, und schlecht, was Wachstum hemmt. Aber wir müssen tiefer blicken in das Gesetz des Wachsens und in seine Tragik. Ob die Zelle wächst, ob die Seele wächst oder ob ein geschichtliches Zeitalter wächst: Wachsen ist immer Gewinn und Verlust; es ist beides, Erfüllung und Opfer. In jedem Wachstum werden viele Entwicklungsmöglichkeiten geopfert für die eine, die verwirklicht wird. Wer sich der Wissenschaft hingeben will, muß dafür vielleicht das Opfer von Kunst und Politik bringen. Er muß einen Preis zahlen. Er kann nicht gleichmäßig nach allen Richtungen wachsen. Wenn Zellen des Körpers in eine Funktion hineinwachsen, verlieren sie damit die Möglichkeit, anderen Funktionen zu dienen.

Wenn geschichtliche Zeitalter von der Wahrheit einer großen Idee durchdrungen sind, so müssen andere Wahrheiten dafür unterdrückt werden. Leben bedeutet: ständig sich entscheiden und durch Entscheidungen Möglichkeiten ausschließen. Dadurch wird das Leben, wenn es wächst, enger, obgleich es stets größer und stärker wird. Jede Entscheidung macht uns reifer und älter zugleich. Jugend ist Offenheit. Aber jede Entscheidung schließt Tore zu. Das ist unausweichlich so; es ist unentrinnbares Schicksal. In jedem Augenblick entscheiden wir uns, in jedem Augenblick schließen wir Tore zu. Wir wachsen, das ist unsere Größe; wir wachsen, das ist unsere Tragik. Denn auch die ausgeschlossenen Möglichkeiten gehören zu uns, sie haben ein Recht und einen Anspruch an uns. Deshalb nehmen sie Rache an unserem Leben, das sie ausgeschlossen hat. Entweder sie sterben und nehmen Lebensmächtigkeit und Schöpfertum mit sich ins Grab. Dann werden wir hart und unbeweglich, unfähiger, uns neuen Situationen, neuen Anforderungen anzupassen. Oder aber, die Möglichkeiten, die wir ausgeschlossen haben, sterben nicht. Dann bleiben sie in uns, unterdrückt und verborgen. Sie bleiben in uns, aber nicht als schöpferische Kräfte, sondern als Kräfte, die uns krank machen, die uns altern lassen, die uns gefährlich werden. Das sind die beiden Wege, auf denen der Tod im Alternden wirkt: der Weg der Selbstbegrenzung und der Weg der Selbstzerstörung. Das sind die Wege, auf denen Wachstum, Krankheit und Tod miteinander verbunden sind.

Wir wollen uns das an einem Beispiel verdeutlichen — an unserer historischen Situation, an dem Leben unseres Zeitalters. Es ist das geworden, was es ist, durch zahllose Entscheidungen und durch zahllose Ausschließungen. Einige der ausgeschlossenen Möglichkeiten sind tot, und um sie sind wir ärmer geworden. Einige sind nur unterdrückt, und nun erheben sie sich mit zerstörerischer Gewalt. Was einst die Größe unseres Zeitalters war, ist jetzt seine Tragik geworden und die Tragik aller, die in diesem Zeitalter leben. Auch die Jugend ist alt, sofern sie daran beteiligt ist. Sie ist jung in ihrer persönlichen Vitalität, sie ist alt, weil sie an der Tragik unserer Zeit teilhat. Der Glaube, daß Jugend als Jugend erlösende Kraft hat, ist eine Illusion. Als die Weltreiche der Vergangenheit alterten und starben, konnte ihre Jugend sie nicht retten. Und unsere junge Generation wird uns auch nicht retten allein dadurch, daß sie jung ist.

Durch viele Entscheidungen sind wir das geworden, was wir sind. Aber jede Entscheidung ist tragisch, weil sie die Entscheidung gegen das ist, was nicht ungestraft unterdrückt werden kann.

Zu Beginn unseres Zeitalters haben wir uns für die *Freiheit* entschieden. Es war eine richtige Entscheidung; damit entstand etwas Neues und Großes. Aber in dieser Entscheidung mußten wir im Sozialen und Geistigen die Sicherheit ausschließen, ohne die der Mensch nicht leben und wachsen kann. Nun, im Alter unserer Epoche, taucht die Forderung wieder auf, die Freiheit um der Sicherheit willen zu opfern, und spaltet mit wahrhaft dämonischer Macht jede Nation und die ganze Welt. — Wir haben uns dafür entschieden, *Mittel* zu schaffen, durch die wir die Kräfte der Natur und der Gesellschaft beherrschen können. Indem wir diese Mittel schufen, haben wir etwas Neues und Großes in der Geschichte der Menschheit hervorgebracht. Aber als wir das taten, unterdrückten wir die Frage nach dem Ziel. Die Frage: „Wozu das alles?" wollten wir nicht mehr beantworten. Und nun, wo wir uns dem Alter unserer Epoche nähern, erheben die Mittel selbst den Anspruch, das Ziel zu sein. Zu unserem eigenen Verderben werden wir von unseren eigenen Werkzeugen beherrscht, und die mächtigsten unter ihnen sind eine Bedrohung für unsere Existenz geworden. — Wir haben uns für die *Vernunft* entschieden, gegen Aberglauben, falsche und

In der Tiefe ist Wahrheit

verhärtete Tradition. Diese Entscheidung war neu, groß und mutig, sie gab dem Menschen neue Würde, aber irgend etwas in uns wurde unterdrückt. Die Mächte der Seele wurden nicht mehr vernommen und wirksam gemacht. Nun brechen sie hervor, nicht mehr schöpferisch, sondern zerstörerisch. In weltweitem Ausmaß erleben wir heute einen Zerfall der Persönlichkeit.
Im Anfang der modernen Geschichte haben wir uns für die *Nation* entschieden. Sie sollte der Ausdruck unserer spezifischen Lebensform und unseres einmaligen Beitrags zur Geschichte sein. Auch das war eine große und schöpferische Entscheidung. Aber sie schloß das Wissen um die Einheit der Menschheit aus, um die großen Symbole, in denen einstmals die Menschheit als Einheit geschaut wurde. Die alte Einheit war zerbrochen, und keine internationale Gruppierung kann sie wieder beleben. Nun, im Alter unserer Epoche, erheben die mächtigsten Nationen selber den Anspruch, die Menschheit zu repräsentieren, und versuchen, ihre Lebensformen allen anderen aufzuzwingen. So beschwören sie zerstörende Kriege herauf, durch die vielleicht einmal die Menschheit vereint sein wird — aber im Frieden des Grabes.
Wir haben uns einmal entschieden zur Anerkennung einer *profanen* Welt. Es war eine große und notwendige Entscheidung. Wir haben uns gewehrt gegen die Alleinherrschaft einer Kirche, die Unterdrückung und Aberglauben im Gefolge hatte. Diese Entscheidung weihte und heiligte unser Alltagsleben und unsere Arbeit. Aber die Welt der Kultur blieb isoliert und losgelöst von ihrer religiösen Grundlage; die Tiefe dessen, was nur der Religion zugänglich ist, blieb ausgeschlossen: das Gefühl für das unerschöpfliche Geheimnis des Lebens, das im Grunde unseres Seins ruht, und für die unbesiegbare Macht der unbedingten Hingabe. Und doch können diese Dinge nicht unterdrückt werden. Wenn wir versuchen, sie in ihrer göttlichen Gestalt auszuschließen, so tauchen sie wieder auf, aber jetzt in dämonischer Verzerrung. Nun, im Alter unserer verweltlichten Epoche, haben wir die furchtbarste Manifestation dämonischer Bilder erlebt, wir haben tiefer in das Geheimnis des Bösen geschaut

als alle Generationen vor uns, wir haben die unbedingte Hingabe der Millionen an ein satanisches Symbol erlebt. Damit erfährt unsere Geschichtsepoche an sich selbst die Krankheit zum Tode.

Das ist die Situation unserer Welt, daß die Kräfte, die die menschliche Seele oft schon in jungen Jahren alt machen, ein Teil der Kräfte sind, die unsere Geschichtsepoche altern lassen. Wir alle haben dazu beigetragen, diese Kräfte zu stärken, und wir sind zugleich ihre Opfer. Wie in der Wüste, von der der Prophet spricht, gibt es für niemanden einen Ausweg. Es ist kein Ausweg, was die Idealisten uns glauben machen wollen: „Trefft Entscheidungen, aber schließt nichts aus! Wählt das Beste aus allen Möglichkeiten, verbindet sie, dann wird unsere Epoche wieder jung werden!" Auf diese Weise wird kein Mensch und keine Nation sich verjüngen. Das Neue entsteht nicht dadurch, daß die noch lebendigen Elemente des Alten wieder zusammengefügt werden. Wenn das Neue kommt, muß das Alte vergehen. „Gedenket nicht der vorigen Dinge, und vertieft euch nicht in das Alte", sagt der Prophet. „Siehe, es ist alles neu geworden!" sagt der Apostel. Aus dem Tod des Alten entsteht das Neue. Das Neue — und wenn es das Beste ist — wird nicht aus dem Alten geschaffen, sondern wenn das Neue entstehen soll, muß das Alte sterben. Das Neue entsteht aus dem, was jenseits des Alten und jenseits des Neuen liegt, aus dem Ewigen.

„Siehe, ich will ein Neues machen, jetzt wird es zum Licht kommen. Vernehmt ihr es nicht?" Wäre das Neue ein Teil des Alten, dann würde der Prophet nicht fragen: „Vernehmt ihr es nicht?" Denn wir alle würden es schon sehen. Aber es ist schwer zu vernehmen. Es ist verborgen in dem tiefen Geheimnis, das alle Schöpfung, Geburt und Wiedergeburt, verhüllt. Es kommt zum Licht — das heißt, daß es aus der Dunkelheit dieses Geheimnisses hervortritt.

Es gibt nichts Überraschenderes als das Aufleben des Neuen in unserer Seele. Wir können es nicht voraussehen, und wir können sein Wachstum nicht beobachten. Weder die Stärke unseres Willens schafft es, noch die Macht unseres Gefühls, noch die Klarheit unseres Intellekts. Im Gegenteil, sobald

wir das Neue von uns aus schaffen wollen, hindern wir es. Das Alte würde aus der Macht des Alten entstehen, nicht das Neue aus der Macht des Neuen. Das neue Sein wird in uns geboren, gerade dann, wenn wir es am wenigsten glauben. Plötzlich entdecken wir es in verborgenen Winkeln unserer Seele, die wir lange vernachlässigt haben. Tiefe Schichten unseres Seins, die durch alte Entscheidungen und alte Ausschließungen verschüttet waren, öffnen sich. Ein Weg wird sichtbar, der zuvor verborgen war. Das Neue macht uns frei von der Tragik, entscheiden und ausschließen zu müssen, weil es vor jeder Entscheidung liegt. Plötzlich gewahren wir es in uns. Das Neue, das wir suchten und nach dem wir uns sehnten, kommt dann zu uns, wenn wir die Hoffnung, es zu finden, für immer aufgegeben haben. Das ist das eine, das wir über das Neue sagen müssen: es erscheint, wann und wo es will. Wir können es nicht zwingen, und wir können es nicht berechnen. Wir können nur bereit sein dafür. Bereit sein heißt: wissen, daß das Alte zerbrochen ist und daß wir uns in seelische Zerstörung treiben gerade dann, wenn wir mit aller Macht versuchen, das Alte zu retten.
Das gleiche gilt für unsere geschichtliche Situation. Auch in der Geschichte wird das Neue überraschend geboren. Es kann erscheinen in irgendeinem dunklen Winkel unserer Welt. Es kann erscheinen in einer sozialen Gruppe, wo es am wenigsten erwartet wurde. Es kann zutage treten im Tiefpunkt einer nationalen Katastrophe, aber nur dann, wenn in einer solchen Situation Menschen da sind, die das Neue, von dem der Prophet spricht, vernehmen können. Es erscheint auf dem Höhepunkt eines nationalen Triumphes, wenn nur einige da sind, die die Nichtigkeit des Triumphes, von dem der Prediger Salomo spricht, durchschauen können. Das Neue erscheint in der Geschichte immer dann, wenn das Volk es am wenigsten glaubt. Aber es geschieht sicherlich nur dann, wenn das Alte als alt und tragisch und sterbend gesehen wird und wenn es keinen Ausweg zu geben scheint. Solch ein Augenblick ist unsere historische Situation. Aber wir mißverstehen sie, wenn wir zu wissen glauben, woher das Neue kommt.

Siehe, es ist alles neu geworden

Wir erkennen ihre Tiefe nur dann, wenn wir aufhören zu sagen: „Wir wissen, woher das Neue kommen wird. Es wird ausgehen von dieser Institution oder dieser Bewegung oder dieser Klasse oder dieser Nation oder dieser Philosophie oder dieser Kirche." Natürlich kann dies alles Träger des Neuen werden, aber es muß es nicht werden, und es wird es sicher dann nicht werden, wenn wir voreilig darauf hinblicken. Alle diejenigen unter uns, die schon einmal das Neue an einer bestimmten Stelle zu sehen glaubten, sind enttäuscht worden. Denn was wir für das Neue hielten, hat sich als Weiterbestehen des Alten erwiesen und seine zerstörerischen Konflikte nur verschärft. Und deshalb wiederhole ich: Das erste, was wir über das Neue aussagen müssen, ist, daß wir es nicht zwingen und nicht berechnen können. Alles, was wir tun können, ist, dafür bereit zu sein. So tief wie möglich müssen wir die Tatsache erfassen, daß die vergangenen Dinge alt geworden sind, daß sie unser Zeitalter zerstören, gerade dann, wenn wir ihr Bestes erhalten wollen. Diese Erkenntnis müssen wir in unserem sozialen und unserem persönlichen Leben wirksam werden lassen. Nur im leidenschaftlichen Kampf für das Neue wird uns aufgehen, daß das Alte alt ist und stirbt. Die Propheten, die auf das Neue hinschauten, das der Herr tat, standen mit leidenschaftlicher Aktivität in der historischen Situation ihres Volkes. Aber sie wußten, daß weder sie selbst noch irgend etwas Altes das Neue hervorbringen könnte.

„Gedenket nicht der vorigen Dinge, und vertieft euch nicht in das Alte", spricht der Prophet. Das ist das zweite, was wir über das Neue sagen müssen. Es muß die Macht des Alten zerbrechen, nicht nur in der Wirklichkeit, sondern auch in unserem Gedächtnis, und eines ist nicht möglich ohne das andere. Einige Worte über dieses wesentlichste Anliegen des Propheten und aller religiösen Erfahrung: wir können nicht von neuem geboren werden, wenn die Macht des Alten in uns nicht zerbrochen ist, und sie ist so lange nicht zerbrochen, wie sie als Schuld gegenwärtig ist. Deshalb ist der Inhalt aller prophetischen und apostolischen Verkündigung die Vergebung. Vergebung heißt, daß das Alte in die Vergangenheit

In der Tiefe ist Wahrheit

gestoßen wird, weil das Neue erschienen ist. Das „Gedenket nicht" bedeutet nicht oberflächliches Vergessen. Würde es das bedeuten, so bedürfte es keiner Vergebung. Vergebung bedeutet das Ausstoßen des Alten in Realität und Gedächtnis zugleich, durch die Kraft des Neuen, das nie das rettende Neue sein könnte, wenn es nicht die Vollmacht der Vergebung in sich trüge.

Ich glaube, daß wir uns sozial und geschichtlich in der gleichen Situation befinden. Das Neue, das nicht imstande ist, das Alte in die Vergangenheit zu stoßen, ist nicht wirklich neu. Das wirklich Neue ist imstande, die alten Konflikte zwischen Mensch und Mensch, zwischen Gruppe und Gruppe zu zerbrechen, im Gedächtnis und in der Realität. Es ist imstande, diesen furchtbaren Kreislauf von Fluch, Strafe und neuem Fluch zu zerbrechen, die Schuld zwischen Nationen, zwischen Rassen, zwischen Klassen — in der Alten und in der Neuen Welt — jenen alten Fluch, durch den die Schuld der einen Seite immer neue Schuld auf der anderen Seite hervorbringt. Welche Kraft des Neuen ist so groß und so heilsam, daß es die Flüche zu brechen vermag, die die halbe Welt in eine Wüste verwandelt haben? Was ist das Neue, das die Kraft hat, den Fluch zu brechen, den das deutsche Volk vor unseren Augen auf sich herabbeschworen hat? „Gedenket nicht der vorigen Dinge", sagt der Prophet. Das ist das zweite, das über das Neue gesagt werden muß.

„Siehe, ich mache ein Neues." Dieses „ich" weist auf die Quelle des wirklich Neuen hin, auf das, was immer alt und immer jung ist, das Ewige. Und das ist das dritte, das über das Neue gesagt werden muß: es trägt die Zeichen seines ewigen Ursprungs im Antlitz, wie Moses sie trug, als er mit den Gesetzestafeln vom Berge herabstieg und ein neues Zeitalter anbrach. Das wirklich Neue ist das, was ewige Macht und ewiges Licht in sich trägt. In jedem Augenblick und an jedem Ort entsteht Neues. Nichts ist heute so, wie es gestern war. Aber solch ein Neues ist alt schon im Augenblick seines Erscheinens. Ihm gilt das Urteil des Predigers: „Es gibt nichts Neues unter der Sonne!" Doch manchmal erscheint etwas Neues, das nicht so schnell altert, das das Leben wieder mög-

Siehe, es ist alles neu geworden

lich macht, sowohl unser persönliches wie unser geschichtliches Leben, ein rettendes Neues, das uns erscheint, wenn wir es am wenigsten erwarten, und das die Macht hat, in die Vergangenheit zu stoßen, was alt und beladen ist mit Fluch und Schuld. Seine rettende Macht ist die Macht des Ewigen in ihm. Dieses Ewige ist wahrhaft neu in dem Maße, in dem es jenseits des Alten und jenseits des Neuen steht, in dem Maße, in dem es ewig ist. Und es bleibt neu, solange es das Licht des Ewigen durchscheinen läßt. Denn diese Macht kann schwächer werden, das Licht kann sich verdunkeln, und das, was wahrhaft neu war, kann selbst altern. Das ist die Tragik menschlicher Größe, in der Ewiges erscheint.

Wenn die Apostel sagen: „Jesus ist der Christus", dann meinen sie, daß in ihm der neue Äon, der nicht altern kann, gegenwärtig ist. Das Christentum lebt aus dem Glauben, daß in ihm das Neue erschienen ist, das nicht nur irgend etwas Neues überhaupt ist, sondern vielmehr Prinzip und Vergegenwärtigung alles wahrhaft Neuen im Menschen und in der Geschichte. Aber es kann diesen Glauben nur haben, weil Christus sich entäußerte von allem, was dem Altern unterworfen ist, weil er verzichtete auf Größe, Stand und Macht. All dieses opferte er durch seinen Tod und zeigte in diesem Opfer seiner selbst das einzig Neue, das ewig ist: die Liebe. „Die Liebe höret nimmer auf", sagt sein größter Apostel. Liebe ist die Macht des Neuen in uns allen und in aller Geschichte. Sie kann nicht altern, sie überwindet Schuld und Fluch. Auch heute noch bereitet sie die neue Schöpfung vor. Das Neue ist verborgen in der Dunkelheit unserer Seelen und unserer Geschichte. Aber es ist uns nicht völlig verborgen, wenn wir von seiner Wirklichkeit ergriffen sind. Das Neue kann vernommen werden. „Vernehmt ihr es nicht?" fragt der Prophet. Vernehmen *wir* es nicht?

Paul Tillich · Das Neue Sein

Paul Tillich

Das Neue Sein

Religiöse Reden
2. Folge

Walter de Gruyter · Berlin · New York

Die amerikanische Ausgabe des Buches erschien unter dem Titel
„THE NEW BEING" im Verlag Charles Scribner's Sons, New York.
Die Übertragung ins Deutsche besorgten
Dr. Maria Rhine und Gertraut Stöber.

Für Mary Heilner

INHALT

Vorwort 9

TEIL I
DAS NEUE SEIN ALS LIEBE

1. „Ihr ist viel vergeben..." 13
2. Das Neue Sein 23
3. Die Macht der Liebe 33
4. Die goldene Regel 37
5. Vom Heilen Teil I 41
   Teil II 49
6. Heilige Verschwendung...................... 52
7. Fürstentümer und Gewalten 56

TEIL II
DAS NEUE SEIN ALS FREIHEIT

8. „Was ist Wahrheit?"........................ 67
9. Glaube und Ungewißheit 78
10. „Kraft welcher Autorität?" 82
11. Ist der Messias gekommen? 93
12. „Wer an mich glaubt..." 97
13. Ja und Nein 100
14. „Wer sind meine Mutter und meine Brüder?" 103

15. „Alles ist euer" 107
16. Ein Wort vom Herrn? 110
17. Vom Sehen und Hören 120
18. Das Paradox des Gebets 128

TEIL III
DAS NEUE SEIN ALS ERFÜLLUNG

19. Von der Freude 135
20. Was uns unbedingt angeht.................... 144
21. Alles hat seine Zeit......................... 151
22. Die Erlösung des Weltalls 159

VORWORT

Dieses Buch umfaßt Predigten, die ich nach dem Erscheinen der Predigtsammlung „In der Tiefe ist Wahrheit" an amerikanischen Universitäten und Colleges hielt.

Die englische Ausgabe dieses Bandes religiöser Reden wurde besorgt und bearbeitet von meiner ehemaligen Schülerin Mary Heilner, kurz vor ihrem zu frühen Tode. Ihr ist das Buch gewidmet, und ich möchte nicht verfehlen zu sagen, daß sie während ihres zweijährigen Aufenthalts in Berlin auf viele Deutsche einen unauslöschlichen Eindruck gemacht hat.

Die biblischen Texte entstammen dem Luther-Text der „Stuttgarter Jubiläums-Bibel", wobei gewisse Veränderungen unvermeidlich waren.

Den beiden Übersetzerinnen, Frau Maria Rhine, Hamburg, und Frau Gertraut Stöber, Göttingen, deren Übersetzung ich durchgesehen und autorisiert habe, möchte ich meinen Dank aussprechen.

HAMBURG, IM JULI 1956

Paul Tillich

TEIL I

Das Neue Sein als Liebe

1

"IHR IST VIEL VERGEBEN..."

Es bat ihn aber der Pharisäer einer, daß er mit ihm äße. Und er ging hinein in des Pharisäers Haus und setzte sich zu Tisch. Und siehe, ein Weib war in der Stadt, die war eine Dirne. Da die vernahm, daß er zu Tische saß in des Pharisäers Hause, brachte sie ein Glas mit Salbe und trat hinten zu seinen Füßen und weinte und fing an, seine Füße zu netzen mit Tränen und mit den Haaren ihres Hauptes zu trocknen, und küßte seine Füße und salbte sie mit Salbe. Da aber das der Pharisäer sah, der ihn geladen hatte, sprach er bei sich selbst und sagte: Wenn dieser ein Prophet wäre, so wüßte er, wer und welch ein Weib das ist, die ihn anrührt. Denn sie ist eine Dirne. Jesus antwortete und sprach zu ihm: Simon, ich habe dir etwas zu sagen. Er aber sprach: Meister, sage an. Es hatte ein Gläubiger zwei Schuldner. Einer war schuldig fünfhundert Groschen, der andere fünfzig. Da sie aber nicht hatten, zu bezahlen, schenkte er es beiden. Sage an, welcher unter denen wird ihn am meisten lieben? Simon antwortete und sprach: Ich achte, dem er am meisten geschenkt hat. Er aber sprach zu ihm: Du hast recht gerichtet. Und er wandte sich zu dem Weibe und sprach zu Simon: Siehest du dies Weib? Ich bin gekommen in dein Haus. Du hast mir nicht Wasser gegeben zu meinen Füßen; diese aber hat meine Füße mit Tränen genetzt und mit den Haaren ihres Hauptes getrocknet. Du hast mir keinen Kuß gegeben; diese aber, nachdem sie hereingekommen ist, hat sie nicht abgelassen, meine Füße zu küssen. Du hast mein Haupt nicht mit Öl gesalbt; sie aber hat meine Füße mit Salbe gesalbt. Derhalben sage ich dir: Ihr sind viele Sünden vergeben, denn sie hat viel geliebt. Welchem aber wenig vergeben wird, der liebt wenig. LUK. 7, 36—47.

Das Neue Sein als Liebe

Diese Geschichte finden wir ebenso wie das Gleichnis vom Verlorenen Sohn nur im Lukasevangelium. Hier wie im Gleichnis wird jemand, der anderen und sich selbst als Sünder erscheint, Menschen gegenübergestellt, die als lauter und rechtschaffen gelten. In beiden Fällen ist Jesus auf der Seite der Sünder und wird deswegen angegriffen, und zwar im Gleichnis indirekt durch die gerechte Haltung des älteren Sohnes, in unserer Geschichte direkt durch den gerechten Pharisäer.

Wir sollten Jesu Verhalten und seiner Absicht nicht dadurch die Bedeutung nehmen, daß wir behaupten, die Sünder seien nicht so sündig, die Gerechten nicht so gerecht gewesen, wie sie von sich selbst und anderen beurteilt wurden. Weder in der Geschichte noch im Gleichnis finden wir eine derartige Andeutung. Die Sünder — einmal ist es eine Dirne, das andere Mal ein Freund von Dirnen — können mit ethischen Argumenten nicht von ihren Sünden freigesprochen werden. Das würde der moralischen Forderung ihren Ernst nehmen. Sie können nicht durch soziologische Erklärungen entschuldigt werden, auch nicht durch eine Analyse ihrer unbewußten Motive, die die Bedeutung ihrer bewußten Entscheidungen verringern würde. Ebensowenig können sie entschuldigt werden durch die allgemeine Situation des Menschen. Sie werden einfach und uneingeschränkt als Sünder bezeichnet. Damit ist nicht gesagt, daß Jesus und die neutestamentlichen Schriftsteller die psychologischen und soziologischen Faktoren übersehen, die die menschliche Existenz bestimmen. Sie wissen genau, daß die Sünde in dieser Welt eine Herrschaft ausübt, der niemand entrinnen kann. Sie wissen, daß die menschliche Seele von Dämonen hin und her getrieben wird und daß Wahnsinn und körperliche Zerstörung die Folge sind. Sie wissen um das wirtschaftliche und geistige Elend der Massen. Aber ihre Kenntnis dieser Umstände, die für *unsere* Beschreibung der Lage des Menschen so entscheidend ist, hindert sie nicht daran, einen Sünder als Sünder zu bezeichnen. Verstehen ersetzt nicht Urteilen. Unser Verstehen ist größer und umfassender als das früherer Generationen. Aber gerade unsere ungeheuer fortgeschrittene Erkenntnis der Bedingungen menschlicher Existenz darf uns nicht den Mut nehmen, Unrecht als Unrecht zu bezeichnen. In Geschichte und Gleichnis werden die Sünder ernsthaft als Sünder bezeichnet. Mit gleichem Ernst aber werden die Gerechten Gerechte genannt. Wir würden am Sinn unserer Geschichte vorbeireden, wenn wir zu beweisen versuchten, daß die Gerechten nicht wahrhaft Gerechte seien. Der ältere Sohn im Gleichnis tat nur das, was man von ihm erwartete, und hatte dabei durchaus nicht das Gefühl, verkehrt zu handeln. Auch sein Vater machte ihm diesen Vorwurf nicht. Seine Gerechtigkeit wird nicht in Frage gestellt, ebensowenig wie die Simons, des Pharisäers. Ihm wird nicht sein Mangel an Liebe zu Jesus als Mangel an Gerechtigkeit vorgeworfen, sondern dieser Mangel wird aus der Tatsache abgeleitet, daß ihm wenig vergeben ist.

Solche Gerechtigkeit erwirbt man nicht leicht, sondern nur durch dauernde Selbstkontrolle, harte Selbstzucht und ständige Selbstbeobachtung. Darum sollten wir uns hüten, die Gerechten gering zu achten. Im Christentum ist es üblich geworden, die Pharisäer als Repräsentanten alles Bösen zu betrachten. Doch zu ihrer Zeit galten sie als die Frommen und die sich sittlich Bemühenden. Ihr Konflikt mit Jesus war nicht einfach ein Konflikt zwischen Recht und Unrecht, sondern vor allem ein Konflikt zwischen alter, geheiligter Tradition und neuer Wirklichkeit, einer Wirklichkeit, die in die Tradition einbrach und sie ihrer letzten Gültigkeit beraubte. Es handelte sich also nicht nur um einen moralischen Konflikt, sondern auch um einen tragischen, der im Keime schon den tragischen Konflikt zwischen Christentum und Judentum in sich trug, der alle künftigen Geschlechter überschatten sollte — bis hin zu uns. Niemals aber sollten wir vergessen, daß die Pharisäer zu ihrer Zeit Hüter des göttlichen Gesetzes waren.

Man kann die Pharisäer mit anderen Gruppen von Gerechten vergleichen, zum Beispiel mit einer Gruppe, die gerade in der amerikanischen Geschichte eine ausschlaggebende Rolle gespielt hat, mit den Puritanern. Schon der Name deutet, ebenso wie der Name Pharisäer, auf eine Absonderung hin, auf ein Sichlösen aus den Unreinheiten dieser Welt. Auch die Puritaner hätten zweifellos Jesu Einstellung zu der Dirne ebenso

Das Neue Sein als Liebe

verurteilt wie Simon, der Pharisäer. Und wir sollten sie um dieses Urteils willen weder verdammen noch ihr Bild durch loses Geschwätz verfälschen. Ebenso wie die Pharisäer waren auch sie zu ihrer Zeit die Hüter des göttlichen Gesetzes.
Und wie sieht es heute aus? Mit Recht hat man gesagt, die protestantischen Kirchen seien durch die Art, wie ihre Mitglieder das Christentum auffassen, ausüben und lehren, zu Mittelstandskirchen geworden. Auf das energische Festhalten der Mitglieder an ihren Kirchen, auf ihre festgegründete Moral, auf die Form, in der sie Barmherzigkeit üben, auf all das zielt eine solche Kritik. Sie sind Gerechte — auch Jesus hätte sie so genannt. Und zweifellos wären sie mit Simon, dem Pharisäer, und mit den Puritanern einig gewesen und hätten wie diese Jesu Haltung gegenüber der Frau in unserer Geschichte kritisiert. Und noch einmal sage ich: wir sollten sie darum nicht verurteilen. Sie nehmen ihre religiösen und moralischen Verpflichtungen ernst. Wie die Pharisäer und Puritaner sind sie Hüter des göttlichen Gesetzes in unserer Zeit.
Die Sünder werden ernsthaft Sünder genannt, die Gerechten ernsthaft Gerechte. Nur wer das klar erkennt, kann die Tiefe und die revolutionäre Kraft der Einstellung Jesu verstehen. Jesus stellt sich also auf die Seite der Sünder gegen die Gerechten, obwohl er keinen Augenblick an der Gültigkeit des von den Gerechten gehüteten Gesetzes zweifelt. Hier rühren wir an ein Geheimnis, das das besondere Geheimnis der christlichen Botschaft ist, der christlichen Botschaft in ihrer paradoxen Tiefe, in ihrer aufrüttelnden und befreienden Macht. Wenn wir nun versuchen, unsere Geschichte zu deuten, so können wir hoffen, einen Augenblick lang hinter den Vorhang dieses Geheimnisses zu blicken.
Simon, der Pharisäer, ist empört über Jesu Einstellung zu der Dirne. Darauf erhält er die Antwort, die Sünder hätten größere Liebe als die Gerechten, weil ihnen mehr vergeben sei. *Nicht* um ihrer Liebe willen ist dieser Frau vergeben worden, sondern *die empfangene Vergebung erzeugt ihre Liebe.* Durch ihre Liebe zeigt sie, daß ihr viel vergeben worden ist. Dem Pharisäer aber ist wenig vergeben worden. Das beweist sein Mangel an Liebe. Nicht Jesus vergibt der Frau, sondern er stellt fest, daß sie

„*Ihr ist viel vergeben ...*"

Vergebung erfahren hat. Ihr Gemütszustand und die Ekstase ihrer Liebe deuten darauf hin, daß ihr etwas Besonderes widerfahren ist. Nichts Größeres kann einem Menschen geschehen, als daß ihm Vergebung zuteil wird. Denn Vergebung bedeutet Versöhnung trotz Entfremdung, bedeutet Wiedervereinigung dessen, was durch Feindschaft getrennt ist, bedeutet Annahme derer, die unannehmbar sind, bedeutet Aufnahme der Abgelehnten.

Vergebung ist unbedingt, oder sie ist überhaupt keine Vergebung. Vergebung trägt das Zeichen des „Dennoch". Die Gerechten aber wollen ihr das Merkmal des „Weil" geben. Die Sünder können das nicht tun. Ihnen ist es unmöglich, das göttliche „Dennoch" in ein menschliches „Weil" zu verwandeln. Sie haben keine Taten aufzuweisen, um derentwillen sie ein Recht auf Vergebung hätten. Die göttliche Vergebung ist bedingungslos. Keine Bedingung macht den Menschen der Vergebung würdig. Wäre Vergebung an Bedingungen geknüpft, wäre sie durch Menschen bedingt, dann könnte niemand angenommen werden, und niemand könnte sich selbst annehmen. Wir wissen, daß das unsere Situation ist, scheuen uns aber, ihr ins Auge zu blicken. Vergebung ist zu groß als Gabe und zu demütigend als Urteil. Wir möchten selbst auch etwas dazu beitragen. Haben wir aber erkannt, daß ein positiver Beitrag uns nicht möglich ist, dann versuchen wir es wenigstens mit einem negativen und peinigen uns durch Selbstbezichtigungen und Selbstverwerfung. Darum lesen wir unsere Geschichte und das Gleichnis vom Verlorenen Sohn so, als würde darin gesagt: diesen Sündern wurde vergeben, *weil* sie sich selbst erniedrigten und sich als unannehmbar bekannten. Da sie unter ihrem sündigen Zustand litten, wurden sie der Vergebung würdig. Diese Art, die Geschichte zu lesen, ist falsch und gefährlich. Könnte man auf diesem Wege zu Gott gelangen, so brauchte man nur das Gefühl der Unwürdigkeit, der peinigenden Selbstverwerfung, der Angst, Schuld und Verzweiflung in sich zu erzeugen. Es gibt viele Christen, die auf diese Weise Gott und sich selbst beweisen möchten, daß sie es verdienen, angenommen zu werden. Sie vollbringen ein Gefühlswerk der Selbstbestrafung, nachdem sie erkannt haben, daß ihre anderen guten Werke ihnen nichts helfen. Aber das Gefühlswerk hilft auch nichts. Die göttliche Vergebung ist unabhängig von all unserem Tun, auch von unserer Selbstbezichtigung und unserer Selbsterniedrigung. Wäre es nicht so, wie könnten wir dann je gewiß sein, daß unsere Selbstablehnung ernst genug gewesen ist, um Vergebung zu verdienen? Aus Vergebung erwächst Reue — das läßt unsere Geschichte erkennen, und das ist die Erfahrung derer, denen vergeben wurde.

Die Frau in Simons Hause kommt zu Jesus, weil ihr vergeben worden *war*. Wir wissen nicht genau, was sie zu Jesus führte. Wüßten wir es, so würde uns sicher klar werden, daß verschiedene Motive bei ihr zusammenwirkten — geistiges Verlangen, natürliche Anziehung, die Mächtigkeit des Propheten wie auch der Eindruck seiner menschlichen Persönlichkeit. Zwar betrachtet unsere Geschichte die Frau nicht mit den Augen eines Psychoanalytikers, doch werden rein menschliche Züge bei ihr festgestellt, die man psychoanalytisch untersuchen könnte. Die Motive der Menschen sind immer vieldeutig. Die göttliche Vergebung durchschneidet diese Vieldeutigkeiten, aber sie fordert nicht, daß die Motive eindeutig werden, bevor Vergebung gewährt werden kann. Diese Forderung würde verhindern, daß irgend jemand Vergebung zuteil werden könnte. Die Beschreibung des Verhaltens der Frau macht die Vieldeutigkeit ihrer Motive klar. Und dennoch — sie *ist* angenommen.

Vergebung kennt keine Bedingungen. Aber niemals könnten wir Vergebung erfahren, wenn wir nicht darum bitten und sie nicht annehmen würden. Vergebung ist eine Antwort und zwar die göttliche Antwort auf die in unserer Existenz enthaltene Frage. Eine Antwort gibt es aber nur für den, der fragt und der weiß, was er fragt. Dieses Wissen kann nicht künstlich produziert werden. Es kann lange Zeit verborgen in unserer Seele gelebt haben, von vielen Schichten eines rechtschaffenen Lebens verdeckt. Vielleicht leuchtet es nur in bestimmten Augenblicken in unserem Bewußtsein auf, kann aber auch täglich unser bewußtes Leben ebenso wie seine unbewußten Tiefen erfüllen und uns schließlich zu der Frage treiben, auf die es nur eine Antwort gibt: Vergebung.

„*Ihr ist viel vergeben ...*"

Für viele Menschen hat das Wort „Vergebung" eine Nebenbedeutung, die in völligem Widerspruch steht zu der Art, mit der Jesus die Frau in unserer Erzählung behandelt. Viele Menschen denken bei Verzeihung an einen feierlichen Akt, an ein Erlassen der Strafe, mit anderen Worten: an einen Akt der Gerechtigkeit, vollzogen von den Gerechten. Wahre Vergebung aber ist Teilhaben, ist Wiedervereinigung, durch die die Mächte der Entfremdung überwunden werden. Und nur weil das so ist, erwächst Liebe aus Vergebung. Solange wir nicht Vergebung erfahren haben, können wir nicht lieben. Je tiefer aber unsere Erfahrung von der Vergebung ist, um so größer ist unsere Liebe. Wir können nicht lieben da, wo uns das Gefühl quält, abgelehnt zu werden, auch dann nicht, wenn diese Ablehnung berechtigt ist. Feindseligkeit beherrscht uns gegenüber unseren Nächsten, wenn wir spüren, daß sie uns verurteilen, auch wenn dieses Urteil sich nicht in Worten ausdrückt.
Solange wir uns von Gott abgelehnt fühlen, können wir ihn nicht lieben. Er erscheint uns als eine tyrannische Macht, als ein willkürlicher Gesetzgeber, als ein Richter, der nach selbst aufgestellten Geboten richtet, als einer, der im Zorn verdammt. Alles aber wird anders, wenn wir die Botschaft erfahren und annehmen, daß er versöhnt ist. Wie ein feuriger Strom fließt dann seine heilende Kraft in uns ein. Wir können ihn und damit unser eigenes Sein bejahen, zugleich aber auch die anderen Menschen, die uns entfremdet waren, ja, das Leben überhaupt. In diesem Augenblick geht uns auf, daß seine Liebe das Gesetz unseres eigenen Seins ist. Wir begreifen, daß alles, was wir als Tyrannei, Strafgericht und Zorn empfunden haben, in Wahrheit das Wirken der Liebe ist, die alles in uns zu zerstören sucht, was gegen die Liebe ist. Diese Liebe zu lieben, heißt Gott lieben. Einige Theologen haben die Frage erhoben, ob der Mensch überhaupt fähig sei, Gott zu lieben. Sie haben Liebe durch Gehorsam ersetzt. Unsere Geschichte widerlegt sie. Sie lehren eine Theologie für die Gerechten, aber nicht für die Sünder. Wer Vergebung erlangt hat, weiß, was es heißt, Gott zu lieben.
Und wer Gott liebt, ist auch imstande, das Leben anzunehmen und es zu lieben. Die Liebe zum Leben und die Liebe zu

Gott sind nicht dasselbe. Für viele Fromme aller Zeiten war die Liebe zu Gott nichts anderes als die Kehrseite ihrer Lebensverachtung. Wir alle hassen das Leben zuzeiten, auch wenn wir uns ihm völlig verschrieben haben. Diese unsere Feindseligkeit gegen das Leben äußert sich in Zynismus und Abscheu vor dem Leben, in Bitterkeit und unablässigem Klagen. Wir fühlen uns vom Leben abgelehnt, nicht so sehr darum, weil es objektiv dunkel, bedrohlich und voller Schrecken ist, sondern weil wir uns seiner Mächtigkeit und seinem Sinn entfremdet haben. Wer mit Gott wiedervereinigt ist, mit dem schöpferischen Lebensgrund, mit der Lebenskraft in allem Lebendigen, wird auch mit dem Leben wiedervereinigt. Er fühlt sich vom Leben angenommen und kann das Leben lieben. Er begreift, daß die Liebe um so größer ist, je größer die Trennung war, die von der Liebe überwunden wurde. Zu all denen, die das Leben aus tiefster Seele hassen, möchte ich in einem Bilde reden und ihnen sagen: Das Leben nimmt euch an. Das Leben liebt euch, denn ihr seid ein Teil dieses Lebens. Das Leben will die Wiedervereinigung mit euch, auch dann, wenn es euch scheinbar vernichtet.

Ein Stück des Lebens steht uns näher als alles andere, und doch ist gerade dieses uns oft besonders entfremdet: unsere Mitmenschen. Wir alle wissen um die Abgründe der menschlichen Seele, in denen die Dinge ganz anders aussehen, als ihre freundliche Oberfläche sie erscheinen läßt. Da können wir verborgene Feindseligkeiten entdecken gegen die, mit denen wir in Liebe verbunden sind, auch Mißgunst und quälenden Zweifel, ob wir auch wirklich von unseren Nächsten bejaht werden. Diese Feindseligkeit und die Furcht, abgelehnt zu werden, können sich unter den verschiedensten Formen der Liebe verbergen: unter den Formen der Freundschaft, der sinnlichen Liebe, der ehelichen Liebe und der Liebe zur Familie. Sobald wir aber eine letzte Bejahung erlebt haben, werden wir dieser Furcht Herr, wenn sie uns auch nie gänzlich genommen wird. Dann können wir lieben, auch wenn wir der Erwiderung unserer Liebe durch den anderen nicht völlig sicher sind. Denn wir wissen, daß auch dieser andere sich danach sehnt, von uns bejaht zu werden, ebenso wie wir uns nach seiner Bejahung sehnen. Wir wissen, daß wir im Licht einer letzten Bejahung vereinigt sind.

Wer vom Letzten her bejaht ist, kann auch sich selbst bejahen. Es besteht kein Unterschied zwischen der Erfahrung der Vergebung und der Fähigkeit zur Selbstbejahung. Niemand kann sich selbst annehmen, der nicht fühlt, daß er angenommen ist von jener Macht, die annehmen kann, die stärker ist als er selbst, stärker als seine Freunde, Berater und Seelsorger. Diese können zwar hinweisen auf die Macht, die anzunehmen bereit ist, und der Geistliche hat sogar die Aufgabe, das zu tun. Aber er wie jene brauchen notwendig eine annehmende Macht, die stärker ist als sie. Die Frau in unserer Geschichte hätte niemals den Abscheu vor ihrem eigenen Leben überwinden können, wäre ihr nicht diese Macht in Jesus begegnet, der ihr aus seiner Vollmacht sagen konnte: „Dir ist vergeben". So erfuhr sie wenigstens in einem ekstatischen Augenblick ihres Lebens die Macht, die ihr die Wiedervereinigung mit sich selbst schenkte und ihr die Möglichkeit gab, ihr eigenes Schicksal zu lieben.

Das widerfuhr ihr in einem einzigen überwältigenden Augenblick. Und darin ist sie keine Ausnahme. Entscheidende geistige Erfahrungen haben immer den Charakter eines Durchbruchs. Mitten in unseren zwecklosen Versuchen, uns selbst würdig zu machen, mitten in unserer Verzweiflung über den unvermeidlichen Mißerfolg solcher Versuche ergreift uns plötzlich die Gewißheit der Vergebung, und das Feuer der Liebe ist entflammt. Das ist das gewaltigste Erlebnis, das ein Mensch haben kann. Es wird nicht oft eintreten, aber wenn es eintritt, dann ist es entscheidend und verwandelt alles.

Und nun wollen wir noch einmal einen Blick auf jene werfen, die wir als die Gerechten beschrieben haben. Sie sind tatsächlich gerecht. Da ihnen aber wenig vergeben wurde, lieben sie auch wenig. Und darin besteht ihre Ungerechtigkeit. Sie liegt nicht auf moralischer Ebene, ebensowenig wie bei Hiob, dessen Freunde sich vergeblich fragten, worin seine Ungerechtigkeit bestehen könne. Sie liegt auf der Ebene, auf der die Begegnung mit der letzten Wirklichkeit erfolgt, die Begegnung mit dem Gott, der Hiobs Gerechtigkeit gegen die Angriffe seiner

Freunde rechtfertigt, mit dem Gott, der sich selbst gegen die Angriffe Hiobs und dessen letztliche Ungerechtigkeit zu verteidigen hat. Die Gerechtigkeit der Gerechten ist eine harte, selbstgewisse Gerechtigkeit. Auch sie wollen Vergebung, glauben aber, daß sie nicht viel Vergebung nötig haben. Darum sind ihre gerechten Taten lieblos und kalt. Sie hätten der Frau in unserer Erzählung nicht helfen können. Ebensowenig können sie uns helfen, auch wenn wir sie bewundern. Warum wenden Kinder sich von ihren rechtschaffenen Eltern ab, Männer von ihren rechtschaffenen Frauen und umgekehrt? Warum wenden Christen sich von ihren rechtschaffenen Pastoren ab und so viele Menschen von ihren rechtschaffenen Mitmenschen? Warum gibt es so viele, die einem rechtschaffenen Christentum den Rücken kehren und sich damit abwenden von einem Jesus, wie ihn dieses Christentum darstellt, von dem Gott, den es verkündigt? Warum wenden sie sich denen zu, die nicht als die Gerechten gelten? Oft zweifellos, weil sie einer Verurteilung entgehen wollen, häufiger aber doch, weil sie eine Liebe suchen, die auf Vergebung gegründet ist. Die Gerechten können ihnen solche Liebe nicht geben, auch viele von denen nicht, denen sie sich zugewandt haben. Jesus aber schenkte diese Liebe der Frau, die moralisch völlig unannehmbar war. Die Kirche wäre mehr die Kirche des Christus, als sie es jetzt ist, wenn sie dasselbe täte, wenn sie in der Begegnung mit den — rein rechtlich beurteilt — unannehmbaren Menschen handeln würde wie Jesus und nicht wie Simon. Jeder von uns, der nach Gerechtigkeit trachtet, wäre ein besserer Christ, wenn ihm mehr vergeben wäre, wenn er mehr liebte und besser der Versuchung widerstände, vor Gott zu treten als einer, der sich auf Grund seiner eigenen Gerechtigkeit für annehmbar hält.

2

DAS NEUE SEIN

Denn in Christo Jesu gilt weder Beschneidung noch Unbeschnittensein etwas, sondern eine neue Schöpfung. GAL. 6, 15.

Würde man mich auffordern, die christliche Botschaft für unsere Zeit in zwei Worte zusammenzufassen, so würde ich mit Paulus sagen: sie ist die Botschaft von der „Neuen Schöpfung". Im zweiten Brief des Paulus an die Korinther steht einiges über die Neue Schöpfung. Ich möchte einen dieser Sätze in wortgetreuer Übertragung wiederholen: „Wenn jemand mit Christus vereinigt ist, dann ist er ein neues Wesen. Der alte Zustand hat aufgehört. Ein neuer Zustand ist eingetreten". Das Christentum ist die Botschaft von der Neuen Schöpfung, vom Neuen Sein, von der Neuen Wirklichkeit, die mit der Erscheinung Jesu erschienen ist. Gerade darum wird Jesus der Christus genannt. Denn der Christus, der Messias, der Auserwählte, der Gesalbte, er ist es, der den neuen Zustand bringt.
Wir alle leben in dem alten Zustand. Die Frage aber, die unser Text an uns richtet, ist, ob wir *auch* an dem *neuen* Zustand teilhaben. Wir gehören zur Alten Schöpfung, und die uns vom Christentum gestellte Forderung ist die, auch an der Neuen Schöpfung teilzuhaben. Wir wissen um unser Altes Sein und sollten uns heute fragen, ob wir auch schon etwas vom Neuen Sein in uns selbst erfahren haben.
Was ist dieses Neue Sein? Paulus spricht zunächst von dem, was es *nicht* ist. Nach seinen Worten ist das Neue Sein weder Beschneidung noch Unbeschnittensein. Für Paulus und die Leser seines Briefes bedeutet dieser Satz etwas sehr Bestimmtes. Er bedeutet, daß es letztlich unwesentlich ist, ob jemand Jude

oder Heide ist. Entscheidend ist einzig und allein die Verbindung mit Ihm, in dem das Neue Sein Gegenwart wird. Beschneidung oder Unbeschnittensein — was sagen diese Worte *uns?* Sie können für uns etwas sehr Bestimmtes, aber zugleich ganz Universales bedeuten. Sie bedeuten, daß keine Religion als solche das Neue Sein schaffen kann. Beschneidung ist ein religiöser Ritus, der von den Juden befolgt wird. Opfer sind religiöse Riten, die von den Heiden befolgt werden. Die Taufe ist ein religiöser Ritus, der von den Christen befolgt wird. Doch kommt es auf alle diese Riten nicht an — nur auf die Neue Schöpfung. Und da in den Worten des Paulus diese Riten für die ganze Religion stehen, zu der sie gehören, können wir auch sagen: nicht die Religion ist entscheidend — nur die Neue Wirklichkeit.

Wir wollen über diese erstaunliche Behauptung des Paulus ein wenig nachdenken. Sie besagt zunächst, daß das Christentum mehr ist als eine Religion, nämlich die Botschaft von einer Neuen Schöpfung. Wäre das Christentum nur eine Religion, dann hätte es keine wesentliche Bedeutung. Es stände dann auf einer Linie mit „Beschneidung" und „Unbeschnittensein". Es wäre nicht mehr und nicht weniger. Können wir uns überhaupt vorstellen, welche Folgen diese Aussage des Paulus für unsere Situation hat? Auch in der Gegenwart begegnet das Christentum verschiedenen Formen von „Beschneidung" und „Unbeschnittensein". Den Ausdruck Beschneidung kann man heute für alles einsetzen, was sich Religion nennt, Unbeschnittensein für alles, was als säkular zu bezeichnen ist, aber doch Ansprüche stellt, die ins Religiöse hineinreichen. Da gibt es neben dem Christentum die großen Religionen des Hinduismus, des Buddhismus, des Islam und das heute noch bestehende religiöse Judentum. Sie haben ihre Mythen und ihre Riten — also sozusagen ihre „Beschneidung" —, durch die sie sich voneinander unterscheiden. Dann gibt es die säkularen Bewegungen: Faschismus und Kommunismus, weltlichen Humanismus und ethischen Idealismus. Sie bemühen sich, alles Mythische und Rituelle zu vermeiden, und verkörpern damit gewissermaßen das „Unbeschnittensein". Dennoch erheben sie den Anspruch, die vollkommene Wahr-

heit zu besitzen, und fordern völlige Hingabe. Wie soll das Christentum sich zu ihnen verhalten? Soll es sie auffordern: Kommt zu uns, wir haben eine bessere Religion, unsere Form der Beschneidung oder des Unbeschnittenseins ist wertvoller als eure? Sollen wir das Christentum anpreisen und damit die für uns gültige religiöse und weltliche Lebensform? Sollen wir aus dem Christentum eine Angelegenheit des Erfolges machen und wie Propagandisten die Menschen auffordern: Versucht es mit uns, und ihr werdet einsehen, wie bedeutsam das Christentum für jedermann ist? Viele Missionare, viele Geistliche und auch viele christliche Laien arbeiten tatsächlich mit solchen Methoden. Damit beweisen sie ihr völliges Mißverstehen des Christentums. Der Apostel, der sowohl Missionar wie Geistlicher und Laie war, will etwas ganz anderes. Denn er sagt: Nicht auf das Besondere in der Religion kommt es an, weder in unserer noch in eurer Religion. Ich möchte euch sagen: Ein wesentliches Ereignis ist eingetreten und damit etwas, was über dich und mich, über deine Religion und meine Religion ein Urteil fällt. Eine Neue Schöpfung ist geschehen, ein Neues Sein ist erschienen, und wir alle sind aufgefordert, daran teilzuhaben. Und den „Juden" und den „Heiden" sollen wir verkünden, wo immer wir ihnen begegnen: Vergleicht nicht eure Religion mit der unseren, nicht eure Riten mit den unseren. Vergleicht nicht eure Propheten und unsere Propheten, nicht eure Priester und unsere Priester, auch nicht die Frommen unter euch mit den Frommen, die unter uns leben. Das alles ist sinnlos. Vor allem aber glaubt nicht, daß wir euch zum deutschen oder amerikanischen Christentum bekehren wollen, also zur Religion der westlichen Welt. Wir wollen euch nicht zu uns bekehren, auch nicht zu den Besten unter uns. Das wäre sinnlos. Wir haben nur den einen Wunsch, euch etwas zu zeigen, was wir gesehen haben. Wir möchten euch gern etwas erzählen, wovon wir gehört haben, und zwar, daß inmitten der Alten Schöpfung eine Neue Schöpfung entstanden ist, und daß diese Neue Schöpfung offenbar wird in Jesus, der der Christus genannt wird.
Wenn wir aber mit Faschisten und Kommunisten, mit wissen-

schaftlich gebildeten Humanisten und ethischen Idealisten zusammentreffen, sollten wir ihnen folgendes sagen: Rühmt euch nicht zu sehr, daß ihr weder Riten noch Mythen habt, daß ihr frei von Aberglauben seid, und daß ihr nur der Vernunft folgt, also in jeder Hinsicht „unbeschnitten" seid. Zunächst habt auch ihr eure Riten und Mythen, eure Art der „Beschneidung". Diese Dinge bedeuten euch sogar sehr viel. Aber auch, wenn ihr völlig frei davon wäret, hättet ihr kein Recht, euer „Unbeschnittensein" hervorzuheben. Denn das wäre sinnlos. Glaubt nicht, wir wollten euch von eurer säkularen zu einer religiösen Haltung bekehren. Denkt nicht, daß wir euch in religiöse Menschen verwandeln und zu Gliedern einer sehr hochstehenden Religion machen wollen, und zwar der christlichen, innerhalb dieser aber zu Gliedern einer sehr hochstehenden Konfession, nämlich unserer eigenen. Das wäre sinnlos. Wir möchten euch nur teilhaben lassen an einer Erfahrung, die wir gemacht haben. Es ist die Erfahrung, daß hier und dort in der Welt und dann und wann in uns selbst eine Neue Schöpfung entsteht. Für gewöhnlich bleibt sie verborgen, zuweilen offenbart sie sich und hat sich sicherlich offenbart in Jesus, der der Christus genannt wird.

So sollten wir zu allen reden, die außerhalb der christlichen Einflußsphäre stehen, seien sie religiös oder weltlich gesonnen. Wir sollten uns nicht zu sehr um die christliche Religion beunruhigen, auch nicht um den Zustand der Kirchen, um Mitglieder und Dogmen, um Einrichtungen und Geistliche, um Predigten und Sakramente. Das alles gehört zur „Beschneidung". Und das Fehlen dieser Dinge, die Säkularisierung, die sich heute über alle Welt verbreitet, ist „Unbeschnittensein". Angesichts der letzten Frage, der Frage nach der Neuen Wirklichkeit, verlieren sowohl „Beschneidung" wie „Unbeschnittensein" jegliche Bedeutung. *Diese* Frage jedoch ist von unendlicher Bedeutung. Und sie sollte uns mehr beunruhigen als alles andere zwischen Himmel und Erde. Die Neue Schöpfung — sie ist das, was uns letztlich angeht. Sie sollte unsere unendliche Leidenschaft sein — die unendliche Leidenschaft jedes menschlichen Wesens. Darum und nur darum geht es im letzten Sinne. Damit verglichen ist alles andere, sogar die

Frage, ob Religion oder keine Religion, ja, auch die Frage, ob Christentum oder kein Christentum, ganz belanglos — und letztlich ein Nichts.

Und nun wollen wir einen Augenblick uns dessen rühmen, daß wir Christen sind, und dadurch, daß wir uns rühmen, zu Toren werden, wie auch Paulus sich einen Toren nannte, als er anfing, sich zu rühmen. Es ist die Größe des Christentums, daß es erkennen kann, wie klein es ist. Es ist die Bedeutung des Christentums, daß die Christen die Einsicht ertragen können, daß Christsein als solches unwichtig ist. Religion gibt dem religiösen Menschen die Kraft, auch die Fragwürdigkeit der Religion zu sehen, ohne zu erschrecken. Es ist die reifste Frucht des christlichen Erkennens, zu begreifen, daß das Christsein als solches belanglos ist. Darin besteht unser Rühmen: nicht in einem Rühmen unserer Person, wohl aber in einem Rühmen wegen unseres Christseins. Dieses Rühmen ist als solches eine Torheit, aber als ein Rühmen gerade der Tatsache, daß es an uns und unserem Christsein nichts zu rühmen gibt, ist es Weisheit und Reife. So haben wir unser Christentum, als hätten wir es nicht. Und dieses Haben, als hätte man nicht, das ist die richtige Haltung gegenüber allem Großen und Wundervollen im Leben, auch gegenüber Religion und Christentum. Aber gegenüber jener Neuen Schöpfung, die Paulus meint, ist es nicht die richtige Haltung. Ihr gegenüber kann nur *eine* Haltung richtig sein, nämlich die des leidenschaftlichen Verlangens.

Und nun fragen wir erneut: Was ist das Neue Sein? Das Neue Sein ist nicht etwas, das einfach an die Stelle des Alten Seins tritt. Nein, es ist eine Erneuerung des Alten, das verdorben, entstellt, zerspalten und beinahe vernichtet war. Und doch nicht ganz vernichtet. Erlösung bedeutet nicht Vernichtung der Schöpfung, sondern Verwandlung der Alten Schöpfung in eine Neue Schöpfung. Darum können wir von der Neuen Schöpfung sprechen als von einem Wieder-neumachen; denn ein dreifaches „Wieder" ist darin enthalten, nämlich Wiederversöhnen, Wieder-vereinen und Wieder-erstehen.

Paulus verbindet in seinem Brief die Neue Schöpfung mit der *Wiederversöhnung*. Die Botschaft von der Versöhnung bedeutet: Seid versöhnt mit Gott! Hört auf, euch ihm gegenüber feindselig zu verhalten, denn er steht euch nie feindselig gegenüber! Die Versöhnungsbotschaft bedeutet nicht, daß Gott versöhnt werden müßte. Denn wie könnte er versöhnt werden? Wer könnte ihn, den Ursprung und die Kraft aller Versöhnung, versöhnen? Heiden, Juden und Christen — alle versuchten zu allen Zeiten und versuchen noch immer, ihn durch Riten und Sakramente, durch Gebete und Gottesdienste, durch moralisches Verhalten und Werke der Nächstenliebe zu versöhnen. Aber wir sind auf falschem Wege, wenn wir solche Versuche machen, wenn wir uns bemühen, ihm etwas zu geben, und durch Aufweisen guter Taten ihn beschwichtigen wollen. Das alles würde doch nie ausreichen. Damit könnten wir ihn nie zufriedenstellen, denn unendlich ist die Forderung, die an uns ergeht. Und da wir ihn nicht beschwichtigen können, nimmt unsere Feindseligkeit gegen ihn zu. Habt ihr nie bemerkt, wieviel Feindseligkeit gegen Gott tief in den Herzen guter und ehrbarer Menschen lebt, in jenen, die sich durch Werke der Nächstenliebe, durch Frömmigkeit und religiösen Eifer hervortun? Das kann auch gar nicht anders sein, denn bewußt oder unbewußt ist man feindselig eingestellt gegen die, von denen man sich abgelehnt fühlt. Und in dieser Lage ist jeder Mensch, nennt er nun das, was ihn ablehnt, Gott, Natur, Schicksal oder soziale Verhältnisse. Jeder ist feindselig eingestellt gegenüber der Existenz, in die er geworfen wurde, gegenüber den verborgenen Mächten, die sein Leben und das des Universums bestimmen, gegenüber dem, was ihn schuldig werden läßt und ihn dann, wenn er schuldig geworden ist, mit Vernichtung bedroht. Wir alle fühlen uns abgelehnt und haben feindselige Empfindungen gegenüber dem, was uns ablehnt. Wir alle versuchen, es zu beschwichtigen, und je weniger Erfolg wir dabei haben, um so größer wird unsere Feindseligkeit. Aber zwei Symptome können wir kaum außer acht lassen: die Feindseligkeit gegen uns selbst und die Feindseligkeit gegen andere. Man spricht so gern von hochmütigen, anmaßenden, selbstsicheren und selbstgefälligen Menschen. Aber in den meisten Fällen trifft das nur die äußere Schale ihres Wesens. Tief darunter verbirgt sich Selbstverachtung, Ekel, ja sogar Haß gegen sich selbst. Mit Gott versöhnt sein bedeutet zugleich mit sich selbst versöhnt sein. Aber wir sind es nicht. Wir versuchen, in unseren eigenen Augen annehmbar zu werden, und wenn es uns nicht gelingt, dann wächst unsere Feindseligkeit gegen uns selbst. Wer sich von Gott und von sich selbst abgelehnt fühlt, der meint auch, daß die anderen ihn ablehnen. In dem Maße, wie seine feindselige Einstellung gegen das Schicksal und gegen sich selbst zunimmt, wird er auch immer feindseliger gegen andere Menschen. Wenn wir oft mit Entsetzen die bewußte oder unbewußte Feindseligkeit feststellen, die Menschen uns zeigen, oder mit dem gleichen Entsetzen unsere eigene Feindseligkeit gegen Menschen bemerken, die wir zu lieben glauben, so dürfen wir nicht vergessen: sie fühlen sich von uns abgelehnt und wir uns von ihnen. Sie haben alles getan, um sich uns annehmbar zu machen, und es mißlang ihnen. Wir haben alles versucht, uns ihnen annehmbar zu machen, und es mißlang uns. So steigerte sich ihre und unsere Feindseligkeit. Seid versöhnt mit Gott — das bedeutet zugleich: seid versöhnt mit den anderen! *Nicht* aber bedeutet es: versucht, die anderen zu versöhnen, wie es auch nicht bedeutet: versucht, euch mit euch selbst zu versöhnen, oder: versucht, euch mit Gott zu versöhnen. Es wird euch mißlingen. So aber lautet die neue Botschaft: eine Neue Wirklichkeit ist erschienen, in der ihr versöhnt seid. Der Eintritt in das Neue Sein verlangt nicht, daß wir irgend etwas vorweisen. Wir müssen nur offen sein, damit das Neue Sein uns ergreifen kann, obwohl wir nichts vorzuweisen haben. Wiederversöhntsein, das ist das erste Kennzeichen der Neuen Wirklichkeit. Und *Wiedervereinigtsein*, das ist das zweite Kennzeichen. Versöhnung macht *Wiedervereinigung* möglich. Die Neue Schöpfung ist die Wirklichkeit, in der das Getrennte wieder vereinigt ist. Das Neue Sein ist im Christus offenbar, denn seine Einheit mit Gott ist niemals durch Trennung zerstört worden, auch nicht seine Einheit mit der Menschheit und seine Einheit mit sich selbst. Das verleiht seinem Bild in den Evangelien seine überwältigende und unerschöpfliche Mächtigkeit. In ihm begegnet uns ein Menschenleben, das

Das Neue Sein als Liebe

die Einheit nicht verlor trotz allem, was es in die Trennung hätte treiben können. Er stellt dar und vermittelt die Macht des Neuen Seins, weil er die Macht einer unzerstörten Einheit darstellt und vermittelt. Wo die Neue Wirklichkeit erscheint, fühlt man sich mit Gott vereinigt, mit dem Grund und Sinn der eigenen Existenz. Man besitzt das, was früher Liebe zum eigenen Schicksal genannt wurde und was wir heute den Mut nennen möchten, unsere Angst auf uns zu nehmen. Dadurch wird einem das wunderbare Erlebnis zuteil, sich mit dem eigenen Selbst wieder vereinigt zu fühlen. Dieses Erlebnis hat nichts mit Hochmut und falscher Selbstgefälligkeit zu tun, sondern mit einer Selbstannahme, die aus der Tiefe stammt. Man nimmt sich selbst an als etwas ewig Bedeutungsvolles, als etwas ewig Geliebtes, als etwas ewig Angenommenes. Der Abscheu vor sich selbst, der Haß gegen sich selbst haben aufgehört. Das Leben hat einen Mittelpunkt, eine Richtung, einen Sinn. Jede Heilung — sei sie physischer oder geistiger Art — schafft diese Wiedervereinigung eines Selbst mit sich selbst. Wo wirklich Heilung eintritt, da ist auch Neues Sein, Neue Schöpfung. Wo nur ein Teil des Körpers oder der Seele mit dem Ganzen wiedervereinigt ist, da hat noch keine wirkliche Heilung stattgefunden, sondern nur da, wo das ganze Selbst, unser ganzes Wesen mit sich selbst wieder eins geworden ist.
Die Neue Schöpfung ist heilende Schöpfung, weil sie eine Wiedervereinigung mit dem Selbst bewirkt. Und sie stellt auch die Wiedervereinigung mit den anderen her. Nichts ist kennzeichnender für das Alte Sein als die Trennung des Menschen vom Menschen. Nichts wird in der Geschichte leidenschaftlicher ersehnt, nichts brauchen die menschlichen Beziehungen dringender als eine Heilung der sozialen Verhältnisse in einem Neuen Sein. Die Religion und das Christentum werden oft heftig angeklagt, daß sie der menschlichen Geschichte noch keine Wiedervereinigung, keine Heilung gebracht haben. Und nicht mit Unrecht! Dennoch — die Menschheit ist noch am Leben. Und die Lebensmöglichkeiten wären ihr längst abgeschnitten, hätte die Macht der Wiedervereinigung, des Heilens, der Neuen Schöpfung nicht dauernd der

Macht widerstanden, die Trennung bewirkt. Wo ein menschliches Antlitz uns in seiner Menschlichkeit ergreift, obwohl persönlicher Widerwille oder Rassefremdheit, nationale Gegensätze, Unterschiede des Geschlechts, des Alters, der Schönheit, der Stärke und des Wissens zu überwinden sind, dazu all die zahllosen anderen Ursachen der Trennung, *da* ereignet sich Neue Schöpfung. Die Menschheit ist noch am Leben, weil diese Neue Schöpfung wieder und wieder geschieht. Und wenn die Kirche als Gemeinde Gottes eine letzte Bedeutung hat, dann ist es die, daß man hier, wenn auch nur bruchstückhaft, schwächlich und verzerrt, die Wiedervereinigung des Menschen mit dem Menschen verkündigt, bekennt und verwirklicht. Die Kirche ist der Ort, an dem die Vereinigung des Menschen mit dem Menschen tatsächlich zum Ereignis wird, obwohl die christlichen Kirchen die Kirche Gottes immer wieder verraten. Aber wenn auch verraten und verbannt, so rettet und bewahrt die Neue Schöpfung gerade das, wodurch sie verraten und verbannt wurde: Kirchen, Menschheit und Geschichte.

Die Kirche und alle ihre Glieder fallen immer wieder vom Neuen in das Alte Sein zurück. Darum ist das dritte Kennzeichen der Neuen Schöpfung das *Wiedererstehen*. Bei dem Wort „Auferstehung" haben viele Menschen unter anderen phantastischen Vorstellungen auch die, daß tote Leiber ihre Gräber verlassen. In Wahrheit meint Auferstehung den Sieg der Neuen Wirklichkeit, das Neue Sein, das aus dem Sterben des Alten Seins geboren wird. Auferstehung ist nicht ein Ereignis, das in einer fernen Zukunft vielleicht geschehen kann, nein, es ist die Macht des Neuen Seins, Leben aus Tod zu schaffen, hier und jetzt, heute und morgen. Wo ein Neues Sein vorhanden ist, *da ist* Auferstehung, da wird jeder Augenblick dieser Zeit in Ewigkeit verwandelt. Das Alte Sein ist durch Unvollkommenheit und Tod gekennzeichnet. Das Neue Sein trägt ein neues Kennzeichen, das über das Alte hinausweist. Aus Unvollkommenheit und Tod würde etwas von ewiger Bedeutung geboren. Was in Auflösung untergegangen war, taucht als Neue Schöpfung wieder auf. Auferstehung wird *heute* Ereignis oder überhaupt nicht. Sie ereignet sich in uns und um uns, in Seele und Geschichte, in Natur und Universum.

Das Neue Sein als Liebe

Versöhnung, Vereinigung, Auferstehung — das ist die Neue Schöpfung, das Neue Sein, die Neue Wirklichkeit. Haben wir daran teil? *Das Christentum verkündigt nicht das Christentum, sondern eine Neue Wirklichkeit.* Eine Neue Schöpfung ist erschienen, sie erscheint immer wieder. Sie ist zugleich verborgen und offenbar, zugleich dort und hier. Nehmt sie an, dringt in sie ein, laßt euch von ihr ergreifen!

3

DIE MACHT DER LIEBE

Wenn aber des Menschen Sohn kommen wird in seiner Herrlichkeit und alle heiligen Engel mit ihm, dann wird er sitzen auf dem Stuhl seiner Herrlichkeit, und werden vor ihm alle Völker versammelt werden. Und er wird sie voneinander scheiden, gleich als ein Hirte die Schafe von den Böcken scheidet, und wird die Schafe zu seiner Rechten stellen und die Böcke zur Linken. Da wird dann der König sagen zu denen zu seiner Rechten: Kommt her, ihr Gesegneten meines Vaters, ererbet das Reich, das euch bereitet ist von Anbeginn der Welt! Denn ich bin hungrig gewesen, und ihr habt mich gespeist. Ich bin durstig gewesen, und ihr habt mich getränkt. Ich bin ein Gast gewesen, und ihr habt mich beherbergt. Ich bin nackt gewesen, und ihr habt mich bekleidet. Ich bin krank gewesen, und ihr habt mich besucht. Ich bin gefangen gewesen, und ihr seid zu mir gekommen. Dann werden ihm die Gerechten antworten und sagen: Herr, wann haben wir dich hungrig gesehen und haben dich gespeist? oder durstig und haben dich getränkt? Wann haben wir dich als einen Gast gesehen und beherbergt? oder nackt und haben dich bekleidet? Wann haben wir dich krank oder gefangen gesehen und sind zu dir gekommen? Und der König wird antworten und sagen zu ihnen: Wahrlich ich sage euch: Was ihr getan habt einem unter diesen meinen geringsten Brüdern, das habt ihr mir getan. MATTH. 25, 31—40.

Und wir haben erkannt und geglaubt die Liebe, die Gott zu uns hat. Gott ist Liebe; und wer in der Liebe bleibt, der bleibt in Gott und Gott in ihm. 1. JOH. 4, 16.

Ein neu Gebot gebe ich euch, daß ihr euch untereinander liebet, wie ich euch geliebt habe, auf daß auch ihr einander liebhabet. Dabei wird jedermann erkennen, daß ihr meine Jünger seid, so ihr Liebe untereinander habt. JOH. 13, 34—35.

[207]

Das Neue Sein als Liebe

Sind wir nach zweitausend Jahren noch imstande, die Bedeutung des Wortes „Gott *ist* Liebe" richtig zu erfassen? Der Schreiber des Ersten Johannesbriefes wußte zweifellos, was er sagte, denn er folgerte daraus: „Wer in der Liebe bleibt, der bleibt in Gott, und Gott bleibt in ihm". Es ist kein Unterschied, ob Gott in uns bleibt und Wohnung in uns nimmt, oder ob wir in der Liebe bleiben und die Liebe zu unserer Lebenssphäre wird. Gott und Liebe sind nicht zwei verschiedene Wirklichkeiten, sondern eine. Gottes Sein ist das Sein der Liebe, und Gottes unendliche Macht des Seins ist die unendliche Macht der Liebe. Wer also bekennt, er habe sich Gott ergeben, kann so lange in Gott bleiben, wie er in der Liebe bleibt. Bleibt er nicht in der Liebe, so kann er auch in Gott nicht bleiben. Auch wer nicht von Gott spricht, kann in ihm bleiben, wenn er in der Liebe bleibt. Und weil die Offenbarung Gottes in Jesus, dem Christus, seine Offenbarung als Liebe ist, kann Jesus sagen, daß eine große Zahl derer, die ihn nicht kennen, doch zu ihm gehören, während eine große Zahl derer, die ihn mit den Lippen bekennen, nicht zu ihm gehören. Das Kennzeichen, das einzig gültige Kennzeichen, ist Liebe. Denn Gott ist Liebe, und die göttliche Liebe offenbart sich triumphierend in Christus, dem Gekreuzigten.

Ich möchte euch die Geschichte einer Frau erzählen, die vor einigen Jahren starb und deren Leben nur der Liebe geweiht war, obwohl sie selten oder nie den Namen Gottes im Munde führte. Ja, sie wäre erstaunt gewesen, wenn jemand von ihr gesagt hätte, sie gehöre zu ihm, dem Richter aller Menschen, weil er die Liebe ist und Liebe der einzige Prüfstein seines Urteilens.

Ihr Name war Elsa Brandström. Sie war die Tochter eines früheren schwedischen Botschafters in Rußland. Aber für Hunderttausende von Kriegsgefangenen des ersten Weltkrieges war ihr Name „Engel von Sibirien", und in ihren Herzen lebte sie als „Engel". Ihr Leben war der unwiderlegbare Beweis für die Wahrheit, daß Liebe die vollkommenste Seinsmacht ist, auch in einem Jahrhundert, das zu den dunkelsten, zerstörendsten und grausamsten aller Jahrhunderte seit Beginn der Menschheitsgeschichte gehört.

Die Macht der Liebe

Zu Beginn des ersten Weltkrieges — damals war sie vierundzwanzig Jahre alt — blickte Elsa Brandström aus dem Fenster der schwedischen Botschaft in der Stadt, die damals St. Petersburg hieß, und sah, wie man die deutschen Kriegsgefangenen auf ihrem Wege nach Sibirien durch die Straßen trieb. Von Stund an konnte sie das glänzende Leben eines Diplomatenhauses nicht mehr ertragen, dessen schöner und anziehender Mittelpunkt sie bis dahin gewesen war. Sie wurde Krankenpflegerin und fing an, die Gefangenenlager zu besuchen. Dort sah sie unvorstellbar schreckliche Dinge. Da begann sie, trotz ihrer Jugend, fast ohne jede Hilfe den Kampf der Liebe gegen die Grausamkeit. Und sie setzte sich durch. Gegen den Widerstand und den Argwohn der Behörden hatte sie einen schweren Kampf auszufechten. Und sie setzte sich durch. Gegen brutale, gesetzlos handelnde Gefängniswärter mußte sie angehen. Und sie setzte sich durch. Gegen Kälte, Hunger, Schmutz und Krankheit, gegen die Bedingungen eines unentwickelten Landes und eines zerstörerischen Krieges mußte sie den Kampf aufnehmen. Und sie setzte sich durch. Die Liebe schenkte ihr Weisheit, vereint mit Unschuld, schenkte ihr Wagemut, vereint mit Überlegung. Und wo immer sie erschien, wurde Verzweiflung überwunden, wurde Kummer geheilt. Sie besuchte die Hungrigen und gab ihnen zu essen. Sie sah die Durstenden und gab ihnen zu trinken. Die Neuangekommenen bewillkommnete sie. Sie brachte Kleidung den Unbekleideten und Stärkung den Kranken. Sie wurde selbst krank, und man sperrte sie ins Gefängnis. Gott aber blieb in ihr. Die unwiderstehliche Kraft der Liebe verließ sie nie.

Unermüdlich und unaufhörlich ließ sie sich von dieser Macht treiben. Nach dem Kriege begann sie eine große Arbeit für die Waisen der deutschen und russischen Kriegsgefangenen. Ihr Erscheinen unter diesen Kindern, deren einzige, immer leuchtende Sonne sie war, muß für viele Menschen ein entscheidender religiöser Eindruck gewesen sein. Als die Nationalsozialisten die Herrschaft an sich rissen, wurde sie gezwungen, mit ihrem Mann Deutschland zu verlassen und nach Amerika auszuwandern. Hier wurde sie Betreuerin unzähliger europäischer Flüchtlinge, und zehn Jahre lang war es mir vergönnt, das schöpferische Genie ihrer Liebe mitzuerleben. Wir haben niemals ein theologisches Gespräch miteinander geführt. Es war auch unnötig. Jeden Augenblick leuchtete Gott in ihr auf. Denn Gott, der Liebe ist, wohnte in ihr und sie in ihm. In Millionen von Menschen erwachte die Liebe zu ihr und damit zu dem Gott, dessen Liebe durch sie hindurchschien. Auf dem Sterbebett empfing sie einen Abgesandten des schwedischen Königs und des schwedischen Volkes, der auch im Namen ungezählter Bewohner Europas kam. Er versicherte ihr, alle jene, die sie einem sinnvollen Leben wieder zugeführt hatte, würden sie nie vergessen.

Es ist ein kostbares Geschenk, einem Menschen zu begegnen, in dem die Liebe — und das heißt Gott — sich so überwältigend offenbart. Solcher Liebe gegenüber verlieren theologische Anmaßung und fromme Isolierung ihren Boden. Liebe ist mehr als Gerechtigkeit und gewaltiger als Glaube und Hoffnung. In ihr ist Gott selbst gegenwärtig. Denn Gott ist Liebe. Und in jedem Augenblick wahrer Liebe wohnen wir in Gott und Gott in uns.

4

DIE GOLDENE REGEL

Gott ist Liebe; und wer in der Liebe bleibt, der bleibt in Gott und Gott in ihm. Niemand hat Gott jemals gesehen. So wir uns untereinander lieben, so bleibt Gott in uns, und seine Liebe ist völlig in uns. 1. Joh. 4, 16 u. 12.

Alles nun, was ihr wollt, daß euch die Leute tun sollen, das tut ihr ihnen auch. Das ist das Gesetz und die Propheten.
MATTH. 7, 12.

Vor nicht langer Zeit stand ich vor der Aufgabe, über das Verhältnis von Liebe und Gerechtigkeit nachzudenken. Und es fiel mir ein, daß sich unter Jesu Worten ein Ausspruch findet, der die „Goldene Regel" genannt wird. Der Begriff „Goldene Regel" war bei Juden und Griechen sehr bekannt, wenn auch meist nur in der negativen Form: Was du nicht willst, daß man dir tu, das füg auch keinem andern zu! Man könnte den Satz auch ins Positive umkehren. Damit käme man dem Sinne näher, aber noch nicht der Liebe selbst, sondern man bliebe in der berechnenden Gerechtigkeit. In welchem Verhältnis steht die Goldene Regel zur Liebe, und wie paßt sie zur Botschaft vom Reich Gottes und seiner Gerechtigkeit, wie sie in der Bergpredigt beschrieben ist?
Wir wollen einmal an einen gewöhnlichen Tag unseres Lebens denken und an Gelegenheiten, die Goldene Regel anzuwenden. Wir begegnen einander am Morgen und erwarten ein freundliches Gesicht oder Wort, auch sind wir selbst zu beidem bereit, obwohl unser Herz beschwert ist von ängstlichen Gedanken an die Lasten, die der Tag bringen wird. Jemand fordert einen Teil unserer begrenzten Zeit, und wir

geben sie ihm. Genauso bitten wir jemand, uns einen Teil seiner Zeit zu geben. Wir brauchen Hilfe, und wir leisten Hilfe, wenn man uns darum bittet, obwohl Opfer damit verbunden sind. Wir sind aufrichtig gegen andere und erwarten dasselbe von ihnen, auch wenn es weh tut. Wir sind anständig gegen die, die uns bekämpfen, und erwarten Anständigkeit von ihnen. Wir nehmen an den Sorgen unserer Mitmenschen teil und sind gewiß, daß sie die unseren mittragen. All das kann an einem Tage geschehen. Und all das ist der Inhalt der Goldenen Regel. Wenn jemand diese Regel bewußt oder unbewußt verletzt, sind wir zur Vergebung bereit in der Hoffnung, daß auch uns vergeben werde. Es ist nicht verwunderlich, daß viele Menschen die Goldene Regel als tatsächlichen Inhalt des Christentums betrachten. Es ist nicht überraschend, daß man im Namen der Goldenen Regel Kritik unterdrückt, selbständiges Handeln verhindert und ernste Probleme vermeidet. Es ist sogar verständlich, daß Staatsmänner von anderen Nationen ein Verhalten erwarten, das der Goldenen Regel entspricht. Und sagt nicht Jesus selbst von der Goldenen Regel: „Das ist das Gesetz und die Propheten"?

Wir wissen aber, daß das Neue Testament noch mehr sagt. Das „Große Gebot", das Jesus neu verkündet, die Beschreibung der Liebe bei Paulus und die ungeheure Behauptung des Johannes „Gott *ist* Liebe" überragen die Goldene Regel unendlich. Es *muß* auch eine Steigerung geben über die Goldene Regel hinaus. Denn sie sagt uns nichts von dem, *was* wir wünschen sollen, daß die Menschen uns tun. Wir möchten frei sein von schweren Pflichten. Wir sind bereit, andern dieselbe Freiheit zu gewähren. Aber jemand, der uns wahrhaft liebt, verweigert uns diese Freiheit und denkt auch nicht daran, uns um sie zu bitten. Täte er es aber, so würden wir uns weigern, sie ihm zu gewähren, weil die menschliche Entwicklung dadurch beeinträchtigt und das Gesetz der Liebe dadurch verletzt würde. Wir wünschen uns ein Vermögen, das uns sicher und unabhängig macht. Wir wären bereit, einem Freunde, der uns darum bittet, ein Vermögen zu schenken, wenn wir es hätten. In beiden Fällen aber würde die Liebe verletzt werden. Denn ein solches Geschenk würde uns und ihn zugrunde richten. Wir ersehnen Vergebung und sind selbst zur Vergebung bereit. Vielleicht aber ist beides ein Ausweichen vor dem Ernst eines persönlichen Problems und geschieht somit gegen die Liebe.

Unser Verhalten den Menschen gegenüber kann nicht daran gemessen werden, wie wir uns ihr Verhalten uns gegenüber wünschen. Denn unsere Wünsche drücken nicht nur Richtiges, sondern auch Falsches aus. Es spiegelt sich in ihnen mehr Torheit als Weisheit. Hier liegt die Grenze der Goldenen Regel. Hier liegt auch die Grenze der berechnenden Gerechtigkeit. Die Goldene Regel hat letzte Gültigkeit nur für den, der weiß, was er wünschen *darf*, und der das auch tatsächlich wünscht. Nur Liebe kann berechnende Gerechtigkeit in schöpferische Gerechtigkeit verwandeln. Liebe macht Gerechtigkeit gerecht. Gerechtigkeit ohne Liebe ist immer Ungerechtigkeit, weil sie weder dem anderen noch sich selbst Gerechtigkeit widerfahren läßt und auch nicht der Situation gerecht wird, in der wir einander begegnen. Denn der andere und ich haben in diesem Augenblick und an diesem Ort eine einmalige, unwiederholbare Gelegenheit, die eine einmalige, unwiederholbare Tat vereinigender Liebe erfordert. Wird dieser Anruf überhört, wird ihm vom schöpferischen Genius der Liebe nicht Folge geleistet, dann geschieht Unrecht. Und das gilt auch für das eigene Selbst. Der Liebende lauscht auf den Ruf seines tiefsten Innern, gehorcht diesem Ruf und läßt damit seinem eigenen Wesen Gerechtigkeit widerfahren.

Liebe hebt Gerechtigkeit nicht auf, sondern setzt sie durch. Sie fügt zu dem, was Gerechtigkeit tut, nichts hinzu, sondern zeigt ihr, was sie zu tun hat. Sie macht es möglich, daß die Goldene Regel angewandt wird. Denn wir wollen ja nicht eine Liebe, die die Gerechtigkeit ausschaltet. Daraus würde Chaos und Vernichtung entstehen. Nein, wir wollen eine Liebe, die von Gerechtigkeit geformt und gestaltet wird, eine Liebe, die den Anspruch des andern auf Anerkennung seines Wesens achtet, aber auch unsern eigenen Anspruch auf Anerkennung unseres Wesens, vor allem auf Anerkennung der Tatsache, daß wir Person sind. Nur eine verzerrte Liebe, hinter der sich Feindseligkeit und Abscheu vor sich selbst verbirgt, erkennt nicht an, daß Liebe vereinigt. Liebe macht Gerechtigkeit gerecht. Die göttliche Liebe ist rechtfertigende Liebe. Sie nimmt an und schenkt Erfüllung dem, der von einer berechnenden Gerechtigkeit verworfen werden müßte. Gottes schöpferische Gerechtigkeit und seine wiedervereinigende Liebe erfüllt sich in der Rechtfertigung des Ungerechten.

5

VOM HEILEN

Teil I

Und er rief seine zwölf Jünger zu sich und gab ihnen Macht über die unsauberen Geister, daß sie die austrieben und heilten allerlei Seuche und allerlei Krankheit. MATTH. 10, 1.

Vor einiger Zeit war ich in Deutschland und erlebte dort ein krankes Volk, krank in seiner Gesamtheit und krank in seinen Einzelpersönlichkeiten, die Gesichter geformt vom Tragen zu schwerer Lasten, von Sorgen, zu tief, um je vergessen zu werden. Und das, wovon die Gesichter sprachen, wurde durch Worte bestätigt: Schreckensberichte, Erzählungen von Kummer und Verzweiflung, Ängste, die in Fleisch und Blut übergegangen waren, Verwirrung und Widersprüche verstörter Seelen. Gelang es einem, tiefer in ihr Inneres zu blicken, so fand man ein Schuldgefühl, das sich manchmal äußerte, meist aber unterdrückt wurde. Denn es verbarg sich unter leidenschaftlichem Ableugnen jeglicher Schuld, unter Selbstverteidigung und Anklagen gegen andere, unter einer Mischung von Feindseligkeit und Demut, von Selbstbemitleidung und Haß gegen sich selbst. Äußerlich ist das Volk durch die Spaltung zwischen Ost und West zerrissen, die die ganze Menschheit politisch und geistig in zwei Teile teilt. Aber auch innerlich ist dieses Volk gespalten. Alte Feindschaften schwelen, neue Feindschaften erwachsen, und es gibt keinen Frieden. Ein krankes Volk!
Innerhalb dieses Volkes jedoch traf ich Menschen, die gesund waren. Nicht, als wären ihre Gesichter durch die Krankheit überhaupt nicht gezeichnet gewesen. Doch war auch noch et-

Das Neue Sein als Liebe

was anderes darin ausgeprägt, eine heilende Kraft, die sie trotz ihrer Zerrissenheit ganz sein ließ, trotz ihres Kummers heiter, und die sie uns zu Vorbildern macht, zu Vorbildern in allem, was uns je treffen könnte.

Uns? Sind wir in Amerika denn nicht eine gesunde Nation? Sicher sieht es so aus, wenn man von Deutschland und Europa nach Amerika zurückkehrt. Die Gesichter der meisten Menschen sind vom Lächeln geformt und nicht von Tränen. Hier herrscht gegenseitiges Wohlwollen, sogar zwischen Feinden. Die Menschen sind bereit, ihre Fehler zuzugeben, wie zum Beispiel Begünstigung, Ausbeutung und zerstörenden Wettbewerb. Sie sind gewohnt, aus eigenem Antrieb zu handeln und nicht nur unter dem Druck von Tyrannen oder Eroberern, oder noch schlimmer unter dem Druck von Zeitungen, Radio und öffentlicher Meinungsbefragung, diesen Tyrannen der modernen Demokratie. Ein gesundes Volk!

Und doch lesen wir, daß in dieser Nation beinahe 40 Prozent der vom Militärdienst Zurückgewiesenen unbrauchbar sind wegen geistiger Störungen und asozialer Veranlagung. Und wir hören, daß von allen Krankheiten die Geisteskrankheit die weitaus verbreitetste ist. Was bedeutet das? Es ist das Symptom einer großen Gefahr für unsere Gesundheit. Unsere gesellschaftliche Struktur muß etwas enthalten, was mehr und mehr Menschen in die Krankheit treibt. Zum Beispiel kann der schrankenlose und rücksichtslose Wettbewerb, der niemandem mehr ein Gefühl der Sicherheit läßt, viele Glieder unseres gesunden Volkes krank machen, und zwar nicht nur die Erfolglosen in diesem Wettbewerb, sondern gerade auch die Erfolgreichsten. Und so begibt sich etwas Überraschendes: Wir haben leibliche Krankheiten mancher Art siegreich bekämpft. Wir haben Heilmittel von geradezu wunderbarer Wirkung entdeckt. Unsere durchschnittliche Lebensdauer im Vergleich zu früheren Zeiten hat sich über Erwarten verlängert. Aber viele Glieder unserer Nation können diese Gesundheit nicht ertragen. Sie wünschen sich Krankheit als rettende Zuflucht aus der Überforderung eines ungesicherten Lebens. Und da die ärztliche Fürsorge es schwieriger gemacht hat, sich in leibliche Krankheit zu flüchten, so wählen

Vom Heilen

sie die *Geistes*krankheit. Hat denn aber nicht jedermann eine Abneigung gegen Krankheit, Schmerz und die damit verbundenen Störungen und Gefahren? Natürlich wird die Krankheit in einigen Bezirken unserer Seele abgelehnt, in anderen aber bejaht, meist unbewußt, manchmal sogar bewußt. Niemand aber kann geheilt werden, besonders nicht von Geistesstörungen und Geisteskrankheiten, der es nicht selbst von ganzem Herzen wünscht. Und darum sind in Amerika diese Krankheiten beinah epidemisch geworden. Die Menschen fliehen in eine Situation, in der andere sich Sorge um sie machen müssen, in der sie durch Schwäche Macht ausüben, oder sie schaffen sich eine eingebildete Welt, in der es sich gut leben läßt, solange das wirkliche Leben nicht mit ihnen in Berührung kommt. Man sollte diese Versuchung nicht unterschätzen. Die der menschlichen Existenz zugrunde liegende Unsicherheit und die damit verbundene Angst sind der Antrieb dafür und werden überall und von jedermann empfunden. Diese Angst ist ein menschliches Erbe. Sie hat sich durch die gegenwärtige Weltlage ungeheuer gesteigert, auch in Amerika, dem kraftvollen, gesunden Lande.

Auch zur Zeit Jesu sprach man wie heutzutage viel über Krankheit und Heilung. Juden und Griechen schrieben darüber. Die Menschen hatten das Gefühl, in einem kranken Zeitalter zu leben. Sie hatten dafür den Ausdruck „dieser Äon" und beschrieben ihn sehr ähnlich, wie wir unsere heutige Zeit beschreiben. Sie erkannten nicht nur die allgemeine leibliche Schwäche und die unzähligen körperlichen Leiden, die die Masse des Volkes befallen hatten, sondern auch die zerstörenden Mächte, die Herr waren über das geistige Leben vieler Menschen. Sie nannten die Geisteskranken Besessene oder Dämonische und versuchten, die bösen Geister auszutreiben. Sie wußten auch schon, daß Völker krank sein können und daß die Leiden bestimmter Gesellschaftsklassen jedes einzelne dazugehörige Individuum anstecken können. Sie blickten auch über die Grenzen der Menschheit hinaus in die Natur und sprachen in ekstatischer Schau davon, daß diese Erde alt und krank werde, wie auch wir es taten im ersten Schock über die Möglichkeit der Selbstzerstörung durch die

Das Neue Sein als Liebe

Atomkraft. Aus diesem Wissen um das Kranksein eines Zeitalters wurde die Frage nach einem neuen Zeitalter wach, nach einer gesunden und unzerbrochenen Wirklichkeit. Man erwartete Heil und den, der das Heil bringt. Aber Heil kommt von heilen, und der Heiland ist der, der heilt. Darum beantwortete Jesus die angstvolle Frage des Täufers, ob er der Heiland sei, durch den Hinweis auf seine heilenden Kräfte. Er sagt: Wenn ich fähig bin, die Tauben und die Blinden zu heilen, wenn ich fähig bin, die Geisteskranken zu befreien, dann ist eine neue Wirklichkeit über euch hereingebrochen! Es gibt in den Evangelien viele Geschichten von Heilungen. Sie sind ein Stein des Anstoßes für Gelehrte, Prediger und Lehrer, die sie als Wundergeschichten der Vergangenheit betrachten anstatt als gegenwärtige Heilungsberichte. Das nämlich sind sie. Sie zeigen die menschliche Situation, die Beziehung zwischen leiblichem und geistigem Leiden, zwischen Krankheit und Schuld, zwischen dem Wunsch nach Heilung und der Furcht, geheilt zu werden. Es ist erstaunlich, wie viele unserer tiefsten modernen Erkenntnisse über die menschliche Natur in diesen Geschichten vorweggenommen sind. Sie wissen, daß Gesundwerden Ganzwerden bedeutet, daß es Wiedereinswerden mit sich selbst in den körperlichen und seelischen Funktionen bedeutet. Sie wissen, wie sehr die Geisteskranken sich vor dem Heilungsprozeß fürchten, weil er sie herausreißt aus dem zwar engen, aber doch sicheren Haus ihrer neurotischen Selbstabschließung. Sie wissen, daß der Prozeß geistiger Heilung schwierig und schmerzhaft ist, von leiblichen und seelischen Erschütterungen begleitet. Die biblischen Heilungsgeschichten erzählen, wie Schuld und Krankheit miteinander in Beziehung stehen, wie ungelöste Gewissenskonflikte uns in jene Gespaltenheit von Körper und Seele treiben, die wir Krankheit nennen. Es wird uns überliefert, wie Jesus, der um diese Dinge wußte, dem Gelähmten zuerst Vergebung seiner Sünden und dann erst die Wiedergewinnung der Gesundheit verkündete. Dieser Mensch lebte in einem inneren Kampf mit sich selbst, mit seinem Schuldgefühl. Aus diesem Konflikt heraus war seine Krankheit entstanden, und als Jesus ihm jetzt Vergebung schenkt, fühlt er sich mit sich selbst und mit der Welt versöhnt. Er wird wieder ganz und gesund. In unserer Tiefenpsychologie gibt es wenig, was diese Einsichten an Wahrheit und Tiefe übertrifft. Die Heilungsgeschichten beschreiben auch, welche Haltung eine Heilung möglich macht. Sie haben das Wort Glaube dafür. Selbstverständlich bedeutet Glaube in diesem Zusammenhang nicht ein Fürwahrhalten von unbeweisbaren Behauptungen. In echter Religion bedeutet er das nie und sollte auch nie in diesem Sinne mißbraucht werden. Nein, Glaube bedeutet ein Ergriffensein von einer Macht, die stärker ist als wir, von einer Macht, die uns aufrüttelt und umwirft, umwandelt und heilt. Sich dieser Macht ergeben heißt glauben. Nur *die* Menschen konnte und kann Jesus heilen, die ihr ganzes Selbst der in ihm wirkenden heilenden Macht auslieferten und ausliefern. Diese Menschen lieferten sich aus mit ihrer Zerspaltenheit und ihrem Selbstwiderspruch, mit ihrem Abscheu vor sich selbst, ihrer Verzweiflung über sich selbst, mit ihrem Haß gegen sich selbst und der daher stammenden Feindseligkeit gegen alle anderen. Sie lieferten sich aus mit ihrer Lebensangst und ihrer Schuldbeladenheit, mit ihren Selbstanklagen und ihren Entschuldigungen. Sie lieferten sich aus auf ihrer Flucht vor den anderen in die Einsamkeit, auf ihrer Flucht vor sich selbst zu den anderen. Sie lieferten sich aus mitten in dem Versuch, den Drohungen der Existenz endgültig zu entrinnen in die schmerzhafte und trügerische Sicherheit geistiger und körperlicher Krankheit. Als solche lieferten sie sich Jesus aus, und dieses Sichausliefern nennen wir glauben. Er aber hielt sie nicht fest, was ein guter Helfer auch nie tun sollte. Er gab sie sich selbst zurück als neue, geheilte und ganze Geschöpfe. Und als er starb, hinterließ er eine Gruppe von Menschen, die trotz vieler Ängste, trotz Zwietracht, Schwachheit und Schuld die Gewißheit besaßen, geheilt zu sein, und deren heilende Kraft stark genug war, um Einzelseelen und Völker überall in der Welt zu gewinnen. Wenn wir von der neuen Wirklichkeit, die in ihm erschienen ist, ergriffen werden, gehören auch wir zu dieser Menschengruppe. Wir selbst besitzen dann seine heilende Kraft.

Das Neue Sein als Liebe

Man nannte Jesus einen Arzt, und wenn wir gesund werden wollen, dann fragen wir zunächst nach dem Arzt. Und das ist richtig. Zu allen Zeiten war es bekannt, daß Heilkräfte in der Natur ruhen. Wenn diese Kräfte weise angewandt und durch Erfahrung unterstützt werden, ist Heilung möglich. Wer diese Hilfe verschmäht und sich nur auf seine Willenskraft verläßt, zeigt seine Unwissenheit gegenüber den teils zerstörenden, teils aufbauenden Kräften der Natur. Er weiß nichts davon, daß unser Leib in seinen Grundstoffen nicht nur auseinanderstrebende Kräfte enthält, sondern auch solche, die zur Harmonisierung drängen. Ein großer Arzt ist der, der nicht leichten Herzens Teile wegschneidet oder die eine Funktion zugunsten der anderen außer Betrieb setzt, sondern das Ganze so stark macht, daß die innerhalb der Körpereinheit miteinander ringenden Elemente in Einklang gebracht werden können. Und diese Möglichkeit besteht auch dann, wenn unserem Körper während unseres ganzen Lebens die Spuren dessen eingeprägt bleiben, was er einst durchgemacht hat.

Der Arzt kann *helfen*, er kann uns am Leben erhalten, aber kann er uns *ganz* machen? Kann er uns Rettung bringen? Zweifellos nicht, wenn innere Zerrissenheit, Zwiespältigkeit und Ratlosigkeit unser geistiges Leben beherrschen, wenn unser Seelenleben disharmonisch und daher unfrei ist, wenn wir von Zwangsvorstellungen und phantastischen Einbildungen besessen sind und von Unordnung schaffenden Ängsten und Anfällen heimgesucht werden, wenn Geistesstörungen oder Geisteskrankheiten uns bedrohen oder schon von uns Besitz ergriffen haben. Ersehnen wir dann Heilung von diesem Zustand, so erbitten wir die Hilfe von Freunden, von Seelsorgern, von Psychoanalytikern oder Psychiatern. Und wenn diese erkennen, was geschehen muß, bemühen sie sich, den heilenden Kräften in unserer Seele zu Hilfe zu kommen. Sie wenden sich nicht an unsere Willenskraft, sie fordern nicht, daß wir diesen oder jenen Trieb beseitigen oder unterdrücken, sondern sie arbeiten an der inneren Harmonie, am Ausgleich der miteinander ringenden Kräfte unserer Seele. Sie nehmen uns an, wie wir sind, ermöglichen es uns, uns selbst richtig und klar zu sehen, die uns fremden Gesetzmäßigkeiten, unter denen wir

Vom Heilen

leiden, zu erkennen und umzuwandeln, unsere unverfälschten Seelenkräfte dadurch in Einklang miteinander zu bringen und uns frei zu machen im Denken und Handeln.
Der Seelsorger und Psychiater kann *helfen*. Er kann uns befreien. Aber kann er uns auch *ganz* machen? Kann er uns Rettung bringen? Zweifellos nicht, wenn wir unsere Freiheit nicht zu gebrauchen wissen und die tragischen Konflikte unserer Existenz über uns Herr werden lassen. Keiner von uns steht allein da. Wir gehören unserer Vergangenheit an, unserer Familie, unserem Stand, unserem Kreis, unserer Nation, unserer Kultur. Und in all diesen Beziehungen ringen Gesundheit und Krankheit miteinander. Wie können wir *ganz* sein, wenn unsere Kultur in sich selbst gespalten ist, wenn jeder Wert von einem anderen verleugnet, jede Wahrheit in Frage gestellt wird und jede Entscheidung zugleich gut und schlecht ist? Wie können wir *ganz* sein, wenn die Einrichtungen, innerhalb derer wir leben, dauernd Verlockungen, Konflikte und Katastrophen schaffen, die unsere Kräfte übersteigen? Wie können wir *ganz* sein, wenn wir verbunden sind, oft sogar innig verbunden, mit Menschen, die innerlich zerrissen oder feindselig gegen uns eingestellt sind, oder wenn wir mit Menschen, mit einzelnen, Gruppen oder Nationen zusammenleben müssen, die in sich uneins und krank sind? In dieser Situation sind wir alle, und sie wirkt sich auf unser persönliches Leben aus und zerstört die innere Harmonie, die wir vielleicht schon erreicht haben. Die Harmonie unserer Seele und oft auch die unseres Leibes hält der Begegnung mit der Wirklichkeit nicht stand. Wer heilt die Wirklichkeit? Wer bringt uns eine neue Wirklichkeit? Wer bringt die Versöhnung der miteinander ringenden Kräfte? Wir blicken auf jene, die für unsere Einrichtungen und unsere geschichtlichen Gegebenheiten die größte Verantwortung tragen, auf die Führenden, die Staatsmänner, die Regierenden, auf die „Gebildeten", auf die „Guten" und auf die revolutionären Massen. In ihnen allen wirken heilende Kräfte, andernfalls gäbe es keine Geschichte mehr. Und es ist begreiflich, daß gerade zur Zeit Jesu die Herrscher als Retter und Heiler bezeichnet wurden. Sie können das irdische Dasein des Menschen am Leben erhalten. Aber

Das Neue Sein als Liebe

können sie uns *ganz* machen? Können sie uns Heilung bringen?
Sie können es nicht. Denn ihnen selbst fehlt die Ganzheit, und sie sehnen sich nach Erlösung. Wer heilt die Heilenden? In der Alten Wirklichkeit gibt es keine Antwort auf diese Frage. Jedermann und jede Einrichtung — der Heiler und der Geheilte —, alle sind krank. Nur eine Neue Wirklichkeit, die in die Alte Wirklichkeit einbricht, kann uns gesund machen, eine Wirklichkeit, die mit sich selbst versöhnt. Es ist der dem Menschen unglaubwürdige, ekstatische, oft schwach gewordene, niemals aber zerstörte Glaube des Christentums, daß diese Neue Wirklichkeit, die in aller Geschichte am Werk war, in Fülle und Kraft in Jesus, dem Christus, dem Heiland und Erlöser, erschienen ist. Das wird von ihm gesagt, der allein dem Denken und Handeln ein anderes Gesetz gibt, der nichts zum Leben Gehöriges herausschneidet oder unterdrückt, weil in ihm die Wirklichkeit der Versöhnung gegenwärtig und eine Neue Wirklichkeit über uns hereingebrochen ist. In dieser Wirklichkeit sind wir und unsere ganze Existenz angenommen und wiedervereinigt.
Auch wenn wir uns zu diesem Glauben bekennen, wissen wir, daß die Alte Wirklichkeit der Konflikte und der Krankheiten bestehen bleibt. Unsere Leiber siechen dahin und sterben, unsere Seelen sind ruhelos, unsere Welt ist ein Schlachtfeld der einzelnen und der Gruppen. Aber die Neue Wirklichkeit kann nicht mehr untergehen. Wir leben aus ihr, auch wenn wir sie nicht kennen. Denn sie ist die Macht der Versöhnung, deren Werk Ganzheit und deren Name Liebe ist.

VOM HEILEN

Teil II

Er heilt, die zerbrochnen Herzens sind, und verbindet ihre Wunden.
Lobe den Herrn, meine Seele, ...der heilet alle deine Krankheiten, der dein Leben vom Verderben erlöst.

PS. 147, 3; PS. 103, 2. 3. 4.

Was für ein Bild haben wir von Jesus, dem Christus? Es ist belanglos, ob man ihn zeichnet oder in Farben malt, wie die großen christlichen Künstler es zu allen Zeiten getan haben, oder ob wir ihn in Reden schildern, wie die christlichen Prediger es Sonntag für Sonntag tun, ob wir ihn in gelehrten Büchern, in biblischer oder systematischer Theologie darstellen oder ihn uns in unseren Herzen ausmalen mit frommem Sinn, Vorstellungskraft und Liebe. In jedem Fall müssen wir die Frage beantworten: Was für ein Bild haben wir von Jesus, dem Christus? Die Erzählungen des Matthäusevangeliums tragen zu der Antwort auf diese Frage bei. Indem sie ihn als den Heilenden malen, fügen sie einen neuen Zug von großer Intensität hinzu. Es ist bedauerlich, daß diese Farbe, dieser lebhafte Ausdruck seines Wesens, dieser eindrucksvolle Zug seines Charakters in unserer Zeit immer weniger beachtet wird. Die graue Farbe des Moralpredigers, der gespannte Ausdruck des Sozialreformers, die weichen Züge eines Menschen, der leidend dient, sind vorherrschend geworden, wenigstens bei unseren Malern, Theologen und Leben-Jesu-Romanschreibern. Nicht im gleichen Ausmaß gilt das vielleicht für sein Bild in den Herzen der Menschen, die jemanden brauchen, der sie heilt.

Die Evangelien sind für dieses Schwinden der Mächtigkeit im Jesusbild zweifellos nicht verantwortlich. *Wir* aber sind verantwortlich, wir Geistlichen, Laien, Theologen, die wir vergessen haben, daß Erlöser Heiland bedeutet und damit den, der das an Leib und Seele Zerbrochene und Kranke ganz und gesund macht. Die Frau, die ihm begegnete, wurde zu einem *ganzen* Menschen gemacht. Der Besessene, der ihm begegnete, wurde von seiner inneren Spaltung befreit. Wer gespalten, zerrissen und zerfallen ist, wird von ihm geheilt. Und da das so ist, da diese Macht auf Erden erschien, ist das Reich Gottes über uns hereingebrochen. Diese Antwort gibt Jesus den Pharisäern, als sie über seine Vollmacht verhandeln, den Besessenen zu heilen. Diese Antwort gibt er dem Täufer, um seine Zweifel zu besiegen. Diesen Auftrag gibt er seinen Jüngern, als er sie in die Städte Israels entsendet: „Wenn ihr geht und predigt, so sagt: Das Reich Gottes ist nahe. Heilt die Kranken, erweckt die Toten, reinigt die Aussätzigen, treibt die Dämonen aus!" Das sollen sie tun, und dazu gibt er ihnen Vollmacht und Kraft. Denn in ihm ist das Reich Gottes erschienen, und sein Wesen ist Erlösung und Heilung dessen, was krank ist, ist Ganzmachen des Zerbrochenen.

Sind wir noch fähig, diese Macht zu erleben? Ich spreche nicht von theologischen Einwendungen gegen diese Auffassung des Christusbildes. Sie haben kein allzugroßes Gewicht. Natürlich haben uns die Wundererzählungen viele Jahrzehnte lang beunruhigt. Heute aber haben wir die Erkenntnis, die das Neue Testament immer hatte, daß Wunder Zeichen sind, die auf die Gegenwart göttlicher Kräfte in Natur und Geschichte hindeuten und keinesfalls im Widerspruch zu den Naturgesetzen stehen. Natürlich hat uns der Mißbrauch religiöser Heilungen zu geschäftlichen und anderen selbstsüchtigen Zwecken, desgleichen die Entartung dieser Heilungen in Zauberei und Aberglauben beunruhigt und beunruhigt uns weiterhin. Aber Mißbräuche kommen da vor, wo es am richtigen Gebrauch fehlt, und Aberglaube entsteht da, wo der Glaube schwach geworden ist. Das alles sind keine ernsten Probleme. Eine gute Theologie und ihre praktische Anwendung können sie lösen.

Der Ernst des Problems liegt, wie immer, im Problem unserer eigenen Existenz. Sind wir geheilt? Haben wir hin und wieder aus der Kraft des Bildes von Jesus als Erlöser heilende Kräfte empfangen? Sind wir von dieser Kraft ergriffen worden? Ist sie stark genug, unsere neurotischen Züge, die Auflehnung unserer unbewußten Triebe und die Spaltung unseres bewußten

Vom Heilen

Wesens zu besiegen, auch die Krankheiten, die gleichzeitig unseren Geist und unseren Körper auflösen und zerstören? Haben wir in gnadenvollen Augenblicken die quälende Angst in der Tiefe unserer Herzen besiegt und die uns unablässig antreibende und peitschende Rastlosigkeit, unsere chaotischen Wünsche und die heimlichen Verdrängungen, die sich auswirken als vergiftender Haß, als Feindseligkeit gegen uns selbst und gegen andere, ja — in dem heimlichen Wunsch zu sterben — gegen das Leben selbst? Haben wir dann und wann in gnadenvollen Augenblicken erfahren, daß wir *ganz* gemacht wurden, daß die Geister der Zerstörung uns verlassen, Zwangsvorstellungen sich auflösen, und daß statt mechanischer Abläufe, die unsere Seele tyrannisierten, nunmehr Freiheit uns beseelt? Daß schließlich Verzweiflung, diese gefährlichste aller Spaltungserscheinungen, diese wirkliche Krankheit zum Tode, geheilt wurde und wir aus Selbstzerstörung gerettet wurden? Widerfuhr uns das durch die Macht des Bildes von Jesus, dem Erlöser? Hier liegt das wirkliche Problem, das wahre Problem der Christologie (um es theologisch auszudrücken), die Frage auf Leben und Tod (um es menschlich auszudrücken) für jeden Christen und für das Christentum unserer Zeit. Gehen wir nur zu den Ärzten, den Psychotherapeuten oder anderen Helfern, um geheilt zu werden? Natürlich sollten wir manchmal zu ihnen gehen. Aber gehen wir auch zu dem Bilde des Christus, der der Erlöser genannt wird? Oder — genauer ausgedrückt — können wir auch aus ihm die heilende Kraft empfangen? Diese Frage steht vor uns, und diese Frage beantworten jene, die uns berichten, daß sie seine heilende Kraft erfuhren, daß das Neue Sein ihre Leiber und ihre Seelen ergriff, daß sie wieder ganz und gesund wurden, daß das Heil über sie kam. Nicht für immer natürlich, aber für jene Augenblicke, die die Gnadenaugenblicke sind, in denen sie die vollkommene Ganzheit ahnten, den ganzen Umfang dessen, daß Gott alles in allem ist. Gilt diese Antwort auch für uns?

6

HEILIGE VERSCHWENDUNG

Und da er zu Bethanien war in Simons, des Aussätzigen, Hause und saß zu Tische, da kam ein Weib, die hatte ein Glas mit ungefälschtem und köstlichem Nardenwasser, und sie zerbrach das Glas und goß es auf sein Haupt. Da waren etliche, die wurden unwillig und sprachen: Was soll diese Vergeudung? Man könnte das Wasser um mehr denn dreihundert Groschen verkauft haben und es den Armen geben. Und murrten über sie. Jesus aber sprach: Laßt sie in Frieden! Was bekümmert ihr sie? Sie hat ein gutes Werk an mir getan. Ihr habt allezeit Arme bei euch, und wenn ihr wollt, könnt ihr ihnen Gutes tun; mich aber habt ihr nicht allezeit. Sie hat getan, was sie konnte; sie ist zuvorgekommen, meinen Leib zu salben zu meinem Begräbnis. Wahrlich ich sage euch: Wo dies Evangelium gepredigt wird in aller Welt, da wird man auch das sagen zu ihrem Gedächtnis, was sie getan hat.

MARK. 14, 3—9.

Was *hat* sie getan? Sie hat das Beispiel einer Verschwendung gegeben, die, wie Jesus sagt, etwas Gutes ist. Man kann von einer heiligen Verschwendung sprechen, einer Verschwendung, die aus einem übervollen Herzen strömt. Sie verkörpert das ekstatische Element, während die Jünger das vernünftige Element verkörpern. Wer will die Jünger tadeln, daß sie sich über die ungeheure Verschwendung ärgern, die diese Frau getrieben hat? Ein Diakon, der für Arme sorgen muß, hätte ihnen sicher keinen Vorwurf gemacht, auch ein Sozialarbeiter nicht, dem die bedürftigsten Fälle bekannt sind und der nicht helfen kann, ebensowenig ein Kirchenbeamter, der Geld für wichtige Aufgaben sammeln muß. Zweifellos hätte ein „vernünftiger" Mensch die Jünger nicht gescholten. Allein der Gedanke, so wie diese Frau zu handeln, wäre ihm völlig unsinnig, ja verbrecherisch erschienen. Jesus empfand anders, desgleichen auch die frühe Kirche. Sie wußten, ohne überströmende Herzen kann nichts Großes geschehen. Sie wußten, daß eine Religion, deren Grenzen von der Vernünftigkeit bestimmt sind, eine verstümmelte Religion ist und daß berechnende Liebe überhaupt keine Liebe ist. Jesus stellte nicht die Frage, wie groß der Eros, wie groß die Agape, wie groß die menschliche Leidenschaft, wie groß das Verständnis waren, durch die die Frau getrieben wurde. Er sah das überströmende Herz und nahm es an, ohne seine verschiedenen Bestandteile zu zergliedern. Es gibt Gelegenheiten, in denen wir uns selbst und andere analysieren müssen. Und sicher müssen wir Bescheid wissen über das Ineinanderwirken verschiedener menschlicher Motive. Doch sollte uns das nicht abhalten, die Verschwendung einer nicht berechnenden Selbsthingabe anzunehmen. Es sollte uns auch nicht hindern, uns selbst zu verschwenden, weit über die Grenzen hinaus, die Vernünftigkeit und Gesetz uns stecken.

Die Geschichte der Menschheit ist auch die Geschichte der Männer und Frauen, die sich verschwendeten und keine Bedenken hatten, das zu tun. Im Dienst einer neuen Schöpfung kannten sie keine Scheu, sich selbst, andere Menschen und Dinge zu verschwenden. Und sie bekamen recht, denn diese Verschwendung geschah aus der Überfülle ihres Herzens. Ihre Verschwendung glich der Verschwendung, mit der Gott in Natur und Geschichte, in Schöpfung und Erlösung wirkt. Die Ungeheuer der Natur, auf die Jahwe in seiner Antwort an Hiob hindeutet, was sind sie anderes als Ausdruck göttlicher Verschwendung? Luthers Gott, der heroisch und nicht nach bestimmten Regeln handelt, ist er nicht auch der verschwenderische Gott, der schafft und zerstört, um von neuem zu schaffen? Hat der Protestantismus nicht etwas Wesentliches verloren, als er die sich verschwendende Selbsthingabe der Mystiker und Heiligen einbüßte? Liegt nicht auch für uns eine Gefahr in einer religiösen und moralischen Nützlichkeitstheorie, die immer nach dem vernünftigen Zweck fragt und damit genau dieselbe Frage stellt wie die Jünger in Bethanien?

Das Neue Sein als Liebe

Es gibt keine Schöpferkraft, keine göttliche und keine menschliche, ohne die heilige Verschwendung, die aus dem schöpferischen Überfluß eines Herzens strömt und nicht fragt: Wozu ist das nützlich?
Wir wissen, daß Mangel an Liebe in früher Jugend zu geistigen Störungen führt. Wissen wir aber auch, daß ein Mangel an Gelegenheiten, uns selbst zu verschwenden, ebenso gefährlich ist? In vielen Menschen lebte ursprünglich ein übervolles Herz, aber Gesetze, Konventionen und eine strenge Selbstkontrolle haben es unterdrückt, so daß es abgestorben ist. Die Menschen sind nicht nur krank, weil sie keine Liebe empfangen haben, sondern auch, weil es ihnen nicht erlaubt war, Liebe zu geben, sich selbst zu verschwenden. Unterdrückt in euch oder anderen nicht das überströmende Herz, die sich verschwendende Selbsthingabe und den Geist, der höher ist als alle Vernunft! Spart nicht gierig eure Zeit und eure Kräfte nur für das Nützliche und Vernünftige! Haltet euch offen für den schöpferischen Augenblick, der mitten in scheinbarer Verschwendung eintreten kann! Unterdrückt in euch nicht die plötzliche Eingebung, so zu handeln wie die Frau in Bethanien! Wie der Frau von den Jüngern Vorwürfe gemacht wurden, so wird man euch Vorwürfe machen. Aber Jesus stand auf ihrer Seite und ist auch auf eurer Seite. Viele von den Großen im Reiche Gottes handelten wie sie, und die Jünger, die vernünftigen Christen aller Zeiten, werden eurer gedenken, wie sie der Frau gedacht haben.
Jesus bringt diese Salbung seines Leibes in Zusammenhang mit seinem Tod. Könige, die ihre Herrschaft antreten, werden gesalbt, und Leichname werden gesalbt, als letzte Gabe der Lebenden an die Toten. Jesus spricht von dieser letzten Art der Salbung, obwohl er zweifellos auch von der ersten hätte sprechen können. Damit lenkt er sowohl die Ekstase der Frau wie die Vernünftigkeit der Jünger auf etwas anderes hin. Durch seinen Tod wird die vernünftige Moralität der Jünger in ein Paradox verkehrt: Der Messias, der Gesalbte, muß sich selbst verschwenden, um der Christus zu werden. Und die ekstatische Selbsthingabe der Frau wird auf die Probe gestellt durch das schimpfliche Zugrundegehen dessen, dem ihre grenzenlose Hingabe gilt. Das Kreuz verwirft nicht die heilige Verschwen-

dung, die ekstatische Hingabe. Denn es ist selbst die vollkommenste und heiligste Verschwendung. Das Kreuz verwirft auch nicht das zweckdienliche Handeln und das vernünftige Dienen. Es ist die Erfüllung aller Weisheit, die im Plan der Erlösung beschlossen liegt. In der sich selbst hingebenden Liebe am Kreuz werden Vernunft und Ekstase, moralischer Gehorsam und heilige Verschwendung vereinigt. Ach, daß wir die überströmende Fülle des Herzens hätten, Selbstverschwendung zu üben als unseren „vernünftigen Gottesdienst"!

7

FÜRSTENTÜMER UND GEWALTEN

Denn ich bin gewiß, daß weder Tod noch Leben, weder Engel noch Fürstentümer noch Gewalten, weder Gegenwärtiges noch Zukünftiges, weder Hohes noch Tiefes noch keine andere Kreatur mag uns scheiden von der Liebe Gottes, die in Christo Jesu ist, unserm Herrn. RÖM. 8, 38—39.

Diese Worte gehören zu den gewaltigsten, die je geschrieben worden sind. Ihr bloßer Klang kann Menschenseelen in verzweifelten Lagen packen. Ich habe selbst erlebt, daß sie sich stärker erwiesen haben als explodierende Bomben, als Weinen an offenen Gräbern, als das Seufzen der Kranken, als das Stöhnen der Sterbenden. Sie sind stärker als die Selbstanklagen jener, die an sich selbst verzweifeln, und sie übertönen das dauernde Raunen der Angst in den Tiefen unseres Seins. Was macht diese Worte so gewaltig?
Es ist nicht ihre wörtliche Bedeutung, die uns in mancher Hinsicht sogar fremd ist. Die Engel und Fürstentümer, die Höhe und Tiefe, ja sogar Leben und Tod deuten auf die Stellungen der Gestirne hin, die in den Religionen des Altertums die Geschicke der Menschen und die Geschichte bestimmen. Die Menschen sind in der Gewalt der Sterne, werden von Furcht gejagt und ringen um Mut. Manchmal tragen sie einen Sieg davon, viel öfter unterliegen sie. In diese Situation des Menschen hinein richtet Paulus seine Worte. Seine Briefe fassen den Sinn des Christentums wiederholt in der Botschaft zusammen, daß Christus die die Welt beherrschenden Mächte besiegt hat. Nirgends aber behauptet Paulus das so triumphierend wie in den schönen und kraftvollen Worten an die Römer.
Wenn diese Worte auch heute noch Macht haben über unsere Seelen, dann müssen sie etwas aussagen, dessen Wahrheit wir

spüren, auch wenn wir den alten Glauben an den Einfluß der Gestirne nicht teilen. Es werden die Mächte bei Namen genannt, in deren Knechtschaft wir alle uns befinden und mit uns alle Menschen aller geschichtlichen Zeiten und auch die ganze Schöpfung. Diese Worte weisen auf das hin, was uns die Gewißheit geben kann, daß diese Mächte keine Macht über uns gewinnen, sondern daß sie überwunden sind und wir am Sieg über sie teilhaben können.

Wer fühlt in den letzten Jahren und überhaupt in unserem Jahrhundert nicht die alles bezwingenden Mächte, die unser geschichtliches und persönliches Schicksal bestimmen? Sie treiben Nationen und einzelne in unlösbare Konflikte innerlicher und äußerlicher Art hinein. Sie treiben in Anmaßung und Irrsinn, in Auflehnung und Verzweiflung, in Unmenschlichkeit und Selbstzerstörung. Jeder von uns ist in diese Konflikte verwickelt und mehr oder weniger von diesen Mächten getrieben. Das persönliche Leben eines jeden von uns wird auf irgendeine Art von ihnen beherrscht. Niemandem ist Sicherheit garantiert. Kein Haus, kein Werk, kein Freund, keine Familie, kein Land irgendwo in der Welt ist sicher. Keinem Plan ist die Erfüllung gewiß, jede Hoffnung ist bedroht. Diese Tatsache ist nichts Neues in der menschlichen Geschichte. Neu ist nur, daß wir in einigen Jahren verhältnismäßiger Sicherheit vergessen hatten, daß das die Wirklichkeit ist. Nun bemerken wir es wieder, da wir uns plötzlich überall auf der Erde mitten in dieser Wirklichkeit sehen. Von den Mächten des Schicksals getrieben stellen wir die alte Menschheitsfrage: Was steht hinter all diesem? Was ist sein Sinn? Wie können wir es ertragen?

Lange vor dem christlichen Zeitalter sprachen die Menschen von einer göttlichen Vorsehung, die hinter den bewegenden Mächten des Lebens und der Geschichte am Werke sei. Im Christentum aber haben Jesu Worte von den „Vögeln unter dem Himmel" und „den Lilien auf dem Felde" und sein Gebot, nicht „für den morgenden Tag" zu sorgen, den Glauben an die Vorsehung noch stärker werden lassen. Kein christlicher Gedanke wurde populärer als dieser. Er verlieh Mut in Gefahr, Trost im Leid, Hoffnung unter Trümmern. Aber dieser Glaube hat nach und nach an Tiefe verloren. Er wurde zur Selbstver-

Das Neue Sein als Liebe

ständlichkeit und seines überwältigenden und triumphierenden Charakters beraubt, den er in den Paulusworten hat.
Als die deutschen Soldaten in den ersten Weltkrieg zogen, hatten die meisten von ihnen den volkstümlichen Glauben an den lieben Gott, der alles zum Besten lenken würde. In Wirklichkeit ging alles zum Schlimmsten aus, für das Volk und für beinahe jeden einzelnen. In den Schützengräben des Krieges zerbrach nach und nach dieser allgemeine Glaube an eine persönliche Vorsehung, und im fünften Kriegsjahr war nichts mehr davon übrig. Während des zweiten Weltkrieges und danach gab es eine ähnliche Entwicklung in Amerika. In den politischen Spannungen und Ängsten des letzten Jahrzehnts brach auch dort dieser Glaube an eine in der Geschichte wirkende Vorsehung zusammen. Das Vertrauen großer Bevölkerungsgruppen in Amerika, daß sich im Verlauf der Geschichte wohl doch alles zum besten wenden würde, ist beinahe verschwunden. Heute findet man es nur noch selten.
Weder der persönliche noch der geschichtliche Vorsehungsglaube hatten eine tiefe, der Wirklichkeit entsprechende Begründung. Sie waren Produkte eines Wunschdenkens und nicht eines wahren Glaubens. Der Glaube an eine Vorsehung ist nicht ein *Teil* des christlichen Glaubens, und zwar ein Teil, der leichter zu begreifen wäre als andere Teile. Es ist nicht so, wie ein alter Landpfarrer mir einst sagte, daß die Menschen fest an eine göttliche Vorsehung glaubten, der wahre Gehalt aber des christlichen Glaubens, Sünde und Erlösung, Christus und die Kirche, ihnen fremd sei. Wäre es so, dann müßte der Sinn des Wortes Vorsehung ihnen auch fremd sein, und ihr Glaube daran wäre wert, zusammenzubrechen, wie es in den Stürmen unseres Jahrhunderts mit solchen Ansichten oft geschah. Glaube an die Vorsehung ist der *ganze* Glaube. Dieser Glaube ist der Mut, ja zu sagen zum eigenen Leben und zum Leben überhaupt, trotz der Schicksalsmächte, die einen jagen, trotz der Ungewißheit der täglichen Existenz, trotz der Katastrophen, trotz des Zusammenbruchs alles Sinnes.
Von solch einem Mut spricht Paulus in unserem Text. Doch zunächst spricht er von den Mächten, die diesen Mut unmöglich machen wollen. Wie fangen diese Mächte das an? Sie

trennen uns von der Liebe Gottes. Dieser Satz ist überraschend. Wir würden hindeuten auf die Gefahren, mit denen Schmerz und Tod unser Leben Tag für Tag bedrohen. Zweifellos sieht auch Paulus diese Gefahren. Er zählt sie auf als „Trübsal oder Angst oder Verfolgung oder Hunger oder Blöße oder Gefahr oder Schwert". Er selbst aber fühlt sich all diesen Gefahren gegenüber als Überwinder. Und dann beginnt er noch einmal, die Mächte zu nennen, die uns von der Liebe Gottes zu trennen drohen. Etwas Geheimnisvolles ist es um diese Mächte. Sie tragen keine schrecklichen Namen wie jene, die Paulus kurz zuvor aufzählte. Die meisten von ihnen haben herrliche Namen: „Engel", „Fürstentümer", „Leben" und „Höhe". Warum sind gerade sie die bedrohlichsten Mächte? Darum, weil sie immer und in jedem Augenblick am Werk sind und weil sie ein Doppelantlitz tragen. Sie sind die weltbeherrschenden Mächte, und ihre Herrschaft ist eine Herrschaft zum Guten und zum Bösen. Sie greifen nach uns durch das Gute, das sie bringen, und sie zerstören uns durch das Schlechte, das sie enthalten. Darum sind sie gefährlicher als das eindeutig Böse. Darum ist der Triumph über diese Mächte unsere letzte Bewährung. Er beweist, daß Jesus der Christus ist, der die neue Wirklichkeit bringt.

Wir wollen nun das Wesen dieser Mächte betrachten, nicht als wären sie uns fremd, sondern weil sie die treibenden Kräfte unseres eigenen Seins sind. „Engel und Fürstentümer", so werden einige genannt. Diese beiden Worte weisen auf die gleiche Wirklichkeit hin, auf eine Wirklichkeit, die wenig zu tun hat mit den niedlichen, geflügelten Kinderchen, die auf den meisten volkstümlichen Engelbildnissen erscheinen. Sie deuten auf Wirklichkeiten hin, die zugleich herrlich und schrecklich sind, Wirklichkeiten voller Schönheit und voller Zerstörungskraft. Welche Wirklichkeiten sind das? Wir brauchen nicht in der Ferne zu suchen, um sie zu entdecken. Sie sind in uns allen, in unseren eigenen Familien, in unserem eigenen Volk, in unserer Welt. Woran erkennen wir sie? An einem Ineinander von unwiderstehlicher Bezauberung und unüberwindlicher Angst. Der Name einer dieser Mächte mit dem Angesicht eines Engels ist *Liebe*. Die Dichtkunst aller

Das Neue Sein als Liebe

Sprachen ist übervoll vom Lobpreis dieser Seinsmacht, die das Leben aller Menschen ordnet. Ihr Engelsangesicht erscheint auf Bildern und Statuen, ihre Engelsschönheit erklingt in der Musik, ihre göttliche Bezauberung kommt zum Ausdruck in den Gestalten heidnischer Götter und Göttinnen. Zu gleicher Zeit aber spricht aus allen Kunstwerken und aus allen Mythen das tragische, todbringende Wirken des Engels der Liebe. Bezauberung und Furcht, Freude und Schuld, Schöpfung und Zerstörung sind vereint in diesem großen Beherrscher unseres Lebens. Und sowohl die Freude wie die Angst der Liebe wollen uns trennen von der Liebe Gottes: die Freude, weil sie uns von Gott fort und zu sich selbst hinzieht, die Angst, weil sie uns in finsterste Verzweiflung stößt, in der wir Gott nicht mehr sehen können.

Ein anderes „Fürstentum", das zugleich den Engeln und den Dämonen untertan ist, ist die *Macht*. Sie besitzt dieselbe strenge, männliche Schönheit, wie sie uns auf einigen Bildern der großen Erzengel entgegentritt. Sie ist selbst ein großer Engel und gut und böse zugleich, genau wie die Liebe. Sie baut und schützt Städte und Nationen, sie ist die schöpferische Kraft in jedem menschlichen Unternehmen, in jeder menschlichen Gemeinschaft, in jedem menschlichen Werk. Sie ist verantwortlich für die Eroberung der Natur, für die Organisation der Staaten, für die Ausübung der Gerechtigkeit.

Ihr mächtiger Verbündeter ist eine andere Engelgestalt, die auch gut und böse ist, nämlich das *Wissen*. Wir alle sind in der Knechtschaft beider. Der Engel der Macht offenbart sich in all seiner Herrlichkeit und all seiner Tragik am deutlichsten im Bereich der Weltgeschichte. Den Menschen unserer Zeit braucht man mehr darüber nicht zu sagen. Jeder Morgen bringt Neues über diesen Beherrscher unserer Welt. Wir alle sind ergriffen sowohl von seiner faszinierenden Schöpferkraft wie von seiner schrecklichen Zerstörungsmacht, in unserem persönlichen Leben wie im Leben unseres Volkes. Und wenn Macht und Wissen miteinander verbunden sind — ein Wissen, von dem vergangene Geschlechter sich nichts träumen ließen —, dann nehmen sowohl Faszination wie Schrecken unendlich zu. Und diese trennen uns von der Liebe Gottes, denn die eine treibt

uns zur Anbetung von Macht und Wissen, der andere in Zynismus und Verzweiflung.
Paulus erwähnt zwei weitere miteinander verbündete Wirklichkeiten, die uns von der Liebe Gottes trennen können, „Höhe und Tiefe" und „Gegenwärtiges und Zukünftiges". Jeder versteht ohne weiters die Bedeutung dieser Worte. Und doch ist es schwierig, ihren Reichtum zu erschöpfen. „Höhe" und „Tiefe" sind die höchsten und niedrigsten Punkte im Lauf der Gestirne. Es sind die Stellungen ihres mächtigsten und geringsten Einflusses sowohl im Guten wie im Bösen. „Höhe" ist der Augenblick, in dem ein Lebensprozeß seine stärkste Verwirklichung an Vitalität wie an Erfolg und Macht erreicht, und „Tiefe" der Augenblick, in dem der Lebensprozeß seine schwächste Verwirklichung, ja vielleicht sein Ende erreicht. „Höhe" und „Tiefe" sind die Augenblicke des Sieges und der Niederlage, der Erfüllung und der Leere, der Erhebung und der Depression, der Faszination und der Angst. Und die beiden Augenblicke, die Höhe wie die Tiefe, wollen uns von der Liebe Gottes trennen, der eine durch sein Licht, der andere durch seine Dunkelheit. Beide machen Gott unsichtbar.
„Gegenwärtiges und Zukünftiges". Das erste deutet auf unser starkes Verhaftetsein an die Gegenwart. Es deutet hin auf die verführerische Macht dieser Gegenwart, auf unsere Weigerung, rückwärts oder vorwärts zu blicken, wenn der gegenwärtige Augenblick uns mit heftiger Freude oder heftigem Schmerz umklammert. Mit „Zukünftigem" ist die Erwartung des Neuen, die Vorfreude auf das Unerwartete, der Mut zum Wagnis gemeint, aber auch das Unberechenbare, das Zufällige und die Angst vor dem Fremden und Unbekannten.
Wir wollen diese Aufzählung beenden mit den zwei bedrohlichsten Mächten, die Paulus zu Anfang nennt: „Tod und Leben". Diese beiden gehören eng zueinander. In jedem Leben ist der Tod gegenwärtig. Vom Augenblick der Empfängnis an bis zum Augenblick der Auflösung ist der Tod an Leib und Seele wirksam. Zu Beginn unseres Lebens ist er ebenso gegenwärtig wie am Ende. Im Augenblick unserer Geburt beginnen wir zu sterben, und jeden folgenden Tag sterben wir, unser ganzes Leben lang. Wachstum ist Sterben, weil es die

Das Neue Sein als Liebe

Bedingungen des Lebens untergräbt gerade dadurch, daß es das Leben steigert. Aber Leben ohne Wachstum ist Tod. Wir alle stehen zwischen der Faszination durch das Leben und der Angst vor dem Tode. Und manchmal stehen wir auch zwischen der Angst vor dem Leben und der Faszination durch den Tod. Tod und Leben sind die stärksten, alles umfassenden Mächte, die uns von der Liebe Gottes zu trennen versuchen.

Wir haben die Mächte betrachtet, die die Welt beherrschen und über die der Glaube an eine Vorsehung triumphieren muß. Was ist das für ein Glaube? Es ist zweifellos nicht der Glaube, daß schließlich alles sich zum Guten wenden wird. Es ist auch nicht der Glaube, daß alles nach einem vorbestimmten Plan geschieht, nennen wir nun den Urheber des Planes Gott, Natur oder Schicksal. Das Leben ist keine Maschine, die ihr Hersteller konstruiert hat und die nun den Kräften und Gesetzen ihres eigenen Mechanismus gemäß läuft. Das Leben — das persönliche wie das geschichtliche — ist ein schöpferischer und zerstörerischer Prozeß, in dem Freiheit und Schicksal, Zufall und Notwendigkeit, Verantwortung und Tragik jederzeit und überall durcheinandergewürfelt sind. Diese Spannungen, Zweideutigkeiten und Konflikte machen das Leben zu dem, was es ist. Sie schaffen die Faszination und den Schrecken des Lebens. Sie treiben uns zu der Frage nach einem Mut, der das Leben auf sich nehmen kann, ohne von ihm besiegt zu werden. Und das ist das Problem der Vorsehung.

Doch wir wollen jetzt das Wort „Vorsehung" mit all seinen mißverständlichen Nebenbedeutungen fallen lassen und betrachten, was es wirklich bedeutet. Sein Sinn ist der Mut, das Leben auf sich zu nehmen aus einer Kraft, die dem entstammt, was mehr ist als das Leben. Paulus nennt diese Kraft die Liebe Gottes. Diese Liebe steht wahrhaft höher als jene schon beschriebene Liebe mit dem Engel-Dämon-Antlitz. Diese Liebe ist die unbedingte Macht der Einung, der unbedingte Sieg über die Trennung. Das Einssein mit dieser Liebe macht uns fähig, inmitten des Lebens über dem Leben zu stehen. Diese Liebe macht es uns möglich, die doppelgesichtigen Beherrscher des Lebens zu bejahen mit der Faszination und der Angst, der Herrlichkeit und den Schrecken, die von ihnen ausgehen. Diese

Liebe verleiht uns die Gewißtheit, daß es keinen Augenblick gibt, in dem wir die Erfüllung, nach der alles Leben strebt, nicht erreichen könnten. Sie schafft den Mut, das Leben auf sich zu nehmen aus der Kraft, die der Grund des Lebens ist und die es überwinden kann.

Und wenn ihr nun fragt, wie das möglich sei, so wenden wir uns wiederum dem Hymnus des Paulus zu und finden dort zwei Antworten. Er schließt seine Aufzählung der Seinsmächte mit den Worten „... noch irgendeine andere *Kreatur*". Die Mächte dieser Welt sind *Geschöpfe* wie wir. Sie sind nicht mehr als wir, sie haben Grenzen. Wir sind vereinigt mit dem, was nicht geschaffen ist, mit dem schöpferischen Grund, den kein Geschöpf zerstören kann. Wir wissen, daß das Geschaffene den *Sinn* unseres Lebens nicht zerstören kann, auch wenn es unser Leben zerstört. Und daher haben wir die Gewißtheit, daß kein Geschöpf den Sinn des Lebens im Universum zerstören kann, weder in der Natur noch in der Geschichte, deren Teil wir sind, obwohl sogar die Geschichte und das gesamte Universum sich morgen selbst zerstören könnten. Nichts Geschaffenes kann uns diesen letzten Mut nehmen.

Nichts? Vielleicht doch etwas — wir selbst. Gegen all die Seinsmächte — Leben und Tod eingeschlossen — steht der Mut, an der Einheit mit Gott festzuhalten. Aber er bricht zusammen, wenn *Schuld* uns von der Liebe Gottes trennt. Dann können wir dem Tod nicht ins Angesicht blicken, denn der Stachel des Todes ist die Sünde. Wir können auch dem Leben nicht ins Angesicht blicken, weil Schuld das Leben in tragische Selbstzerstörung treibt. Wir können auch der Liebe nicht ins Angesicht blicken, weil Liebe durch Gier verfälscht wird. Wir können auch der Macht nicht ins Angesicht blicken, weil sie durch Grausamkeit verzerrt ist. Wir schrecken zurück vor der Vergangenheit, da sie schuldbefleckt ist. Und wir schrecken zurück vor der Zukunft, da sie die Früchte vergangener Schuld reifen lassen kann. Auch in der Gegenwart können wir nicht zur Ruhe kommen, denn sie klagt uns an und stößt uns aus. Wir können die Höhe nicht ertragen, da wir zu fallen fürchten. Auch die Tiefe ist uns unerträglich, da wir uns für unseren Sturz verantwortlich fühlen. Die Beherrscher der Welt können das nicht zustandebringen, was ein unruhiges Gewissen vermag: die Zerstörung unseres Mutes, das Leben auf uns zu nehmen. Darum lautet die letzte Botschaft des Paulus so: Nicht einmal dein schuldiges Gewissen kann dich von der Liebe Gottes scheiden. Denn Liebe Gottes bedeutet, daß Gott den annimmt, der um seine Unannehmbarkeit weiß. Das ist der Sinn der Schlußworte des Paulus „in Christus Jesus, unserem Herrn". Er ist der Sieger über die Herrscher der Welt, da er der Sieger über unsere Herzen ist. Sein Bild schenkt uns die Gewißheit, daß auch unser Herz, unsere Selbstanklage, unsere Verzweiflung über uns selbst uns nicht von der Liebe Gottes trennen kann, von der letzten Einheit, von der Quelle und dem Fundament des Mutes, das Leben auf uns zu nehmen.

TEIL II

Das Neue Sein als Freiheit

8

„WAS IST WAHRHEIT?"

Und das Wort ward Fleisch und wohnte unter uns, ... voller Gnade und Wahrheit ... Denn das Gesetz ist durch Mose gegeben, die Gnade und Wahrheit ist durch Jesum Christum geworden.
JOH. 1, 14 u. 17.

Warum kennet ihr denn meine Sprache nicht? ... Ihr seid von dem Vater, dem Teufel ... Der ist ein Mörder von Anfang und ist nicht bestanden in der Wahrheit; denn die Wahrheit ist nicht in ihm. Wenn er die Lüge redet, so redet er von seinem Eigenen; denn er ist ein Lügner und ein Vater derselben.
JOH. 8, 43 u. 44.

Da sprach Pilatus zu ihm: So bist du dennoch ein König? Jesus antwortete: Du sagst es, ich bin ein König. Ich bin dazu geboren und in die Welt gekommen, daß ich für die Wahrheit zeugen soll. Wer aus der Wahrheit ist, der höret meine Stimme. Spricht Pilatus zu ihm: Was ist Wahrheit?
JOH. 18, 37 u. 38.

Jesus spricht zu Thomas: Ich bin der Weg und die Wahrheit und das Leben.
JOH. 14, 6.

Wer aber die Wahrheit tut, der kommt an das Licht ...
JOH. 3, 21.

Und ich will den Vater bitten, und er soll euch geben ... den Geist der Wahrheit, welchen die Welt nicht kann empfangen; denn sie sieht ihn nicht und kennt ihn nicht. Ihr aber kennet ihn, denn er bleibt bei euch und wird in euch sein.
JOH. 14, 16 u. 17.

Das Neue Sein als Freiheit

Wenn aber jener, der Geist der Wahrheit, kommen wird, der wird euch in alle Wahrheit leiten. JOH. 16, 13.

Lasset uns untereinander liebhaben; denn die Liebe ist von Gott, und wer liebhat, der ist von Gott geboren und kennt Gott. Wer nicht liebhat, der kennt Gott nicht; denn Gott ist Liebe. 1. JOH. 4, 7 u. 8.

Da sprach nun Jesus zu den Juden, die an ihn glaubten: So ihr bleiben werdet an meiner Rede, so seid ihr meine rechten Jünger und werdet die Wahrheit erkennen, und die Wahrheit wird euch frei machen. JOH. 8, 31 u. 32.

Die angeführten Stellen sind Worte Jesu über die Wahrheit. Eines dieser Worte wollen wir in den Mittelpunkt unserer Meditation stellen, das Wort, in dem Jesus Wahrheit und Freiheit miteinander verbindet: „Die Wahrheit wird euch frei machen."
Die Wahrheitsfrage ist eine allgemein menschliche Frage. Doch wie alles Menschliche offenbarte sie sich zuerst an einem besonderen Ort und in einem besonderen Kreis von Menschen. Im griechischen Geist trat die leidenschaftliche Wahrheitssuche besonders zutage. In der Welt des späten Griechentums und für diese Welt wurde das Johannesevangelium geschrieben. Die Worte, die Jesus hier spricht, werden ihm wie immer vom Evangelisten in den Mund gelegt, um die Antwort des Christentums auf die zentrale Frage des griechischen Geistes zu verdeutlichen: auf die Wahrheitsfrage. Die Antwort wird auch uns gegeben, denn auch wir stellen die Wahrheitsfrage. Und einige unter uns fragen ebenso leidenschaftlich nach der Wahrheit wie einst die Griechen — und ebenso verzweifelt.
Oft werden wir schon in früher Jugend von dem Verlangen nach Wahrheit bewegt. Ich selbst erhielt als Fünfzehnjähriger vom Geistlichen — es war mein Vater — unser Textwort als Konfirmationsspruch und Leitwort für mein künftiges Leben. Ich fühlte, daß gerade dieses Wort meinem Suchen entsprach. Und ich erinnere mich, daß ich nicht der einzige

innerhalb meines Kreises war, in dem diese Sehnsucht nach Wahrheit lebte. Andererseits beobachtete ich bei mir und anderen, daß diese frühe Leidenschaft für die Wahrheit in den Jünglings- und Mannesjahren unseres Lebens sich fast zwangsläufig verliert. Warum geschieht das?
Die Wahrheit, die ein Kind zuerst in sich aufnimmt, wird ihm von den Erwachsenen vermittelt, vorwiegend von seinen Eltern. Das kann nicht anders sein. Das Kind muß diese Wahrheit einfach hinnehmen. Die Leidenschaft für die Wahrheit wird zum Schweigen gebracht durch Antworten, die das Gewicht unbestrittener Autorität haben, sei es die Autorität der Mutter oder des Vaters, eines älteren Freundes, einer Gruppe oder auch sozialer Vorbilder. Früher oder später jedoch lehnt das Kind sich gegen diese Wahrheit auf. Es erkennt die Autoritäten nicht an; entweder lehnt es sie alle ab oder eine im Namen der anderen. Es spielt die Lehrer gegen die Eltern aus, die Gruppe gegen die Lehrer, einen Freund gegen die Gruppe, die Gesellschaft gegen den Freund.
Diese Auflehnung ist ebenso unvermeidlich wie die Abhängigkeit des Kindes von der Autorität. Die Autoritäten gaben ihm etwas, wovon es leben konnte. Die Auflehnung macht es verantwortlich für Annahme oder Verwerfung der Wahrheit.
Aber ob wir uns nun in Gehorsam oder Auflehnung befinden, die Zeit kommt, in der ein neuer Weg zur Wahrheit sich uns öffnet, für viele zum Beispiel der Weg der wissenschaftlichen Forschung. Mit Eifer beschreiten wir ihn. Er scheint so sicher, so erfolgreich, so unabhängig sowohl von der Autorität wie von der Eigenwilligkeit. Er befreit von Vorurteilen und Aberglauben, er macht uns demütig und aufrichtig. Wo sonst sollten wir die Wahrheit suchen, wenn nicht in der wissenschaftlichen Forschung? Viele Menschen unserer Tage, junge und alte, primitive und hochentwickelte, praktische und gelehrte, nehmen die Antworten der Wissenschaft ohne Vorbehalt hin. Für sie ist die wissenschaftliche Wahrheit Wahrheit an sich. Poesie kann Schönheit schenken, doch zweifellos keine Wahrheit. Ethik kann uns zu einem guten Leben verhelfen, aber Wahrheit kann sie uns nicht vermitteln. Religion kann

tiefe Gefühle hervorbringen, sollte aber nicht beanspruchen, die Wahrheit zu haben. Nur Wissenschaft vermittelt uns Wahrheit. Sie gibt uns neue Einsichten in das Wirken der Natur, in das Gewebe menschlicher Geschichte, in die Verborgenheiten menschlichen Geisteslebens. Sie schenkt uns das Gefühl einer Freude, die von keiner anderen Freude übertroffen wird. Wer diesen Übergang von Finsternis oder Unklarheit ins klare Licht des Wissens erlebt hat, wird immer die wissenschaftliche Wahrheit und den Verstand rühmen. Mit einigen großen Theologen des Mittelalters wird er sagen, daß die Prinzipien, durch die wir unsere Welt erkennen, das ewige, göttliche Licht in unserer Seele sind. Und doch — wenn wir diejenigen fragen, die ihre Studien an unseren höheren Schulen und Universitäten beendeten, ob sie dort eine Wahrheit gefunden haben, die für ihr Leben entscheidend ist, werden sie nur zögernd antworten. Einige werden sagen, sie hätten das, was sie an wesentlicher Wahrheit besessen hätten, verloren. Andere werden sagen, sie gäben auf solche Wahrheit nichts, da das Leben Tag für Tag auch ohne sie weitergehe. Wieder andere werden uns von einer Person, einem Buch, einem Ereignis außerhalb ihrer Studien erzählen, woraus ihnen das Empfinden erwuchs, einer wesentlichen Wahrheit begegnet zu sein. Aber sie alle werden darin übereinstimmen, daß uns das Werk der Gelehrten die für unser Leben entscheidende Wahrheit nicht schenken kann.

Wo denn sonst können wir sie erlangen? „Nirgends", antwortet Pilatus in seinem Gespräch mit Jesus. „Was ist Wahrheit?", fragt er und drückt in diesen drei Worten seine eigene Verzweiflung an der Wahrheit aus — und auch die seiner Zeitgenossen. Damit spricht er zugleich die Verzweiflung von Millionen unserer Zeitgenossen an der Wahrheit aus, in den Schulen und Ateliers, in Geschäft und Beruf. Offen oder verborgen, zugegeben oder unterdrückt lebt in uns allen die Verzweiflung an der Wahrheit als ständige Drohung. Wir sind Kinder unserer Zeit, wie Pilatus Kind seiner Zeit war. Beide Zeiten sind Zeiten der Auflösung, Zeiten eines weltweiten Verlustes von Wert und Sinn. Niemand kann sich völlig von dieser Wirklichkeit frei machen, und niemand sollte es ver-

"Was ist Wahrheit?"

suchen. Laßt mich jetzt etwas tun, was vom Standpunkt eines Christen aus ungewöhnlich ist. Ich möchte nämlich Pilatus preisen — nicht den ungerechten Richter Pilatus, sondern den Zyniker und Skeptiker — und ebenso alle unter uns, in denen die Pilatusfrage lebendig ist. Denn auf dem Grunde jedes ernsten Zweifels und jeder Verzweiflung an der Wahrheit ist immer noch die Leidenschaft für die Wahrheit am Werk. Gebt nicht zu schnell jenen nach, die euch von der Angst um die Wahrheit befreien wollen. Laßt euch nicht zu einer Wahrheit verführen, die nicht wirklich *eure* Wahrheit ist, auch nicht, wenn der Verführer eure Kirche ist, eure Partei oder die Tradition eures Elternhauses. Wenn ihr nicht mit Jesus gehen könnt, so geht mit Pilatus, aber geht dann auch im Ernst mit ihm!

Auf zwei Wegen naht sich uns die Versuchung, die belastende Frage nach der wesentlichen Wahrheit loszuwerden. Den einen Weg schlagen die ein, die behaupten, die Wahrheit zu besitzen, und den anderen jene, die nicht nach der Wahrheit fragen. Die auf dem ersten Wege werden in unserem Evangelium „die Juden" genannt. Sie weisen auf *ihre* Überlieferung hin, die bis auf Abraham zurückführt. Abraham ist ihr Vater. So besitzen sie die ganze Wahrheit und brauchen sich nicht um die Frage zu beunruhigen, die ihnen in Jesus entgegentritt. Viele von uns, seien sie christlich oder weltlich eingestellt, sind im Sinne des vierten Evangeliums „Juden". Sie weisen auf *ihre* Überlieferung hin, die bis auf die Kirchenväter, auf die Päpste, auf die Reformatoren zurückgeht, oder weisen auf die hin, die die deutsche Geistesgeschichte oder die amerikanische Verfassung geschaffen haben. Ihre Kirche oder ihre Nation ist ihre Mutter, und damit besitzen sie die ganze Wahrheit und brauchen sich nicht um die Wahrheitsfrage zu bemühen. Würde Jesus ihnen vielleicht sagen, was er den Juden sagte, daß auch, wenn die Kirche oder die Nation ihre Mutter ist, sie das Erbe des Vaters aller Lüge in sich tragen, und daß die Wahrheit, die sie besitzen, nicht die Wahrheit ist, die frei macht? Wo man selbstzufrieden die Wahrheit des eigenen Glaubens betrachtet, da herrscht zweifellos keine Freiheit. Freiheit ist auch nicht da, wo man aus

Unwissenheit und Fanatismus fremde Gedanken und eine andere Lebensart ablehnt. Und statt Freiheit herrscht dämonische Knechtschaft da, wo man die eigene Wahrheit als unbedingte Wahrheit bezeichnet. Denn das ist ein Versuch, Gott gleich zu sein, den man im Namen Gottes macht.
Es gibt einen zweiten Weg, auf dem man die Wahrheitsfrage vermeidet. Das ist der Weg, auf dem man nicht nach der Wahrheit fragt, der Weg der Gleichgültigkeit gegenüber der Wahrheit. Das ist der Weg der meisten Menschen in unserer wie in Jesu Zeit. Das Leben, so sagen sie sich, ist aus Wahrheit, Halbwahrheit und Lüge gemischt. Es ist durchaus möglich, in diesem Zustand zu leben, sich durch die Schwierigkeiten des Lebens hindurchzuarbeiten, ohne die Frage nach einer Wahrheit zu stellen, die uns unbedingt angeht. Es mag Grenzsituationen geben: ein tragisches Ereignis, ein tiefer geistiger Sturz, der Tod. Aber solange man weit davon entfernt ist, mag auch die Wahrheitsfrage noch in weiter Ferne bleiben! So entsteht die allgemeine Haltung: ein wenig von der Skepsis des Pilatus, besonders in Angelegenheiten, in denen man heutzutage ohne Gefahr zweifeln kann, wie zum Beispiel in der Frage nach Gott und Christus, auch ein wenig vom Dogmatismus der Juden, besonders in Angelegenheiten, deren Bejahung man heute fordert, wie z. B. eine bestimmte wirtschaftliche oder politische Lebenseinstellung. Mit anderen Worten: etwas Skepsis, etwas Dogmatik und eine kluge Methode, beides auszugleichen, befreien uns von der Last, die Frage nach der letzten Wahrheit zu stellen.
Die aber unter uns, die das Wagnis auf sich nehmen, der Wahrheitsfrage ins Gesicht zu sehen, mögen nun hören, was das vierte Evangelium darüber sagt. Zunächst sind wir davon betroffen, daß die Wahrheit, von der Jesus spricht, nicht eine Lehre, sondern eine Wirklichkeit ist, nämlich er selbst: „Ich bin die Wahrheit". Das ist eine völlige Umwandlung des üblichen Wahrheitsbegriffes. Für uns sind Behauptungen wahr oder falsch. Menschen mögen Wahrheit *besitzen* oder nicht. Wie aber können sie Wahrheit *sein*, sogar *die* Wahrheit? Die Wahrheit, von der das vierte Evangelium spricht, ist eine wahre Wirklichkeit — jene Wirklichkeit, die uns nie ent-

täuscht, wenn wir sie annehmen und mit ihr leben. Wenn Jesus sagt: „Ich bin die Wahrheit", so verkündigt er damit, daß in ihm die wahre, unverfälschte, unbedingte Wirklichkeit gegenwärtig ist, oder mit anderen Worten, daß in ihm Gott gegenwärtig ist, unverhüllt, ohne Entstellung, in seiner unendlichen Tiefe, in seinem unnahbaren Geheimnis. Jesus ist nicht darum die Wahrheit, weil seine Lehren wahr sind, sondern seine Lehren sind wahr, weil sie die Wahrheit, die er selbst ist, zum Ausdruck bringen. Er ist mehr als seine Worte. Und er ist mehr als jedes Wort, das über ihn gesagt worden ist. Die Wahrheit, die uns frei macht, ist weder Jesu Lehre noch die Lehre über Jesus. Diejenigen, die die Lehre Jesu als „die Wahrheit" bezeichneten, haben die Menschen einer Gesetzesknechtschaft unterworfen. Und viele Menschen leben gern unter einem Gesetz. Sie wollen vorgeschrieben bekommen, was sie denken sollen und was nicht. Und Jesus ist ihnen der unfehlbare Lehrer und ein neuer Gesetzgeber. Aber auch Jesu Worte sind — sobald sie als Gesetz genommen werden — nicht die Wahrheit, die uns frei macht. Und sie sollten von unseren Gelehrten, Predigern und Religionslehrern nicht als Gesetz aufgefaßt werden, auch niemals als eine Sammlung unfehlbarer Vorschriften für Leben und Denken. Sie *weisen hin* auf die Wahrheit, stellen aber kein Gesetz der Wahrheit auf. Auch die Lehren über Jesus sind nicht die Wahrheit, die frei macht. Ich sage euch das als jemand, der ein Leben lang um einen wahrhaftigen Ausdruck für die Wahrheit, die der Christus ist, gerungen hat. Aber je mehr man daran arbeitet, um so klarer wird einem, daß unsere Ausdrücke sowie alles, was unsere Lehrer und die kirchliche Lehre aller Zeiten uns vermittelt haben, nicht die Wahrheit sind, die uns frei macht. Die Kirche vergaß sehr früh das Wort unseres Evangeliums, daß der Christus die Wahrheit *ist*, und forderte die Anerkennung, daß ihre Lehren über ihn die Wahrheit seien. Aber diese Lehren, so gut und notwendig auch immer sie waren, erwiesen sich nicht als die Wahrheit, die frei macht. Nur zu bald wurden sie zu Werkzeugen der Unterdrückung, der Versklavung unter Autoritäten. Sie wurden Werkzeuge für die Verhinderung einer aufrichtigen Wahrheitssuche, wurden Waffen zur Spaltung der Menschenseelen zwischen Treue gegen die Kirche und Ehrlichkeit gegenüber der Wahrheit. Und auf diese Weise gaben sie zugleich denen, die im Namen der Wahrheit die Kirche und ihre Lehren angriffen, tödliche Waffen in die Hand. Nicht jedermann empfindet diesen Konflikt. Es gibt viele Menschen, die sich unter dem Gesetz eines Dogmas am geborgensten fühlen. Sie sind in Sicherheit, aber in der Sicherheit eines Menschen, der seine geistige Freiheit und sein wahres Selbst noch nicht gefunden hat. Es ist die Würde und Gefahr des Protestantismus, daß jeder seiner Anhänger der Unsicherheit ausgesetzt wird, in der er sich der Wahrheitsfrage stellen muß. In die Freiheit und Verantwortlichkeit persönlicher Entscheidungen hinausgestoßen, wird ihm das Recht gegeben, zu wählen zwischen den Wegen der Skeptiker und denen der Orthodoxen, zwischen denen der gleichgültigen Massen und dem Weg dessen, der die Wahrheit ist. Denn das ist die Größe des Protestantismus, daß er über die Lehren Jesu und auch über die Lehren der Kirche hinausweist auf ihn, dessen Wesen die Wahrheit ist.

Wie erlangen wir diese Wahrheit? Dadurch, daß wir „die Wahrheit tun", so lautet die Antwort des vierten Evangeliums. Das heißt nicht, die Gebote befolgen, sie annehmen und erfüllen. Die Wahrheit tun, heißt, aus der Wirklichkeit leben, die *er ist*, der die Wahrheit ist und damit sein Sein zu unserem Sein und zum Sein der Welt macht. Und wieder fragen wir: Wie kann das geschehen? Durch „das Bleiben in ihm", ist die Antwort des vierten Evangeliums, das heißt, durch das Teilhaben an seinem Sein. „Bleibet in mir und ich in euch", sagt er. Die Wahrheit, die frei macht, ist die Wahrheit, an der wir teilhaben. Sie ist ein Teil von uns, und wir sind ein Teil von ihr. Wahre Jüngerschaft ist Teilhabe. Wenn die wirkliche, unbedingte, göttliche Wirklichkeit seines Seins unser Sein wird, dann sind wir in der wesenhaften Wahrheit.

Und zum drittenmal fragen wir: Wie kann das geschehen? In unserem Evangelium gibt es eine Antwort, die uns zutiefst erschrecken kann: „Wer aus der Wahrheit ist, der höret meine Stimme". „Aus der Wahrheit sein" bedeutet, aus der wahren,

unbedingten Wirklichkeit herkommen, in seinem Wesen bestimmt werden durch den göttlichen Grund alles Seins und durch jene Wirklichkeit, die im Christus gegenwärtig ist. Wenn wir an dieser Wirklichkeit teilhaben, erkennen wir sie, wo immer sie erscheint. Wir erkennen sie, wie sie im Christus in ihrer Erfüllung erscheint. Aber einige Menschen werden verzweifelt fragen: Wenn wir *nicht* daran teilhaben, wenn wir *nicht* aus der Wahrheit sind, sind wir dann für immer aus dieser Wirklichkeit ausgeschlossen? Müssen wir ein Leben ohne Wahrheit, ein Leben in Irrtum und Sinnlosigkeit auf uns nehmen? Wer sagt uns, daß wir aus der Wahrheit sind, daß wir Aussicht haben, ein solches Leben zu erlangen? Niemand kann euch das sagen. Aber es gibt ein Kriterium. Wenn ihr ernstlich die Frage stellt: Sind wir aus der Wahrheit?, dann seid ihr aus der Wahrheit. Wenn ihr *nicht* ernstlich fragt, dann *wollt* ihr auch nicht wirklich, und ihr verdient keine Anwort und könnt sie auch nicht erhalten. Wer mit großem Ernst die Frage nach der Wahrheit stellt, die frei macht, ist bereits auf dem Wege zu seiner Befreiung. Er ist vielleicht noch in der Knechtschaft dogmatischer Selbstsicherheit, hat aber bereits begonnen, frei von ihr zu werden. Er ist vielleicht noch in der Knechtschaft zynischer Verzweiflung, aber doch schon auf dem Wege, aus ihr herauszukommen. Er ist vielleicht noch in der Knechtschaft der Gleichgültigkeit gegenüber der wesentlichen Wahrheit, aber diese Gleichgültigkeit ist bereits erschüttert. Alle, denen es so geht, sind aus der Wahrheit und sind auf ihrem Wege zur Wahrheit.
Auf diesem Wege wird euch die befreiende Wahrheit in mancher Form begegnen, mit einer Ausnahme: ihr werdet sie niemals finden in der Form von Sätzen, die ihr auswendig lernen, niederschreiben und mit nach Hause nehmen könnt. Ihr könnt ihr in einem Satz eines Buches begegnen oder in einem Satz einer Unterhaltung, einer Lektüre oder einer Predigt. Dieser Satz selbst ist nicht die Wahrheit, aber er kann euch aufgeschlossen machen für die Wahrheit und kann euch befreien von der Bindung an Meinungen, Vorurteile und Konventionen. Wie die Helligkeit eines Blitzes einen vorher dunklen Ort erleuchtet, so leuchtet die wahre Wirklichkeit

plötzlich auf. Oder sie tritt langsam hervor wie eine Landschaft, wenn der Nebel dünner und dünner wird und endlich verschwindet. Neue Finsternisse, neue Nebel werden euch umgeben. Aber wenigstens einmal habt ihr die Wahrheit erfahren und damit die Freiheit, die die Wahrheit schenkt. Ihr könnt auch in der Begegnung mit der Natur von der Wahrheit ergriffen werden, in der Begegnung mit ihrer Schönheit und Vergänglichkeit, oder in der Begegnung mit einem Menschen in Freundschaft und Entfremdung, in Liebe, in Streit und Haß, oder in der Begegnung mit euch selbst durch eine plötzliche Einsicht in das verborgene Streben eurer Seele, in Abscheu vor euch selbst, ja sogar im Haß gegen euch selbst. In diesen Begegnungen könnt ihr die wahre Wirklichkeit finden — die Wahrheit, die euch von Illusionen und falschen Autoritäten frei macht, von der Sklaverei durch Ängste, Wünsche und Feindseligkeiten, von falscher Ablehnung eures Selbst und falscher Selbstbejahung.

Und es kann geschehen, daß ihr ergriffen werdet von dem Bilde und der Macht dessen, der die Wahrheit ist. Es gibt keine Regel dafür, daß es immer so sein muß. Viele Menschen zu allen Zeiten und an allen Orten sind der in ihm lebenden wahren Wirklichkeit begegnet, ohne daß sie seinen Namen kannten. Das hat er selbst gesagt. Sie waren aus der Wahrheit, und sie erkannten die Wahrheit, obwohl sie ihn, der die Wahrheit ist, niemals gesehen hatten. Jene aber, die ihn gesehen haben, die Christen aller Zeiten, besitzen keine Bürgschaft dafür, daß sie teilhaben an der Wahrheit, die er ist. Es kann sein, daß sie nicht aus der Wahrheit sind. Jene aber, die aus der Wahrheit sind und die ihm begegnet sind, der die Wahrheit ist, besitzen etwas Kostbares, das die anderen nicht haben: Sie haben einen festen Ort, von dem aus sie alle ihnen irgendwo begegnende Wahrheit beurteilen können. Sie blicken auf ein Leben, das nie die Gemeinschaft mit dem göttlichen Grund alles Lebens verlor, und sie erwählten ein Leben, das niemals die liebende Einheit mit allen Wesen verlor.

Und das führt zu dem letzten Wort, das der Schreiber des Evangeliums und der Briefe des Johannes über die Wahrheit zu sagen hat: daß die Wahrheit, die frei macht, die Macht der

„Was ist Wahrheit?"

Liebe ist, denn Gott ist Liebe. Der Vater der Lüge bindet uns dadurch an sich, daß er uns an uns selbst bindet — oder an das in uns, was nicht unser wahres Selbst ist. Liebe befreit vom Vater der Lüge, da sie uns von unserem falschen Selbst befreit und uns zu unserem wahren Selbst hinführt — zu jenem Selbst, das in der wahren Wirklichkeit gegründet ist. Darum vertraut keinem Anspruch auf Wahrheit, der nicht Wahrheit und Liebe verbindet. Und seid gewiß, daß ihr nur dann aus der Wahrheit seid und daß euch die Wahrheit nur dann ergriffen hat, wenn euch auch die Liebe ergriffen und wenn sie begonnen hat, euch frei zu machen von euch selbst.

9

GLAUBE UND UNGEWISSHEIT

In seinem Buch „Vom unfreien Willen" schreibt Martin Luther, es gebe nichts Unseligeres als Ungewißheit. Damit greift er die halb-skeptische Haltung seines großen Gegners Erasmus von Rotterdam an, der erklärt hatte, am liebsten ginge er gleich ins Lager der Skeptiker über, wenn die Autorität der Schrift und der Kirche es ihm erlaubte. Luther fordert Gewißheit in dem, was uns unbedingt angeht, er fordert Bejahungen und nicht skeptische Möglichkeiten oder akademische Wahrscheinlichkeiten. Mit den Bejahungen, sagt er, nehme man auch das Christentum weg. Es gehöre nicht zum Wesen des christlichen Denkens, Behauptungen zu vermeiden. Jedes Wort der Propheten und der neutestamentlichen Schriftsteller bestätigt seine Auffassung und widerlegt die des Erasmus. Weder Jesus noch Paulus noch Johannes sprechen in Begriffen der Wahrscheinlichkeit oder nur auf Grund vielfacher Erfahrungen. Sie stellen Behauptungen über die Wahrheit ihrer Botschaft auf mit einer Gewißheit und einem unerschütterlichen Vertrauen, das für modernes Denken oft schwer zu ertragen und noch schwerer zu verstehen ist. Paulus schreibt an die Galater: „Aber so auch wir oder ein Engel vom Himmel euch würde Evangelium predigen anders, als wir euch gepredigt haben, der sei verflucht". Wir fühlen eine Art Widerstand und sogar Empörung gegen diese ungebrochene Gewißheit, deren unmittelbare Folge das „Anathema" (Verdammung) gegen die Häretiker ist. Sind wir alle bewußt oder unbewußt zu einem Erasmus geworden? Treten wir an das Christentum heran als an eine unter vielen anderen Möglichkeiten? Ist es für uns nur eine Sache der Wahrscheinlichkeit, aber keineswegs eine Gewißheit? War es nicht verwirrend für uns alle, als Karl Barth in der gleichen Haltung wie die Reformatoren sein kompromißloses „Nein" zu allen Versuchen sagte, sich durch Methoden fortschreitender Erkenntnis Gott zu nähern? Hörten wir nicht aus seinen Worten die Stimme der Diktatoren älterer und neuerer Zeit? Ist der Kampf zwischen Paulus und den jüdischen Perfektionisten, zwischen Augustin und den pelagianischen Rationalisten, zwischen Luther und den humanistischen Anhängern des Erasmus durch einen Kompromiß entschieden, bei dem in Wahrheit Paulus, Augustin und Luther unterlegen sind? Ich spreche hier nicht von einer theologischen Niederlage. Ich spreche von der Niederlage in unserem Herzen, in unserem Leben, in der Tiefe unserer Seele. Oder können wir uns noch vorstellen, was Luther meint, wenn er ausruft: „Was ist unseliger als Ungewißheit?"

Aber laßt uns das Wesen dieser von Paulus und Luther verteidigten Gewißheit näher betrachten. Die Worte des Paulus zeigen klar, daß es sich bei ihm nicht um Selbstsicherheit handelt, wenn er sagt: „... aber so auch *wir*... euch würden Evangelium predigen anders, als wir euch gepredigt haben...". Die Wahrheit des von Paulus gepredigten Evangeliums ist nicht abhängig von Paulus. Die Sicherheit, die er hat, ist nicht abhängig von Veränderungen in seinen persönlichen Erfahrungen. Er kann sich vorstellen, daß er eines Tages ein entstelltes Evangelium predigen könnte. Er kann sich sogar vorstellen, daß ein Engel vom Himmel eine andere Botschaft bringen könnte als jene, die die Gemeinde bereits empfangen hat. Er ist seiner selbst nicht gewiß und verläßt sich nicht einmal auf Engelerscheinungen. Aber er ist des Evangeliums gewiß, so gewiß, daß er sich selbst und die höchsten geistigen Mächte der Drohung des göttlichen Fluches aussetzt, wenn er oder sie das Evangelium entstellen. Denn, fährt er fort, das Evangelium, das ich predige, ist keine menschliche Angelegenheit. Kein Mensch setzte es mir in den Kopf. Ich und doch nicht ich! Mein Evangelium und doch nicht mein Evangelium! Meine Gewißheit und doch nicht meine Gewißheit! Das ist eine Beschreibung unserer Situation vor Gott, die sich durch die ganze Bibel und die Bekenntnisse aller großen christlichen Zeugen hindurchzieht. Es ist unsere Gewißheit, aber sie geht uns ver-

Das Neue Sein als Freiheit

loren in dem Augenblick, in dem wir anfangen, sie als *unsere* Gewißheit zu betrachten. Wir haben diese Gewißheit nur, solange wir auf den *Inhalt* unserer Gewißheit blicken und nicht auf die rationalen und irrationalen Erfahrungen, durch die wir sie empfangen haben. Wenn wir auf uns selbst und auf unsere Gewißheit als auf *unseren* Besitz blicken, so entdecken wir ihre Schwäche, ihre Anfälligkeit für jeden kritischen Gedanken. Wir entdecken den geringen Grad von Wahrscheinlichkeit, der der Gottesidee und der Wirklichkeit des Christus durch unsere Argumente verliehen werden kann. Wir entdecken die Widersprüche auf der Gefühlsseite unseres religiösen Lebens, ihr Hin- und Herschwanken zwischen ekstatischem Vertrauen und verzweifelndem Zweifel. Doch beim Hinschauen auf Gott wird uns klar, daß all die Unzulänglichkeiten unserer Erfahrung bedeutungslos sind. Beim Hinschauen auf Gott sehen wir ein, daß nicht *wir ihn* haben als Objekt unseres Erkennens, sondern daß *er uns* hat als das Subjekt unserer Existenz. Beim Hinschauen auf Gott fühlen wir, daß wir ihm nicht entrinnen können, auch dann nicht, wenn wir ihn zum Objekt zweifelhafter Argumente oder stärkster Gemütsbewegung machen. Es wird uns klar, daß es mitten in unserer Ungewißheit einen festen Punkt der Gewißheit gibt, wie immer wir ihn nennen, beschreiben oder erklären. Wir können nicht verstehen, aber wir *sind* verstanden. In der Tiefe unserer Ungewißheit können wir nichts begreifen, als daß wir von einem Letzten ergriffen sind, das uns festhält, dem zu entrinnen wir uns vergeblich bemühen, das absolut gewiß bleibt.

In diesem Sinne spricht Luther von christlicher Gewißheit. Mit Gewißheit meint er ein ständiges Anhangen, Bestätigen, Verteidigen und ein unbesiegliches Beharren. Diese Gewißheit war nichts, was er aus sich selbst besaß. Niemand hat die Tiefe des Zweifels mehr erfahren als er. Die Flucht in die Autorität, die sowohl für Augustin wie Erasmus der letzte Ausweg war, für Luther war sie unmöglich. So unmöglich waren auch alle Argumente für die religiöse Wahrheit und alles Vertrauen auf seine Berufung als Reformator, auf seine religiöse Kraft und die Vielfalt seiner Erfahrungen. All das zählte nicht

Glaube und Ungewißheit

angesichts letzter Ungewißheit. Aber manchmal, wenn in der schlimmsten aller Höllen das erste Gebot „Ich bin der Herr, *dein* Gott" in seiner Erinnerung aufleuchtete, dann wußte er, daß *eine* Gewißheit ihn nicht verlassen hatte, die einzige Gewißheit, die man unbedingt braucht.

Können wir an dieser Gewißheit festhalten trotz der fundamentalen Ungewißheiten, die das Wesen unseres Zeitalters sind, in der Religion wie auf allen anderen Lebensgebieten? Können wir sie festhalten trotz unserer persönlichen Zweifel und Verzweiflungen, trotz unserer skeptischen Veranlagung? Die Antwort auf diese Fragen hängt nicht von uns ab. Wir können die Gewißheit der Reformatoren und Apostel dann erlangen, wenn es uns gegeben ist, mit dem Grund unserer Existenz in Berührung zu kommen und über uns selbst hinauszublicken. Wenn wir alle objektiven Wahrscheinlichkeiten, die Gott und Christus betreffen, hinter uns gelassen haben, auch alle subjektiven Annäherungen an Gott und Christus, wenn alle vorläufigen Gewißheiten versunken sind, dann kann uns die letzte Gewißheit aufgehen. Und in der Macht dieser Gewißheit, wenn auch niemals sicher und niemals ohne Versuchung, können wir von Gewißheit zu Gewißheit schreiten.

10

„KRAFT WELCHER AUTORITÄT?"

Und es begab sich an der Tage einem, da er das Volk lehrte im Tempel und predigte das Evangelium, da traten zu ihm die Hohenpriester und Schriftgelehrten mit den Ältesten und sagten zu ihm und sprachen: Sage uns, kraft welcher Autorität tust du das? Oder wer hat dir die Autorität gegeben? Er aber antwortete und sprach zu ihnen: Ich will euch auch ein Wort fragen, saget mir's: Die Taufe des Johannes, war sie vom Himmel oder von Menschen? Sie aber gedachten bei sich selbst und sprachen: Sagen wir: Vom Himmel, so wird er sagen: Warum habt ihr dem denn nicht geglaubt? Sagen wir aber: Von Menschen, so wird uns alles Volk steinigen; denn sie stehen darauf, daß Johannes ein Prophet sei. Und sie antworteten, sie wüßten's nicht, wo sie her wäre. Und Jesus sprach zu ihnen: So sage ich euch auch nicht, kraft welcher Autorität ich das tue. LUK. 20, 1—8.

Diese Geschichte war sehr bedeutungsvoll für die ersten Christen, die sie uns aufbewahrt haben. Wenn wir sie oberflächlich betrachten, so gibt sie anscheinend keinen Anlaß für eine so hohe Einschätzung. Die führenden Juden versuchten, Jesus durch eine kluge Frage eine Falle zu stellen, und Jesus fing sie durch eine noch klügere Frage. Eine hübsche Anekdote. Aber ist sie mehr als das? Fürwahr, sie ist unendlich viel mehr. Sie bewirkt etwas Erstaunliches: weil sie auf die Grundfrage der prophetischen Religion dadurch antwortet, daß sie sie nicht beantwortet. Eine Antwort auf die Frage nach der Autorität wird von Jesus verweigert. Aber die Art seiner Weigerung, diese Antwort zu geben, *ist* die Antwort. Stellt euch vor, er hätte die Frage der religiösen Führer nach

„Kraft welcher Autorität?"

seiner Autorität dadurch beantwortet, daß er nach dem Ursprung *ihrer* Autorität gefragt hätte! Die Hohenpriester hätten ohne Schwierigkeit überzeugend antworten können. Sie hätten sagen können: Unsere Autorität gründet sich auf eine Weihe, die aus der Überlieferung stammt. Und die Überlieferung führt ohne Unterbrechung auf Mose und Aaron zurück. Die heilige Überlieferung, in der wir ein Glied zwischen Vergangenheit und Zukunft sind, verleiht uns unsere Autorität.
Und die Schriftgelehrten hätten antworten können: Unsere Autorität gründet sich auf eine Kenntnis der Heiligen Schriften, die umfassender ist als die aller übrigen Menschen. Wir haben die Schriften seit unserer Kindheit Tag und Nacht studiert, wie man es tun muß, wenn man das Wort Gottes erforscht. Da wir Fachleute in der Auslegung der Heiligen Schriften sind, haben wir Autorität.
Und die Ältesten hätten zu Jesus sagen können: Unsere Autorität gründet sich darauf, daß wir viele Jahre lang Weisheit erworben haben und Erfahrung in ihrer praktischen Anwendung auf die Fragen der Zeit. Unsere Weisheit und unsere Erfahrungen verleihen uns unsere Autorität.
Alle zusammen aber hätten zu Jesus gesagt: Wer aber bist du, der du nicht geweiht bist, der du die Heiligen Schriften nicht studiert hast und weder die Weisheit des Alters noch seine praktische Erfahrung hast? Worauf gründet sich deine Autorität? Du hast nicht nur gelehrt und gepredigt, du hast auch radikal gehandelt, ohne daß wir es billigten. Du hast alle, die verkauften und kauften, aus dem Tempel hinausgetrieben, du hast die Tische der Geldwechsler und die Sitze der Taubenverkäufer umgeworfen und weißt doch selbst, daß sie notwendig sind für die Erhaltung des Tempels, für seinen Kultus und die Darbringung der Opfer. Kraft welcher Autorität hast du dich gegen die Religion gewandt, die uns durch Mose gegeben ist und seit seiner Zeit in allen Generationen erhalten blieb?
So hätten sie antworten können, wenn er nach ihrer Autorität gefragt hätte. Aber Jesus stellt ihnen diese Frage nicht. Er fragt: „Die Taufe des Johannes, war sie vom Himmel oder von Menschen?" Und darauf konnten sie nicht antworten.

Hätten sie gesagt, sie sei von Menschen, so hätten sie das allgemeine Empfinden verletzt und vielleicht sogar ein in ihnen selbst vorhandenes Gefühl, daß Johannes ein Prophet sei. Hätten sie aber gesagt, sie sei von Gott, so hätten sie eine Autorität aufgerichtet, die über die dreifache Autorität, die sie für sich selbst beanspruchen konnten, hinausreichte. Und das wollten sie nicht. Sie, die „Autoritäten" genannt wurden, forderten, daß alle Autorität *ihnen* übertragen würde. Darum nahmen sie weder Johannes als einen Propheten noch Jesus als den Christus an. Bagatellisiert den Ernst dieses Konfliktes nicht! Er war nicht einfach ein Konflikt zwischen Gut und Böse, zwischen Glauben und Unglauben. Der Konflikt ging viel tiefer und war viel tragischer.

Stellt euch einmal vor, ihr selbst wäret an der Stelle derer, die Jesus nach dem Ursprung seiner Autorität fragten. Denkt euch, ihr wäret die Hüter einer großen religiösen Überlieferung oder die unbestrittenen Sachverständigen in einem Bereich, der für die menschliche Existenz von entscheidender Bedeutung ist, oder ihr wäret Menschen, die in langer Erfahrung den Umgang mit einer Materie von höchstem Werte gelernt hätten. Oder nehmt an, ihr hättet ein Amt als verfassungsmäßig eingesetzte Autoritäten, und jemand käme und spräche über diese Dinge in einer ganz neuen Sprache und handelte auf dem Gebiet, auf dem ihr sachverständig seid, in einer ganz radikalen Art. Wie würdet *ihr* reagieren? Und wenn die Leute, die diesen Mann sähen und hörten, dasselbe von ihm sagten, was damals über Jesus gesagt wurde, daß er lehrte wie einer, der Autorität hat, und anders als ihr, die eingesetzten Autoritäten, wie würdet *ihr* reagieren? Würdet ihr nicht denken: er verwirrt die Massen, er verbreitet gefährliche Lehren, er untergräbt gut bewährte Gesetze und Einrichtungen, er führt fremde Moden in Leben und Denken ein, er zerreißt geheiligte Bindungen, er zerstört Überlieferungen, aus denen Generationen von Menschen Disziplin, Stärke und Hoffnung empfangen haben? Wäre es nicht eure Pflicht, ihm Widerstand zu leisten und ihn, wenn möglich, zu entfernen? Um eures Volkes willen müßtet ihr eure geheiligte und bewährte Autorität gegen diesen Mann verteidigen, der nicht aufzeigen kann, worauf

die von ihm beanspruchte Autorität sich gründet. Könnte man euch wegen einer derartigen Reaktion tadeln? Wenn aber nicht, dürft ihr dann die Autoritäten in Jerusalem tadeln wegen ihres Verhaltens Jesus gegenüber?
Wir denken an die Reformation. Sie war ein Augenblick in der Kirchengeschichte, in dem die Frage der Autorität einmal wieder im Mittelpunkt der Ereignisse stand. Luther und ihm folgend die ganze protestantische Welt machten sich von der römischen Kirche frei — und damit von 1500 Jahren christlicher Überlieferung —, da kein Übereinkommen über die Autorität des Papstes und der Konzilien erreicht werden konnte. Wieder hatte sich hier jemand erhoben, der aus einer Autorität sprach und handelte, deren Ursprung nicht legal festgelegt werden konnte. Und auch hier müssen wir fragen: Kann man die katholischen Autoritäten tadeln, die ihn im Namen ihrer ordnungsgemäßen Autorität verwarfen? Wenn wir sie aber nicht tadeln, so können wir sie immerhin fragen: Warum tadelt ihr euerseits die jüdischen Autoritäten, die doch nur genau das taten, was ihr auch getan habt zu der Zeit, als von den Reformatoren gesagt wurde, sie sprächen mit Autorität und nicht wie die Priester und Mönche? Wird dieselbe Handlung dadurch anders, daß sie einmal vom jüdischen Hohenpriester und das andere Mal vom römischen „Hohenpriester" vollzogen wird? Und man könnte die heutigen protestantischen Autoritäten in Europa und Amerika fragen: Seid ihr sicher, daß das Festhalten an eurer Autorität, an eurer Überlieferung und an eurer Erfahrung nicht jene Autorität unterdrückt, die Jesus meinte?
Und nun fragen wir: Was bedeutet Autorität? Was bedeutet sie für den Menschen als Menschen? Was bedeutet sie für unser Zeitalter und für jeden einzelnen von uns?
Zu allererst bedeutet sie, daß wir *endlich* sind und das nötig haben, was das Wort Autorität in Wirklichkeit ausdrückt: „einen Anfang erhalten" und „mehr" werden. Es bedeutet, daß wir geboren werden, daß wir Säuglinge und Kinder sind und völlig abhängig von denen, die uns das Leben gaben, Geborgenheit, Leitung und Inhalt für Seele und Geist. Viele Jahre lang sind wir zu eigenen Entscheidungen nicht fähig,

und das macht uns abhängig von einer Autorität und macht die Autorität zu einer Wohltat für uns. Widerspruchslos nehmen wir diese Autorität hin, auch wenn wir gelegentlich rebellieren. Und sie wird die Grundlage aller anderen Autoritäten. Sie gibt der Autorität des älteren Bruders oder der älteren Schwester Gewicht, auch der des reiferen Freundes oder Lehrers, des Beamten, des Herrschers, des Geistlichen. Durch sie werden wir in die Einrichtungen und Überlieferungen der Gesellschaft, des Staates, der Kirche eingeführt. Autorität durchdringt, leitet und formt unser Leben. Die Annahme der Autorität ist die Annahme dessen, was uns von denen gegeben wird, die mehr haben als wir. Unsere Unterwerfung unter sie und unter das, was sie verkörpern, ermöglicht es uns, in der Geschichte zu leben, wie unsere Unterwerfung unter die Naturgesetze es uns ermöglicht, in der Natur zu leben. Aus der Autorität des Gesetzes leitet sich die Autorität derer her, die es vertreten und vollziehen und darum die „Autoritäten" genannt werden.

Unser tägliches Leben wäre unmöglich ohne Traditionen für Verhalten und Sitten und ohne die Autorität derer, die diese Traditionen übernommen und uns überliefert haben. Die Kontrolle über die Natur durch den Menschen wäre unmöglich ohne das überlieferte Wissen und die überlieferten Fertigkeiten, in die jede neue Generation eingeführt wird und die denen, die uns anleiten können, Autorität verleiht. Das intellektuelle Leben des Menschen — die Sprache, die er gebraucht, die Gesänge, die er singt, die Musik, die er macht, die Häuser, die er baut, die Gemälde, die er malt, die Symbole, die er schafft, all dieses hat er empfangen durch die Autorität derer, die vor ihm diese Dinge getan haben. Das religiöse Leben des Menschen — der Glaube, an dem er festhält, der Kultus, den er liebt, die Geschichten und Legenden, die er gehört hat, die Gebote, die er einzuhalten versucht, die Texte, die er auswendig kennt, all das ist nicht von ihm geschaffen. Er übernimmt es von denen, die für ihn die religiöse Autorität darstellen.

Und wenn er sich gegen die Autoritäten, die ihn geformt haben, auflehnt, dann tut er es mittels der Möglichkeiten, die

"Kraft welcher Autorität?"

er von ihnen empfangen hat. Die Sprache des Revolutionärs ist von denen geformt, gegen die er sich auflehnt. Der Protest eines Reformators stützt sich auf die Tradition, gegen die er protestiert. Daher ist eine absolute Revolution unmöglich. Versucht man sie dennoch, so mißlingt sie unverzüglich. Und wenn eine Revolution erfolgreich sein soll, dann müssen ihre Anführer schon früh Formen und Gedanken verwenden, die von den Autoritäten der Vergangenheit geschaffen wurden. Das gilt für die Rebellion des jungen Menschen gegen die Familienautorität ebenso wie für die Rebellion neuer sozialer Gruppen gegen die Autorität der bestehenden Staatsgewalt.

Wenn wir von der menschlichen Endlichkeit sprechen, dann denken wir im allgemeinen an die Vergänglichkeit des Menschen in der Zeit, an Tod und Leben, an die Wechselfälle, die ihn in jedem Augenblick bedrohen. Aber wir sind nicht nur darin endlich, daß wir zeitlich sind, sondern auch darin, daß wir geschichtlich sind, und das bedeutet: Wir sind der Autorität unterworfen, auch wenn wir gegen sie rebellieren. Wir sind in die Existenz geworfen, nicht nur leiblich, sondern auch geistig. In keiner Weise sind wir aus uns selbst, und in keiner Weise *können* wir aus uns selbst sein. Wer versucht, ohne Autorität zu sein, versucht, zu sein wie Gott, der allein aus sich selbst ist. Und wie jeder, der versucht, zu sein wie Gott, wird er in die Selbstzerstörung geworfen. Das gilt für das Handeln einzelner Menschen, für eine Nation oder eine Geschichtsperiode wie unsere eigene.

In unserer Erzählung erkennen sowohl Jesus wie seine Gegner die Autorität an. Sie ringen um gültige Autorität, nicht um Autorität als solche. Und dieses Ringen finden wir in der Bibel und im Leben der Kirche überall. Paulus ringt mit den ersten Jüngern — einschließlich Petrus — um die Grundlagen der apostolischen Autorität. Im Kampf der Bischöfe mit den Sektierern um die Führung in der Kirche, im Kampf des Papstes mit den weltlichen Herrschern um die letzte Quelle politischer Autorität, im Kampf der Reformatoren mit der Hierarchie um die Bibelauslegung, im Kampf der Theologen mit den Wissenschaftlern um die Kriterien letzter Wahrheit lehnt keine dieser ringenden Gruppen die Autorität als solche ab, aber jede von ihnen leugnet die Autorität der anderen Gruppe.

Ist aber die Autorität in sich gespalten, welche Autorität entscheidet dann? Ist gespaltene Autorität nicht das Ende der Autorität? War die von der Reformation verursachte Spaltung nicht das Ende der Autorität der Kirche? Ist die Spaltung in den Fragen der Bibelauslegung nicht das Ende der Autorität der Bibel? Ist die Spaltung zwischen Theologen und Wissenschaftlern nicht das Ende der Autorität des Verstandes? Ist die Spaltung zwischen Vater und Mutter nicht das Ende elterlicher Autorität? War die Spaltung zwischen den Göttern des Polytheismus nicht das Ende ihrer göttlichen Autorität? Ist die Spaltung im eigenen Gewissen nicht das Ende des eigenen Gewissens? Wenn man zwischen verschiedenen Autoritäten zu wählen hat, so sind nicht *diese*, sondern *man selbst* die letzte Autorität. Das bedeutet aber: Es gibt keine Autorität für einen selbst.

Daraus entsteht jedoch die schreckliche Alternative *unseres* Zeitalters. Wenn es keine Autorität gibt, so müssen wir uns selbst entscheiden, jeder für sich. Als endliche Wesen müssen wir so handeln, als wären wir unendlich. Da das aber unmöglich ist, werden wir in völlige Unsicherheit, in Angst und Verzweiflung getrieben. Ja, in unserer Unfähigkeit, der Einsamkeit unserer Entschlüsse standzuhalten, wollen wir die Tatsache, daß es eine gespaltene Autorität gibt, nicht gelten lassen. Wir unterwerfen uns einer endlichen Autorität und verschließen unsere Augen vor allen anderen Ansprüchen. Der Wunsch der meisten Menschen, sich so zu verhalten, ist denen, die die Macht ausüben, sehr wohl bekannt. Sie mißbrauchen die mangelnde Bereitschaft der Menschen zu eigenen Entschlüssen, um ihre Macht zu erhalten und zu vermehren. Das gilt sowohl für religiöse als auch für politische Machthaber. Auf diese menschliche Schwäche gründen sich die Autoritätssysteme von gestern und heute.

„Kraft welcher Autorität" tust du das?, wird Jesus gefragt, und er antwortet nicht direkt, sondern mit dem Hinweis auf die Taten und Worte des Johannes. Er sagt zu den Führenden in seinem Volk: Ihr seht hier, wie Autorität wird, ohne daß sie

„Kraft welcher Autorität?"

vorschriftsmäßig, rituell oder gesetzlich begründet ist. Aber ihr leugnet diese Möglichkeit, die Möglichkeit einer Autorität, die durch ihre innere Mächtigkeit ihren Wahrheitsbeweis erbringt. Damit verleugnet ihr sowohl den Täufer wie mich. Ihr habt vergessen, daß der einzige Wahrheitsbeweis der Propheten in der Macht ihrer Aussage bestand. Hört auf das, was das Volk über uns sagt, nämlich, daß wir aus Autorität sprechen und nicht wie ihr, die ihr „Autoritäten" genannt werdet. Das ist es, was er den Führenden sagt.
Was würde er uns heute sagen? Heute hätte er nicht mit den Hohenpriestern, mit den Schriftgelehrten und den Ältesten um seine Autorität zu ringen. In unserer Zeit erkennen sie ihn an. Heute hätte er eine ganz andere Frage an alle. Er würde fragen: Worin besteht die Autorität, die ich für euch darstelle? Ist sie von derselben Art wie die Autorität Johannes des Täufers? Oder ist sie von der Art der Autoritäten, die mich aus dem Wege räumen wollten? Habt ihr nicht die Worte, die für mich zeugen — in der Bibel, in den Schriften der Kirchenväter, Päpste und Reformatoren und in den Glaubensbekenntnissen —, zu unbedingten Autoritäten gemacht? Habt ihr das in meinem Namen getan? Und wenn es so ist, habt ihr damit meinen Namen nicht mißbraucht? Denn so oft man sich meines Namens erinnert, wird man auch meinen Kampf gegen diejenigen erwähnen, die zu meiner Zeit Autorität besaßen.
Etwas in der christlichen Botschaft steht im Widerspruch zur bestehenden Autorität. Etwas in der christlichen Erfahrung lehnt sich auf auch gegen die gewaltigsten und heiligsten Erfahrungen der Vergangenheit. Und dieses Etwas kündigt sich an in Jesu Frage: „Die Taufe des Johannes, war sie vom Himmel oder von Menschen?" und in seiner Weigerung, auf die Frage nach seiner Autorität eine Antwort zu geben. Das, was eine Antwort unmöglich macht, liegt im Wesen *der* Autorität, die ihren Ursprung von Gott herleitet und nicht von Menschen. Der Ort, an dem Gott einem Menschen Autorität verleiht, kann nicht abgegrenzt werden. Diese Autorität kann man nicht gesetzlich definieren, auch nicht in ein Gehege von Lehren und Riten hineinpressen. Sie ist da, und ihr wißt nicht, woher sie kam. Ihr könnt sie euch nicht verschaffen. Ihr müßt

Das Neue Sein als Freiheit

von ihr ergriffen sein. Ihr müßt an ihrer Mächtigkeit teilhaben. Aus diesem Grunde kann die Frage nach der Autorität niemals eine letzte Antwort finden. Sicher gibt es viele vorläufige Antworten. Es gibt keinen Tag unseres Lebens, an dem wir nicht stillschweigend oder laut auf die Frage nach der Autorität antworten, meist durch ein Ja, manchmal durch ein Nein.

Eine endgültige Antwort aber können wir nicht geben. Wie Jesus können wir nur auf eine Wirklichkeit hinweisen. Und das könnten und sollten die Führenden in unserer Religion auch tun, die kirchlichen Würdenträger, die Geistlichen, die Theologen und jeder Christ, der das allgemeine Priestertum vertritt. Sie alle können ihren Finger hinweisend erheben, so wie Jesus auf Johannes hinwies und Johannes auf Jesus. Wir alle können auf den Gekreuzigten hinweisen — leidenschaftlich, aber nicht als Menschen der Autorität, wie es der Täufer tut auf dem gewaltigen Bild von Matthias Grünewald. Des Täufers ganzes Sein liegt in dem Finger, mit dem er auf das Kreuz hinweist. Das Kreuz ist das gewaltigste Symbol für die wahre Autorität von Kirche und Bibel, das ich kenne. Niemand sollte auf sich selbst hinweisen, sondern nur auf die Wirklichkeit, die wieder und wieder durch die vorhandenen Formen dieser Autorität hindurchbricht, auch durch die erstarrten Formen unserer persönlichen Erfahrungen.

Und noch einmal fragen wir: Was bedeutet es, daß die Frage nach der Autorität keine endgültige Antwort finden kann? Es würde wie eine Blasphemie klingen, wenn ich sagte: weil Gott selbst keine Antwort geben kann. Es würde zwar nicht blasphemisch, aber konventionell klingen, wenn ich sagte: weil Gott Geist ist. Aber beide Sätze bedeuten dasselbe. Gott, der Geist ist, kann keine endgültige Antwort auf die Frage nach der Autorität geben. Die Kirchen, ihre Leiter und Mitglieder übersehen oft die unendliche Bedeutung des Wortes „Gott ist Geist". Die scharfen Augen des Feindes aber erkennen seine Bedeutung. Nietzsche nennt den Menschen, der zuerst sagte, daß Gott Geist sei, den ersten unter denen, die Gott getötet haben. Sein tiefer Einblick in die Menschenseele macht es ihm gewiß, daß ein Gott, der nicht räumlich bestimmt ist, der auf die Frage nach der Autorität keine fest umrissene Antwort gibt, von den meisten Menschen nicht angenommen werden kann. Wenn Nietzsche recht hätte, dann müßten wir entweder seine Meinung teilen, daß uns kein Gott geblieben ist, oder wir müßten zu einem Gott zurückkehren, der uns auf die Frage nach der Autorität eine bestimmte Antwort gibt und uns durch göttlichen Befehl einer bestehenden religiösen Autorität als der irdischen Vertretung seiner eigenen göttlichen Autorität unterwirft. Dieser Gott aber wäre nicht der Gott, der Geist ist. In Wirklichkeit wäre solch ein Gott ein überirdisches Abbild irdischer Autoritäten, die ihn zur Weihung ihrer eigenen Macht mißbrauchen. Dieser Gott ist nicht der Gott, von dem Jesus in unserer Erzählung spricht.

Der Gott, der die Frage nach der unbedingten Autorität nicht beantworten kann, weil er Geist ist, räumt die vorläufigen Autoritäten, mit denen wir unser tägliches Leben führen, nicht beiseite. Er macht es uns unmöglich, mit der Arroganz eines Jünglings zu meinen, die Welt müsse mit uns ihren Anfang nehmen. Er beraubt uns nicht des Schutzes derer, die mehr Weisheit und Macht besitzen als wir. Er nimmt uns nicht aus der Gemeinschaft heraus, zu der wir gehören und die ein Teil von uns ist. Aber er spricht all diesen vorläufigen Autoritäten letzte Bedeutung ab, auch all denen, die den Anspruch erheben, Abbilder seiner Autorität zu sein, und dadurch diese Autorität zur unterdrückenden Macht eines himmlischen Tyrannen verzerren.

Der Gott, der die Frage nach letzter Autorität nicht beantwortet, wandelt vorläufige Autorität in Medien und Werkzeuge seiner selbst — des Gottes, der Geist ist. Elterliche Autorität auf Erden ist nicht das geweihte Abbild einer entsprechenden überirdischen Autorität, sondern sie zuerst kann die geistigen Werte der Ordnung, Selbstzucht und Liebe vermitteln. Darum müssen zu jeder Zeit die Eltern geehrt, dürfen aber nicht als unbedingte Autorität betrachtet werden. Sogar Gott, den wir den Vater im Himmel nennen, kann auf die letzte Frage nach der Autorität nicht antworten. Wie sollten es dann Eltern können?

Die Autorität der Weisheit und Erkenntnis auf Erden ist nicht das geweihte Abbild der Autorität göttlicher Allwissenheit, aber durch sie erwächst uns Demut, Erkenntnis und Weisheit. Darum sollten die Weisen verehrt, aber nicht als unbedingte Autoritäten angesehen werden.

Die Autoritäten in der Gemeinschaft und in der Gesellschaft, in der Nation und im Staate sind nicht geweihte Abbilder göttlicher Macht und Gerechtigkeit, sondern Mittler, die uns die geistigen Eigenschaften des gegenseitigen Verstehens, der Rechtlichkeit und des Mutes vermitteln. Darum sollten die sozialen Autoritäten als Bürgen äußerer Ordnung betrachtet werden, nicht aber als etwas, was den Sinn unseres Lebens bestimmt.

Die Autorität der Kirche ist nicht ein geweihtes irdisches Abbild des himmlischen Herrn der Kirche, sondern ein Medium, durch das die innere Substanz unseres Lebens erhalten, geschützt und wiedergeboren wird.

Sogar die Autorität Jesu, des Christus, ist nicht das geweihte Bild eines Mannes, der als Diktator herrscht, sondern die Autorität dessen, der sich aller Autorität entäußerte. Sie ist die Autorität des Mannes am Kreuz. Es ist kein Unterschied, ob ihr sagt: Gott ist Geist, oder ob ihr sagt: Gott wird am Kreuz offenbar.

Ihr, die ihr *gegen* Autoritäten *kämpft*, und ihr, die ihr *nach* Autoritäten *sucht*, hört die Erzählung von Jesu Kampf gegen die Autoritäten und hört, wie er eine Autorität aufrichtet, die man nicht „aufrichten" kann. Die Frage nach der Autorität, hier findet sie eine Antwort, nämlich die, daß es keine Antwort gibt außer der einen: Haltet euch über alle vorläufigen Autoritäten hinaus offen für die Mächtigkeit dessen, der das Ja und das Nein ist für alle Autorität auf Erden wie im Himmel!

11

IST DER MESSIAS GEKOMMEN?

Und siehe, ein Mensch war zu Jerusalem, mit Namen Simeon; und derselbe Mensch war fromm und gottesfürchtig und wartete auf den Trost Israels, und der Heilige Geist war in ihm. Und ihm war eine Antwort geworden von dem Heiligen Geist, er sollte den Tod nicht sehen, er hätte denn zuvor den Christus des Herrn gesehen. Und er kam aus Anregen des Geistes in den Tempel. Und da die Eltern das Kind Jesus in den Tempel brachten, daß sie für ihn täten, wie man pflegt nach dem Gesetz, nahm er ihn auf seine Arme und lobte Gott und sprach:
„*Herr, nun lässest du deinen Diener in Frieden fahren, wie du gesagt hast;*
denn meine Augen haben deinen Heiland gesehen,
welchen du bereitet hast vor allen Völkern,
ein Licht, zu erleuchten die Heiden, und zum Preis deines Volkes Israel." LUK. 2, 25—32.

Und Jesus wandte sich zu seinen Jüngern und sprach vertraulich: „Selig sind die Augen, die da sehen, was ihr sehet. Denn ich sage euch: Viele Propheten und Könige wollten sehen, was ihr sehet, und haben's nicht gesehen, und hören, was ihr höret, und haben's nicht gehört." LUK. 10, 23—24.

Vor einigen Tagen hatte ich mit einem jüdischen Freund ein Gespräch über die Messiasvorstellung in Judentum und Christentum. Wir stellten dabei fest, daß der Unterschied sehr ähnlich ist der Alternative, vor die Jesus von den Jüngern Johannes des Täufers gestellt wurde, als sie ihn fragten: „Bist du, der da kommen soll, oder sollen wir eines anderen warten?" Wir waren uns darin einig, daß die Juden auf einen anderen warten, während die Christen behaupten, daß der, „der da kommen soll", schon gekommen sei. Die Christen sagen mit Simeon: „Unsere Augen *haben* den Heiland gesehen." Die Juden antworten: „Wir haben den Heiland *nicht* gesehen, wir warten auf ihn." Die Christen werden von Jesus selig genannt, weil sie in ihm die Gegenwart der erlösenden Macht in der Welt und in der Geschichte gesehen haben. Die Juden dagegen halten dieses Urteil für Blasphemie, weil nichts von dem wirklich geschehen ist, was ihrem Glauben nach im messianischen Zeitalter geschehen sollte. Und wenn wir unseren christlichen Glauben verteidigen, dann weisen sie darauf hin, daß die Welt seit den Tagen des Hosea und Jeremia nicht besser geworden ist, daß sie selbst — und mit ihnen der größte Teil der Menschheit — nicht weniger zu erleiden haben als vor zweitausend Jahren, daß die prophetischen Visionen vom Jüngsten Gericht heute fast noch realistischer klingen als in jenen Tagen. Es ist schwer, darauf eine Antwort zu geben. Aber wir *müssen* antworten, denn nicht nur die Juden, sondern unzählige Christen und Nichtchristen, unsere Freunde und unsere Kinder und etwas in uns selbst stellt diese Fragen.

Es ist sehr schwer, eine Antwort zu geben. Was können wir z. B. antworten, wenn unsere Kinder uns nach dem Kind in der Krippe fragen, während in einigen Teilen der Welt alle Kinder „von zwei Jahren und darunter" gestorben sind und noch sterben, und dies nicht etwa durch einen Befehl des Herodes, sondern weil die Grausamkeit des Krieges und seiner Auswirkungen im christlichen Zeitalter immer mehr zunimmt und die Macht des Mitfühlens bei den christlichen Völkern immer weiter abstirbt? Oder was können wir den Juden antworten, wenn wir bedenken, daß die Überlebenden des jüdischen Volkes bei ihrer Rückkehr aus den Todeslagern, die schlimmer waren als die babylonische Gefangenschaft, nirgends auf der Erde eine Heimstätte fanden, jedenfalls nicht bei den großen christlichen Nationen? Was können wir Christen und Nicht-Christen antworten, die erkannt haben, daß die Frucht der jahrhundertealten technischen und sozialen Kultur des Abendlandes die furchtbare Drohung einer völligen, alles umfassenden Selbstzerstörung der Menschheit ist? Und welche

Ist der Messias gekommen?

Antwort können wir uns selber geben, wenn wir den heillosen und unerlösten Zustand unseres eigenen Lebens betrachten, nachdem seit nahezu zweitausend Jahren an jedem Weihnachtsfest die Botschaft des Heils und der Erlösung verkündet wird?

Sollen wir sagen, daß zwar *die Welt* unerlöst ist, daß es aber immer Menschen gegeben hat, die *von* der Welt erlöst sind? Aber das ist nicht die Weihnachtsbotschaft. Alle Gestalten der Weihnachtsgeschichte, die den Christus erwarten und das Göttliche schauen, sehnen sich nach der Erlösung Israels, der Heiden und der Welt. Für sie alle, auch für Jesus und die Apostel, ist das Reich Gottes, die Erlösung der Welt nahe herbeigekommen. Aber wenn das ihre Erwartung war, ist sie dann nicht ganz und gar durch die Wirklichkeit Lügen gestraft worden?

Diese Frage ist so alt wie die christliche Botschaft selbst, und ebenso alt ist die Antwort, die unser Text uns gibt. Jesus nahm seine Jünger beiseite und sprach vertraulich mit ihnen, als er sie selig pries, weil sie das sahen, was sie sahen. Die Gegenwart des Messias ist ein Geheimnis. Nicht jedem kann es gesagt werden, und nicht jeder kann es schauen, sondern nur der, der wie Simeon vom Heiligen Geist ergriffen ist. Wo immer sich Erlösung vollzieht, birgt sie ein Moment des Überraschenden, des Unerwarteten, etwas, das im Widerspruch steht zu allen frommen Traditionen und intellektuellen Forderungen. *Das Geheimnis der Erlösung ist das Geheimnis des Kindes.* Es war schon vorweggenommen in den Weissagungen des Jesaja, in der ekstatischen Vision der Sibylle und der poetischen Vision Virgils, in den Lehren der Mysterienreligionen und den Riten derer, die die Geburt des neuen Äon feierten. Wie die ersten Christen, so fühlten sie alle, daß die Erlösung nur durch die Geburt eines Kindes geschehen könne. Ein Kind ist zugleich etwas Wirkliches und noch *nicht* Wirkliches, es ist *in* der Geschichte und doch noch nichts Geschichtliches. Sein Wesen ist zugleich sichtbar und unsichtbar, es ist hier und doch nicht hier. Und genauso verhält es sich mit der Erlösung. *Erlösung hat die Art des Kindes.* Jedes Jahr erinnert uns das größte aller christlichen Feste daran, daß das Jesuskind, so sichtbar es auch sein mag, ebenso wie die Erlösung immer auch unsicht-

bar bleibt. Wer von einer *nur* sichtbaren Erlösung träumt, vermag das göttliche Kind in der Krippe nicht zu sehen, wie er auch die Göttlichkeit des Mannes am Kreuz und die paradoxe Weise, in der alles göttliche Handeln geschieht, nicht begreifen kann. Nur wer die Macht unter der Schwachheit, das Ganze unter dem Fragment, den Sieg unter der Niederlage, die Herrlichkeit unter dem Leiden, die Unschuld unter der Schuld, die Heiligkeit unter der Sünde, das Leben unter dem Tod zu sehen vermag, kann sagen: „Meine Augen haben dein Heil gesehen!"
Es ist schwer, diese Gedanken in unserer Zeit auszusprechen. Aber es ist immer schwer gewesen, und es wird immer schwer sein. Es war und ist und wird ein Geheimnis bleiben, das Geheimnis des Kindes. Aber wie tief die Welt auch fallen mag — und sei es in äußerste Selbstzerstörung —, solange es Menschen gibt, werden sie dieses Geheimnis erfahren und sagen: „Selig sind die Augen, die sehen, was wir sehen."

12

„WER AN MICH GLAUBT..."

Jesus aber rief laut und sprach: Wer an mich glaubt, der glaubt nicht an mich, sondern an den, der mich gesandt hat. Und wer mich sieht, der sieht den, der mich gesandt hat. Ich bin gekommen in die Welt ein Licht, auf daß, wer an mich glaubt, nicht in der Finsternis bleibe. Und wer meine Worte hört und glaubt nicht, den werde ich nicht richten; denn ich bin nicht gekommen, daß ich die Welt richte, sondern daß ich die Welt selig mache. Wer mich verachtet und nimmt meine Worte nicht auf, der hat schon seinen Richter: das Wort, welches ich geredet habe, das wird ihn richten am Jüngsten Tage. Denn ich habe nicht von mir selber geredet; sondern der Vater, der mich gesandt hat, der hat mir ein Gebot gegeben, was ich tun und reden soll. Und ich weiß, daß sein Gebot ist das ewige Leben. Darum, was ich rede, das rede ich also, wie mir der Vater gesagt hat. JOH. 12, 44—50.

Wer an mich glaubt, der glaubt nicht an *mich*, sondern an den, der mich gesandt hat..." Diese Worte folgen auf eine bittere Klage des Evangelisten über den Unglauben und Halbglauben des Volkes und seiner Führer. Vorher heißt es: „Jesus rief laut..." Er macht eine fast verzweifelte Anstrengung, richtig verstanden zu werden. Und was er ausruft, ist: an ihn glauben heißt nicht, an *ihn* glauben. Das Argument der Ungläubigen ist je und je gewesen, es sei unmöglich, an Jesus von Nazareth als Jesus von Nazareth zu glauben. Jesus erklärt: Dieses Argument ist gültig. Niemand sollte an mich, Jesus von Nazareth, glauben. Sie sollen an den glauben, der mich gesandt hat, der größer ist als ich und mit dem ich eins bin.

Das Neue Sein als Freiheit

Ich habe nicht aus eigener Autorität gesprochen, fährt er fort; würde ich es tun, so hätten die Ungläubigen recht.
In Vergangenheit und Gegenwart gibt es Autoritäten mancherlei Art. Warum soll man sich der einen unterwerfen und der anderen nicht? Warum sich überhaupt einer Autorität unterwerfen? Jesus als Mensch ist weder Autorität noch Gegenstand des Glaubens. Keine seiner überragenden Eigenschaften — weder seine Religiosität noch seine sittliche Vollkommenheit noch seine tiefen Erkenntnisse — macht ihn zum Gegenstand des Glaubens oder zu einer absoluten Autorität. Unter diesem Gesichtspunkt wird er, nach seinem eigenen Wort, niemanden richten. Würde er es tun, so wäre er ein Tyrann, der sich und seine Größe anderen aufzwingt, und er würde damit nur zerstören und nicht heilen.
Was bedeutet das für unsere Verkündigung? Versuchen wir nicht oft, wenn wir den Namen Jesus gebrauchen, unseren Zuhörern und uns selbst etwas Großes neben Gottes absoluter Größe aufzuzwingen? Gelingt es uns immer, ihnen klarzumachen, daß an ihn glauben nicht heißt, an *ihn* glauben? Oder versäumen wir nicht oft diese Klarheit und wirken damit eher zerstörend als heilend?
Es scheint, daß die christlichen Maler hiervon mehr wußten als wir. Sie malten keine Bilder, die Jesus von Nazareth als Jesus von Nazareth darstellten. Sie malten ihn als Kind von Bethlehem, das das ganze Universum in sich trägt, obwohl es, wie Luther singt, „in Marien Schoß liegt". Durch seine kindlichen Züge scheint die Macht des Herrn der Welt hindurch. Oder sie malten ihn als sichtbaren Träger der göttlichen Majestät in jenen großen Mosaiken, auf denen jede Falte seines Gewandes transparent ist für die unendliche Tiefe, die er repräsentiert. Oder sie malten ihn als den Gekreuzigten, der nicht als Einzelmensch leidet, sondern der im Leiden beides vertritt, das leidende Universum wie die göttliche Liebe, die am Leiden des Universums teilnimmt. Oder sie malten ihn als den, der den neuen Äon bringt, dem die Naturmächte untertan sind, die Seelen der Menschen, die dämonischen Mächte der Krankheit, des Wahnsinns und des Todes. Aber sie gaben ihm dabei keine individuellen Züge, machten ihn nicht zum Repräsen-

tanten eines psychologischen Typus oder einer soziologischen Gruppe.
Schaut euch die Bilder der Sixtinischen Kapelle an. Michelangelo verlieh jedem Propheten, jeder Sibylle individuelle Wesenszüge. Aber wenn er Jesus als Richter am Jüngsten Tage malt, erscheint dieser als eine unwiderstehliche gottmenschliche Macht.
Als man in der Neuzeit Jesus zum Objekt biographischer oder psychologischer Untersuchungen machte und ihn als Fanatiker und Neurotiker darstellte, als frommen Dulder, als sozialen Wohltäter, als moralisches Vorbild, als religiösen Lehrer oder als Massenführer — da hörte er auf, der zu sein, an den wir glauben können, denn er hörte auf, der zu sein, an den wir ja *nicht* als an einen Menschen glauben, wenn wir an ihn glauben. Er war nicht mehr der Jesus, der der Christus ist.
Zu niemandem können wir beten als nur zu Gott. Viele Christen, viele unter uns finden, wenn sie aufrichtig bleiben wollen, keinen Weg zu gemeinsamer Anbetung mit denen, die zu Jesus Christus beten. Etwas in uns widerstrebt dem, etwas, was echt und begründet ist, nämlich die Furcht, zum Götzenanbeter zu werden, die Furcht, in der unbedingten Hingabe an Gott gespalten zu sein, die Furcht, in zwei Angesichte zu blicken statt in das eine göttliche Angesicht.
Aber wer *ihn* sieht, sieht den Vater. Es sind nicht zwei Angesichte. Durch das Angesicht Jesu des Christus „läßt Gott sein Angesicht leuchten über uns". Denn im Angesicht Jesu des Christus ist nichts, was nur Jesus von Nazareth wäre, nichts, was nur das Angesicht eines Individuums neben anderen wäre. Alles in ihm ist transparent für den, der ihn gesandt hat. Darum und darum allein können wir zur Weihnachtszeit singen: „Kommt, laßt uns ihn anbeten!"

13

JA UND NEIN

Jesus Christus ... war nicht Ja und Nein, sondern in ihm war immer Ja. Denn alle Gottesverheißungen finden ihr Ja in ihm. 2. KOR. 1, 19—20.

Eine plötzliche Änderung seines Reiseplanes und die verärgerte Reaktion der korinthischen Gemeinde nimmt Paulus zum Anlaß, Entscheidendes über Jesus, „den Christus", auszusagen: „In ihm ist immer Ja, er ist nicht Ja und Nein." Das erinnert uns an entgegengesetzte Aussagen: an die Worte des großen protestantischen Mystikers Jakob Böhme, der gesagt hat, daß alle Dinge aus Ja und Nein bestehen, an Philosophen und Theologen, die überzeugt sind, daß jede Wahrheit nur durch Nein und Ja ausgedrückt werden kann, vor allem aber an das Kernstück der paulinischen Theologie, daß Gott den Sünder rechtfertigt, daß er „ja" sagt zu dem, zu dem er gleichzeitig radikal „nein" sagt. Und formuliert Paulus in diesem zweiten Brief an die Korinther das Ja und das Nein nicht sehr paradox: „ ... als die Unbekannten und doch bekannt; als die Sterbenden, und siehe, wir leben; als die nichts haben, und doch alles haben"? Gewiß enthalten diese Sätze ein Ja und ein Nein. Aber im Christus, sagt Paulus, gibt es kein Ja und Nein zugleich. Wirklich nicht? Führt unser Weg uns nicht über den Karfreitag zum Ostergeschehen und damit durch das tiefste Nein zum höchsten Ja, durch den Tod des Christus zum Leben des Christus?

Ja und Nein: darin ist zweifellos das Gesetz alles Lebens beschlossen, nicht im reinen Ja oder im reinen Nein. Das reine Ja ist der Rat des sich selbst betrügenden Vertrauens, das sehr bald durch das Nein der drei grauen Gestalten Leere, Schuld und

Ja und Nein

Tod erschüttert wird. Das reine Nein ist der Rat der sich selbst betrügenden Verzweiflung, deren verborgenes Ja zu sich selbst in Ich-Verkrampfung und Widerstand gegen das Ja der Liebe und der Gemeinschaft deutlich wird. Ja und Nein sind aber auch das Gesetz aller Wahrheit. Nicht das reine Ja und nicht das reine Nein! Das reine Ja ist Anmaßung, die den Anspruch erhebt, daß ihre begrenzte Wahrheit zur unbedingten Wahrheit wird, obwohl sie durch ihre fanatische Selbstbejahung offenbar macht, wieviel verborgenes Nein ihr zugrunde liegt. Das reine Nein ist Resignation, die jede unbedingte Wahrheit leugnet. Es beweist jedoch durch seine selbstgefällige Ironie angesichts der unerbittlichen Macht jedes aus der Wahrheit stammenden Wortes, wie stark die Selbstbejahung ist, die dem dauernd wiederholten Nein zugrunde liegt.

Wahrheit und Leben vereinen in sich Ja und Nein, und nur der Mut, der die unendliche Spannung zwischen dem Ja und dem Nein auf sich nimmt, kann ein Leben der Fülle und die unbedingte Wahrheit erlangen. Wie ist solch ein Mut möglich? Er ist nur möglich, weil es ein Ja jenseits vom Ja und Nein des Lebens und der Wahrheit gibt. Aber das ist ein Ja, das nicht das unsere ist. Wäre es das, ja wäre es selbst unser größtes, umfassendstes und mutigstes Ja, so würde ihm doch immer ein anderes Nein gegenüberstehen. Darum kann keine Theologie und keine Philosophie, nicht einmal eine Theologie oder Philosophie des „Ja und Nein" die absolute Wahrheit sein. Sobald sie formuliert ist, begegnet sie dem Widerspruch einer anderen Philosophie und einer anderen Theologie. Nicht einmal die Botschaft des „Ja und Nein", sei sie nun von Kierkegaard, von Luther oder von Paulus ausgesprochen, kann ihrem Nein entgehen. Es gibt nur *eine* Wirklichkeit, die nicht zugleich das Ja und das Nein enthält, sondern nur das Ja: Jesus als der Christus. Zunächst steht auch er unter dem Nein, so völlig wie jedes endliche Wesen. Das ist der Sinn des *Kreuzes*. Alles in Jesus, was nur Ausdruck eines endlichen Lebens oder einer endlichen Wahrheit ist, steht wie alles Leben und alle Wahrheit unter dem Nein. Darum wird von uns nicht verlangt, daß wir ihn als vollkommenen Lehrer oder als Vorbild für jede Situation anerkennen, sondern es wird uns gesagt, daß sich in ihm alle Verheißungen Gottes erfüllt haben und in ihm sich ein Leben und eine Wahrheit offenbaren, die über das Ja und das Nein hinausweisen. Das ist der Sinn der *Auferstehung*. Das Nein des Todes ist besiegt, und das Ja des Lebens wird transzendiert durch das, was im Christus erschienen ist. In ihm zeigt sich uns ein Leben, das nicht den Tod in sich hat, und eine Wahrheit, die keinen Irrtum in sich birgt. Er bringt das endgültige Ja ohne ein neues Nein. Das ist die Osterbotschaft, das ist das Ganze der christlichen Botschaft. Und darauf gründet sich der Mut, der der unendlichen Spannung zwischen Ja und Nein in allem Endlichen, selbst in allem Religiösen und allem Christlichen, Widerstand leisten kann.

Paulus weist auf die Tatsache hin, daß die Christen „durch Christus" Amen sagen. Zu nichts kann man Amen sagen außer zu der Wirklichkeit, die der Christus ist. Amen ist der Ausdruck der Bestätigung, der unbedingten Gewißheit. Nirgends gibt es unbedingte Gewißheit außer in dem Leben, das seinen Tod, und in der Wahrheit, die ihren Irrtum überwunden hat, in dem Ja jenseits von Ja und Nein.

Paulus weist hin auf das, was uns eine solche Gewißheit gibt: nicht der historische Bericht, sondern das Teilhaben *an* Christus, in dem wir, wie er sagt, unseren Grund haben, der unseren Herzen „das Pfand, den Geist" gegeben hat. Wir können das Ja und das Nein des Lebens und der Wahrheit ertragen, weil wir teilhaben an dem Ja, das jenseits von Ja und Nein ist, weil wir *in* jenem Ja sind, wie es *in uns* ist. Wir haben teil an der Auferstehung. Darum können wir das unbedingte Ja sagen, das Amen jenseits von *unserem* Ja und *unserem* Nein.

14

„WER SIND MEINE MUTTER
UND MEINE BRÜDER?"

Und sie kamen nach Hause; und da kam abermals das Volk zusammen, also daß sie nicht Raum hatten zu essen. Und da es die Seinen hörten, gingen sie aus und wollten ihn halten; denn sie sprachen: Er ist von Sinnen. MARK. 3, 20—21.

Und es kamen seine Mutter und seine Brüder und standen draußen, schickten zu ihm und ließen ihn rufen. Und das Volk saß um ihn. Und sie sprachen zu ihm: Siehe, deine Mutter und deine Brüder draußen fragen nach dir. Und er antwortete ihnen und sprach: Wer sind meine Mutter und meine Brüder? Und er sah rings um sich auf die Jünger, die um ihn im Kreise saßen, und sprach: Siehe, das sind meine Mutter und meine Brüder! Denn wer Gottes Willen tut, der ist mein Bruder und meine Schwester und meine Mutter. MARK. 3, 31—35.

Für die meisten, die ihr Studium an einer Universität beginnen, ist es nicht das erste Mal, daß sie ihr Elternhaus verlassen. Aber für sie alle ist es ein bedeutsamer Schritt auf ihrem eigenen, selbständigen Lebensweg. Jeder Schritt auf diesem Wege führt sie weiter weg von dem Ort, von dem sie kamen, von der Familie, in die sie hineingeboren waren. Die ersten Schritte zur Selbständigkeit vollziehen sich sehr früh im Leben, wie es in der Geschichte vom zwölfjährigen Jesus im Tempel beispielhaft erzählt wird. Und keiner dieser Schritte vollzieht sich ohne Schmerzen und ohne tragische Schuld — das wird deutlich an der Angst, die Jesu Eltern um ihn hatten, und an den Vorwürfen, die sie ihm machten. Aber erst nach dem öffentlichen Auftreten Jesu wird die tiefe Kluft zwischen ihm und seinen Eltern ganz sichtbar. In der Geschichte, die wir soeben lasen und die in den ersten drei Evangelien aufgezeichnet ist, gebraucht Jesus die Familienbeziehungen als Symbole für eine Beziehung höherer Ordnung, für die Gemeinschaft derer, die den Willen Gottes tun. Etwas Unbedingtes bricht in die bedingten Beziehungen der natürlichen Familie ein und schafft eine Gemeinschaft, die so innig und fest wie eine Familiengemeinschaft und ihr zugleich unendlich überlegen ist. Wie tief diese Kluft ist, zeigt sich bei dem Versuch seiner Familie, ihn festzuhalten und nach Hause zurückzubringen, weil sein ungewöhnliches Verhalten sie glauben läßt, er sei von Sinnen. Besonders stark kommt diese Kluft an der Stelle zum Ausdruck, wo Jesus sagt, wer Vater und Mutter mehr liebe als ihn, könne nicht sein Jünger sein, Worte, die bei Lukas eine noch größere Schärfe haben, wenn es heißt, daß er jeden zurückweise, der nicht „haßt" Vater und Mutter, Weib und Kind, Brüder und Schwestern — und sein eigenes Leben.

All diese Worte zerreißen mit göttlicher Macht die natürlichen Bindungen innerhalb einer Familie, wann immer diese Bindungen den Anspruch erheben, unbedingt zu sein. Sie zerreißen das Verhaftetsein an uralte Traditionen und Konventionen und ihre unbedingten Ansprüche. Sie zerreißen die Heiligkeit der Familienbande, die auf sakramentalen oder profanen Gesetzen beruhen, Gesetzen, die der Familie die gleiche Unbedingtheit zusprechen wie der Gemeinschaft derer, die zur neuen Wirklichkeit in Christus gehören. Die Familie ist nichts Unbedingtes. Familienbeziehungen sind keine unbedingten Beziehungen. Der Heiligkeitscharakter der Familie macht sie nicht zum letzten Ziel menschlicher Existenz.

Wir können uns das Revolutionäre solcher Aussagen gegenüber den Religionen und Kulturen der Menschheit wohl vorstellen. Aber wir können kaum ermessen, wie aufwühlend solche Worte sind gegenüber den jahrhundertealten Überzeugungen der sogenannten christlichen Völker. Diese Überzeugungen wurden von den christlichen Kirchen unterstützt, die den radikalen Charakter der christlichen Botschaft in dieser — wie auch in anderer — Hinsicht nicht ertragen konnten. Aber trotz ihres Radikalismus fordert die christliche Botschaft

nicht die Auflösung der Familie. Sie bejaht sie und sieht zugleich ihre Grenzen. Jesus wiederholt die Prophezeiung des Micha, daß in den letzten Tagen der Bruder den Bruder, der Vater sein Kind dem Tode überantworten wird und die Kinder sich wider ihre Eltern erheben und sie zu Tode bringen werden. Das wird geschehen in den Zeiten, da dämonische Mächte die Welt beherrschen und die Familiengemeinschaft in ihr Gegenteil verkehren. Jesus beruft sich auf diese Prophezeiung, aber er sagt weiter: „Und ihr werdet von allen gehaßt werden um meines Namens willen." Mit denselben Worten, die auf die *dämonische* Auflösung der Familie hinweisen, wird auch ihre unausweichliche *göttliche* Auflösung beschrieben. Das ist die tiefe Zweideutigkeit, die dem biblischen Verständnis von der Familie zugrunde liegt.
Betrachten wir nun unsere eigene Situation. Wir können unsere Familienbande nicht zerreißen, ohne schuldig zu werden. Aber die Frage lautet: Wenn wir es tun, ist es Eigensinn, der auf dämonische Weise die Familiengemeinschaft auflöst, oder ist es ein Schritt zur Selbständigkeit und zum eigenen Verständnis des Willens Gottes, der uns auf göttliche Weise von der Bindung an unsere Familie befreit? Darauf können wir nie mit letzter Sicherheit antworten. Wir müssen tragische Schuld auf uns nehmen, um frei zu werden von Vater und Mutter, Brüdern und Schwestern. Und wir wissen heute besser als viele Generationen vor uns, was das bedeutet, wie unendlich schwer es ist, und daß niemand es tut, ohne sein Leben lang Narben in seiner Seele zurückzubehalten. Denn es ist nicht nur der wirkliche Vater, die wirkliche Mutter, der wirkliche Bruder oder die wirkliche Schwester, von denen wir uns frei machen müssen, um zu unserem Selbst zu gelangen. Es ist etwas viel Innerlicheres, das Bild von ihnen, das unsere Seele seit unserer frühesten Kindheit geprägt hat. Der wirkliche Vater, die wirkliche Mutter haben uns vielleicht längst freigelassen, obwohl das in christlichen Familien keineswegs die Regel ist. Aber selbst wenn sie die Weisheit besitzen, das zu tun, so kann unser Bild von ihnen uns doch daran hindern, in einer konkreten Situation den Willen Gottes zu tun und so zu handeln, daß Liebe, Macht und Gerechtigkeit geeint sind. Ihr Bild kann uns

Das Neue Sein als Freiheit

an der Liebe hindern und dem Gesetz unterwerfen. Es kann uns daran hindern, ein machtvolles Selbst zu werden, weil es unser personales Zentrum schwächt. Es kann uns daran hindern, gerecht zu sein, weil es uns blind macht für die konkrete Situation und ihre Forderungen. Und das gleiche gilt von dem Bild unserer Geschwister. Obwohl wir uns davon leichter befreien als von dem Bild unserer Eltern, so kann es doch unbewußt zu Entscheidungen treiben, die ganze Perioden unseres Lebens in gefährlicher Weise bestimmen.

Aber mißversteht mich nicht: Opposition und Revolte sind noch nicht Freiheit. Sie sind unumgängliche Stufen auf dem Wege zur Freiheit. Aber sie führen in neue Knechtschaft, wenn sie nicht ebenso überwunden werden, wie die Abhängigkeit der frühen Kindheit überwunden werden muß. Wie kann das geschehen? Gewiß bedarf es in pathologischen Fällen der Psychotherapie, so wie Jesus selbst als Heilender — im körperlichen und geistigen Sinne — gewirkt hat. Aber es ist noch mehr nötig, nämlich die Abhängigkeit von dem, was unbedingte Unabhängigkeit gibt, vom Bilde dessen, der alle Vater- und Mutterbilder in sich vereint und zugleich transzendiert, die Abhängigkeit von dem Leben dessen, der es ermöglicht, jedes Leben zu hassen und zu lieben, auch unser eigenes. Kein menschliches Problem, auch nicht das Familienproblem, kann auf der endlichen Ebene gelöst werden. Das ist so, obwohl sogar das Bild Gottes durch die Bilder von Vater und Mutter so weit entstellt werden kann, daß es seine erlösende Macht fast verliert. Das ist eine Gefahr aller Religion und eine Grenze für unser religiöses Tun. Aber es ist keine Grenze für Gott, der immer wieder die Bilder durchbricht, die wir uns von ihm gemacht haben, und der uns in Christus gezeigt hat, daß er nicht nur Vater und Mutter für uns ist, sondern zugleich auch Kind, und daß deshalb in ihm die unausweichlichen Konflikte der Familie überwunden sind. Der Vater, der zugleich Kind ist, ist mehr als nur ein Vater, wie er auch mehr ist als nur ein Kind. Darum können wir zum Vater im Himmel beten, ohne unsere Feindseligkeit gegen das Vaterbild auf ihn zu übertragen. Weil Gott Kind geworden ist, können wir das Vaterunser sprechen.

15

„ALLES IST EUER"

Welcher sich unter euch dünkt, weise zu sein, der werde ein Narr in dieser Welt, daß er möge weise sein. Denn dieser Welt Weisheit ist Torheit bei Gott.   1. KOR. 3, 18—19.

Nach einer Morgenandacht, der dieses Wort zugrunde lag, erhielt ich von einem meiner Studenten die schriftliche Frage: „Was denken Sie über die Ansprache von heute morgen?" Und damit war gemeint: Wie kann die Philosophie vor diesen abwertenden Worten des Paulus bestehen? Ich möchte darauf antworten, indem ich den Text so auszulegen versuche, wie Paulus ihn wohl gemeint hat, und zwar nicht nur im oben genannten Vers, sondern im Zusammenhang der ganzen Schriftstelle. Am Ende seiner Darlegung gibt Paulus den Schlüssel zu allem in den Worten: „Darum rühme sich niemand eines Menschen. Es ist alles euer: es sei Paulus oder Apollos, es sei Kephas oder die Welt, es sei das Leben oder der Tod, es sei das Gegenwärtige oder das Zukünftige, — alles ist euer; ihr aber seid Christi, Christus aber ist Gottes" (1. Kor. 3, 21—23).

Paulus hat gefragt: „Hat nicht Gott die Weisheit dieser Welt zur Torheit gemacht?" Und nun ruft er aus: Die Welt und das Leben und Apollos sind euer. Das heißt, daß auch die Weisheit der Welt unser ist. Wie könnte es auch anders sein? Nicht einmal die Worte des Paulus könnten wir lesen ohne das Wissen der Welt, das es uns ermöglicht, alte Texte zu verstehen, das uns die technischen Voraussetzungen dafür gibt, die christliche Botschaft über die ganze Erde zu verbreiten, und dem wir auch die politischen, pädagogischen und künstlerischen Einrichtungen verdanken, die der Kirche dienen und sie schützen. Alles das ist unser. Und selbst die verschiedenen Theologien sind unser: die mehr dialektische des Paulus, die mehr auf den Ritus gerichtete des Petrus, die mehr apologetische des Apollos. Es gibt nur eine Art von Theologie, die Paulus ablehnt, nämlich diejenige, die Christus für sich allein beanspruchen will und sich die „Partei Christi" nennt. Jede dieser Theologien bedarf der Weisheit der Welt. Es geht nicht ohne Schriftkundige, Diskussionsredner, Philosophen, vor allem nicht ohne eine gemeinsame Sprache, die jeder spricht, und man sollte nicht durch oberflächliches Gerede das in Mißkredit bringen, auf das man doch gleichzeitig nicht verzichten kann. Es steckt eine tiefe Unredlichkeit in der Ablehnung der historischen Forschung und des philosophischen Denkens in der Theologie. Im täglichen Leben wird der als unredlich bezeichnet, der die diffamiert, deren Hilfe er für sich in Anspruch nimmt. Unsere theologische Arbeit sollte von solcher Unredlichkeit frei sein. Wir können es nicht vermeiden, von der Weisheit dieser Welt Gebrauch zu machen. Es ist kein Ausweg, wenn wir sagen: Wir wollen einen kleinen Teil von ihr benutzen, aber nicht zu viel, damit wir uns nicht den Gefahren aussetzen, die sie enthält. Das ist es sicher nicht, was Paulus meint. Die ganze Welt ist euer, sagt er, das ganze Leben, das gegenwärtige und das zukünftige, nicht nur Teile davon. Diese bedeutsamen Worte sprechen von wissenschaftlicher Erkenntnis und ihrer Leidenschaft, von künstlerischer Schönheit und ihrer erregenden Kraft, von der Politik und ihrem Machtgebrauch, vom Essen und Trinken und von der Freude, die wir daran haben, von geschlechtlicher Liebe und ihrer Ekstase, vom Familienleben und seiner Wärme, von der Freundschaft und ihrer Innigkeit, von der Gerechtigkeit und ihrer Klarheit, von der Natur und ihrer Macht und Ruhe, von der durch den Menschen geschaffenen Welt, die die Natur umformt und sie verwandelt in technische Gestalten mit ihrer Faszination, von der Philosophie und ihrer Demut, aus der heraus sie nur wagt, sich als Liebe zur Weisheit zu bezeichnen, und ihrer Tiefe, in der sie die Frage nach dem Unbedingten zu stellen wagt. In all dem ist Weisheit und Macht dieser Welt, und all das ist unser. Es gehört uns, und wir gehören ihm, wir schaffen es, und es erfüllt uns.

„Alles ist euer"

„Ihr aber seid Christi" — dieses „Aber" des Paulus ist nicht eins von jenen „Aber", mit denen alles zurückgenommen wird, was zuvor gesagt wurde. Das große „Aber" gegenüber der Welt, die unser ist, umfaßt beides, den Grund und die Grenze unserer Welt: „Ihr aber seid Christi", nämlich des Christus, dessen Kreuz Torheit und Schwachheit ist für die Weisheit der Welt. Die Weisheit dieser Welt in all ihren Erscheinungsformen kann Gott nicht erkennen, und die Macht dieser Welt mit all ihren Mitteln kann Gott nicht erreichen. Wenn sie es versuchen, so enden sie im Götzendienst und lassen ihre Torheit, die Torheit des Götzendienstes, sichtbar werden. Kein endliches Wesen kann das Unendliche erreichen, ohne zerbrochen zu werden, so wie er, der als Christus die Welt, ihre Weisheit und ihre Macht repräsentierte, am Kreuz zerbrochen wurde. Die Torheit und die Schwachheit des Kreuzes ist die unbedingte Weisheit und unbedingte Kraft und der Grund dafür, daß Christus nicht irgendein Weiser und Mächtiger dieser Welt, sondern daß er Gottes ist. Das Kreuz macht ihn zu dem, der Gottes ist. Und aus dieser Torheit gewinnen wir die Fähigkeit, alles zu gebrauchen, was unser ist, auch die Weisheit der Welt, auch die Philosophie. Als ungebrochene beherrscht sie uns, als gebrochene ist sie unser. „Gebrochen" heißt nicht vermindert oder entleert oder kirchlich beherrscht, sondern ihres götzendienerischen Anspruchs beraubt.
Der Mut des Paulus, alles Gegebene zu bejahen, seine Offenheit gegenüber der Welt, seine Souveränität gegenüber dem Leben sollten jeden einzelnen von uns und auch unsere Kirchen beschämen. Wir fürchten uns davor, das anzunehmen, was uns gegeben ist, wir verschließen uns krampfhaft vor unserer Welt, wir versuchen, das Leben zu fliehen, statt es in unseren Dienst zu stellen. Wir verhalten uns nicht so, als ob alles unser wäre, auch die Kirchen tun es nicht. Denn sie und wir haben vergessen, was Paulus wußte, nämlich, was es heißt, Christi zu sein und darum mit Christus Gottes zu sein.

16

EIN WORT VOM HERRN?

Ich sandte die Propheten nicht, doch liefen sie; ich redete nicht zu ihnen, doch weissagten sie. Denn wo sie bei meinem Rat geblieben wären und hätten meine Worte meinem Volk gepredigt, so hätten sie dasselbe von seinem bösen Wesen und von seinem bösen Leben bekehrt.
Bin ich nur ein Gott, der nahe ist, spricht der Herr, und nicht auch ein Gott von ferneher? Meinst du, daß sich jemand so heimlich verbergen könne, daß ich ihn nicht sehe? spricht der Herr. Bin ich es nicht, der Himmel und Erde füllt? spricht der Herr. Ich höre es wohl, was die Propheten predigen und falsch weissagen in meinem Namen und sprechen: Mir hat geträumt, mir hat geträumt. Wann wollen doch die Propheten aufhören, die falsch weissagen und ihres Herzens Trügerei weissagen und wollen, daß mein Volk meines Namens vergesse über ihren Träumen, die einer dem anderen erzählt, gleichwie ihre Väter meines Namens vergaßen über dem Baal? Ein Prophet, der Träume hat, der erzähle Träume; wer aber mein Wort hat, der predige mein Wort. Wie reimen sich Stroh und Weizen zusammen? spricht der Herr. Ist mein Wort nicht wie Feuer, spricht der Herr, und wie ein Hammer, der Felsen zerschmeißt? Darum siehe, ich will an gegen die Propheten, spricht der Herr, die ihr eigenes Wort führen und sprechen: Er hat's gesagt. JER. 23, 21—31.

Und Zedekia, der König, sandte hin zu Jeremia und ließ ihn holen und fragte ihn heimlich in seinem Hause und sprach: Ist auch ein Wort vom Herrn vorhanden? Jeremia sprach: Ja, denn du wirst dem König zu Babel in die Hände gegeben werden. JER. 37, 17.

Ein Wort vom Herrn?

Gibt es ein „Wort vom Herrn"? Das ist die Frage, die die Menschen zu allen Zeiten gestellt haben. Könige stellten sie in Augenblicken großer Gefahr und wandten sich mit ihr an Priester und Propheten. Menschen aller Altersstufen in der ganzen Welt stellten sie in unruhigen Zeiten und wandten sich mit ihr an außergewöhnliche Männer und Frauen, oft sogar an solche, die man nicht für normal hielt, an Ekstatiker und Hysteriker. Einzelne Menschen stellten sie in Augenblicken wichtiger persönlicher Entscheidungen und befragten heilige Schriften, die ihnen ein besonderes Wort sagen sollten, oder Heilige oder ihre innere Stimme.

Wie ist es bei uns selbst? Haben wir nie nach einem „Wort vom Herrn" gefragt? Viele werden gewiß mit einem klaren Nein antworten. Sie werden sagen, sie entschieden sich immer selbst, sie verließen sich auf ihr vernünftiges Urteil, das auf Erfahrung, Wissen und Intelligenz beruhe. Vielleicht imponieren sie uns. Vielleicht ist es uns peinlich, einzugestehen, daß wir zuweilen nach einem „Wort vom Herrn" gefragt haben. Aber wir wollen mit der Antwort warten, bis wir uns klargemacht haben, was jene Frage bedeutet.

Wir sollten uns durch den Ausdruck „Wort vom Herrn" nicht verwirren lassen. Er klingt, als ob wir uns an eine himmlische Autorität wendeten, nachdem alle anderen Autoritäten, einschließlich die der Vernunft, versagt haben. Es scheint, als ob wir den Herrn der Vorsehung bäten, uns für einen Moment einen flüchtigen Einblick in das zu gewähren, was er mit uns — individuell und in der Geschichte — vorhat. Aber diese Gnade wird uns nicht gewährt. Die Antworten, die uns Seher, Ekstatiker, Bücher und innere Stimmen geben, sind zweideutig, sie lassen verschiedene Interpretationen zu. Dann müssen wir nach einem zweiten göttlichen Wort fragen, um das erste zu deuten, und so ins Unendliche weiter. Oder aber diese Antworten sind in sich selber klar und sagen dann nichts anderes aus, als was unser natürliches Wissen uns ohnehin sagt. Deshalb wiederhole ich: Laßt euch nicht verwirren durch den Ausdruck „Wort vom Herrn". Es ist kein Orakelwort, das uns sagt, was wir tun oder erwarten sollen. Aber was ist es dann? Es ist die Stimme, die aus einer anderen Dimension kommt

als aus der, in der wir für gewöhnlich leben. Sie bricht in die Dimension der Dinge und Ereignisse ein, die wir unsere Welt nennen. Sie hilft uns nicht, die Probleme in dieser Dimension erfolgreicher zu bewältigen als zuvor. Sie bereichert in keiner Weise unser Wissen über die Faktoren, die eine Situation bestimmen, sie nimmt uns die Verantwortung für unsere Entscheidungen nicht ab. Sie tut etwas ganz anderes. Sie hebt die Situation, in der wir uns zu entscheiden haben, in das Licht einer neuen Dimension, in die Dimension dessen, was unbedingt wichtig und unendlich bedeutsam ist — wir nennen es „das Göttliche".
So war es auch im Falle des Königs Zedekia und der falschen Propheten, gegen die Jeremia zu kämpfen hatte. Der König kam zu Jeremia in einer hoffnungslosen Situation, in die er sich selbst und sein Volk durch Schuld, Irrtum und Mißachtung der prophetischen Warnungen gebracht hatte. Zu dieser falschen Entscheidung hatte er sich durch nationalistische Politiker hinreißen lassen, die sich selber „Propheten" nannten, ohne ein Wort von Gott empfangen zu haben. Sie sahen die Situation Judas, das von lauter drohenden Weltreichen umgeben war, nicht in ihrem letzten Ernst. Es fehlte ihnen der Realismus, der das Zeichen wahrer Prophetie ist. Sie waren nicht imstande, hinter die Kulissen der Politik und militärischer Berechnungen zu blicken. So nahte sich das Verhängnis und ließ Zedekia zu dem verzweifelten Versuch greifen, den Propheten um ein tröstendes und helfendes Wort zu bitten. Aber er erhielt es nicht. Von seinem Gefängnis aus sagte Jeremia ihm das einzige, was er *nicht* hören wollte: Du wirst dem König von Babylon in die Hände gegeben werden! Gott wird dich nicht erretten! Und der König fühlte: das ist die Wahrheit! Aber er übergab den Propheten nicht dem Gericht, wie heutige Diktatoren oder nationalistische Massen es tun würden. Im Gegenteil, er half ihm heraus aus seinem elenden Gefängnis. Doch er tat nichts, um die Lage des Volkes zu ändern. Dafür war es politisch und psychologisch zu spät, und die Voraussage des Propheten, das Wort, das er vom Herrn für Zedekia empfangen hatte, wurde furchtbare Wirklichkeit. Dennoch war es nicht vergeblich gesprochen. Immer

Ein Wort vom Herrn?

wieder hat man sich daran erinnert, nicht als an einen interessanten historischen Bericht, sondern als an ein Ereignis, in dem eine geschichtliche Katastrophe vom Ewigen her ihren unbedingten Sinn gewonnen hat.

Alle im Alten Testament aufgezeichneten Worte Jahwes sind von der gleichen Art. Es sind nicht Versprechungen eines allmächtigen Herrschers, die als Ersatz für politische oder militärische Macht dienen könnten. Es sind nicht Lektionen eines allwissenden Lehrers, die als Ersatz für wohlüberlegte Urteile dienen könnten. Es sind nicht Weisungen eines himmlischen Beraters, die als Ersatz für einen klugen menschlichen Rat dienen könnten. Sondern es sind Manifestationen von etwas Unbedingtem, das in unsere Existenz mit all ihren nur vorläufigen Plänen und Einsichten einbricht. Sie fügen unserer Situation als solcher nichts hinzu, sondern sie setzen an die Stelle der Dimension, in der wir für gewöhnlich leben, eine neue Dimension. Das Wort vom Herrn ist das Wort, das *aus der Tiefe unserer Situation* spricht. Es ist — so könnte man sagen — der tiefste Sinn der Situation, jeder Situation, der in solchen Worten zu uns spricht.

Wir wollen uns eine Stunde ins Gedächtnis zurückrufen, in der wir eine wichtige Entscheidung zu treffen hatten, sei es die Berufswahl, sei es die Wahl des Lebensgefährten. Die meisten Faktoren, die unsere Entscheidungen bestimmen könnten, sind uns bekannt, und wir wissen, wie wir auf sie reagieren. Und trotzdem können wir uns nicht entscheiden. *Die Angst vor dem Möglichen* läßt uns nicht zur Ruhe kommen. Wir sehen eine, zwei, vielleicht noch mehr Möglichkeiten. In jeder erkennen wir eine Vielzahl möglicher Konsequenzen. Dann fragen wir Freunde und andere Ratgeber, oder wir suchen bei uns selbst Rat. Aber die Angst vor der Entscheidung wird immer größer. Und eine Sehnsucht steigt in uns auf, eine Sehnsucht nach etwas, was uns von der Angst vor dem Möglichen befreit und uns den Mut zum Wirklichen gibt. Es ist die Frage unseres Textes: Gibt es ein Wort vom Herrn? Und vielleicht haben wir eine Antwort bekommen. Aber das war dann kein Orakelwort, das uns anzeigte, welchen Beruf wir wählen sollen oder wer der richtige Mann oder die richtige Frau für uns sei. Es war eine Stimme, die aus der Tiefe unserer Situation kam und die unsere konkreten Probleme in die Perspektive des Unbedingten erhob. Damit hat sie wahrscheinlich einige Faktoren, die unsere Entscheidung bestimmten, gegenstandslos gemacht, anderen wiederum eine größere Bedeutung gegeben. Oder sie hat das Gleichgewicht der verschiedenen Möglichkeiten unverändert gelassen, uns dafür aber ermutigt, eine Entscheidung zu treffen, die allerdings das Wagnis jeder Entscheidung in sich trägt und immer verbunden ist mit Irrtum, Versagen und Schuld. Das Wort vom Herrn, die Stimme aus der Tiefe unserer Situation, nimmt uns die Angst vor dem Möglichen und gibt uns den Mut, das Wirkliche mit seinen vielen fragwürdigen Elementen zu bejahen.

Einige unter euch werden sagen: Wenn das „Wort vom Herrn" das meint, wie kann es mir dann im Augenblick der Entscheidung helfen? Aber erwartet ihr wirklich, von mir zu hören, an wen ihr euch wenden sollt, um einen Orakelspruch zu erhalten, der euch die Last der Entscheidung abnimmt? Gewiß, das, was schwach in euch ist, würde es wünschen. Aber das, was stark in euch ist, würde sich dagegen wehren. Der Herr, von dem ihr ein solches Wort erwartet, will, daß ihr euch selbst entscheidet. Er bietet euch keinen sicheren Weg an. Vielleicht entscheidet ihr euch falsch. Aber wenn ihr begreift, daß der Mensch in seinem Verhältnis zu Gott immer im Unrecht ist, dann kann gerade eure falsche Entscheidung zu einer richtigen werden. Wenn ihr im Blick auf das Ewige das Wagnis des Scheiterns auf euch nehmt, dann hat euch gerade durch euer Scheitern ein Wort vom Herrn erreicht.

Laßt uns nun über eine ganz andere Situation nachdenken, eine, die uns nicht zu wichtigen Entscheidungen zwingt und in der uns auch die kleinen Entscheidungen des Alltags keine wesentlichen Sorgen bereiten. Leben und Gesundheit sind nicht bedroht, wir leiden weder unter niederdrückendem Schuldgefühl noch verzweifeln wir an uns selbst. Wir sind weder von zersetzendem Zweifel noch von unerträglicher Leere gepackt. Mit einem Wort: es ist keine Grenzsituation. Heißt das, daß wir dann auch nicht das Verlangen haben, nach einem Wort vom Herrn zu fragen? Bedürfen die Situationen, die nicht Grenzsituationen sind, wirklich nicht eines Wortes aus der Dimension des Ewigen? Bleibt Gott stumm, wenn die Tiefe unserer Existenz *nicht* erschüttert ist? Eine schwerwiegende Frage, die auf sehr verschiedene Weise beantwortet wird. Wie würden wir antworten? Nie werde ich das Wort eines weisen alten Mannes vergessen, der, als ich noch ein Kind war, zu meinem Großvater sagte: „Ich brauche jemanden, dem ich danken kann, wenn mir eine große Freude zuteil geworden ist". Ist das auch unsere Erfahrung? Gibt es in unserem Leben Augenblicke, in denen das Ewige selbst sich uns durch die Fülle oder die Größe oder die Schönheit des Zeitlichen mitteilt? Ich glaube, es gibt niemanden unter uns, der das nicht erlebt hätte. Aber sagten wir nicht, daß ein Wort vom Herrn das Ewige ist, das in das Zeitliche einbricht? Gewiß ist das der Fall. Aber in das Zeitliche einbrechen heißt nicht, es negieren. Das *kann* es heißen, und das heißt es immer dann, wenn wir an unsere Grenze gekommen sind. In jedem Menschenleben gibt es solche Situationen, und in der tragischen Geschichte der Menschheit sind sie sogar häufig. Aber das Ewige kann auch in das Zeitliche einbrechen, indem es das Zeitliche bejaht, indem es ein Stück von ihm aus dem natürlichen Zusammenhang der zeitlichen Dinge und Ereignisse emporhebt und es transparent macht für die göttliche Herrlichkeit. Gäbe es solche Augenblicke nicht, so wäre das Leben arm und trostlos, es gäbe keine Kunstwerke, in denen die Größe des Lebens zum Ausdruck kommt. Aber es gibt sie, und das Ewige scheint durch sie hindurch. Sie können zu einem Wort vom Herrn für uns werden.

Aber nun werden einige von euch denken: Das mag zwar alles richtig sein, aber es bleibt uns trotzdem fremd. Weder in Grenzsituationen noch in Augenblicken innerer Erhebung ist das Ewige in unsere zeitliche Existenz eingebrochen. Zu uns hat der Herr nie ein Wort gesprochen.

Vielleicht habt ihr es nicht gehört, aber sicher ist es auch zu euch gesprochen worden. Denn es gibt *immer* ein Wort vom Herrn, ein Wort, das gesprochen worden *ist*. Nicht das ist das Problem des Menschen, daß Gott nicht zu ihm spricht.

Gott *spricht* zu jedem, der Menschenantlitz trägt. Denn das ist es, was ihn zum Menschen macht. Wer nicht fähig ist, sich vom Unbedingten ansprechen zu lassen, von etwas, das unendlich bedeutsam ist, der ist kein Mensch. Der Mensch ist Mensch, weil er fähig ist, ein Wort aus der Dimension des Ewigen zu empfangen. Es geht also nicht darum, ob die Menschheit ein Wort vom Herrn empfangen hat, sondern darum, daß sie es wohl empfangen, dann aber sich ihm widersetzt und es verzerrt hat. In dieser Lage sind wir alle. Es gibt keine menschliche Existenz ohne das, was vertikal in sie einbricht. Der Mensch kann nicht leben ohne eine Manifestation dessen, was unbedingt ernsthaft und unendlich sinnvoll ist. Er kann nicht leben ohne ein Wort vom Herrn, aber er hört nie auf, sich ihm zu widersetzen und es zu verzerren, und das geschieht, wenn er es hören und wenn er es sagen soll.

Jeder Christ, und vor allem jeder Geistliche, sollte sich dessen bewußt sein. Wir widersetzen uns dem Wort des Herrn und verzerren es nicht nur dann, wenn wir es hören, sondern auch, wenn wir es sagen. Wenn wir fragen, warum unsere Botschaft vom Worte Gottes abgelehnt wird, dann hören wir oft, daß man nicht das ablehnt, *was* wir verkündigen, sondern die *Art und Weise*, in der wir es verkündigen. Viele lehnen das Wort Gottes nur deshalb ab, weil die Art unserer Verkündigung für sie völlig sinnlos ist. Sie wissen um die Dimension des Ewigen, aber die Begriffe, mit denen wir es fassen, können sie nicht annehmen. Wenn wir uns an die *Worte* dieser Menschen halten, können uns Zweifel kommen, ob sie ein Wort vom Herrn empfangen haben. Wenn sie uns aber als lebendige Menschen begegnen, wissen wir, *daß* sie es empfangen haben.

Es gibt immer ein Wort vom Herrn, ein Wort, das gesprochen worden *ist*. Die christliche Kirche glaubt, daß dieses Wort einen zentralen Inhalt hat, dessen Name Jesus der Christus ist. Darum bezeichnet die Kirche nicht seine *Worte*, sondern sein *Sein* als das Wort Gottes. Sie glaubt, daß in seinem Sein das Ewige in das Zeitliche in einer Weise eingebrochen ist, die uns ein für allemal ein Wort, nein *das* Wort vom Herrn gibt. Sie glaubt, daß jedes Wort vom Herrn — ob es in einer histo-

rischen Situation gesprochen wurde oder im Leben des einzelnen — in diesem Worte beschlossen ist, das nicht aus Worten besteht, sondern die Wirklichkeit selbst ist, eine neue Wirklichkeit, die Wirklichkeit des Ewigen im Zeitlichen, die den Widerstand und die Verzerrungen des Zeitlichen besiegt.
So haben wir also nicht *ein* Wort, sondern *das* Wort vom Herrn. Können wir uns als Christen rühmen, daß wir es haben? Können wir das wirklich? Haben wir die Botschaft nicht von Menschen empfangen, und sind wir, die wir sie hören, nicht Menschen? Und heißt das nicht, daß die Botschaft, während sie ausgesprochen und gehört wird, die Macht verliert, in unsere Welt und in unsere Seelen einzubrechen?
Die das Wort verkündeten — die Kirche und ihre Diener in allen Geschichtsepochen —, ließen es erstarren zu Gesetz und Tradition, zu Gewohnheit und Konvention. Sie machten aus ihm etwas, das wir zu kennen glauben und nach dem wir uns zu richten versuchen. Aber nun bricht es nicht mehr in unsere Alltagswelt ein. Es ist zu einem Teil dieser Alltagswelt geworden. Wie die Propheten, gegen die Jeremia in unserem Text kämpft, so haben auch die Sachwalter des Wortes aufgehört, nach einem Wort vom Herrn zu fragen, nach ihm zu verlangen. Sie wollen es zu ihrem Besitz machen, und weil das Wort Gottes niemals ein Besitz werden kann, darum sind die Worte, die sie sprechen, kein Wort vom Herrn.
Wir haben das Wort empfangen. Aber wie es im Munde der Prediger verzerrt wird, so stößt es in den Ohren der Hörenden — und das sind wir alle — auf Widerstand. Wir hören es, aber wir können es nicht annehmen. Weil wir Christen sind, weisen wir es zwar nicht zurück, aber es hat seine Stimme verloren, jene Stimme, mit der Jahwe zu den Herzen der Propheten sprach, jene Stimme, mit der der Heilige Geist zu den Herzen der Jünger sprach. Wir hören die Worte, die einstmals gesprochen wurden, aber wir fühlen nicht, daß sie *zu unserer* Situation und *aus* der Tiefe *unserer* Situation sprechen. Sie können sogar quälende Zweifel aufsteigen lassen und uns dazu treiben, daß wir leidenschaftlich nach einem Wort vom Herrn fragen *gegen* all das, was wir als das Wort Gottes durch Bibel und Kirche empfangen haben.

Das Neue Sein als Freiheit

Es gibt kein Wort vom Herrn außer dem Wort, das *jetzt* gesprochen wird. Wie können wir ein solches Wort empfangen, das *jetzt* gesprochen und zu *uns* gesprochen wird? Es gibt nur eine Antwort: indem wir uns öffnen, wenn es zu uns kommt! Das ist nicht leicht. Wir versuchen, uns ihm zu widersetzen, und wenn es zu viel von uns fordert, versuchen wir, es zu verfälschen. Vielleicht sind wir in einer Situation, aus der wir uns nicht befreien können, weil es dazu zu spät ist. So kommt das Wort vom Herrn als Wort des Gerichts, und wir können es nicht annehmen. Oder das Wort, das zu uns kommt, fordert radikale Umkehr im Leben und Denken, aber sie ist uns unmöglich, und wir fallen zurück in unsere Gewohnheiten, gute und böse, richtige und falsche. Oder wir befinden uns in Zweifel, Schuld und Hoffnungslosigkeit, und das Wort kommt zu uns und sagt uns, daß wir uns selbst bejahen können, weil ein ewiges Ja über uns gesprochen worden ist. Aber wir wehren uns gegen das Wort, das den Mut von uns fordert, uns selbst zu bejahen, weil wir unseren Zweifel, unsere Schuld und unsere Hoffnungslosigkeit lieben.

Es ist nicht leicht, sich einem Wort vom Herrn zu öffnen. Und niemand kann es uns dadurch erleichtern, daß er die Richtung angibt, in die wir hören sollen. Es gibt keinen Ort der Sicherheit, weder in unserer religiösen Tradition noch in unseren kulturellen Schöpfungen noch in der Tiefe unserer Seele. Aber gerade darum gibt es auch keinen Ort, an dem *kein* Wort vom Herrn vernommen werden könnte. Es ist immer gegenwärtig und will immer von uns gehört werden. Wie die Luft, die uns umgibt, ist es allgegenwärtig und versucht, in jeden leeren Raum einzudringen. Es will auch hier und jetzt in den leeren Raum unserer Seele eindringen. Darum heißt die letzte Frage: Gibt es einen leeren Raum in eurer Seele? Oder ist sie gänzlich ausgefüllt mit dem, was vergänglich, vorläufig, im Letzten bedeutungslos ist, wie wichtig es sich selbst auch nehmen mag? Ohne daß die Seele sich ihm öffnet, kann das Wort vom Herrn nicht empfangen werden. Mit offener Seele zu hören, einen leeren Raum in unserem inneren Leben zu bewahren, unser geistiges Ohr zu schärfen: das ist das einzige, was wir tun können. Aber das ist viel. Und selig die, deren Geist und deren Herzen offen sind.

Darum wollen wir unsere Ohren und unsere Herzen öffnen und mit großem Ernst und großer Leidenschaft fragen: Gibt es ein Wort vom Herrn, ein Wort für mich, hier und jetzt, ein Wort für unsere Welt in diesem Augenblick? Es *ist* da, es will zu euch kommen. Öffnet euch ihm!

17

VOM SEHEN UND HÖREN

Und Jesus sprach: Ich bin zum Gericht auf diese Welt gekommen, auf daß, die da nicht sehen, sehend werden, und die da sehen, blind werden. Und solches hörten etliche der Pharisäer, die bei ihm waren, und sprachen zu ihm: Sind wir denn auch blind? Jesus sprach zu ihnen: Wäret ihr blind, so hättet ihr keine Sünde; nun ihr aber sprecht: wir sind sehend, bleibt eure Sünde. JOH. 9, 39—41.

Wie in vielen anderen religiösen Schriften, so finden wir auch in der Bibel — im Alten und im Neuen Testament — immer wieder Stellen, die vom „Sehen" handeln. „Kommt und sehet!", sagt Jesus, und dieses Wort steht auch hinter den Schriften der Propheten und Apostel. Wir *haben* gesehen: das ist die Botschaft der Evangelien und Episteln. Es ist nicht wahr, daß religiöser Glaube ein Fürwahrhalten von Tatsachen ist, die der Evidenz entbehren. Das Wort „Evidenz" bedeutet „bis auf den Grund sehen". Und wir werden aufgefordert, zu *sehen*. Was wir sehen, ist uns gegenwärtig. Daher wollen wir das *sehen*, was wir lieben, was uns etwas bedeutet. Die großen Gestalten der jüdischen Religion wollten Gott sehen. Das erbat sich Mose von Jahwe als höchsten Gnadenerweis. Jesaja wurde zum machtvollsten unter den Propheten, nachdem er Gott im Tempel gesehen hatte. Jesus preist die selig, die reines Herzens sind, und verkündet ihnen, daß sie Gott schauen werden. Im vierten Evangelium sagt er von sich selbst, er habe den Vater gesehen, und, wer ihn sehe, sehe auch den Vater. In frommer Bildersprache sind die Engel und Heiligen als diejenigen beschrieben, die Gott von Angesicht zu Angesicht sehen. Und die letzte Erfüllung, das Ende alles Lebens und Strebens, erscheint als ewiges Gottschauen.

Vom Sehen und Hören

Aber wenn wir auf unsere heutige menschliche Situation blicken, werden wir von Zweifeln und Fragen bedrängt. Ist Glauben nicht das Gegenteil von Schauen? Sollen wir nicht glauben, ohne zu schauen? Preist Jesus nicht die selig, die nicht sehen und doch glauben? Wird Glaube nicht definiert als die Evidenz dessen, was man nicht sieht? Und sagt Paulus nicht: „Wir wandeln im Glauben und nicht im Schauen", „Wir sehen nicht auf das Sichtbare, sondern auf das Unsichtbare. Denn was sichtbar ist, das ist zeitlich, was aber unsichtbar ist, das ist ewig"? All das scheint darauf hinzudeuten, daß der Glaube sich auf das *Hören* und nicht auf das Sehen gründen muß. Wir *hören* von etwas, das wir nicht sehen. Wir glauben dem, der uns etwas berichtet. Wir unterwerfen uns in Demut und Gehorsam dem Wort der Autoritäten. Wir glauben das, was in der Bibel steht, weil es in der Bibel steht. Wir nehmen die Lehre der Kirche an, weil es die Lehre der Kirche ist. Wir nennen das Wort der Bibel und das der Kirche „Wort Gottes". Wir hören, wir glauben, wir gehorchen, aber wir sehen nicht.

In den ersten Jahrhunderten der Kirche wurde lange um die religiöse Bedeutung des Hörens und Sehens gerungen. Anfangs erhielt das Sehen den Vorrang, aber nach und nach gewann das Hören eine immer größere Bedeutung. Zur Zeit der Reformation endlich trug das Hören den vollständigen Sieg davon. Die typisch protestantischen Kirchenbauten legen Zeugnis dafür ab. Es sind Räume, in denen wir einer Predigt zuhören sollen. Sie sind entleert von allem, was in der Gestalt von Bildern und Skulpturen, von Kerzen, bunten Fenstern und sakramentalen Handlungen das Auge beschäftigt. Rund um die Kanzel des Predigers baute man einen Raum, um hier Gesetz und Evangelium zu vernehmen. Nirgends fand das Auge einen Ruhepunkt, an dem es kontemplativ verweilen konnte. Das Hören und der Gehorsam traten an die Stelle des Schauens.

Aber Jesus sagt: „Ich bin auf die Welt gekommen, auf daß, die da nicht sehen, *sehend* werden." Und der Apostel schreibt: „Was wir *gesehen* haben mit unseren Augen, was wir *geschaut* haben — das verkündigen wir euch." Beide reden nicht

Das Neue Sein als Freiheit

von der Zukunft, sondern von etwas, das sie gesehen *haben*, das man *jetzt* noch sehen kann. Und sicherlich fühlen sie sich nicht wie viele frühere und gegenwärtige Theologen durch die Vorstellung belastet, daß zwischen Sehen und Hören ein Konflikt bestehe. „Was wir gesehen *und* gehört haben", schreibt der Apostel. „Jeder, der den Sohn *sieht* und an ihn *glaubt*", sagt Jesus. Und am wichtigsten und erstaunlichsten: das, „was wir mit unseren Augen gesehen haben", ist nach dem vierten Evangelium das *Wort*, das ewige Wort oder der Logos, durch den Gott spricht, das Wort, das in den Werken der Schöpfung und im Menschen Jesus anschaubar wird. Daran, daß das Wort *gesehen* werden kann, bezeugt sich die letzte Einheit von Hören und Sehen, und das ist die Wahrheit, die eine Brücke zwischen den protestantischen und katholischen Halbwahrheiten zu schlagen vermag.

Das Sehen ist von unseren natürlichen Fähigkeiten die erstaunlichste. Durch das Auge empfangen wir das Licht, das erste, was geschaffen wurde, und dieses Licht überwindet Finsternis und Chaos. Nur weil wir sehen, baut sich uns eine geordnete Welt auf, d. h. Dinge, die sich voneinander und von uns selbst unterscheiden. Erst das Sehen läßt uns das einzelne wie auch das größere Ganze erkennen, zu dem alles einzelne gehört. Wo immer wir sehen, wird ein Stück ursprüngliches Chaos in Schöpfung verwandelt. Wir unterscheiden, wir erkennen, wir benennen, wir wissen. „Ich habe gesehen" hat im Griechischen die Bedeutung von „ich weiß". Alle Naturwissenschaft beginnt bei der Anschauung und muß immer wieder zur Anschauung zurückkehren. Wir fragen gern die Menschen, die etwas mit eigenen Augen gesehen haben, und sehen am liebsten mit unseren eigenen Augen. Nur das menschliche Auge hat die Fähigkeit, in jedem kleinsten Ding ein Universum aller Dinge zu sehen. Deshalb ist die Fassungskraft des menschlichen Auges unendlich, und der Macht des Menschenblicks kann nichts widerstehen. Das Auge ist das Korrelat zum Licht der Schöpfung.

Aber Sehen heißt nicht nur eine Welt schaffen. Wo wir sehen, da vereinen wir uns mit dem, was wir sehen. Sehen ist eine Weise des Sich-einens. Wie die Dichtung es beschrieben hat: wir „trinken" Farben und Formen, Kräfte und Erscheinungen. Sie werden zu einem Teil von uns selbst. Sie geben Fülle in die Armut unseres Alleinseins. Sie strömen in uns ein, auch wenn wir sie nicht bewußt wahrnehmen. Aber zuweilen bemerken wir sie, freuen uns ihrer und wollen mehr von ihnen aufnehmen.

Nicht alles Sehen hat diesen Charakter der Einung. Wenn wir die Dinge nur daraufhin betrachten, wie wir sie beherrschen und gebrauchen können, gibt es keine wahrhafte Einung. Dann halten wir sie in der Distanz. Wir versuchen, sie in unsere Gewalt zu bringen, sie als Mittel für unsere Zwecke zu gebrauchen. Dieser Art zu sehen fehlt die Liebe. Wir blicken kühl auf die Dinge, die uns dienen sollen. Wo wir einen Menschen nur als Mittel für unsere Zwecke gebrauchen, ist unser Blick neugierig oder indifferent, sensationslüstern oder aggressiv, feindlich oder grausam. Damit ist unser Blick ein Mißbrauch des Sehens, ein Sehen, das verletzt und trennt. Das ist der Blick der Massen, mit dem sie auf mittelalterlichen Bildern den Gekreuzigten anschauen. Aber selbst diese Art des Sehens schafft noch eine Einung, wenn auch eine Einung durch Trennung. Das Sehen jedoch, das in Wahrheit eint, ist ganz anders. Unsere Sprache hat ein Wort dafür: Intuition. Das heißt *Hinein*sehen. Es ist ein intimes Sehen, das nur durch Liebe Gestalt gewinnt. Plato, dessen Lehre das Denken von Jahrhunderten prägte, dessen Visionen und Reden das vierte Evangelium und die Kirche aufs tiefste beeinflußt haben, wußte etwas von dem Sehen, das eint. Er nannte die Liebe, die uns zu einer echten Intuition treibt, das „Kind der Armut und des Überflusses". Es ist die Liebe, die unsere Sehnsucht mit dem Überfluß der Welt erfüllt. Aber sie erfüllt uns so, daß die gespaltene Vielfalt nicht das Letzte ist, was wir sehen — mit einem solchen Blick würden wir uns selbst spalten. Das Letzte, das wir sehen, liegt in dem, was eint, was ewig ist *in* den vergänglichen Dingen und *jenseits* von ihnen. Zu einem solchen Blick wollte Plato seine Schüler erziehen.

Das führt uns zu einer anderen Seite des Sehens, der wichtigsten von allen. Wir sehen nie nur das, was wir sehen. Mit ihm und durch es sehen wir immer auch etwas anderes. Sehen ist schöpferisch. Sehen eint, aber mehr als das: Sehen weist über sich selbst hinaus. Wenn wir auf einen Stein blicken, sehen wir unmittelbar nur die Farben und Formen der Seite, die uns zugewandt ist. Aber mit dieser begrenzten Oberfläche und durch sie nehmen wir die Rundung wahr, die Ausdehnung, die Masse und mit diesem allem die ganze Struktur des Gegenstandes. Wir sehen mehr als das, was wir sehen. Wenn wir ein Tier anschauen, dann sehen wir unmittelbar die Farben und Formen seiner Haut. Aber mit diesen und durch sie gewahren wir die Form und die Spannung seiner Muskeln, seine inneren Impulse, die durch die Haut sowohl verhüllt wie enthüllt werden. Wir sehen nicht nur farbige Stellen, sondern ein lebendiges Wesen. Wenn wir ein menschliches Gesicht anschauen, sehen wir Linien und Schatten, aber mit diesen und durch sie sehen wir eine einmalige, unvergleichbare Person, deren Inneres in den Gesichtszügen zum Ausdruck kommt. Charakter und Schicksal haben Spuren hinterlassen, die wir deuten und aus denen wir sogar etwas von ihrer Zukunft lesen können. Mit den Farben, Formen und Bewegungen und durch sie gewahren wir Freundlichkeit und Kälte, Feindseligkeit und Ergebenheit, Zorn und Liebe, Trauer und Freude. Wenn wir ein menschliches Gesicht anschauen, sehen wir unendlich viel mehr als das, was wir sehen. Und hinter dem allen erkennen wir eine neue Tiefe. Auch hier hilft uns die Sprache, wenn sie von der Kontemplation spricht. Contemplatio heißt: in einen Tempel eintreten, in die Sphäre des Heiligen, an die tiefen Wurzeln der Dinge gelangen, an ihren schöpferischen Grund. Wir sehen die geheimnisvollen Mächte, die wir Schönheit, Wahrheit und Güte nennen. Wir können sie nicht als solche sehen, sondern nur an Dingen und Ereignissen wahrnehmen. Wir sehen sie in der Gestalt einer Rose, in den Bewegungen der Sterne und im Bild eines Freundes. Wir *können* sie sehen, aber es geschieht nicht *notwendig*, daß wir sie sehen. Wir können unsere Augen schließen, wir können blind werden. Es gibt Menschen, die blind sind gegenüber aller Schönheit, die mehr ist als ein angenehmes Gefühl. Es gibt Menschen, die blind sind gegenüber aller Wahrheit, die mehr ist als korrekte Beobachtung und Kalkulation. Es gibt Menschen, die blind sind gegenüber allem Guten, das mehr ist als das Nützliche. Und es gibt Menschen, die blind sind gegenüber dem tiefsten Grunde, der die innere Einheit all dieser Mächte ist und den wir „das Heilige" nennen. Es ist das Unbedingte, das Letzte, das wir mit allen Dingen und durch sie sehen können, und darum ist es das Ende alles Sehens. Es ist das Licht selbst, und darum ist es Finsternis für unsere Augen. Nur „mit" und „durch" können wir es sehen, durch Dinge und Menschen, durch Ereignisse und Bilder. Dieses Sehen und Nichtsehen zugleich nennen wir Glauben. Niemand kann Gott sehen, aber wir sehen ihn „mit" und „durch". An dieser Stelle endet der Konflikt zwischen Sehen und Hören. Das Wort sagt uns, wohin wir sehen sollen, und wenn wir gesehen haben, sprechen wir das aus, was wir gesehen *und* gehört haben. In dem, was wir Glauben nennen, sind Klang und Schau geeint, und vielleicht ist das der Grund, warum das „Heilige" sich lieber in Musik ausdrückt als durch irgendein anderes Medium. Die Musik verleiht beidem Flügel, dem Wort wie dem Bild, und weist zugleich über beide hinaus.

Aber wiederum werden wir von diesem Höhenflug herabgerufen in die Niedrigkeit unserer menschlichen Existenz. Jesus nennt uns blind, weil wir glauben, daß wir sehen, und nicht wissen, daß wir blind sind. Und er droht uns, daß wir in noch größere Blindheit stürzen, wenn wir daran festhalten, daß wir Sehende seien. Die Frage ist: Wo ist der Ort, von dem aus wir in den Grund des Seins sehen können? Wer kann unserer Kontemplation den Weg zum Tempel weisen, den Weg in das Heilige selbst?

Das Sehen zeigt uns eine „Welt", die Ordnung und Einheit des Mannigfaltigen. Aber innerhalb dieser Ordnung sehen wir Unordnung, innerhalb der Einheit den Konflikt, der die Welt selbst zu zersprengen droht und uns in die Finsternis des Chaos zurücksinken läßt. Ordnung und Chaos sind so miteinander verquickt, daß wir immer wieder — ohne eigentlichen Grund — von einem Schwindel erfaßt werden und die Augen schließen möchten. Das Sehen eint uns mit dem, was wir sehen. Aber wir sehen so viele Dinge und Wesen, mit denen wir nicht geeint sein möchten, gegen die wir uns indifferent oder feindlich verhalten und die sich indifferent oder feindlich gegen uns verhalten, die abstoßend sind und die wir auf keinen Fall sehen wollen, gerade *weil* jedes Sehen eint, und sei es durch Haß. Es kann auch unser Selbst sein, das wir nicht sehen wollen, weil wir uns abgestoßen fühlen von unserem eigenen Bild und es hassen, wenn wir es sehen. Nicht in Liebe, sondern in Haß sind wir mit uns selbst geeint, und vielleicht wollen wir manchmal unsere Augen loswerden wie Ödipus, unsere Augen, die zuerst das nicht sahen, was sie sehen *sollten*, und es nun nicht mehr ertragen können, das zu sehen, was sie sehen *müssen*. Und ist nicht das, was wir gerne sehen, und das, was wir nicht sehen wollen, so miteinander verquickt, daß wir oft die Armut des Nichtsehens preisen? Sehen bedeutet, daß wir durch das Seiende hindurch einen Blick in die Tiefe tun, in seinen guten, wahren und heiligen Grund. Aber welche Menschen und welche Bilder vermögen uns zu diesem Tempel zu führen? Diejenigen, die Jesus blind nannte, glaubten, sie wüßten den Weg zum Tempel, zum Heiligen und zum Allerheiligsten. Unzählige Tempel auf der ganzen Welt sind mit Bildern geschmückt, die uns Gott anschaulich machen sollen. Aber was wir sehen, sind Götzenbilder, faszinierend, schrecklich, überwältigend in ihrer verführerischen Schönheit oder ihrer zerstörerischen Macht, Götzen, die Gebote aufstellen, die wir doch nicht halten können, die versprechen, was sie niemals erfüllen, die das geben, was uns erhebt, aber auch erniedrigt. Und das ist so, weil sie uns an sich selbst binden und uns nicht über sich hinausführen. Unsere Augen sind gebunden durch die dämonische Faszination, die von ihnen ausgeht und mit der sie von uns Besitz ergreifen. Wir versenken uns in ihr Bild, wir gehen in ihre Tempel, wir einen uns mit ihnen, aber um den Preis des Ich-Verlustes, und wir verlassen sie leer, verzweifelt und zerstört. Das ist die große Versuchung des Sehens. Das ist der Grund, weshalb das Hören gegen das Sehen gesetzt wurde. Es ist der Grund, warum Bilder immer wieder zerstört und verboten wurden, warum man Tempel verbrannte und Gott die unendliche Leere nannte. Trotzdem kann das nicht das letzte Wort sein. Leere kann beides bedeuten: Licht und Finsternis. Aber wir sehnen uns nach dem Licht, dem Licht, das Leben und Schauen ist.

Auch Jesus hätte zu einem Götzen werden können, zu einem nationalen und religiösen Heros — faszinierend und zerstörerisch. So wollten die Jünger und die Massen ihn haben. Sie sahen ihn, sie liebten ihn, sie sahen mit ihm und durch ihn das Gute und das Wahre, das Heilige selbst. Aber sie erlagen der Versuchung des Sehens. Sie hielten gerade an dem fest, was geopfert werden muß, wenn Gott im Medium eines sterblichen Wesens geschaut werden soll. Und als Jesus sich selbst opferte, da wandten sie voller Verzweiflung ihren Blick ab, wie das immer Menschen tun, deren Götzenbild zerstört wurde. Aber er war zu stark, ihre Augen mußten sich wieder auf ihn richten, nun aber auf ihn als Gekreuzigten. Und jetzt konnten sie das ertragen, denn sie sahen mit ihm und durch ihn den Gott, der in Wahrheit Gott ist. Wer ihn gesehen hat, hat den Vater gesehen: das kann man nur von dem Gekreuzigten sagen. Aber von ihm kann man es in Wahrheit sagen. Gewiß ist er nicht der einzige, auf den wir blicken und in dem wir das Heilige anschauen. Es wird nicht von uns verlangt, daß wir nur auf ihn starren, wie manche es tun. Es wird nicht von uns verlangt, um seinetwillen unseren Blick von allem anderen wegzuwenden, wie manche es tun. Es wird nicht von uns verlangt, auf die Fülle der Schöpfung zu verzichten, wie manche es tun. Es wird nicht von uns verlangt, daß wir uns das Einswerden mit dem, was wir sehen, versagen, wie manche es tun. Aber wir sollen mit allem und durch alles in die Tiefe sehen, zu der er uns den Weg weist. Wir sollen in die Tiefe sehen und uns nicht daran hindern lassen durch das, was uns von der letzten Tiefe zurückhalten will. Wenn wir müde sind vom Anblick der Fülle dieser Welt mit all ihrer Unordnung, ihrem Haß, ihrer Entfremdung und ihrer dämonischen Zerstörung und unfähig, in das blendende Licht des göttlichen Grundes zu schauen, dann laßt uns die Augen schließen. Dann kann es geschehen, daß vor uns das Bild dessen steht, der uns mit Augen anschaut, in denen unendliche menschliche Tiefe und darum göttliche Macht und Liebe ist. Und diese Augen sagen uns: „Kommt und sehet!"

18

DAS PARADOX DES GEBETS

Desgleichen auch der Geist hilft unserer Schwachheit auf. Denn wir wissen nicht, was wir beten sollen, wie sich's gebührt, sondern der Geist selbst vertritt uns aufs beste mit Seufzern, die zu tief sind für Worte. Der aber die Herzen erforscht, der weiß, was des Geistes Sinn sei, denn der Geist vertritt die Heiligen nach dem Willen Gottes. RÖM. 8, 26—27.

Dieser Abschnitt des Römerbriefes vom Geist, der uns vertritt „mit Seufzern, die zu tief sind für Worte", gehört zu den geheimnisvollsten paulinischen Sätzen. In ihm spiegelt sich die Erfahrung eines Menschen, der sehr wohl wußte, wie wir beten sollen, der aber gerade, weil er es wußte, sagte, er wisse nicht, wie wir beten sollen. Vielleicht zeigt uns dieses Bekenntnis des Apostels, daß die unter uns, die glauben, sie wüßten, wie sie beten sollen, es gerade nicht wissen. Wir können das im täglichen Leben immer wieder beobachten. Geistliche sind gewohnt, bei allen möglichen Gelegenheiten öffentlich zu beten. Einige dieser Gelegenheiten bieten einen natürlichen Anlaß zum Gebet, bei anderen wirkt es künstlich und verletzt den guten Geschmack. Es ist nicht unwichtig, die rechte Stunde für das Beten und die rechte Stunde für das Nichtbeten zu finden. Dieser Hinweis ist für das, was Paulus sagen will, peripher, aber doch notwendig.

Der nächste Schritt führt uns näher an das Zentrum des paulinischen Problems. Es gibt im wesentlichen zwei Arten des Gebets: das feststehende, liturgische und das freie, spontane Gebet. Beide Arten zeigen, wie recht Paulus hat, wenn er sagt: „Wir wissen nicht, wie wir beten sollen." Das liturgische

Das Paradox des Gebets

Gebet wirkt oft mechanisch oder unverständlich oder auch beides zugleich. Die Kirchengeschichte hat gezeigt, daß nicht einmal das Vaterunser diesem Schicksal entgehen konnte. Paulus kannte sicherlich das Vaterunser, als er schrieb, wir wüßten nicht, wie wir beten sollen. Wenn wir aus dem Beispiel eines Gebetes, das Jesus seinen Jüngern gab, ein liturgisches Gesetz machen, so beweist das keineswegs, daß wir wissen, wie wir beten sollen.

Aber wenn wir uns nun vom formulierten Gebet zum spontanen wenden, sind wir nicht besser daran. Sehr oft ist das spontane Gebet ein alltägliches Gespräch mit jemandem, den wir „Gott" nennen, der aber in Wahrheit ein anderer Mensch ist, dem wir alles mögliche, oft sehr ausführlich, sagen, dem wir danken und den wir um die Erfüllung eines Wunsches bitten. Das ist sicher kein Beweis dafür, daß wir wissen, wie wir beten sollen.

Die Kirchen mit reichen Liturgien sollten sich beim Gebrauch klassischer Formulierungen fragen, ob sie nicht die Menschen *unserer* Zeit daran hindern, aufrichtig zu beten. Und die Kirchen ohne Liturgie, die uns die Freiheit lassen, in jedem Augenblick ein Gebet zu sprechen, sollten sich fragen, ob sie nicht das Gebet profanieren oder ihm sein Geheimnis nehmen.

Und nun wollen wir noch einen dritten Schritt tun, in das Zentrum des paulinischen Gedankens. Ob zur rechten Zeit oder nicht, ob formuliert oder spontan, die entscheidende Frage ist, ob ein Gebet überhaupt möglich ist. Paulus meint, daß es vom Menschen aus unmöglich sei. Wir sollten nie vergessen, daß, wenn wir beten, wir etwas tun, was vom Menschen aus unmöglich ist. Wir sprechen mit jemandem, der nicht irgendein anderer ist, sondern der uns näher ist, als wir uns selbst sind. Wir wenden uns an jemanden, der niemals Objekt unserer Hinwendung werden kann, weil er immer Subjekt ist, immer der Handelnde, immer der Schaffende. Wir sagen ihm etwas, obwohl er nicht nur schon weiß, was wir ihm sagen, sondern auch all die unbewußten Antriebe kennt, aus denen unsere bewußten Worte stammen. Das ist der Grund, warum das Gebet vom Menschen aus unmöglich ist. Aus dieser Erkenntnis heraus gibt Paulus eine geheimnisvolle Lösung der Frage nach dem

Das Neue Sein als Freiheit

rechten Gebet: Es ist Gott selbst, der durch uns betet, wenn wir zu ihm beten. Gott selbst in uns: das ist es, was mit dem Wort Geist gemeint ist. Geist ist ein anderes Wort für den „gegenwärtigen Gott" mit seiner erschütternden, lebenspendenden und umwandelnden Macht. Etwas in uns, das nicht wir selbst sind, vertritt uns vor Gott. Wir können die Kluft zwischen Gott und uns nie überbrücken, auch nicht durch noch so eindringliche und häufige Gebete. Die Kluft zwischen Gott und uns kann nur von Gott selbst überbrückt werden. Und deshalb zeigt Paulus uns dieses überraschende Bild von Gott, der uns vor sich selbst vertritt. Solche Symbole sind — wie alle Symbole, die Gott betreffen — absurd, wenn wir sie wörtlich verstehen. Sie sind aber tief, wenn wir sie als echte Symbole verstehen. Das Symbol von dem Gott, der uns vor ihm selbst vertritt, hat den Sinn, daß Gott mehr von uns weiß als das, was uns bewußt ist. Er „erforscht die Herzen der Menschen". Das sind Worte, die schon die heutige Erkenntnis vorwegnehmen, auf die wir so stolz sind, daß das kleine Licht des Bewußtseins sich erhebt über einem großen Dunkel unbewußter Triebe und Bilder. Aber wenn das so ist, wer außer Gott selbst kann unser ganzes Sein vor Gott bringen, der allein weiß, was in den Tiefen unserer Seele vorgeht?

Das kann uns auch helfen, die geheimnisvollste Stelle über das Gebet bei Paulus zu verstehen, wo es heißt, daß uns der Geist vertritt „mit Seufzern, die zu tief sind für Worte". Gerade weil jedes Gebet vom Menschen aus unmöglich ist, gerade weil es tiefere Schichten unseres Seins vor Gott bringt als die Schicht unseres Bewußtseins, geschieht etwas in ihm, was nicht durch Worte ausgedrückt werden kann. Worte stammen *aus unserem* Bewußtsein, und wir gebrauchen sie *mit* Bewußtsein; deshalb sind sie nicht das Wesen des Gebets. Das Wesen des Gebets ist das Handeln Gottes, mit dem er in uns wirkt und unser ganzes Sein zu sich erhebt. Die Art, wie das geschieht, nennt Paulus „Seufzen". Seufzen ist der Ausdruck der Schwachheit unserer kreatürlichen Existenz. Nur im Ausdruck wortlosen Seufzens können wir uns Gott nähern, und selbst diese Seufzer sind Gottes Werk in uns.

Und so finden wir schließlich die Antwort auf eine Frage, die

Das Paradox des Gebets

von Christen oft gestellt wird: Welche Art des Gebetes ist unserer Beziehung zu Gott am angemessensten? Das Dank- oder das Bittgebet, die Fürbitte oder das Bekenntnis oder der Lobpreis? Paulus macht diese Unterscheidungen nicht, denn sie beziehen sich nur auf Worte. Aber das Seufzen des Geistes in uns ist zu tief für Worte und für solche Unterscheidungen. Das Gebet des Geistes ist Erhebung zu Gott in der Kraft Gottes und schließt jede Art des Gebets in sich.

Endlich noch ein Wort an alle, die das Gefühl haben, daß ihnen Worte für ein Gebet versagt sind und sie vor Gott stumm bleiben müssen. Das kann bedeuten, daß der Geist ihnen fehlt. Es kann aber auch bedeuten, daß ihr Schweigen ein stummes Gebet ist, nämlich das Seufzen, das zu tief ist für Worte.

TEIL III

Das Neue Sein als Erfüllung

19

VON DER FREUDE

Wenn der Herr die Gefangenen Zions erlösen wird, so werden wir sein wie die Träumenden. Dann wird unser Mund voll Lachens und unsere Zunge voll Rühmens sein. Da wird man sagen unter den Heiden: Der Herr hat Großes an ihnen getan! Der Herr hat Großes an uns getan, des sind wir fröhlich.
Herr, bringe wieder unsre Verstreuten, wie du die Bäche wiederbringst im Mittagslande! Die mit Tränen säen, werden mit Freuden ernten. Sie gehen hin und weinen und tragen edlen Samen und kommen mit Freuden und bringen ihre Garben.
PS. 126.

Wahrlich, wahrlich, ich sage euch: Ihr werdet weinen und heulen, aber die Welt wird sich freuen; ihr aber werdet traurig sein; doch eure Traurigkeit soll in Freude verkehrt werden. Ein Weib, wenn sie gebiert, so hat sie Traurigkeit, denn ihre Stunde ist gekommen; wenn sie aber das Kind geboren hat, denkt sie nicht mehr an die Angst um der Freude willen, daß ein Mensch zur Welt geboren ist. So habt ihr nun Traurigkeit, aber ich will euch wiedersehen, und euer Herz soll sich freuen, und eure Freude soll niemand von euch nehmen.
JOH. 16, 20—22.

Solches rede ich zu euch, auf daß meine Freude in euch bleibe und eure Freude vollkommen werde. JOH. 15, 11.

Die Bibel enthält eine Fülle von Mahnungen zur Freude. Das Wort des Paulus an die Philipper „Und abermals sage ich, freuet euch" beschreibt ein immer gegenwärtiges Element der biblischen Religion. Für die Menschen des Alten und Neuen Testaments ist das Fehlen der Freude eine

Das Neue Sein als Erfüllung

Folge der Trennung von Gott und die Freude selbst eine Folge der Wiedervereinigung mit Gott.

Freude wird also gefordert und kann gegeben werden. Sie ist nicht etwas, was man einfach besitzt. Es ist nicht leicht, sie zu erlangen. Sie ist und war immer etwas Seltenes und Kostbares. Und immer ist sie für die Christen ein schwieriges Problem gewesen. Man wirft den Christen vor, sie zerstörten die Lebensfreude, diese natürliche Mitgift jeder Kreatur. Der größte unter den modernen Feinden des Christentums, Friedrich Nietzsche, selbst Sohn eines protestantischen Pfarrers, hat sein Urteil über die Christen in den Worten zusammengefaßt: „Erlöster müßten mir seine Jünger aussehen!" Wir sollten uns der Gewalt dieser schneidenden Worte nicht entziehen und uns selbst fragen: Stammt diese unsere Freudlosigkeit daher, daß wir Christen sind, oder daher, daß wir nicht wirkliche Christen sind? Vielleicht können wir uns erfolgreich gegen Nietzsches Vorwurf verteidigen, wir verachteten das Leben und unser Verhalten sei eine dauernde Anklage gegen das Leben. Vielleicht können wir beweisen, daß dieser Vorwurf eine Entstellung der Wahrheit ist.

Aber laßt uns ehrlich sein. Gibt es nicht Gründe genug für eine solche Kritik? Sind nicht viele Christen — Geistliche, Theologiestudenten, Evangelisten, Missionare, christliche Erzieher und Sozialarbeiter, fromme Männer und Frauen aus dem Laienstand, sogar Kinder aus solchen Elternhäusern — belastet mit dem Geist der Schwere, mit der Atmosphäre bedrückender Strenge, dem Mangel an Humor und Selbstironie? Wir können das nicht bestreiten. Unsere weltlichen Kritiker sind im Recht. Und wir selbst sollten noch kritischer sein als sie, aber kritischer in einem tieferen Sinn.

Als Christen kennen wir den inneren Konflikt, ob wir die Freude annehmen dürfen oder uns gegen sie wehren sollen. Wir sind argwöhnisch gegenüber den Gaben der Natur, die zur Freude beitragen, weil wir argwöhnisch sind gegenüber der Natur als solcher, obwohl wir sie als göttliche Schöpfung anerkennen und wissen, daß es heißt: „Und siehe da, es war sehr gut!" Wir sind argwöhnisch gegenüber den Schöpfungen der Kultur, die zur Freude beitragen, weil wir argwöhnisch sind gegenüber der menschlichen Schöpferkraft, obwohl wir wissen, daß Gott dem Menschen gebot, die Erde zu bebauen, die er ihm untertan gemacht hat. Und selbst, wenn wir unseren Argwohn überwinden und die Gaben der Natur und die Schöpfungen der Kultur bejahen und annehmen, tun wir es mit schlechtem Gewissen. Wir wissen, daß wir frei sein *sollten* für die Freude, daß, wie Paulus sagt, alles unser ist, aber unser Mut ist schwächer als unser Wissen. Wir wagen nicht, unsere Welt und uns selbst zu bejahen. Und wenn wir es wirklich in einem Augenblick des Mutes wagen, so versuchen wir, durch Selbstvorwürfe und Selbstbestrafungen dafür zu büßen. Damit aber fordern wir die boshafte Kritik derjenigen heraus, die dieses Wagnis nie eingegangen sind. Deshalb versuchen viele Christen es mit einem Kompromiß. Sie versuchen, ihre Freude zu verbergen, oder allzu intensiven Freuden aus dem Wege zu gehen, um sich nicht mit zu harten Selbstanklagen quälen zu müssen. Diese Erfahrung, daß christliche Gruppen die Freude unterdrücken und ihr mit Schuldgefühlen begegnen, hat mich fast zum Bruch mit dem Christentum getrieben. Was in diesen Gruppen als Freude ausgegeben wird, ist oft eine schwächliche, gewollt kindliche Sache ohne Ekstase, ohne Farbe und Gefahr, ohne Höhen und Tiefen.

Es läßt sich schwer leugnen, daß viele christliche Kirchen an diesem Zustand kranken. Aber nun wird uns von der christlichen wie von der nicht-christlichen Seite die Frage gestellt: Ist nicht die Freude, wie sie uns in der Bibel entgegentritt, etwas völlig anderes als die Lebensfreude, die vielen Christen mangelt? Sprechen nicht der Psalmist und Paulus und der Jesus des vierten Evangeliums von einer Freude, die weit hinausgeht über die natürliche Lebensfreude? Sprechen sie nicht von der Freude in Gott? Ist nicht die Entscheidung, ein Christ zu sein, eine Entscheidung für die Freude in Gott, die an die Stelle der Lebensfreude tritt?

Die erste und einfachste Antwort auf diese Frage ist die, daß das Leben Gott gehört und Gott der schöpferische Grund des Lebens ist. Er ist unendlich viel mehr als irgendein Lebensprozeß. Aber durch alle Lebensprozesse hindurch wirkt er schöpferisch. Deshalb braucht kein Widerspruch zu sein zwischen der Freude in Gott und der Freude am Leben. Aber diese Antwort, so groß und schön sie auch sein mag, genügt nicht, denn „Lebensfreude" kann vieles bedeuten.

Freude ist anscheinend das Gegenteil von Schmerz. Aber wir wissen, daß Schmerz und Freude zusammen existieren können. Nicht Freude, sondern Lust ist das Gegenteil von Schmerz. Es gibt Menschen, für die das Leben eine dauernde Flucht vor dem Schmerz und eine unablässige Jagd nach der Lust ist. Aber so können nur Menschen leben, die ihre Menschlichkeit durch völliges Zerfallensein mit sich selbst oder durch Geisteskrankheit verloren haben. Der Durchschnittsmensch ist fähig, Lust zu opfern und Schmerz auf sich zu nehmen für eine gute Sache, für einen Menschen oder Dinge, die er liebt und die er der Schmerzen und Opfer für würdig hält. Er kann Schmerz und Lust gegenüber gleichgültig sein, weil er *nicht* auf die Lust als solche gerichtet ist, sondern auf die Dinge, die er liebt und mit denen er sich einen will. Wenn wir nach etwas verlangen um der Lust willen, die es uns bereiten kann, dann mögen wir vielleicht Lust erfahren, aber keine Freude. Wenn wir einen Menschen suchen um der Lust willen, die er uns geben kann, dann mögen wir vielleicht Lust erfahren, aber keine Freude. Wenn wir auf der Suche nach etwas sind, das uns Schmerz erspart, dann werden wir vielleicht dem Schmerz entgehen, aber nicht dem Leiden. Wenn wir jemanden dazu benutzen wollen, uns vor Schmerz zu bewahren, so mag er uns vielleicht den Schmerz ersparen, aber nicht das Leiden. Lust *kann* verschafft und Schmerz *kann* vermieden werden dadurch, daß man andere Wesen braucht oder mißbraucht. Aber Freude kann man auf diese Weise nicht erlangen und Leiden so nicht überwinden. Freude ist nur da möglich, wo es uns zu Dingen oder Personen treibt nicht auf Grund dessen, was wir von ihnen bekommen können, sondern auf Grund dessen, was sie sind. Die Freude an unserer Arbeit ist verdorben, wenn wir sie nicht um des Werkes willen tun, sondern um der Lust willen, die sie uns bereiten, oder im Hinblick auf den Schmerz, vor dem sie uns bewahren soll. Die Befriedigung darüber, daß *wir* erfolgreich sind, verdirbt die Freude am Erfolg selbst. Unsere Freude an der Erkenntnis der Wahrheit und am

Von der Freude

Erlebnis der Schönheit ist verdorben, wenn wir uns nicht an der Wahrheit und an der Schönheit selbst freuen, sondern daran, daß *wir* es sind, die sich daran freuen.

Macht kann nur dann Freude vermitteln, wenn sie frei ist von der Lust am Machtbesitz und dazu dient, etwas Wertvolles zu schaffen. Liebesbeziehungen, vor allem die Beziehung zwischen den Geschlechtern, bleiben ohne wahre Freude, wenn wir durch den anderen Lust gewinnen oder Schmerz vermeiden wollen. Das gilt für alle menschlichen Beziehungen. Es ist kein äußeres Gesetz, das uns vor bestimmten Formen dieser Beziehungen warnt, sondern die aus vergangenen Erfahrungen geborene Weisheit, die uns sagt, daß solche Beziehungen uns zwar Lust bereiten mögen, aber niemals Freude. Das kann nicht anders sein, weil sie nicht eine Erfüllung dessen bedeuten, was wir sind und wonach wir streben. Jede menschliche Beziehung ist freudlos, in der wir die andere Person nicht suchen um dessentwillen, was sie in sich selbst ist, sondern um der Lust willen, die sie vermitteln, und im Hinblick auf den Schmerz, vor dem sie uns bewahren kann.

Lust zu suchen um der Lust willen heißt, die Wirklichkeit nicht anerkennen, die Wirklichkeit anderer Wesen und unsere eigene. Aber nur die Erfüllung dessen, was wir wirklich sind, kann uns Freude geben. Freude ist nichts anderes als das Gewahrwerden der Erfüllung unseres wahren Seins. Und diese Erfüllung ist nur dann möglich, wenn wir uns mit dem einen, was das wahre Sein des anderen ist. Es ist die Wirklichkeit, die Freude gibt, nur die Wirklichkeit. Die Bibel spricht so oft von der Freude, weil sie das realistischste aller Bücher ist. „Freuet euch!", das heißt: dringt von dem, was wirklich zu sein *scheint*, zu dem hindurch, was wirklich *ist*. Bloße Lust bleibt in der Illusion über die Wirklichkeit. Freude wird geboren aus der Einung mit dem Wesen.

Eine der Wurzeln des Strebens nach Lust ist das schmerzliche Gefühl der Leere. Leere bedeutet, keine Beziehung zu haben zu Dingen, Personen und geistigen Gehalten, bedeutet, keine Beziehung zu sich selbst zu haben. Deshalb versuchen wir, uns selbst und unserer Einsamkeit zu entfliehen, kommen aber nicht zu echter Begegnung mit den anderen und ihrer Welt.

Und so mißbrauchen wir sie als Quelle unseres Vergnügens. Aber es ist nicht die schöpferische Art von Vergnügen, die wir beim Spiel erleben können. Es ist eine seichte, zerstreuende, gierige Art von Sich-vergnügen. Und es ist kein Zufall, daß es gerade dieser Typus von Vergnügen ist, der leicht kommerzialisiert werden kann. Denn er ist abhängig von kalkulierbaren Reaktionen, ohne echte Leidenschaft, ohne Risiko, ohne Liebe. Von allen Gefahren, die unserer Zivilisation drohen, ist eine der gefährlichsten: der eigenen Leere zu entfliehen durch Vergnügungen, die Freude unmöglich machen.

Freuet euch! Diese biblische Mahnung ist denen nötiger, die viel Vergnügen haben, als denen, die wenig Vergnügen, aber viel Schmerz haben. Es ist leichter, *Schmerz* und Freude zu vereinen als *Vergnügen* und Freude.

Schließt die biblische Mahnung zur Freude die Lust aus? Schließen Freude und Lust sich gegenseitig aus? Keineswegs! Die Erfüllung des Zentrums unseres Seins schließt partielle und periphere Erfüllungen nicht aus. Das müssen wir mit dem gleichen Nachdruck sagen, mit dem wir Freude und Lust einander entgegengesetzt haben. Wir müssen uns nicht nur gegen jene wenden, die Lust um der Lust willen suchen, sondern auch gegen jene, die Lust ablehnen, nur weil sie Lust ist. Der Mensch hat Freude am Essen und Trinken jenseits der nur animalischen Bedürfnisse. Essen und Trinken sind partielle, sich immer wiederholende Erfüllungen des menschlichen Lebenswillens. Darum sind sie Lust und schenken Lebensfreude. Der Mensch hat Freude an Spiel und Tanz, an der Schönheit der Natur, an der Ekstase der Liebe. Sie erfüllen ein inniges Verlangen. Darum sind sie Lust und schenken Lebensfreude. Der Mensch hat Freude an seiner Fähigkeit zur Erkenntnis und an den Schöpfungen der Kunst. Sie erfüllen seine geistigen Bedürfnisse. Darum sind sie Lust und schenken Lebensfreude. Der Mensch hat Freude an der Gemeinschaft in Familie, Freundschaft und anderen Gruppen. Sie erfüllen fundamentale Lebensbedürfnisse. Darum sind sie Lust und schenken Lebensfreude.

Aber überall taucht hier die Frage auf: Ist die Freude an diesen Dingen gut oder schlecht? Benutzen wir diese Beziehungen

Von der Freude

um der Lust willen, oder weil wir uns in Liebe mit dem einen wollen, zu dem wir gehören? Wir können das nie mit Sicherheit sagen. Und wie die Christen vergangener Jahrhunderte mit ängstlichem Gewissen die Lust abwehrten, obwohl sie zur Schöpfungsordnung gehört, so verbergen heute viele ihre Angst hinter elterlichen, sozialen oder kirchlichen Verboten und nennen diese Verbote göttliche Gebote. Sie rechtfertigen ihre Angst vor der Lebensfreude mit dem Hinweis auf ihr Gewissen als die Stimme Gottes und auf die Notwendigkeit von Disziplin, Selbstkontrolle und Selbstlosigkeit und nennen das Nachfolge Jesu. Jesus aber wurde im Gegensatz zu Johannes dem Täufer von seinen Widersachern ein Schlemmer und Trinker genannt. Die ängstlichen Warnungen vor der Lust enthalten zugleich Wahrheit und Unwahrheit. Sofern sie unser Verantwortungsgefühl stärken, sind sie berechtigt, sofern sie unsere Freude unterdrücken, sind sie unberechtigt. Laßt mich deshalb ein anderes Kriterium dafür geben, ob Lust bejaht oder verneint werden soll, das Kriterium, das in unserem Text angedeutet ist: Lust, die zugleich Freude ist, ist gut, Lust, die Freude ausschließt, ist schlecht. Im Lichte dieses Kriteriums sollten wir es wagen, die Lust zu bejahen, selbst wenn dieses Kriterium zeigen sollte, daß wir uns geirrt haben. Wir sind nicht bessere Christen, wenn wir die Lust verneinen, als wenn wir sie bejahen. Wir wollen nicht vergessen, daß diese Verneinung eine Verneinung der Schöpfung oder — wie die Kirchenväter es ausdrücken — eine Blasphemie des Schöpfers sein kann. Und jeder Christ sollte sich der Tatsache bewußt sein, der sich viele Nichtchristen bewußt sind: Unterdrückung der Lebensfreude produziert Lebenshaß, versteckt oder offen. Sie kann zur Selbstzerstörung führen, wie viele physische und geistige Erkrankungen beweisen.

Freude ist mehr als Lust, und sie ist mehr als Glück. Glück ist ein Gefühl, das längere oder kürzere Zeit andauert und von vielen — äußeren und inneren — Bedingungen abhängt. In der antiken Welt ist Glück eine Gabe der Götter, die sie geben und wieder nehmen. In der amerikanischen Verfassung ist das „Streben nach Glück" als ein fundamentales Menschenrecht anerkannt. In einigen Volkswirtschaftstheorien ist „das größte

Glück der größten Zahl" das Ziel menschlichen Handelns. Im Märchen heißt es: Die Helden „lebten von nun an glücklich". Wenn wir glücklich sind, können wir ein großes Maß an Schmerz und den Verzicht auf viel Lust ertragen. Aber Glück kann nicht den Mangel an Freude ersetzen. Denn Freude ist der Ausdruck unserer wesenhaften und zentralen Erfüllung. Periphere Erfüllungen und günstige Lebensumstände können kein Ersatz für die innerste Erfüllung sein. Selbst wenn wir sehr unglücklich sind, vermag eine große Freude Unglück in Glück zu verwandeln. Was ist das Wesen dieser Freude?

Wir wollen zuvor nach ihrem Gegenteil fragen. Es ist das Leid. Leid fühlen wir, wenn uns unsere innerste Erfüllung versagt ist, weil wir etwas entbehren, was zu uns gehört und unsere Erfüllung erst ermöglicht. Vielleicht haben wir unsere nächsten Angehörigen und Freunde verloren oder ein schöpferisches Werk, eine tragende Gemeinschaft, die uns einen Lebenssinn gaben, unser Heim, unsere Ehre, die Liebe, körperliche und seelische Gesundheit, die Einheit unserer Person, ein gutes Gewissen. Durch all dies erfahren wir Leid in mannigfacher Form: das Leid der Trauer, das Leid der Einsamkeit, das Leid der Schwermut, das Leid der Selbstanklage. Aber gerade das ist die Situation, in der Jesus seinen Jüngern sagt, ihre Freude werde vollkommen sein. Denn Leiden kann, wie es bei Paulus heißt, „die Traurigkeit der Welt" sein, die zum Tode letzter Verzweiflung führt, und es kann „göttliche Traurigkeit" sein, die zur Seligkeit führt. Denn Freude enthält in sich etwas, was jenseits steht von Freude und Leid: wir nennen es Seligkeit.

Seligkeit ist das Element des Ewigen in der Freude, das, was es der Freude ermöglicht, Leid in sich aufzunehmen. In den Seligpreisungen nennt Jesus die Armen, die Leidtragenden, die Hungernden und Dürstenden, die Verfolgten „selig" und sagt ihnen: „Seid fröhlich und getrost!" Freude im Leiden können die Menschen erfahren, die selig sind, die, deren Freude in die Dimension des Ewigen reicht.

Hier müssen wir uns noch einmal gegen jene wenden, die das Christentum angreifen, weil sie glauben, es zerstöre die natür-

liche Lebensfreude. Im Blick auf die Seligpreisungen behaupten sie, das Christentum unterdrücke die Freude an *diesem* Leben, indem es auf ein *jenseitiges* Leben hinweise und darauf vorbereite. Sie verdächtigen die Verheißung der Seligkeit als eine raffinierte Form, von einem zukünftigen Leben die Erfüllung unerfüllter Wünsche zu erwarten. Auch hier müssen wir den Kritikern des Christentums zugeben, daß viele Christen die Freude erst für die Zeit nach dem Tode erwarten und daß es Bibelworte gibt, die diese Auffassung zu bestätigen scheinen. Aber trotzdem ist sie falsch. Jesus will seinen Jüngern seine Freude *jetzt* geben. Sie werden ihrer teilhaftig sein, nachdem er sie verlassen hat, das heißt in *diesem* Leben. Und Paulus fordert die Philipper auf, sich *jetzt* zu freuen. Das kann nicht anders sein, denn Seligkeit ist der Ausdruck für die ewige Erfüllung, die Gott gibt. Selig sind die, die an dieser Erfüllung hier und jetzt teilhaben. Gewiß muß ewige Erfüllung verstanden werden nicht nur als ein Ewiges, das gegenwärtig, sondern auch als ein Ewiges, das zukünftig ist. Aber wenn sie nicht auch als gegenwärtig verstanden wird, dann kann sie überhaupt nicht verstanden werden.
Diese Freude, die in sich selbst die Tiefe der Seligkeit hat, wird in der Bibel gefordert und verheißen. Sie umschließt ihr Gegenteil, das Leid. In ihr gründen Glück und Lust. Sie ist gegenwärtig auf jeder Stufe des menschlichen Strebens nach Erfüllung. Sie heiligt und lenkt es. Sie macht es nicht geringer und schwächer. Sie hebt das Wagnis und die Gefahren der Lebensfreude nicht auf. Sie macht die Lebensfreude erst möglich in Lust und Schmerz, in Glück und Unglück, in Ekstase und Leid. Wo Freude ist, da ist Erfüllung. Und wo Erfüllung ist, da ist Freude. Erfüllung und Freude sind das innerste Ziel des Lebens, der Sinn der Schöpfung und der Erlösung.

20

WAS UNS UNBEDINGT ANGEHT

Es begab sich aber, da sie wandelten, ging er in einen Markt. Da war ein Weib mit Namen Martha, die nahm ihn auf in ihr Haus. Und sie hatte eine Schwester, die hieß Maria, die setzte sich zu Jesu Füßen und hörte seiner Rede zu. Martha aber machte sich viel zu schaffen, ihm zu dienen. Und sie trat hinzu und sprach: Herr, fragst du nicht darnach, daß mich meine Schwester läßt allein dienen? Sage ihr doch, daß sie es auch angreife! Jesus aber antwortete und sprach zu ihr: Martha, Martha, du hast Sorge und Mühe um viele Dinge; e i n s aber ist not. Maria hat das rechte Ding erwählt; das soll nicht von ihr genommen werden. LUK. 10, 38—42.

Die Worte, die Jesus zu Martha spricht, gehören zu den berühmtesten aller Bibelworte. Martha und Maria sind zu Symbolen für zwei mögliche Haltungen dem Leben gegenüber geworden, für zwei Triebkräfte im Menschen und in der Menschheit überhaupt, für zwei verschiedene Wertmaßstäbe. Martha ist von *vielem* in Anspruch genommen, aber von Dingen, die endlich, vorläufig, vergänglich sind. Maria ist von *einem* in Anspruch genommen, das unendlich, unbedingt, unvergänglich ist.
Wir dürfen Marthas Weg nicht verachten. Im Gegenteil, ihre Art ist das, was die Welt in Gang hält, die vorwärtsdrängende Kraft, die das Leben und die Kultur erhält und bereichert. Gäbe es sie nicht, so hätte Jesus nicht mit Maria reden und Maria nicht Jesus zuhören können. Ich hörte einmal eine Predigt, in der Martha gerechtfertigt und verherrlicht wurde. Das kann man tun. Unzählige Anliegen in unserem Leben und im Menschenleben überhaupt

verlangen Aufmerksamkeit, Hingabe und Leidenschaft. Aber sie verlangen keine *unendliche* Aufmerksamkeit, keine *letzte* Hingabe, keine *unbedingte* Leidenschaft. Sie sind wichtig — oft sogar sehr wichtig — für euch und für mich und für die ganze Menschheit. Aber sie sind nicht *unbedingt* wichtig. Und darum rühmt Jesus nicht Martha, sondern Maria. Sie hat das rechte Ding erwählt, das Eine, das dem Menschen nottut, das Eine, das den Menschen unbedingt angeht.
Die Stunde des Gottesdienstes und jede Stunde der Meditation verlangen ein Hören, das dem Hören Marias gleicht. Es wird uns etwas gesagt — dem Redenden ebenso wie dem Hörenden —, das uns unbedingt angeht. Das ist der Sinn jeder Predigt. Sie soll uns bereit machen, das Unbedingte zu vernehmen.
Was heißt das: etwas geht uns an, oder: es ist ein Anliegen für uns? Es heißt, daß wir an ihm interessiert sind, daß ein Teil von uns in ihm ist, daß wir an ihm teilhaben. Und es bedeutet noch mehr als das. Jedes ernste Anliegen verursacht Sorge und Angst. Es gibt vieles, was uns beschäftigt, was unser Mitleid oder unseren Abscheu erregt. Aber das ist noch nicht wirkliche Sorge, daraus erwächst noch nicht die quälende Angst, die uns befällt, wenn uns etwas echt und ernsthaft angeht. In unserer Geschichte geht es Martha um ein überaus ernsthaftes Anliegen.
Wir wollen darüber nachdenken, was *uns* im Laufe eines durchschnittlichen Tages bewegt, vom Augenblick des Erwachens bis zum letzten Augenblick vor dem Einschlafen und noch im Schlaf, wenn die Ängste des Tages in unseren Träumen wiederkehren. Wir sind besorgt um unsere Arbeit. Sie ist die Grundlage unserer Existenz, wir mögen sie lieben oder hassen, wir mögen sie als heilige Pflicht betrachten oder als harte Notwendigkeit. Aber Angst ergreift uns, wenn wir die Grenzen unserer Kraft, den Mangel an Leistungsfähigkeit, den Kampf mit unserer Trägheit, die Gefahr des Mißlingens spüren. Wir sind besorgt um unsere Beziehungen zu anderen Menschen. Wir können uns das Leben nicht vorstellen ohne ihr Wohlwollen, ihre Freundschaft, ihre Liebe, ihre leibliche und geistige Gemeinschaft mit uns. Aber wir sind beunruhigt

und manchmal in äußerster Verzweiflung, wenn wir an die Gleichgültigkeit, an den Zorn und die Eifersucht, an die verborgene und oft vergiftende Feindseligkeit denken, die wir in uns und in denen finden, die wir lieben. Die Angst, sie zu verlieren, sie verletzt zu haben, ihrer nicht wert zu sein, schleicht sich in unsere Seele und macht unsere Liebe ruhelos. Wir sind besorgt um uns selbst. Wir fühlen uns verantwortlich für unsere Entwicklung zu innerer Reife, zur Kraft der Lebensbewältigung, zur Lauterkeit der Gesinnung und Vervollkommnung des Geistes. Gleichzeitig streben wir nach Glück, wir jagen unseren Vergnügungen nach. Aber die Angst fällt über uns her, wenn wir uns im Spiegel der Selbstprüfung oder im Urteil der anderen sehen. Wir fühlen, daß wir eine falsche Entscheidung getroffen haben, daß wir auf den falschen Weg geraten sind, daß wir versagt haben vor unseren Mitmenschen und vor uns selbst. Wir vergleichen uns mit anderen und fühlen uns ihnen unterlegen, und dann sind wir niedergeschlagen und enttäuscht. Wir glauben, unser Glück verscherzt zu haben, entweder weil wir ihm zu sehr nachjagten und Glück und Vergnügen verwechselten, oder weil wir nicht mutig genug waren, den richtigen Augenblick für eine Entscheidung zu ergreifen, die uns vielleicht glücklich gemacht hätte.

Aber wir müssen auch an die natürlichste und umfassendste Sorge alles Lebendigen denken, an die Sorge um die Erhaltung des Lebens, um unser tägliches Brot. In der jüngsten Vergangenheit hatten weite Teile der westlichen Welt diese Sorge fast vergessen. Aber noch immer ist die einfache Sorge um Nahrung, Kleidung und Obdach für die Mehrheit der Erdbewohner so überwältigend, daß sie die anderen Sorgen fast verdrängt hat.

Und doch gibt es noch andere, höhere Anliegen, wie Jesus selbst bezeugt. Er nimmt das soziale Anliegen absolut ernst. Und wenn er mit den Kranken Mitleid empfindet und sie heilt, gibt er dadurch nicht dem Handeln derer, die auf körperlichem und seelischem Gebiet heilen, einen religiösen Sinn? Wenn er eine kleine Schar um sich sammelt, um mit ihr eine Gemeinschaft zu gründen, gibt er dadurch nicht allem

Gemeinschaftsleben einen religiösen Sinn? Wenn er sagt, er sei gekommen, um für die Wahrheit zu zeugen, gibt er dadurch nicht dem leidenschaftlichen Streben nach Wahrheit und Erkenntnis einen religiösen Sinn? Wenn er die Massen und seine Schüler lehrt, gibt er dadurch nicht dem Lehren und Erziehen einen religiösen Sinn? Und wenn er die Gleichnisse erzählt, wenn er die Schönheit der Natur schildert und Sätze von klassischer Vollkommenheit prägt, gibt er dadurch nicht der Sehnsucht nach Schönheit einen religiösen Sinn?
Aber ist all dies, so edel es auch sein mag, das „Eine", das not tut, das rechte Ding, das Maria erwählt hat? Oder ist es vielleicht nur die höchste Form dessen, was Martha vertritt? Geben wir uns, wie Martha, noch den „vielen Dingen" hin, selbst wenn es große und edle Dinge sind?
Sind wir wirklich über alle Angst hinaus, wenn wir uns unserer sozialen Verpflichtung bewußt sind und die Häufung des Elends und der sozialen Ungerechtigkeit angesichts unserer eigenen bevorzugten Lage unser Gewissen belastet? Können wir frei und glücklich atmen, während der Jammer von Unzähligen auf der ganzen Welt an unser Ohr dringt? Und wißt ihr um die Seelenqual derer, die heilen wollen und doch wissen, daß es zu spät ist, derer, die erziehen wollen und gegen Stumpfsinn, Schwachheit und Haß zu kämpfen haben, derer, die führen müssen und zermürbt werden durch die Unwissenheit des Volkes, durch die Machtansprüche ihrer Gegner, durch unzureichende Institutionen und unglückliche Zufälle? Diese Ängste sind größer als die um unser tägliches Leben. Und wißt ihr, wieviel Angst mit jeder ernsthaften Forschung verbunden ist, die Angst, dem Irrtum zu verfallen, vor allem, wenn man sich auf neuen und unbegangenen Pfaden des Denkens bewegt? Habt ihr nie das fast nicht zu ertragende Gefühl der Leere erlebt, wenn ihr von einem großen Kunstwerk kamt und die Anforderungen, die Häßlichkeit und der Verdruß eures täglichen Lebens wieder über euch herfielen? Selbst die Schönheit ist nicht das „Eine", das uns not tut, wie auch Jesus andeutet, wenn er von den Schönheiten des Tempels spricht, der zur Zerstörung verurteilt sei. Das heutige Europa hat gelernt, daß die tausendjährigen, von Menschen

geschaffenen Werke, auf die es so stolz war, nicht das „Eine" waren, das not tut: zu viel davon liegt in Trümmern.

Warum sind die „vielen Dinge", um die wir uns bemühen, mit so viel Angst verbunden? Wir bemühen uns um sie mit Eifer, mit ganzer Kraft und Leidenschaft, und wir müssen das tun, sonst würden wir nichts zustande bringen. Warum aber machen sie uns dann im Grunde unseres Herzens ruhelos, und warum verwirft Jesus sie als das, was nicht unbedingt not tut?

Jesus deutet es in den Worten an, die er von Maria sagt: Es geschieht deshalb, weil uns dies alles wieder genommen werden kann. All dies kommt an sein Ende, all diese Anliegen sind vergänglich. Manche sind während der kurzen Spanne unseres Lebens schon vergangen, und neue sind dafür aufgetaucht, die auch wieder vergehen werden. Viele ernste Fragen der Vergangenheit sind nicht mehr wichtig, andere werden es nicht mehr sein. Das schwermütige Gesetz der Vergänglichkeit beherrscht selbst unsere leidenschaftlichsten Unternehmungen. Das Glück, das sie gewähren, birgt schon die Angst vor dem Ende in sich. Das, was wir tun, ist vergänglich, und wir selbst sind es auch. Eine Zeit wird kommen — und ist vielleicht nicht mehr fern —, in der all diese Dinge uns nichts mehr angehen werden, dann, wenn ihre Endlichkeit offenbar sein wird in der Erfahrung unserer eigenen Endlichkeit — im Tode.

Aber wir klammern uns an das Vorläufige, als sei es etwas Unbedingtes. Und es hält uns in seiner Umklammerung fest, wenn wir versuchen, uns von ihm zu befreien. Jedes ernste Anliegen ist tyrannisch und beansprucht unser ganzes Wesen, unseren ganzen Geist und unsere ganze Kraft. Jedes ernste Anliegen versucht, unser unbedingtes Anliegen, unser Gott zu werden. Der Sorge um unser Werk gelingt es oft, unser Gott zu werden, wie es auch der Sorge um einen anderen Menschen gelingt. Das Ringen um die naturwissenschaftliche Erkenntnis hat dazu geführt, daß eine ganze Geschichtsepoche sie zu ihrem Gott erhoben hat. Geld und Sicherheit sind zu einem noch größeren Gott geworden, und die Nation wurde der höchste Gott. Aber all diese Anliegen sind endlich, sie streiten

widereinander, sie zerreißen unser Gewissen, weil wir fühlen, daß keines uns in Wahrheit unbedingt angeht.
Wir können versuchen, all diese Sorgen abzuweisen und eine zynische Unbesorgtheit anzunehmen. Wir fassen den Entschluß, daß uns nichts mehr angehen soll — vielleicht noch oberflächlich, aber nicht mehr ernsthaft. Wir versuchen, gleichgültig zu sein gegenüber uns selbst und anderen, gegenüber unserer Arbeit und unserem Vergnügen, dem Lebensnotwendigen und dem Luxus, den sozialen und politischen Aufgaben, der Wissenschaft und der Schönheit. Wir haben vielleicht das Gefühl, daß diese Gleichgültigkeit etwas Heroisches hat. Und eins ist wahr: Sie ist die einzige Alternative zu dem Anliegen, das uns unbedingt angeht. Daß uns nichts angeht oder daß uns etwas unbedingt angeht — das ist die Alternative. Aber auch der Zyniker ist noch an *einer* Sache leidenschaftlich interessiert, nämlich daran, daß ihn *nichts* mehr interessiert. Das ist sein innerer Widerspruch. Das zeigt, daß seine Haltung nicht die Lösung ist.
Was aber ist dann das Eine, das not tut? Was ist das „rechte Ding", das Maria erwählt hat? Wie unsere Geschichte nur zögernd antwortet, so zögere auch ich, denn fast jede Antwort ist mißverständlich. Heißt die Antwort „Religion", so denkt man an eine Sammlung von Glaubenssätzen und religiösen Betätigungen. Aber Martha war, wie das Neue Testament auch sonst zeigt, mindestens ebenso religiös wie Maria. Die Religion kann eine rein menschliche Angelegenheit auf der gleichen Ebene wie andere Anliegen sein, und sie kann die gleiche Angst wie jene auslösen. Religionsgeschichte und Religionspsychologie beweisen das. Es gibt sogar Menschen, von denen man glaubt, sie seien berufen, dieses besondere menschliche Anliegen zu kultivieren. Aber wenn Religion das besondere Anliegen bestimmter Menschen wird und nicht das unbedingte Anliegen aller ist, dann ist sie Unsinn oder Blasphemie. So fragen wir erneut: Was ist das Eine, das not tut? Und wiederum ist es schwer, eine Antwort zu geben. Wenn wir antworten: „Gott", dann ist auch das mißverständlich. Selbst Gott kann zu einem endlichen Anliegen werden, zu einem Objekt unter anderen Objekten, an dessen Existenz einige glauben und andere

nicht. Ein solcher Gott kann nicht das sein, was uns unbedingt angeht. Oder wir machen ihn zu einer Person neben anderen Personen, zu dem eine Beziehung zu haben, nützlich erscheint. Eine solche Person mag unsere endlichen Anliegen unterstützen, aber sie kann nicht das sein, was uns unbedingt angeht.

Das Eine, das not tut — das ist die erste und in gewissem Sinne die letzte Antwort, die ich geben kann —, ist, daß uns etwas unbedingt, unendlich, mit letztem Ernst angeht. So ist es bei Maria. Das ist es, was Martha fühlt und woran sie Anstoß nimmt, und das ist es, was Jesus an Maria rühmt. Viel mehr wird über Maria nicht gesagt und kann nicht gesagt werden, und es ist weniger, als was über Martha gesagt wird. *Aber Maria ist auf etwas gerichtet, das sie unbedingt angeht.* Das ist das Eine, das not tut.

Wenn uns das letzte und höchste Anliegen mit überwältigender Macht ergreift und wir dann auf unsere endlichen Sorgen blicken, auf die Lebenssphäre Marthas, dann scheint alles genauso zu sein wie zuvor, und doch ist alles verwandelt. Wir beschäftigen uns noch mit all diesen Dingen, aber nun auf ganz andere Weise — die Angst hat uns verlassen. Sie existiert zwar noch und versucht, sich wieder einzuschleichen. Aber ihre Macht ist gebrochen, sie kann uns nicht mehr zerstören. Wer von dem Einen ergriffen ist, das not tut, hat die vielen Dinge hinter sich gelassen. Sie gehen ihn noch an, aber nun nicht mehr unbedingt, und wenn er sie verliert, dann verliert er nicht das Eine, das not tut und das ihm nicht genommen werden kann.

21

ALLES HAT SEINE ZEIT

*Es ist alles ganz nichtig! spricht der Prediger, es ist alles ganz
nichtig!* PRED. SAL. 1, 2.

*Ein jegliches hat seine Zeit,
und alles Vornehmen unter dem Himmel hat seine Stunde:
geboren werden und sterben,
pflanzen und ausrotten, was gepflanzt ist,
töten und heilen,
niederreißen und aufbauen,
weinen und lachen,
klagen und tanzen,
Steine zerstreuen und Steine sammeln,
herzen und ferne sein von Herzen,
suchen und verlieren,
behalten und wegwerfen,
zerreißen und zunähen,
schweigen und reden,
lieben und hassen,
Streit und Friede hat seine Zeit.* PRED. SAL. 3, 1—8.

Wir haben Worte eines Mannes gelesen, der etwa zweihundert Jahre vor Jesu Geburt lebte, eines Mannes, der in der jüdischen Frömmigkeit erzogen war und die griechische Philosophie kannte, der ein Kind seiner Zeit war, einer Zeit der Katastrophen und der Hoffnungslosigkeit. Er redet von dieser Hoffnungslosigkeit mit einem Pessimismus, der fast alle pessimistischen Werke der Weltliteratur übertrifft. Alles ist nichtig, wiederholt er immer wieder. Wir wissen nicht, wer der Verfasser dieses Buches war. Es ist aber vielsagend und bedeutsam, daß man solche Worte gerade dem reichen und glücklichen König Salomo in den Mund legte. Sicher gab die Art seines Lebens und Denkens dazu die Mög-

lichkeit. Ihn, der nicht nur die Mittel besaß, die Wünsche seines Volkes zu erfüllen, sondern diese Mittel auch mit Weisheit anwandte, läßt man sagen: Alles ist nichtig! Man nennt dieses Buch gewöhnlich den „Prediger", obwohl der Verfasser eher ein Weisheitslehrer, ein praktischer Philosoph war. Wir wundern uns vielleicht darüber, daß diese düsteren Betrachtungen über das menschliche Schicksal in die Bibel aufgenommen werden konnten. Es dauerte lange, und viele Widerstände mußten überwunden werden, bis das geschehen konnte. Aber schließlich entschieden sich Synagoge und Kirche dafür, und nun steht dieses Buch in der Bibel neben Jesaja, Matthäus, Paulus und Johannes. Das Wort „alles ist nichtig" hat biblische Autorität erlangt. Ich glaube, daß diese Autorität zu Recht besteht, daß es nicht eine durch ein Versehen entstandene Autorität, sondern die der Wahrheit ist. Des Predigers Beschreibung der menschlichen Situation ist wahrhaftiger als alle Dichtung, die den Menschen und sein Schicksal verherrlicht. Durch diese Wahrhaftigkeit werden unsere Augen geöffnet für die Dinge, die von Optimisten aller Richtungen übersehen oder verschleiert werden. Wenn ihr also Menschen begegnet, die das Christentum angreifen, weil es sich zu viele Illusionen mache, dann sagt ihnen, ihre Angriffe würden noch viel schärfer sein, wenn sie es vom Standpunkt des Predigers aus sehen würden. Die bloße Tatsache, daß dieses Buch ein Teil der Bibel ist, zeigt deutlich, daß die Bibel ein höchst realistisches Buch ist. Und das kann gar nicht anders sein. Denn nur auf diesem Hintergrund hat die Botschaft von Jesus als dem Christus Sinn. Nur wenn wir bereit sind, mit voller Aufrichtigkeit auf die menschliche Situation, auf die alte Wirklichkeit des Menschen hinzublicken, können wir die Botschaft verstehen, daß in Christus eine neue Wirklichkeit erschienen ist. Wer niemals von seinem Leben gesagt hat: „Es ist alles ganz nichtig!", kann auch nicht mit voller Überzeugung mit Paulus sagen: „In dem allen überwinden wir weit um deswillen, der uns geliebt hat."
Eine Zeit, eine bestimmte Stunde ist allen Dingen unter dem Himmel gesetzt, sagt der Prediger. Und in vierzehn Gegensatzpaaren umfaßt er die ganze menschliche Existenz und zeigt, daß alles seine Zeit hat. Was heißt das?

Alles hat seine Zeit

Wenn der Prediger sagt: „Ein jegliches hat seine Zeit", dann fügt er wiederholt hinzu: „Siehe, alles ist nichtig und Haschen nach Wind." Die Tatsache, daß alles seine bestimmte Zeit hat, gibt seiner tragischen Weltanschauung recht. Alle Dinge und all unser Handeln haben *ihre* Zeit. Aber nichts Neues entsteht aus diesem Kreislauf, in dem sich alles Leben bewegt. Alles hat seine begrenzte Zeit durch ein ewiges Gesetz, das jenseits der Zeit liegt. Den Sinn dieses Gesetzes der Vergänglichkeit können wir nicht erfassen. Für *uns* bleibt er Geheimnis; was wir sehen, ist Nichtigkeit und Vergeblichkeit. Die von Gott gesetzte Zeit ist uns verborgen, und wenn wir uns abmühen und selbst die Zeit setzen wollen, so scheitern wir. Jeder menschliche Versuch, den Rhythmus von Geburt und Tod, von Krieg und Frieden, von Liebe und Haß und alle anderen Gegensätze im Rhythmus des Lebens zu ändern, ist zum Scheitern verurteilt.

Das ist der erste, aber noch nicht der volle Sinn der Feststellung, daß alles seine bestimmte Zeit hat. Wenn der Prediger sagt, eine Zeit sei bestimmt zum Pflanzen und eine andere zum Ausrotten, eine Zeit zum Töten und eine andere zum Heilen, eine Zeit zum Niederreißen und eine andere zum Aufbauen, eine Zeit zum Klagen und eine andere zum Tanzen, eine Zeit zum Reden und eine andere zum Schweigen, dann fordert er uns auf, die *rechte* Zeit zu erkennen, die Zeit, das eine zu tun und nicht das andere. Nachdem er so nachdrücklich betont hat, daß durch ein unentrinnbares Schicksal allem menschlichen Tun seine Zeit zugemessen ist, fordert er uns auf, dieses Gesetztsein unserer Zeit von oben her anzunehmen und unser eigenes Planen ihm unterzuordnen. Wie ein Weisheitslehrer, der kluge Regeln für unser Handeln aufstellt, mahnt er uns, die rechte Zeit zu wählen. Er weiß, daß immer, wenn wir unsere Zeit planen wollen, wir abhängig sind von der Zeit, die uns von oben her, von dem verborgenen Herrn der Zeit bestimmt ist. Aber das schließt nicht aus, daß wir im richtigen und nicht im falschen Augenblick handeln. Die ganze antike Welt lebte in dem Glauben, daß es für alles, was wir tun, eine entsprechende Stunde gebe. Ob man heiraten oder ein Haus bauen will, ob man eine Reise unternimmt oder einen Krieg beginnt, für

jedes wichtige Unternehmen muß man den richtigen Augenblick wählen. Man muß jemanden fragen, der ihn kennt, den Priester oder den Astrologen, den Seher oder den Propheten. Auf Grund des Orakelwortes, das die günstige Zeit nennt, handelt man oder handelt man nicht. Das war der Glaube von Jahrhunderten und Jahrtausenden. Von Generation zu Generation war er eine bestimmende Kraft innerhalb der Menschheitsgeschichte. Die größten Menschen der Vergangenheit warteten auf das Orakel, das die vorbestimmte Stunde ankündigen sollte. Jesus selbst sagte, seine Stunde sei noch nicht gekommen, und ging nach Jerusalem, als er fühlte, daß seine Stunde gekommen war.
Der moderne Mensch fragt für gewöhnlich nicht nach Orakeln. Aber genauso wie seine Vorfahren weiß er, wie notwendig es ist, den richtigen Augenblick zu wählen. Als ich mich zu Beginn meines Aufenthaltes in Amerika mit einem einflußreichen Geschäftsmann über ein bestimmtes Projekt unterhielt, sagte er: „Vergessen sie nicht, der erste Schritt zum Erfolg ist die Wahl des rechten Augenblicks." Sehr oft erinnerte ich mich, wenn ich von politischen oder geschäftlichen Unternehmungen las, an diese Worte. In vielen Gesprächen über bestimmte Projekte und Pläne tauchte das Problem des richtigen Zeitpunktes auf. Es ist eines der entscheidensten Merkmale unserer Kultur, unserer industriellen Zivilisation. Wie verhält es sich zu den Worten des Predigers?
Als der Geschäftsmann von dem rechten Augenblick sprach, dachte er an das, was *er* getan hatte und was *er* tun würde. Er verriet den Stolz eines Menschen, der die rechte Stunde für sein Handeln kennt, der in seinem Urteil recht hat, der sich als Lenker seines Schicksals fühlt, als Schöpfer neuer Dinge, als Herr der Situation. Aber was der Prediger meint, ist etwas anderes als diese Sicherheit. Auch da, wo er auf die Notwendigkeit hinweist, die rechte Zeit zu wählen, hört er doch nicht auf zu versichern: Alles ist nichtig. Man muß den richtigen Augenblick ergreifen, aber letztlich kommt es darauf nicht an. Das Ende ist das gleiche für den Weisen und für den Törichten, für den, der sich abmüht, und für den, der das Leben genießt, das Ende ist sogar das gleiche für Mensch und Tier.

Alles hat seine Zeit

Der Prediger ist sich zunächst dessen bewußt, daß unsere Zeit gesetzt *ist*, und von geringerer Bedeutung ist ihm, daß *wir* planen müssen. Der moderne Geschäftsmann sieht in erster Linie, daß *er* den Zeitpunkt bestimmen muß, und nur sehr undeutlich empfindet er, daß seine Zeit ihm bestimmt *ist*. Natürlich merkt auch er, daß die Wahl des richtigen Zeitpunktes nicht sein eigenes Werk ist, daß er abhängig von ihm ist, daß er ihn in seinen Kalkulationen und Handlungen verfehlen kann. Er weiß, daß es eine Grenze gibt für sein Planen, ökonomische Kräfte, die stärker sind als er, daß auch er dem Schicksal der Endlichkeit unterworfen ist, das all seinen Plänen ein Ende setzt. Er weiß das, aber er bezieht es in seine Pläne und in sein Handeln nicht ein. Ganz anders der Prediger: Er beginnt die Aufzählung dessen, was seine bestimmte Zeit hat, mit Geburt und Tod. Sie stehen jenseits aller menschlichen Planung als Zeichen der Grenze, die wir nicht überschreiten können. Wir können ihre Zeit nicht voraussagen, und all unser Verfügen-wollen über die Zeit hat hier seine Grenze. Das ist der Grund, warum zu Beginn unseres modernen Zeitalters die Begriffe Tod, Sünde und Hölle aus dem öffentlichen Bewußtsein verdrängt wurden. Während im Mittelalter jeder Raum, jede Straße und — was noch wichtiger ist — Seele und Geist des Menschen voll waren von Symbolen des Endes, des Todes, scheint heute die bloße Erwähnung des Todes ein Zeichen von schlechtem Geschmack zu sein. Der moderne Mensch hat das Gefühl, daß, wenn er seinen Blick auf das Ende richtet, seine Macht, Herr der Zeit zu sein, gestört und geschwächt wird. Statt der drohenden Todessymbole hat er in jedem Raum, in jeder Straße und — was noch wichtiger ist — in seinem Geist und seinen Nerven die Uhr.

Es ist etwas Geheimnisvolles um die Uhr. Sie bestimmt unsere Tageseinteilung. Ohne sie könnten wir für die nächste Stunde nichts planen, könnten keine einzige Unternehmung festlegen. Aber die Uhr erinnert uns auch daran, daß uns unsere Zeit zugemessen ist. Sie zeigt die Vergänglichkeit unserer Zeit. In einem alten deutschen Nachtwächterlied wird jeder Stundenschlag mit einem besonderen Mahnruf angekündigt. Von der Mitternacht heißt es: „Zwölf — das ist das Ziel der Zeit, Mensch, bedenk die Ewigkeit!" In diesem doppelten Verhalten der *Uhr* gegenüber kommen zwei Möglichkeiten zum Ausdruck, sich der *Zeit* gegenüber zu verhalten: die eine, in der sich der Mensch von der Zeit bestimmt weiß, die andere, in der er für die nächste Stunde, für heute und morgen die Zeit selbst bestimmt. Was sagt uns die Uhr? Weist sie nur hin auf die Stunde, in der wir aufstehen, arbeiten, essen, reden und schlafen gehen? Weist sie nur hin auf die nächste Verabredung und das nächste Projekt? Oder weist sie nicht auch darauf hin, daß wieder ein Tag, wieder eine Woche vergangen ist, daß wir älter geworden sind, daß wir unsere Zeit besser hätten nützen sollen, damit unsere letzten Jahre der Vollendung unserer Pläne, dem Pflanzen und Bauen und Reifwerden dienen, bevor es zu spät ist? Oder läßt uns die Uhr gar schon den Augenblick ahnen, in dem ihre Stimme uns nicht mehr erreichen wird? Haben wir, die Menschen des industriellen Zeitalters, die tagaus, tagein jede Stunde einteilen, den Mut und die Vorstellungskraft des Predigers, der zurückblickt auf *seine* Zeit und das, was *er* mit seiner Zeit gemacht hat, und der all das Nichtigkeit nennt? Und wenn das so ist, was bedeutet es dann, daß wir für all unser Tun eine Zeit bestimmen? Verliert es nicht jeden Sinn? Müssen wir nicht mit dem Prediger sagen, es sei gut für den Menschen, das Leben, wie es ihm von Stunde zu Stunde gegeben ist, zu genießen, es sei aber besser, überhaupt nicht geboren zu sein?

Es gibt eine andere Antwort auf die Frage nach der menschlichen Existenz, auf die Frage, wie weit wir die Zeit bestimmen oder von ihr bestimmt sind. Sie ist zusammengefaßt in den Worten Jesu: „Die Zeit ist erfüllt, und das Reich Gottes ist herbeigekommen." Hier bricht Gottes Zeit in unsere menschliche Zeit ein. Etwas Neues erscheint, das sowohl eine Antwort auf die Frage des Predigers wie auf die des Geschäftsmannes ist. Wie alle Generationen denkender Menschen fragen auch wir: Was ist der tiefste Sinn des Dahinströmens der Zeit und des Vorübergehens alles dessen, was in der Zeit geschieht? Was ist der tiefste Sinn unseres Mühens und Planens, wenn das Ende für uns und unser Werk immer das gleiche ist: Nichtigkeit? Und das ist die Antwort, die uns gegeben wird: In dieser unserer Zeit geschieht etwas, das nicht aus unserer Zeit kommt, sondern aus der Ewigkeit, und das unsere Zeit bestimmt. Die gleiche

Alles hat seine Zeit

Macht, die unserer Zeit Grenzen setzt, gibt ihr ewige Bedeutung. Wenn Jesus sagt, die rechte Stunde sei gekommen, das Reich Gottes sei nahe, dann verkündet er damit den Sieg über das Gesetz der Nichtigkeit. *Diese* Stunde ist nicht dem Kreislauf von Leben und Tod und all den anderen Bereichen der Nichtigkeit unterworfen. Wenn Gott selbst in einem Augenblick der Zeit erscheint, wenn er sich im Christus der Vergänglichkeit der Zeit unterwirft, dann ist damit die Vergänglichkeit der Zeit überwunden. Und wenn das in *einem* Augenblick der Zeit geschieht, so bekommen damit *alle* Augenblicke der Zeit eine andere Bedeutung. Wenn der Uhrzeiger sich bewegt, so wird nicht ein nichtiger Augenblick von einem anderen nichtigen Augenblick abgelöst, sondern jeder Augenblick sagt uns: In *diesem* Augenblick ist das Ewige gegenwärtig. Der Augenblick vergeht, das Ewige bleibt. Was immer in diesem Augenblick, in dieser Stunde, an diesem Tage und in dieser kurzen oder langen Lebenszeit geschieht, hat unendliche Bedeutung. Wenn wir von einer Stunde zur anderen die Zeit festlegen, wenn wir von heute auf morgen planen, dann ist die Mühsal unserer Lebenszeit nicht verloren. Ihr tiefster Sinn weist nicht nach vorn, wo das Dahinströmen der Zeit sie verschlingen wird, sondern nach oben, dorthin, wo die Ewigkeit sie bejaht. Das ist der letzte Ernst der Zeit und des Zeit-setzens: durch unser Zeit-setzen hindurch setzt Gott die Zeit für das Kommen seiner Herrschaft. Durch unser Zeit-setzen hindurch erhebt er die nichtige Zeit in die erfüllte Zeit. Der nur aktive Mensch, der mit Klugheit und Feingefühl plant, was er in seiner Zeit und für seine Zeit und für unsere ganze Zivilisation tun will, bleibt uns die Antwort auf die Frage nach dem Sinn der Zeit schuldig. Und der Prediger, der selbst tätig und erfolgreich gewesen sein mag, weiß, daß Aktivität keine Antwort ist. Und laßt uns ehrlich sein: wir haben heute ein deutliches Gefühl für das, was der Prediger sagen will. Seine Stimmung ist auch die Stimmung unserer Philosophie und Dichtung. Am eindrucksvollsten wird die Nichtigkeit menschlicher Existenz von denen beschrieben, die sich als Philosophen oder Dichter des Existentialismus bezeichnen. Sie alle sind Nachfahren des Predigers, dieses großen Existentialisten seiner Epoche. Aber weder sie noch der Prediger wissen eine Antwort. Sie wissen mehr als die Menschen, die von der bloßen Aktivität her leben. Sie wissen, wie nichtig Handeln und Planen ist. Sie wissen, daß unsere Zeit bestimmt *ist*. Aber eine Antwort wissen sie nicht. Natürlich müssen wir handeln, das läßt sich nicht vermeiden. Von einem Tag zum anderen müssen wir unser Leben in die Hand nehmen. Wir wollen es so nüchtern und so erfolgreich tun wie der Prediger. Aber wir wollen ihm auch da folgen, wo er durch all dies hindurchsieht und erkennt, daß es nichtig ist.

Dann, und nur dann sind wir bereit, die Botschaft des Ewigen zu vernehmen, das in der Zeit erscheint und die Zeit in die Ewigkeit erhebt. Dann erkennen wir in der Bewegung der Uhr nicht *nur*, daß ein Augenblick dem anderen folgt, sondern *auch*, daß das Ewige uns erschütternd, fordernd und verheißend nahe ist. Dann können wir sagen: Dennoch! Trotz der Tatsache, daß der Prediger und all seine pessimistischen Nachfahren heute und überall und zu allen Zeiten recht haben, sage ich ja zur Zeit und zur Arbeit und zum Handeln. Ich weiß um die unendliche Bedeutung jedes Augenblicks. Aber nochmals: wenn wir das sagen, dürfen wir nicht wieder in die Haltung des Aktivisten zurückfallen, auch nicht in die des christlichen Aktivisten — und es gibt viele dieser Art in der Christenheit, Männer und Frauen. Die Botschaft von der Erfüllung der Zeit ist kein Freibrief für einen neuen, christlichen Aktivismus. Aber mit Paulus können wir sagen: „Ob unser äußerlicher Mensch verdirbt, so wird doch der innere von Tag zu Tage erneuert . . ., denn wir sehen nicht auf das Sichtbare, sondern auf das Unsichtbare. Denn was sichtbar ist, das ist zeitlich, was aber unsichtbar ist, das ist ewig." In dem, was hier gesagt wird, trifft sich die Botschaft des Predigers mit der Botschaft Jesu. Alles ist nichtig, aber durch diese Nichtigkeit hindurch erscheint uns die Ewigkeit, kommt uns nahe und zieht uns zu sich. Wenn die Ewigkeit in die Zeit hineinruft, dann ist der Aktivismus überwunden. Wenn die Ewigkeit in die Zeit hineinruft, dann ist der Pessimismus überwunden. Wenn die Ewigkeit unsere Zeit bestimmt, dann wird die Zeit ein Gefäß der Ewigkeit. Dann werden wir ein Gefäß für das, was ewig ist.

22

DIE ERLÖSUNG DES WELTALLS

Und von der sechsten Stunde an ward eine Finsternis über das ganze Land bis zu der neunten Stunde. Und um die neunte Stunde schrie Jesus laut und sprach: Eli, Eli, lama asabthani? Das ist: Mein Gott, mein Gott, warum hast du mich verlassen? Und Jesus schrie abermals laut und verschied. Und siehe da, der Vorhang im Tempel zerriß in zwei Stücke von obenan bis untenaus. Und die Erde erbebte, und die Felsen zerrissen, und die Gräber taten sich auf, und standen auf viele Leiber der Heiligen, die da schliefen, und gingen aus den Gräbern nach seiner Auferstehung und kamen in die heilige Stadt und erschienen vielen. Aber der Hauptmann und die bei ihm waren und bewahrten Jesum, da sie sahen das Erdbeben und was da geschah, erschraken sie sehr und sprachen: Wahrlich, dieser ist Gottes Sohn gewesen! MATTH. 27, 45—46; 50—54.

Der Todeskampf und der Tod Jesu stehen in den Kreuzigungsberichten im Zusammenhang mit einer Reihe von Naturereignissen: Finsternis bedeckt das Land, der Vorhang des Tempels zerreißt in zwei Stücke, die Erde erbebt, und die Leiber der Heiligen stehen auf aus ihren Gräbern. Die Natur nimmt erschauernd teil an dem entscheidenden Ereignis der Geschichte. Die Sonne verhüllt ihr Antlitz, der Tempel zeigt seine Trauer, die Tiefen des Erdreichs werden aufgerissen, die Gräber öffnen sich. Die Natur ist in Aufruhr, weil etwas geschieht, was das ganze Weltall angeht. Wo immer man seit der Zeit, in der das Evangelium niedergeschrieben wurde, vom Geschehen auf Golgatha als dem Wendepunkt im Weltdrama der Erlösung berichtet hat, da hat man auch von der Rolle gesprochen, die die Natur in diesem Drama gespielt hat. Maler, die die Kreuzigung darstellten, haben ihre ganze künstlerische Kraft eingesetzt, um in beinah unnatürlichen Farben die Finsternis über dem Land deutlich zu machen. Ich erinnere mich an meinen eigenen frühesten Eindruck vom Karfreitag: wie ich davon ergriffen wurde, daß das Geheimnis des göttlichen Leidens sich zuerst im Mitleiden der Natur offenbart. Und genauso erging es dem römischen Hauptmann, dem ersten Heiden, der für den Gekreuzigten Zeugnis ablegte. Von Entsetzen, von numinoser Furcht ergriffen, verstand er ganz tief und unmittelbar, daß etwas geschehen war, das mehr war als der Tod eines heiligen und unschuldigen Menschen.

Wir sollten *nicht* fragen, ob an einem bestimmten Tag eines bestimmten Jahres die Wolken oder ein Sandsturm die Sonne verdunkelt haben, oder ob gerade zu jener Stunde sich in Palästina ein Erdbeben ereignet habe, ob der Vorhang im Tempel von Jerusalem bereits zerschlissen war, ob die Heiligen, deren Leiber auferstanden waren, wieder starben. Wohl aber sollten wir fragen, ob wir fähig sind, mit den Evangelisten und Malern, den Kindern und römischen Soldaten zu spüren, daß das Ereignis von Golgatha ein Ereignis ist, das das Weltall angeht, weil es die ganze Natur und die ganze Geschichte mit umfaßt. Mit dieser Frage wollen wir auf die Zeichen blicken, die von unserem Evangelisten berichtet werden.

Die Sonne verhüllt ihr Antlitz, weil sie den Abgrund des Bösen und der Schmach unter dem Kreuz erblickt. Aber sie verhüllt ihr Antlitz auch, weil in diesen Stunden der Verfinsterung ihre Macht über die Welt ein für allemal zerbrochen ist. Der große, glühende und leuchtende Gott alles Lebendigen auf der Erde, die Sonne, seit Jahrtausenden von unzähligen Menschen gepriesen, gefürchtet und angebetet, hat seine göttliche Macht verloren, als *ein* Menschenwesen in äußerster Todesqual an seinem Einssein mit dem festhält, was größer ist als die Sonne. In jenen Stunden der Finsternis wird offenbar, daß nicht die Sonne, sondern eine leidende und ringende Seele, die keine Naturgewalt zerbrechen kann, das Bild des Höchsten ist, und daß die Sonne nur so gepriesen werden darf, wie Franziskus es tat, als er sie unseren Bruder, nicht aber unseren Gott nannte.

„Der Vorhang im Tempel zerriß in zwei Stücke." Der Tempel trägt sein Gewand wie ein Trauernder, weil der, dem der Tempel mehr gehört als irgendeinem anderen, von den Dienern des Heiligtums ausgestoßen und getötet wird. Aber der Tempel — und mit ihm alle Tempel der Welt — stimmt auch Klage an über sein eigenes Schicksal. Der Vorhang, der den Tempel zu einem heiligen Ort macht, abgeschlossen von allen anderen Orten, verliert seine trennende Macht. Der ausgestoßen war als einer, der den Tempel entweiht habe, hat den Vorhang zerrissen und öffnet damit den Tempel jedem Menschen in jedem Augenblick. *Dieser* Vorhang kann nie mehr geflickt werden, obwohl es Priester, Geistliche und fromme Leute gibt, die ihn immer wieder flicken wollen. Es wird ihnen *nicht* gelingen, weil der, dem jeder Ort ein heiliger Ort war, ein Ort, an dem Gott gegenwärtig ist, im Namen dieses heiligen Ortes an das Kreuz geschlagen wurde. Als der Vorhang im Tempel zerriß, sprach Gott sein Gericht über die Religion und verwarf die Tempel. Seit jenem Augenblick können Tempel und Kirchen nur Orte der Konzentration auf das Heilige sein, und nur hier liegt ihre Begründung und Bedeutung.

Und wie der Tempel, so steht auch die Erde unter dem Gericht von Golgatha. Erschauernd und erbebend nimmt sie teil an dem Todeskampf des Mannes am Kreuz und an der Verzweiflung all derer, die in ihm den Anfang des neuen Äon gesehen hatten. Erschauernd und erbebend bezeugt die Erde, daß sie nicht der mütterliche Grund ist, auf dem wir unsere Häuser und Städte, unsere Kulturen und religiösen Systeme sicher bauen können. Erschauernd und erbebend weist sie auf einen anderen Grund hin, auf dem sie selber ruht: auf die sich selbst hingebende Liebe, gegen die die Feindschaft aller irdischen Mächte und Werte aufbricht, ohne sie jedoch besiegen zu können. Seit der Stunde, in der Jesus laut schrie und seinen Geist aufgab und die Felsen barsten, hörte die Erde auf, das Fundament zu sein für das, was wir auf ihr bauen. Nur soweit dies auf tieferem Grund gebaut ist, kann es bestehen. Nur soweit es seine Wurzeln in demselben Grund hat, in dem das Kreuz gegründet ist, kann es dauern.

Und die Erde ist nun weder der sichere Lebensgrund noch die

ewige Todeskammer. Die Auferstehung *folgt* nicht dem Tode dessen, der der Christus ist, sondern sie *gehört* zu seinem Tod, das sagt uns der Bericht über die Auferstehung der Heiligen vor der Auferstehung Christi. Das Weltall ist nicht mehr dem Gesetz des Todes unterworfen, der schon im Augenblick der Geburt beginnt. Es ist einem höheren Gesetz unterworfen, dem Gesetz des Lebens, das hervorgegangen ist aus dem Tode dessen, der das ewige Leben verkörpert. Die Gräber taten sich auf, und die Leiber der Heiligen standen auf, als ein Mensch, in dem Gott gegenwärtig war, seinen Geist bedingungslos in seines Vaters Hände befahl. Seit diesem Augenblick ist das Weltall nicht mehr das, was es war. Die Natur hat einen neuen Sinn bekommen, die Geschichte ist verwandelt, und ihr und ich, wir sind nicht mehr — oder sollten nie mehr sein —, was wir zuvor waren.

Paul Tillich · Das Ewige im Jetzt

Paul Tillich

Das Ewige im Jetzt

Religiöse Reden
3. Folge

Walter de Gruyter · Berlin · New York

Die amerikanische Ausgabe des Buches erschien unter dem Titel „The Eternal Now" im Verlag Charles Scribner's Sons, New York. Die Übertragung ins Deutsche besorgte Dr. Ingeborg C. Henel.

Hermann Schafft
*In Erinnerung an ein halbes Jahrhundert
Freundschaft*

INHALT

Vorwort 9

Teil I: Die menschliche Situation

1. Verlassenheit und Einsamkeit 13
2. Vergessen und Vergessen-Werden 22
3. Das Rätsel der Ungleichheit 31
4. „Das Gute, das ich will, das tue ich nicht" 41
5. „Heilet Kranke, treibet Dämonen aus" 51
6. Vom Menschen und der Erde 58
7. Damit sie Leben und reiche Fülle haben 70

Teil II: Die göttliche Wirklichkeit

8. Die Gegenwart des göttlichen Geistes 81
9. Der Name Gottes 92
10. Gott greift nach uns 100
11. Erlösung und Heilung 110
12. Das Ewige im Jetzt 119

Teil III: Die menschliche Verwirklichung

13. „Richtet euch nicht nach dieser Welt" 131
14. „Seid stark" 140
15. „Werdet reif im Denken" 149
16. Über die Weisheit 156
17. „Seid dankbar in allen Dingen" 165
Bibelstellenregister 176

VORWORT

Wie die Predigten in den beiden vorhergehenden Bänden, „In der Tiefe ist Wahrheit" und „Das Neue Sein", wurden auch diese Predigten zumeist an Universitäten und Colleges gehalten. Sie stammen aus den Jahren von 1955 bis 1963. Der Titel dieses Bandes, identisch mit dem Titel einer Predigt aus dem zweiten Teil, weist auf die Erfahrung hin, die den meisten Predigten in ihm zugrunde liegt: die Erfahrung von der Gegenwart des Ewigen inmitten des Zeitlichen. Ich hoffe, dieser Band wird, wie die beiden früheren, zeigen, daß die christliche Verkündigung auch für unsere Zeit Bedeutung hat, wenn sie sich der Sprache unserer Zeit bedient.
Dies Buch ist dem Andenken eines Mannes gewidmet, dessen fast lebenslängliche Freundschaft mein Leben bereichert und vertieft hat. In Gemeinschaft mit ihm erlebte ich Augenblicke, in denen das Ewige Gegenwart wurde.
Mein Dank für die oft schwierige Arbeit der deutschen Übersetzung geht an Frau Ingeborg Henel.

Chicago, im Mai 1964

Paul Tillich

TEIL I

Die menschliche Situation

VERLASSENHEIT UND EINSAMKEIT

Und da er das Volk von sich gelassen hatte, stieg er auf einen Berg allein, daß er betete. Und am Abend war er allein daselbst.
MATTHÄUS 14, 32

I

Er war allein daselbst – ebenso sind wir allein. Der Mensch ist allein, weil er Mensch ist. Auf eine gewisse Art ist jedes Geschöpf allein. Jeder Stern beschreibt in großartiger Einsamkeit seine Bahn durch den dunklen, unendlichen Raum. Jeder Baum wächst nach seinem eigenen Gesetz und erfüllt so die nur ihm eigentümlichen Möglichkeiten. Tiere leben, kämpfen und sterben allein, in der Enge ihres Körpers gefangen. Gewiß, sie leben auch zusammen in Paaren, in Familien und in Herden. Und doch ist jedes für sich allein. Leben bedeutet, einen Körper haben – und der Körper ist abgetrennt von anderen Körpern –, getrennt sein aber bedeutet allein sein.
Jedes Geschöpf ist allein, und der Mensch ist mehr allein als alle Geschöpfe, denn er weiß, daß er allein ist. Aus diesem Wissen steigt in ihm die Frage auf, warum er allein ist und wie er sein Alleinsein überwinden kann; denn er kann das Alleinsein nicht ertragen, und er kann ihm auch nicht entgehen. Es ist sein Geschick, allein zu sein und sich seines Alleinseins bewußt zu sein – ein Geschick, von dem ihn selbst Gott nicht befreien kann.
In der Geschichte vom Paradies heißt es: „Und Gott der Herr sprach: Es ist nicht gut, daß der Mensch allein sei." Und so erschuf er die Frau aus der Rippe Adams. Es ist ein

alter Mythus, daß Mann und Frau ursprünglich eins waren. Jetzt, da sie getrennt sind, sehnen sie sich nach Wiedervereinigung. Sie erkennen einander als Fleisch vom eigenen Fleisch, aber trotzdem bleibt jeder für sich allein. Sie schauen einander an, aber trotz ihrer Sehnsucht nacheinander bleiben sie einander fremd. In der Geschichte vom Sündenfall macht Gott selbst sie darauf aufmerksam, indem er mit jedem einzeln spricht, jedem seine besondere Schuld vorwirft und die Verteidigung eines jeden anhört und seine Klagen gegen den anderen. Dann verhängt er über jeden einen besonderen Fluch und überläßt ihn der Scham über seine Nacktheit – und auch in dieser Scham ist jeder für sich allein. Die Erschaffung der Frau hat nichts an der Lage geändert, die Gott selbst nicht gut für den Menschen fand. Adam hat zwar eine Gefährtin erhalten, aber er bleibt weiter allein, denn durch die Erschaffung der Frau ist nichts geschehen, als daß zu dem einen menschlichen Wesen ein zweites gekommen ist, das ebenso allein ist wie das erste. Und ebenso allein wie diese beiden ist jeder einzelne ihrer Nachkommenschaft.

Aber, fragen wir, hat Gott den Menschen wirklich nicht aus seinem Alleinsein erlöst, indem er ihm die Frau erschuf? Wird in der Begegnung der Geschlechter das Alleinsein nicht doch überwunden? In Stunden der Gemeinschaft, in Augenblicken der Vereinigung, in der Ekstase der Liebe scheint die Trennung aufgehoben zu sein. Aber nach solchen Augenblicken des Einsseins wird die Kluft zwischen den Menschen noch tiefer empfunden als zuvor, und die Befremdung steigert sich zuweilen bis zum Abscheu. Wir haben zu viel von uns hingegeben, und nun verlangen wir das Gegebene zurück. Wir wollen uns in unserem Alleinsein vor dem anderen bewahren, und Scham überfällt uns: Wir schämen uns unserer Selbstentblößung, der seelischen wie der körperlichen, und versuchen, unsere Blöße zu verdecken wie Adam und Eva, als sie ihrer Nacktheit gewahr wurden. So bleibt selbst in der innigsten Vereinigung von Mann und Frau jeder für sich allein; keiner kann in das Innerste des anderen eindringen. Wenn dem nicht so wäre,

könnten Mann und Frau einander nicht Gefährten sein und in menschlicher Gemeinschaft leben.
Gott selbst kann den Menschen nicht aus seinem Alleinsein befreien, denn es ist die Größe des Menschen, ein selbständiges Wesen mit einem eigenen Zentrum zu sein. Nur so, abgetrennt von seiner Welt, kann er ihr gegenüberstehen, kann er sie erkennen, sie lieben und sie verwandeln. Gott, der den Menschen zum Herrscher über die Erde gesetzt hat, mußte ihn von der Welt trennen und ihn zum Alleinsein verurteilen. Wegen dieses Alleinseins aber ist er fähig, auf Gott zu hören und auf seine Mitmenschen. Weil er allein ist, kann er Fragen stellen und Antworten geben und Entscheidungen treffen. Weil er allein ist, ist er frei zum Guten und zum Bösen. Nur wer einen eigenen, undurchdringlichen Kern hat, ist frei. Nur wer allein ist, kann behaupten, ein Mensch zu sein. In dem Alleinsein liegt Leid und Größe des Menschen.

II

Die Sprache hat verschiedene Worte für diese beiden Arten des Alleinseins geschaffen. Sie bezeichnet mit dem Wort „Verlassenheit" das Leid des Alleinseins und mit dem Wort „Einsamkeit" beides, sein Leid und seine Größe. Die Umgangssprache macht diese Unterschiede gewöhnlich nicht, aber wir sollten ihrer bewußt sein und unsere Einsicht in die Zweideutigkeit alles Menschlichen vertiefen.
Im fünfundzwanzigsten Psalm heißt es: „Wende dich zu mir und sei mir gnädig; denn ich bin einsam und elend." Der Psalmist empfand die Qual des Verlassenseins. Wir wissen nicht, wieso er sich verlassen fühlte; es gibt viele Arten des Verlassenseins, und wir alle haben es auf die eine oder andere Art erfahren.
Das Gefühl der Verlassenheit überfällt uns vor allem, wenn Menschen, die uns unser Alleinsein vergessen ließen, von uns gehen, sich von uns trennen oder sterben. Wir fühlen uns verlassen nicht nur bei der Trennung von Menschen, die uns nahestanden, sondern auch bei der Auflösung einer

Gemeinschaft, in der wir lebten und arbeiteten und der wir gesellschaftlich oder geistig angehörten. Für viele Menschen ist das Gefühl der Verlassenheit zu einem Dauerzustand von tiefer Melancholie und Trauer geworden. Wem die Liebe die Ohren geöffnet hat, der kann die Seufzer zahlloser einsamer Menschen rings um sich und überall in der Welt hören.

Aber wie steht es mit den anderen, die von Freunden und Nachbarn umringt sind, von Mitarbeitern und Mitbürgern, denen eine Familie geschenkt ist und die Liebe des anderen Geschlechts? Verdeckt die Zahl ihrer Freunde ihnen die innere Verlassenheit? Vielleicht ist dies unsere eigene Lage, und wir müssen antworten: Niemals fühlte ich mich so verlassen, als wenn mir, umringt von Menschen, plötzlich bewußt wurde, daß ich im Grunde allein bin. Dann wurde ich still und zog mich von den Menschen zurück, um mit meiner Verlassenheit allein zu sein. Meine äußere Lage sollte meinem inneren Zustand entsprechen. Eine solche Erfahrung soll man nicht damit zu erklären suchen, daß es Menschen dieser Art nur an Energie mangle, sich in der Gesellschaft durchzusetzen, und daß ihre Zurückgezogenheit eine Folge ihrer Schwäche sei, der man mit Rat und psychiatrischer Behandlung abhelfen könne. Es gibt auch solche Menschen, und sie bedürfen der Hilfe. Aber ich spreche hier von den Starken, die sich die Anerkennung ihrer Mitmenschen erworben haben und die sich trotzdem verlassen fühlen. Sie haben plötzlich die Oberfläche des Alltags durchbrochen und die tiefe Verlassenheit der menschlichen Situation erkannt. Man darf nicht glauben, daß es sich hier nur um Menschen handle, die trotz äußerster Bemühung kein Verständnis bei ihren Mitmenschen gefunden haben und die sich deshalb verlassen inmitten der Gesellschaft fühlen. Es gibt auch solche Menschen, und ihr Gefühl täuscht sie nicht; denn wer kann sagen, daß er vollkommen verstanden werde; wer wird auch nur von sich selbst verstanden? Das Mysterium eines Menschen kann nicht durch die noch so genaue Kenntnis seines Charakters erfaßt werden. Aber wer sich immer unverstanden glaubt,

verwechselt das Mysterium, das in der Tiefe eines jeden Menschen ruht, mit einer eingebildeten Größe, die er zu besitzen meint und für die er von den Mitmenschen bewundert werden will. Wenn diese Anerkennung ausbleibt, fühlen sich solche Menschen verlassen und ziehen sich in sich selbst zurück. Auch sie bedürfen der Hilfe. Aber wir wollen von jenen anderen reden, deren wirklicher innerer Reichtum von den anderen erkannt und gewürdigt wird und die trotzdem die Angst des Verlassenseins erleben, wenn sie die Oberfläche des Durchschnittslebens durchbrechen und die Tiefe der menschlichen Not erfahren.
Viele fühlen sich verlassen, weil die Liebe, die sie geben wollen, nicht angenommen und die Liebe, die sie erwarten, ihnen nicht geschenkt wird. Diese Art der Verlassenheit ist oft selbstverschuldet, denn niemand darf als sein Recht verlangen, was ihm nur als Gnade zuteil werden kann. Solche Menschen sind oft verbittert und feindselig und voller Rache gegen die, von denen sie sich verworfen glauben; aber im geheimen genießen sie die Qual ihrer Verlassenheit. Heute leiden viele Menschen an dieser seelischen Krankheit, und ihre Zahl ist noch im Wachsen. Sie sind in Gefahr, das Opfer dämonischer Mächte zu werden, die sie völlig in sich selbst gefangenhalten, und sie bedürfen deshalb mehr als andere der Hilfe. Aber es gibt auch ein echtes Erlebnis enttäuschter Liebe. Ohne einen besonderen Anspruch zu haben, setzten wir Hoffnung auf einen Menschen, und die Hoffnung wurde enttäuscht. Eine Liebesgemeinschaft kam nicht zustande oder löste sich wieder auf. In dem Gefühl der Verlassenheit nach einem solchen Erlebnis brechen wir alle Beziehungen mit der Welt ab. Wir fühlen uns im Innersten verlassen, und weder Liebe, die uns von anderer Seite entgegengebracht wird, noch die Macht unserer eigenen Liebe kann unsere Trauer überwinden. Wer das Gefühl des Verlassenseins nach enttäuschter Liebe ohne Bitterkeit ertragen kann, hat die Tiefe der menschlichen Not erfahren und hat sie mutig bestanden.
Es gibt zwei Formen des Alleinseins, denen wir nicht entgehen können und über die uns nichts hinwegtäuschen

kann. Es ist das Alleinsein angesichts unserer Schuld und das Alleinsein angesichts des Todes. Niemand kann uns die Schuld abnehmen, die wir gegen unser eigenes wahres Selbst auf uns geladen haben. Wir können niemanden für das verantwortlich machen, was wir – bewußt oder unbewußt – an uns selbst gesündigt haben. Dieser Schuld können wir weder entfliehen, noch können wir sie ungeschehen machen. Wir sind allein mit ihr; und dieses Alleinsein mit unserer Schuld ist eine Erfahrung, die jedes Gefühl unseres Verlassenseins durchdringt und uns richtet.

Auch dem Alleinsein angesichts des Todes können wir nicht entgehen. Sobald wir an unseren Tod denken, sind wir in diesem Gedanken allein. Die Gegenwart keines anderen Menschen kann uns aus diesem Alleinsein befreien, noch kann sie uns in unserer Todesstunde darüber hinweghelfen, daß es *unser* Tod ist, den wir sterben, und daß wir allein mit ihm sind, abgeschnitten von der Welt und allem in ihr, von allen Dingen und allen Menschen, die uns während unseres Lebens vergessen machten, daß wir im Grunde immer allein waren. Wer kann diese äußerste Verlassenheit ertragen?

Das Gefühl der Verlassenheit kann nur überwinden, wer die Einsamkeit ertragen kann. Wir haben ein natürliches Bedürfnis nach Einsamkeit, weil wir Menschen sind; wir wollen erfahren, was es bedeutet, ein Mensch zu sein, das heißt, einsam zu sein – nicht in Qual und Angst, sondern in Freude und Mut. Einsamkeit kann auf viele Arten gefunden und erlebt werden – aber immer sind es religiöse Erlebnisse, wenn der Philosoph recht hat, der sagte, daß Religion das sei, was der Mensch mit seiner Einsamkeit anfange.

Wir können Einsamkeit in der Natur finden, wo wir mit den Bäumen, den Wolken und dem Meer stille Zwiesprache halten, dem Rauschen der Blätter, dem Wehen des Windes und dem Brechen der Wellen lauschend. Aber die Einsamkeit der Natur kann uns immer nur vorübergehend halten, bis wir erkennen, daß ihre Stimme uns keine Antwort auf die Frage nach dem Sinn unseres Lebens geben kann. In der Einsamkeit der Natur können wir uns plötzlich verlassen fühlen; dann kehren wir in die Welt der Menschen zurück.

Verlassenheit und Einsamkeit

Wir können Einsamkeit auch in der Beschäftigung mit Musik und Dichtung finden, in der Betrachtung von Kunstwerken und im ernsten Nachdenken. Dann sind wir einsam mitten unter Menschen, aber wir fühlen uns nicht verlassen; denn die Einsamkeit bewahrt uns vor dem Gefühl der Verlassenheit. Aber das Leben ruft uns zurück zu belanglosem Gerede und den unvermeidlichen Pflichten der täglichen Routine. Es ruft uns zurück in seine Verlassenheit und in den Schein, mit dem es unsere Verlassenheit verdeckt.

Dies ist nicht nur eine Beschreibung der menschlichen Situation im allgemeinen, sondern auch eine Beschreibung unserer besonderen Lage in der Gegenwart. Der Mensch von heute, mehr als die Menschen früherer Zeiten, fühlt sich so verlassen, daß er die Einsamkeit nicht ertragen kann. Verzweifelt versucht er, ihr zu entrinnen und in der Menge unterzutauchen. Alle Tendenzen unserer Zeit kommen ihm bei diesem Versuch entgegen. Es ist bezeichnend für die Krankheit unserer Zeit, daß Eltern und Erzieher, Rundfunk und Fernsehen alles tun, um den Menschen selbst der äußeren Gelegenheit zum Alleinsein mit sich zu berauben. Selbst unsere Häuser, anstatt jedem Familienglied einen privaten Raum zu sichern, machen uns das Alleinsein unmöglich. Und die öffentlichen Gebäude, Schulen, Universitäten, Büros und Fabriken sind nicht anders. Alles ist darauf angelegt, nicht nur die Einsamkeit zu stören, sondern schon das bloße Bedürfnis nach ihr nicht aufkommen zu lassen.

Aber plötzlich geschieht es, daß Gott uns aus der Menge reißt und in die Einsamkeit stößt, und obwohl wir sie nicht gesucht haben, hält sie uns in ihrem Bann. Gott legt seine Hand auf uns wie auf den Propheten Jeremias, der von sich sagt: „Ich saß alleine, weil Deine Hand auf mir war." Gott will, daß wir nach der Wahrheit fragen – eine Frage, die uns von den Menschen trennen kann und auf die wir nur in der Einsamkeit eine Antwort suchen können. Gott will, daß wir nach Gerechtigkeit verlangen – ein Verlangen, das uns Leid und Tod bringen kann und das nur in der Einsamkeit in uns wachsen kann. Gott will, daß wir die alltägliche Gewohnheit durchbrechen – ein Wagnis, durch das wir Haß

Die menschliche Situation

und Verleumdung auf uns ziehen und für das wir uns nur in der Einsamkeit vorbereiten können. Gott will, daß wir in die Tiefe unseres Seins reichen, wo das Geheimnis des Lebens verborgen ist, und das können wir nur in Augenblicken der Einsamkeit.

Vielleicht sind Menschen unter uns, die das Verlangen nach schöpferischer Tätigkeit haben. Aber ohne Einsamkeit gibt es kein Schöpfertum. Eine einzige Stunde in einsamer Versenkung tut mehr für unsere schöpferische Leistung als viele Stunden der Bemühung um schöpferische Methoden.

Was geschieht mit uns in der Einsamkeit? Laßt uns hören, was Markus über Jesus in der Wüste sagt: „Und war allda in der Wüste vierzig Tage und ward versucht von dem Satan und war bei den Tieren, und die Engel dienten ihm." Jesus ist allein, die Reiche der Welt und des Himmels vor sich, die wilden Tiere um sich und in sich, und er selbst ein Kampfplatz göttlicher und dämonischer Mächte. Dies ist es also, dem wir als erstem in der Einsamkeit begegnen, unserem eigenen Selbst, aber nicht als einem Selbst, sondern als dem Kampfplatz schöpferischer und zerstörerischer, göttlicher und dämonischer Mächte. Einsamkeit ist schwer, wer kann sie ertragen? Selbst Jesus fand es nicht leicht, sie zu ertragen. Was tat er in der Einsamkeit? „Er stieg auf einen Berg allein, daß er betete. Und am Abend war er allein daselbst." Wenn der Abend kommt, wird die Einsamkeit noch einsamer. Es wird einsamer um uns, wenn ein Tag, ein Abschnitt unseres Lebens oder unser Leben selbst zu Ende geht. Da stieg Jesus auf den Berg und betete. Kann das Gebet Verlassenheit in Einsamkeit verwandeln, und kann es uns helfen, die Einsamkeit zu ertragen? Diese Frage ist nicht leicht zu beantworten. Die meisten Gebete haben diese Kraft nicht. Sie machen aus Gott einen Partner in unserer Alltäglichkeit und verstellen uns so den einzigen Weg in die Einsamkeit. Solche Gebete fließen Pfarrern und Laien leicht von den Lippen; sie rühren nicht aus der einsamen Begegnung mit Gott her; sie sind nicht von der Art wie Jesu Gebet auf dem Berge. Besser als solche Gebete ist Schweigen und das wortlose Seufzen unserer Seele nach

Gott. Denn sie verlangt immer nach Einsamkeit, und die Einsamkeit schenkt sich ihr inmitten der Unruhe eines arbeitsreichen Tages und eines mit Menschen angefüllten Raumes. Solche Augenblicke der Einsamkeit kann uns niemand nehmen. In ihnen geschieht etwas mit uns: Der Kern unseres Wesens, unser innerstes Selbst, das der Grund für unser Alleinsein ist, öffnet sich für die Gegenwart Gottes und vereint sich mit ihm. Hier kann es ruhen, ohne sich zu verlieren.

Jetzt können wir auch die Frage beantworten, wie aus Einsamkeit Gemeinschaft erwachsen kann. Wir haben gesagt, daß kein Wesen in das Innerste eines anderen Wesens eindringen kann und daß wir aus diesem Grunde immer allein sind. Aber wir können das Innerste eines anderen Menschen auf dem Wege über Gott erreichen. Auch so können wir unser Alleinsein nicht überwinden, aber wir können es in die Gemeinschaft mit dem aufnehmen, in dem alle Wesen ruhen, und so auch in die Gemeinschaft mit ihnen allen. Selbst die Liebe wird in der Einsamkeit erfüllt; denn nur in der Einsamkeit können die, die allein sind, die erreichen, von denen sie getrennt sind. Nur die Gegenwart des Ewigen kann die Wand durchbrechen, die Vergängliches von Vergänglichem trennt. Eine Stunde der Einsamkeit kann uns denen, die wir lieben, näher bringen als viele Stunden des Zusammenseins: Sie führt uns zusammen auf die Hügel der Ewigkeit.

Wenn wir uns jetzt fragen, was das Wesen der Einsamkeit ist, so können wir sagen, daß es die Gegenwart des Ewigen inmitten der Unruhe des Vergänglichen ist. Es ist das Erlebnis, trotz unseres Alleinseins nicht verlassen zu sein. Es ist die Erfahrung der Gegenwart des Ewigen, das im Antlitz des Christus sichtbar wird und das allen, von denen wir getrennt sind, nahe ist. In der Armut der Einsamkeit ist aller Reichtum gegenwärtig. Darum laßt uns wagen, Einsamkeit um uns zu haben, denn in der Einsamkeit begegnen wir dem Ewigen, finden wir zu den anderen und erkennen wir uns selbst.

VERGESSEN UND VERGESSEN-WERDEN

Ich vergesse, was dahinten ist, und strecke mich zu dem, was da vorne ist.

PHILIPPER 3, 13

Dieses persönliche Bekenntnis aus einem der persönlichsten Briefe von Paulus läßt uns fragen: Was wollte er vergessen? Was vergessen wir, und wessen erinnern wir uns? Warum gibt es Vergessen im Leben des Menschen und im Haushalt der Natur? Und vor allem: Wessen sollen wir uns erinnern, und was sollen wir vergessen?
Während wir diese Fragen bedenken, drängt sich uns eine weitere Frage auf, die uns noch mehr beunruhigt: Was bedeutet es für ein Ding oder ein Lebewesen, daß es vergessen wird? Was bedeutet es für uns, daß man uns vergißt, teilweise oder vollkommen, vorübergehend oder auf immer? Wie ist uns zumute bei dem Gedanken, daß wir in alle Ewigkeit vergessen werden? Wie können wir die Worte des Predigers ertragen, der von den Toten sagt, daß „ihr Andenken vergessen sei, daß man sie nicht mehr liebt noch haßt noch neidet", oder daß, wie es im Psalm heißt, „ihre Stätte sie nicht mehr kennt"?
Das einfache Wort Vergessen stellt uns vor das tiefste Rätsel von Leben und Tod, Zeit und Ewigkeit. In der Bibel begegnen wir diesem Wort immer wieder; denn Vergessen und Erinnern gehören zu den geheimnisvollsten Eigenschaften, in denen sich Gottes Ebenbild im Menschen offenbart. Darum laßt uns über das Mysterium von Vergessen und Erinnern nachdenken und uns dann die Frage vorlegen, was es für uns selbst bedeutet, vergessen oder erinnert zu werden.

Vergessen und Vergessen-Werden

I

Leben könnte nicht bestehen, ohne daß es das Vergangene der Vergangenheit überantwortete und die Gegenwart von seiner Bürde befreite. Ohne diese Möglichkeit würde die Zukunft von der Last der Vergangenheit erdrückt. Ohne sie gäbe es nichts Neues, und selbst das Alte könnte nicht sein, denn auch dies war einmal ein Neues mit der Möglichkeit einer Zukunft. Ohne daß das Vergangene in die Vergangenheit gestoßen wird, ist Leben unmöglich. Das Leben besitzt jedoch diese Kraft, wie wir an der Entwicklung jeder Pflanze und jedes Tiers beobachten können, die die frühen Stadien hinter sich lassen, um Raum für ein neues Leben in der Zukunft zu schaffen. Aber nicht alles Vergangene fällt der Vergangenheit anheim; etwas Vergangenes bleibt in dem Gegenwärtigen bestehen und bildet den Boden für das Zukünftige. Jedes Wachstum weist Spuren eines solchen bewältigten Vergangenen auf, wenn zuweilen auch nur als Narben. Das Leben bekämpft das Vergangene und gebraucht es zugleich, um sich ständig zu erneuern. Dies ist ein allgemeiner Prozeß, und der Mensch ist in ihm mit allem Lebendigen vereint, wenn auch nicht alle Lebewesen um diesen Vorgang wissen.

Nur der Mensch ist sich seiner selbst vollkommen bewußt. Er bewahrt das Vergangene, indem er es in die Erinnerung aufnimmt (er-innert), und er scheidet es aus, indem er es vergißt. So entwickelt sich jedes Kind, körperlich wie geistig: Es bewahrt Vergangenes und läßt es zurück, es erinnert sich seiner und vergißt es. Das Gleichgewicht zwischen beiden – Erinnern und Vergessen – ist ein Zeichen der Gesundheit, die das Fortschreiten zum Neuen möglich macht. Wer zuviel bewahrt und nicht genügend vergißt, verstellt sich selbst den Weg; denn infantile Mächte und Erinnerungen können die Zukunft ersticken. Rückfälle ins Vergangene kommen jedoch in jedem Leben vor. Wir alle tragen Überreste unserer Kindheit in uns, die wir nicht überwunden haben. Sie beschränken unsere Freiheit und hemmen unsere Entwicklung und können zur Verkrüpp-

lung des Lebendigen führen. Vieles legen wir nie ab: kindische Gewohnheiten in Gebaren und Sprache, Empfindlichkeit und Aggressivität der Entwicklungsjahre, frühe Vorstellungen von uns selbst und unserer Welt, die der Wirklichkeit nicht entsprechen, unbegründete Angst und kindische Wünsche, Abhängigkeit von den Autoritäten unserer Jugend, von Vater und Mutter, und Vorurteile, die wir unserer wachsenden Kritik hätten unterwerfen müssen. An einem gewissen Punkt in unserer Vergangenheit mangelte es uns in diesen Fällen an Kraft, abzuwerfen, was in die Vergangenheit gehört und vergessen werden sollte. Wir vergaßen, zu vergessen, und nun ist es zu spät zum Vergessen geworden.
Es gibt Völker, die nicht fähig waren, etwas von ihrem Erbe der Vergangenheit zu überlassen, und die sich so der Möglichkeit zu neuem Wachstum beraubten. So erdrückte die Last der Vergangenheit ihre Gegenwart und vernichtete ihre Zukunft. Vielleicht schleppen gewisse Religionen – die christliche Kirche nicht ausgenommen – zuviel von dem Ballast ihrer Vergangenheit mit und werfen nicht genügend ab; denn es ist schwerer, von einer religiösen Tradition etwas aufzugeben als von irgendeinem anderen menschlichen Erbe. Aber Gott ist nicht nur der Anfang, aus dem wir kommen, sondern auch das Ende, zu dem wir gehen. Er ist der Schöpfer des Neuen nicht weniger als dessen, was nun alt geworden ist. Er hat seinen Geschöpfen Leben gegeben, und das drängt nach der Zukunft, wenn es auch auf der Vergangenheit ruht. Zu diesem Ziel ist dem Leben Vergessen geschenkt. Eine Kirche, die keinen Gebrauch von diesem Geschenk macht, handelt gegen sich als Schöpfung Gottes; sie verfällt der Versuchung aller Kirchen, sich selbst zum Gott zu machen. Das bedeutet nicht, daß eine Kirche, ein Volk oder ein Mensch je vergessen sollten, was sie sind. Niemand verlangt von uns, daß wir unseren Namen vergessen, das Symbol des Besonderen, das wir sind. Gewiß darf eine Kirche niemals vergessen, worauf sie gegründet ist; wenn sie jedoch nicht vieles von dem aufgibt, was im Laufe der Zeit auf diesem Grunde gebaut worden und in-

zwischen erneuerungsbedürftig geworden ist, gibt sie ihre Zukunft preis.
Aber alles Leben, und auch der Mensch, läßt nicht nur hinter sich und vergißt, sondern bewahrt auch in der Erinnerung. Die Unfähigkeit, sich des Vergangenen zu erinnern, ist ebenso gefährlich wie die Unfähigkeit, es zu vergessen. An einem alten Baum können wir sehen, daß die ursprüngliche Kraft, die ihm im Samen mitgegeben war und seine endgültige Gestalt bestimmt, weiter lebendig bleibt. Trotz aller Anpassung und allem Neulernen behält das Tier, was ihm bei der Geburt mitgegeben ist, und das gleiche trifft auf den Menschen zu. Durch Erinnerung an das Vergangene bewahrt er sein eigenstes Wesen; ohne sie wäre er von sich selbst verlassen. Was vom einzelnen Menschen gilt, gilt auch von Gesellschaftsgruppen. Wahlloses Vorwärtsdrängen, Entwurzelung aus dem Boden der Vergangenheit führt zu innerer Leere, zum Mangel an Gegenwart und zum Verlust der Zukunft. Es gibt Kirchen, die in dem Wunsch, das Vergangene abzustreifen, die Erinnerung an ihren Ursprung verloren haben, und Nationen, die sich von ihrer Tradition abgeschnitten haben.
Ein Beispiel hierfür ist Amerika, für das der Ozean ein Meer des Vergessens geworden ist, in dem die Ursprünge seiner Kultur aus Jerusalem und Athen ertrunken sind. Damit meine ich nicht, daß es an wissenschaftlicher Kenntnis der Vergangenheit fehle – sie ist reichlich vorhanden –, sondern daß in dem Drang nach vorwärts, in eine neue Zukunft, die schöpferischen Kräfte der Vergangenheit verloren gegangen sind. Amerika besitzt in stärkerem Maße als andere Nationen die Fähigkeit zu vergessen, ohne daß sie durch die andere Fähigkeit, die des Sich-Erinnerns, im Gleichgewicht gehalten würde. Dies kann ihm zum Verhängnis werden, geistig und politisch, denn wir sind verloren, wenn wir unser eigentliches Wesen verlieren.

II

Vergessen ist notwendig zur Erneuerung des Lebens. Aber was vergessen wir und wie vergessen wir? Was vergaß Paulus, als er nach dem strebte, was vor ihm lag? Offensichtlich wollte er seine Vergangenheit als Pharisäer und Verfolger des Christentums vergessen. Aber jedes Wort in seinen Briefen beweist, daß er nicht vergessen konnte.

Es scheint verschiedene Arten des Vergessens zu geben. Es gibt das natürliche Vergessen des Gestrigen mit seinen alltäglichen Geschehnissen. Wenn wir an sie erinnert werden, können wir uns ihrer zunächst noch erinnern, aber allmählich vergessen wir sie und erinnern uns nur noch dessen, was Bedeutung für uns hatte. So fallen die meisten Tage unseres Lebens der Vergessenheit anheim – ein Prozeß, der sich ohne unser Zutun vollzieht wie die Erneuerung unseres Blutes.

Aber es gibt auch eine andere Art des Vergessens, um die wir alle wissen. Wenn uns Erinnerung weh tut oder schwerfällt, neigen wir dazu, das Störende zu vergessen. So vergessen wir Wohltaten, weil uns Dankbarkeit beschwert, vergessen wir frühe Liebe, weil wir uns der Verpflichtung, die sie uns auferlegt, nicht gewachsen fühlen. Wir vergessen einen alten Haß, weil es unsere geistige Gesundheit stört, ihn zu pflegen. Wir vergessen ein frühes Leid, weil es uns noch immer schmerzt; wir vergessen eine alte Schuld, weil wir ihren Stachel noch immer spüren. Dies ist kein natürliches, unbewußtes Vergessen, sondern ein absichtliches. Wir verdrängen, was wir nicht ertragen können, indem wir es in uns begraben. Aber während das natürliche Vergessen unzähliger Kleinigkeiten befreiend wirkt, läßt uns das Verdrängte, das wir vergessen wollen, nicht los. Die Erinnerung an das, was wir in uns verdrängt haben, kann jederzeit wieder hervorbrechen und uns schmerzlich treffen. Solange wir sie aber erfolgreich verdecken, schneiden wir uns von unserem Leid ab und verschütten eine Quelle unseres Wachstums.

Aber das Vergessen, von dem Paulus spricht, ist nicht Befreiung von einer alten Schuld, sondern Befreiung von der Zerstörung, die sie verursacht. Der alte, ehrwürdige Name für diese Art des Vergessens ist Reue. Heutzutage denken wir bei dem Wort Reue an eine halb schmerzliche, halb wollüstige Beschäftigung mit unserer Schuld und nicht an ein befreiendes Vergessen. Ursprünglich aber bedeutete Reue Umkehr, das Verlassen des falschen Weges und die Hinwendung zu dem richtigen. Bereuen heißt, das Bewußtsein und die Qual der Schuld abwerfen, nicht indem wir die Erinnerung an sie verdrängen, sondern indem wir unsere Schuld bekennen und Vergebung für sie empfangen. Wir können bereuen und vergessen, nicht weil das Vergessene ohne Bedeutung gewesen wäre, nicht weil wir die Erinnerung daran verdrängt hätten, sondern weil wir unsere Schuld erkannt haben und so mit ihr leben können. Denn wir wissen, daß sie in Ewigkeit vergessen ist. Auf diese Art vergaß Paulus, was hinter ihm lag, obwohl er sich seiner immer erinnerte.

Dieser Art des Vergessens bedürfen alle menschlichen Beziehungen; ohne daß wir einander stillschweigend immer wieder vergeben, könnten wir nicht miteinander leben. Vergeben aber setzt erinnern voraus und darf nicht mit dem Vergessen verwechselt werden, dem wir das belanglose Gestern überlassen. Vergebung schließt das große Trotzdem in sich ein: ich vergesse, obwohl ich mich erinnere. Ohne ein solches Vergessen kann kein menschliches Verhältnis bestehen. Das heißt jedoch nicht, daß wir einander ausdrücklich um Vergebung bitten und sie feierlich gewähren müssen. Solche Riten, wie sie zuweilen zwischen Eltern und Kindern, unter Freunden und zwischen Mann und Frau üblich sind, sind häufig nur Ausdruck moralischer Arroganz einerseits und erzwungener Demütigung andrerseits. Ich meine vielmehr die immerwährende Bereitschaft, den anzunehmen, der uns verletzt hat. Diese Vergebung ist die höchste Form des Vergessens und darf nicht mit Vergeßlichkeit verwechselt werden. Der Schmerz, einen Menschen verletzt zu haben, wird durch sie geheilt und eine Erneuerung der Freundschaft ermöglicht.

Vergebung ist Vergessen einer Sache, derer wir uns erinnern und obwohl wir uns ihrer erinnern. Wir können leben, nur weil unsere Schuld vergeben und in Ewigkeit vergessen ist. Und wir können lieben, nur weil wir vergeben können und der Vergebung teilhaftig werden.

III

Paulus strebt nach dem, was vor ihm liegt. Was ist das? Diese Frage läßt uns an eine andere Art des Vergessens denken, das Vergessen dessen, daß wir eines Tages vergessen sein werden. Es gibt unzählige Geschichten, in denen Menschen – Könige wie Bettler – daran erinnert werden, daß sie sterben müssen. Diesen Gedanken können wir nicht ertragen, und deshalb verdrängen wir ihn. Aber die immerwährende Angst können wir damit nicht abwerfen; im Leben jedes Menschen gibt es Augenblicke, in denen sie aufbricht. Dann fragen wir uns: Wird die Erinnerung an uns einmal ausgelöscht werden, für immer ausgelöscht werden? Denn die Angst vor dem Tod ist die Angst vor dem Vergessen-Werden, in Zeit und Ewigkeit. Jedes Lebewesen wehrt sich dagegen, in die Vergessenheit gestoßen zu werden, ohne die Gewißheit einer neuen Gegenwart zu haben. Daß man uns begräbt, ist ein Symbol dafür, daß wir vergessen werden, von der Oberfläche der Erde und aus dem Bewußtsein der anderen verschwinden. Die Auferstehung Jesu gewinnt an symbolischer Bedeutung dadurch, daß er begraben worden ist, wie es im Glaubensbekenntnis heißt.
Die Erklärung der Todesangst als Furcht vor dem Sterben ist oberflächlich. Das Sterben selbst kann qualvoll, es kann aber auch leicht sein. Nein, die eigentliche Todesangst ist immer Angst vor dem Vergessen-Werden, in alle Ewigkeit Vergessen-Sein.
Gegen diesen Gedanken sträubt sich der Mensch. Die Griechen versuchten, ihn durch den Gedanken an den Ruhm zu überwinden. Heute spricht man statt dessen von der historischen Bedeutung eines Menschen, und man errichtet

Denkmäler und stiftet Gelder für wohltätige, wissenschaftliche oder künstlerische Zwecke, um wenigstens noch eine Zeitlang nach dem Tode in der Erinnerung nicht nur derer zu leben, die uns liebten, haßten oder bewunderten, sondern auch derer, die nichts von uns als unseren Namen kennen. Manche Namen bleiben so auf Jahrhunderte im Gedächtnis der Menschheit. Ein Dichter sang davon, daß die Spur von seinen Erdentagen nicht in Äonen untergehe. Aber diese Spuren, die wir zweifellos hinterlassen können, sind nicht identisch mit unserer Person. Sie tragen nicht einmal unseren Namen und verhindern nicht, daß wir in Vergessenheit geraten.

Gibt es etwas, das uns vor der Vergessenheit retten kann? Daß wir aus der Ewigkeit kommen und in die Ewigkeit gehen, ist die einzige Gewißheit, die wir haben und die uns vor der Angst bewahren kann, in Ewigkeit vergessen zu werden. Nur weil wir in Ewigkeit sind, jenseits von Vergangenheit und Zukunft, können wir nicht vergessen werden.

Aber wenn wir auch nicht vergessen werden können, so können wir uns doch selbst vergessen. Wir können unser wahres Selbst vergessen, jenen Teil unseres Selbst, der von Ewigkeit her gewußt ist und in Ewigkeit in Erinnerung bleibt. Während es nicht darauf ankommt, was wir aus unserem alltäglichen Leben vergessen und wessen wir uns erinnern, ist es unendlich bedeutend, daß wir uns selbst nicht vergessen, das einzigartige, einmalige Wesen von unendlichem Wert, das unseren Händen anvertraut ist, die es vernachlässigen, mißhandeln und gefangenhalten können. Wenn wir uns seiner erinnern und uns seiner unendlichen Bedeutung bewußt werden, dann erkennen wir, daß wir von Ewigkeit her gesehen sind und in alle Ewigkeit nicht vergessen werden; denn die Wahrheit unseres Wesens liegt in dem Grunde, aus dem es kommt und in den es zurückkehrt.

Nichts, was wahrhaft wirklich ist, kann auf ewig vergessen werden, denn alles Wirkliche kommt aus der Ewigkeit und geht in die Ewigkeit. Das gilt von allem Seienden, nicht nur vom Menschen. Es gibt nichts im Universum, was nicht von Ewigkeit gesehen, nichts, was in Ewigkeit vergessen wäre. Das Atom, das heute seine Bahn beschreibt, wurzelt ebenso in ewigem Grunde wie das Atom, das vor Millionen von Jahren seine Bahn beschrieben hat. Es gibt keine absolute Vergangenheit, die gänzlich der Vergessenheit anheim fallen könnte, da Vergangenheit und Zukunft in der Ewigkeit des göttlichen Lebens ruhen. Nichts Wirkliches wird jemals verloren und vergessen. Wir ruhen mit allem wahrhaft Wirklichen zusammen in dem göttlichen Leben. Nur das Unwirkliche in uns und um uns verfällt endgültig der Vergangenheit. Dies ist die Bedeutung des göttlichen Gerichts, daß es in uns und in allem Seienden das ewige, wahre Wesen von dem Vergänglichen und Nichtigen scheidet. Wir selbst werden nicht vergessen, aber vieles in uns, was wir liebten und was wir ersehnten, wird auf immer vergessen. Dieses Gericht vollzieht sich in jedem Augenblick unseres Lebens, wenn es in der Zeit auch verborgen bleibt und nur in der Ewigkeit offenbar ist. Darum laßt uns in die Vergangenheit stoßen und vergessen, was an uns ewig vergessen sein soll, und laßt uns nach unserem wahren Wesen streben, das in Ewigkeit nicht verloren werden kann!

DAS RÄTSEL DER UNGLEICHHEIT

Denn wer da hat, dem wird gegeben; und wer nicht hat, von dem wird man nehmen, auch was er hat.   MARKUS 4, 25

Eines Tages rief mich ein gelehrter Kollege voller Ärger an: Im Neuen Testament stehe etwas, das zu dem Unmoralischsten und Ungerechtesten gehöre, das es gebe. Und er zitierte unseren Text: „Wer da hat, dem wird gegeben." Als er zu der Stelle kam „und wer nicht hat, von dem wird man nehmen, auch was er hat", wurde sein Ärger noch größer. Ich glaube, auf uns wirken diese Worte ähnlich; und wir können sie nicht einmal, wie dieser Kollege es dann versuchte, als Mißverständnis der Jünger auslegen, denn die gleiche Behauptung wird im Neuen Testament nicht weniger als viermal, und immer mit entschiedener Betonung, wiederholt. Auch ging es den Evangelisten mit dem Text nicht anders als uns, auch für sie war er ein Stein des Anstoßes, den sie auf verschiedene Weise zu beseitigen versuchten. Wahrscheinlich waren sie nicht zufrieden mit ihren Ausdeutungen, denn Jesu Worte stellen uns vor das größte und vielleicht quälendste Rätsel des Lebens: die Ungleichheit aller Lebewesen. Auch wir dürfen nicht erwarten, das Rätsel lösen zu können, denn weder in der Bibel noch in einer der anderen Religionen ist es gelöst worden. Aber wir können versuchen, sein Ausmaß und seine Tiefe zu erforschen und einen Weg zu finden, wie wir mit dem unlösbaren Rätsel leben können.

I

Wenn wir die Worte hören: „Wer da hat, dem wird gegeben", fragen wir uns, was *wir* denn besitzen. Vielleicht können wir sagen, daß wir reich an äußeren Gütern sind, daß wir viele Freunde haben, geistige Gaben besitzen und sogar verhältnismäßig tugendhaft sind. So dürfen wir erwarten, daß uns noch mehr gegeben werde, während allen denen, die das nicht haben, auch das Wenige, das sie haben, genommen wird. Nach einem Gleichnis Jesu soll denen, die nur ein Pfund haben, auch dieses genommen und denen gegeben werden, die bereits fünf oder zehn Pfunde besitzen. Sie sollen in dem Maße reicher werden, in dem jene ärmer werden. Wie sehr wir diese Ungerechtigkeit beklagen mögen, wir müssen zugeben, daß das Leben ihrer übervoll ist. Aber wir sollten uns vielleicht fragen, ob wir wirklich besitzen, was wir zu besitzen glauben, so daß es uns nicht genommen werden kann. Das ist eine Frage voller Angst, und unsere Angst wird noch bestärkt, wenn wir bei Lukas lesen „und wer nicht hat, dem wird auch das genommen, was er zu haben *meint*". Vielleicht ist unser Reichtum an Gütern nicht von der Art, daß er vermehrt werden kann. Vielleicht ist es gerade der geringe Besitz der Armen, der zunehmen soll. Jesus bestätigt diesen Gedanken in dem Gleichnis von den Pfunden. Die Pfunde, von denen wir Gebrauch machen auf die Gefahr hin, daß wir sie verlieren, sind die Pfunde, die wir wirklich besitzen. Diejenigen, die wir bewahren wollen und nicht zu gebrauchen wagen, so daß sie wachsen können, sind die Pfunde, die wir nicht wirklich besitzen und deshalb verlieren müssen. Allmählich verschwinden sie, bis wir plötzlich bemerken, daß wir sie verloren haben, vielleicht endgültig.

Wir wollen diese Gedanken auf unser eigenes Leben anwenden. Gleich ob es kurz oder lang ist, können wir uns alle vieler Dinge erinnern, die wir zu besitzen schienen, die wir aber in Wirklichkeit nicht besaßen und die uns genommen wurden. Einiges verloren wir wegen der tragischen Begrenztheit alles Lebens. Es mußte geopfert werden, so daß anderes wachsen konnte. Uns allen war einmal kindliche Unschuld beschieden; aber aus unserer Unschuld konnten wir uns nicht entwickeln, ohne sie zu verlieren. Wir können nur dadurch wachsen, daß wir unsere ursprüngliche Unschuld opfern. Trotzdem überkommt uns zuweilen eine melancholische Sehnsucht nach der Reinheit, die wir verloren haben. Uns allen war einmal jugendliche Begeisterung für viele Dinge und Ziele gegeben. Aber auch diese Begeisterung konnten wir nicht entwickeln und vergrößern. Die meisten Gegenstände unseres frühen Enthusiasmus mußten für ein paar wenige geopfert werden, und diese wenigen mußten wir nüchtern zu verfolgen lernen. Ohne solche Opfer gibt es keine Reife. Trotzdem ergreift uns zuweilen eine tiefe Sehnsucht nach den verlorenen Möglichkeiten und der Begeisterung, die wir eingebüßt haben. Beides, Unschuld und frühe Begeisterung, besaßen wir einmal, und doch waren sie nicht unser Besitz. Das Leben selbst verlangte, daß wir sie aufgaben.

Andere Dinge, die wir besaßen, verloren wir, weil wir ihren Besitz als zu selbstverständlich hinnahmen. Einige von uns, die empfänglich waren für die Schönheit der Natur, verloren die ursprüngliche Freude und das Erstaunen angesichts des Mysteriums des Lebens unter dem Druck der Arbeit und des Gesellschaftslebens mit seinen billigen Vergnügungen. Später trauern wir den Gefühlen nach, die uns einmal erfüllten beim Erwachen eines jungen Tages, bei der sterbenden Glut eines Sommerabends, angesichts der Majestät der Berge oder der Unendlichkeit des Meeres, der vollkommenen Grazie eines jungen Tieres oder der geheimnisvollen Entfaltung einer Blume. Aber wir können diese Gefühle nicht mehr in uns erwecken, sie sind gestorben, und wir empfinden nichts als die eigene innere Leere. Wir besaßen einmal ein zartes Gefühl für die Schönheit des Lebens – und besaßen es auch nicht, denn wir konnten es verlieren.

Anderen erging es ähnlich mit ihrer frühen Freude an Musik und Dichtung. Sie lebten in diesen Künsten, sie versuchten, alles in sich aufzunehmen, und sie schufen sich ein Leben, das über dem des Alltags stand. Aber sie gaben ihrer Freude

an der Kunst keine Gelegenheit, sich zu entwickeln; ihre Liebe war nicht stark genug; sie besaßen sie und besaßen sie doch nicht, und so wurde sie ihnen genommen.
In vielen Menschen lebt noch die Erinnerung an die Zeit, in der sie glaubten, die Wahrheit finden und das Rätsel des Universums lösen zu können. Sie entschlossen sich zu studieren, nicht der Karriere oder der wirtschaftlichen und gesellschaftlichen Vorteile wegen, sondern weil sie der Durst nach Wissen dazu trieb. Sie hatten einen Besitz, von dem man glauben sollte, daß er vermehrt werden konnte. Aber ihr Interesse war nicht stark genug; sie versäumten, es zu pflegen, und so wurde es ihnen genommen – Opportunismus und Gleichgültigkeit gegen die Wahrheit traten an die Stelle ihres wissenschaftlichen Interesses. Sie fühlen sich oft elend, weil die Liebe zur Wahrheit in ihnen gestorben ist, und sie wissen, daß sie das Verlorene nicht wiedergewinnen können.
Wir alle haben erfahren, daß jedes innige Verhältnis zu einem anderen Menschen der Behutsamkeit und der Pflege bedarf, wenn wir es nicht zerstören wollen und dann niemals wiedergewinnen können. In diesem Haben und Nicht-Haben kommt etwas zum Ausdruck, das Grund für unzählige menschliche Tragödien ist.
Bedeutender als alles andere Haben und Nicht-Haben ist, daß wir auch Gott haben und nicht haben. Vielleicht waren wir in der Kindheit und der Jugend „reich in Gott". Vielleicht können wir uns noch der Augenblicke erinnern, in denen uns seine Gegenwart tief erschütterte. Vielleicht haben wir einmal mit übervollem Herzen zu ihm gebetet oder sind ihm in Worten, in Tönen oder an heiligen Stätten begegnet. Wir waren Gott verbunden; aber wir verloren diese Verbindung, weil wir sie zugleich hatten und nicht hatten, weil wir es versäumten, sie zu pflegen. So verschwand sie langsam, und an ihre Stelle trat das Gefühl innerer Leere. Wir wurden gleichgültig und zynisch, nichts konnte uns mehr ergreifen, nicht weil wir an unserer traditionellen Religion gezweifelt hätten – solcher Zweifel wäre Beweis für ein reiches Leben in Gott gewesen –, sondern

weil wir uns von dem abgewandt hatten, was einmal für uns von unendlicher Bedeutung gewesen war.

Diese Gedanken sind ein erster Schritt in unserem Versuch, das Rätsel der Ungleichheit zu erforschen: Die, die haben, empfangen mehr, wenn sie wirklich im Besitz dessen sind, was sie zu haben glauben, wenn sie von ihrem Besitz Gebrauch machen und ihn wachsen lassen. Und jene, die nicht haben, verlieren, was sie zu haben meinen, weil sie es nicht wirklich haben.

II

Aber damit ist das Rätsel der Ungleichheit noch nicht gelöst; denn wir müssen uns fragen, warum einige von Anfang an mehr erhalten als andere, bevor sie noch Gebrauch von ihren Pfunden machen oder sie brach liegen lassen konnten. Warum erhält der erste Diener fünf Pfunde, der andere zwei und der dritte nur eines? Warum ist der eine in Armut geboren und der andere im Überfluß? Die Antwort, daß von dem, dem viel gegeben ist, viel verlangt wird und von dem, der nur wenig besitzt, nur geringes, ist nicht genügend. Denn eben diese ursprüngliche innere und äußere Ungleichheit ist die Frage, die uns beschäftigt. Warum ist der eine mit so viel mehr Kraft ausgestattet, etwas aus seinen menschlichen Fähigkeiten zu machen, als der andere? Warum ist dem einen so viel mehr gegeben, so daß wir mehr von ihm erwarten können als von dem andern, dem wenig gegeben ist? Diese Fragen gelten nicht nur für den einzelnen Menschen, sondern lassen sich auch auf ganze Klassen, Rassen und Völker anwenden. Damit stehen wir vor dem Problem der politischen und sozialen Ungleichheit und müssen uns mit den vielen Versuchen des Menschen beschäftigen, die Ungleichheit abzuschaffen. Jeder Revolution und jedem Krieg liegt der Wille zugrunde, das Rätsel der Ungleichheit zu lösen. Und selbst wenn wir annehmen, daß die soziale Ungleichheit im Laufe der Zeit überwunden werde, so bleiben immer noch drei Arten der Ungleichheit bestehen: die Ungleichheit der körperlichen und geistigen

Fähigkeiten, die Ungleichheit, die durch Freiheit und Schicksal erzeugt wird, und die Ungleichheit in der Gerechtigkeit, die darin besteht, daß die Geschlechter, die vor der Epoche der sozialen Gleichheit lebten, ohne ihre Schuld an diesem Segen nicht teilhaben konnten. Dies aber wäre die denkbar größte Ungerechtigkeit. Nein, angesichts eines der tiefsten und quälendsten Probleme des Lebens dürfen wir uns nicht mit einem oberflächlichen Wunschtraum begnügen. Wir müssen dieses Leben leben, wir müssen es jetzt leben, und wir können dem Rätsel der Ungleichheit nicht ausweichen.

Wir dürfen das Problem, vor das uns das Rätsel der Ungleichheit stellt, auch nicht mit der Tatsache verwechseln, daß jeder Mensch ein einmaliges, unvergleichliches Wesen ist. Unsere Einzigartigkeit gehört zu unserer menschlichen Würde, wir müssen Gebrauch von ihr machen und sie entwickeln und dürfen sie nicht gegen die blasse Konformität eintauschen, die uns heute von allen Seiten aufgedrängt wird. Die Einzigartigkeit eines jeden menschlichen Wesens muß verteidigt werden. Aber diese Verteidigung enthält keine Lösung für das Rätsel der Ungleichheit. Leider nutzen politische Reaktionäre diese Verwirrung aus, um politische und wirtschaftliche Ungerechtigkeit zu rechtfertigen. Dies zeugt zumindest von einem ebenso großen Mangel an Einsicht wie der Wunschtraum von der zukünftigen Abschaffung der Ungleichheit. Wer Krankenhäuser, Irrenanstalten, Gefängnisse, Ausbeutung, Schlachtfelder, verhungerte Menschen, Familienkatastrophen oder moralische Verirrungen mitangesehen hat, der sollte den Reichtum der Einzigartigkeit nicht mit dem Rätsel der Ungleichheit verwechseln und sich mit einem billigen Trost zufriedengeben.

III

Nun kommen wir zu dem dritten Schritt in unserem Versuch, das Rätsel der Ungleichheit zu ergründen: Warum machen einige Gebrauch von ihren Gaben und vermehren sie, während andere sie vernachlässigen und so verlieren? Warum sagt im Alten Testament Gott zu dem Propheten, daß die Augen des Volkes blind und seine Ohren taub für die göttliche Botschaft werden sollen? Genügt die Antwort, weil einige von ihrer Freiheit Gebrauch machen und im Bewußtsein ihrer Verantwortung tun, was sie tun sollen, während andere durch eigene Schuld versagen? Diese Antwort klingt einleuchtend, aber sie genügt nur, wenn wir sie auf uns selbst anwenden. Für das Gedeihen und den Verlust unserer Gaben müssen wir selbst die Verantwortung auf uns nehmen. Unser Gewissen sagt uns, daß wir niemanden und nichts für unsere Verluste verantwortlich machen dürfen.

Aber angesichts der Not der anderen reicht diese Antwort nicht aus. Wir dürfen niemanden, der in der Sorge über sich selbst zu uns kommt, sagen: „Mache Gebrauch von deinen Gaben!" Denn er sucht unsere Hilfe, eben weil er das nicht vermag. Ebensowenig dürfen wir dem, der in Verzweiflung über sich selbst ist, sagen: „Werde ein anderer!" Denn verzweifelt sein bedeutet unfähig sein, sich von sich selbst zu befreien. Und wir dürfen dem, dem es nicht gelungen ist, dem zerstörenden Einfluß seiner Umgebung Widerstand zu leisten und der so ins Verbrechen getrieben wurde, nicht sagen: „Du hättest mehr Kraft aufwenden sollen!" Denn gerade dieser Kraft war er durch Vererbung und Umstände beraubt. Gewiß haben alle Menschen als Menschen Freiheit, aber sie sind als Menschen auch dem Schicksal unterworfen. Wir dürfen andere Menschen weder, weil sie frei sind, verurteilen, noch dürfen wir sie entschuldigen, weil sie ihrem Schicksal ausgeliefert sind. Wir dürfen uns kein Urteil über sie anmaßen. Und wenn wir mit uns selbst ins Gericht gehen, müssen wir daran denken, daß auch dies Gericht nicht endgültig ist, weil wir – wie jene anderen – einem letzten Gericht unterstehen. In diesem wird das Rätsel der Ungleichheit endgültig beantwortet, es ist nicht an uns, diese Antwort zu geben. An uns ist es zu fragen – und wir fragen mit unruhigem Gewissen –, warum sind die anderen in solcher Not und nicht wir selbst? Und wenn es um Menschen geht, die uns nahe stehen, fragen wir uns, ob wir nicht mit Schuld an ihrem Elend haben. Aber selbst wenn wir diese Frage bejahen, haben wir das Rätsel der Ungleichheit nicht gelöst. Mit unruhigem Gewissen fragen wir uns auch angesichts der Not derer, die uns ferne stehen, warum hat es sie getroffen und nicht uns? Warum mußte mein Kind oder irgendeines der Millionen von Kindern sterben, bevor es sich entwickeln konnte? Warum wurde mein Kind oder irgendein Kind geistig oder physisch als Krüppel geboren? Warum ist mein Freund oder Verwandter – oder irgendeines Freund oder Verwandter – geistesgestört und hat so Freiheit wie Schicksal eingebüßt? Warum haben mein Sohn oder meine Tochter die Gaben, die ihnen geschenkt waren, verschwendet und so verloren? Warum müssen Eltern von solchem Unglück betroffen werden? Oder warum sind die schöpferischen Kräfte eines jungen Mannes oder eines jungen Mädchens von dem tyrannischen Vater oder der herrschsüchtigen Mutter gebrochen worden?

Keine dieser Fragen betrifft unser eigenes Elend. Wir haben nicht gefragt: Warum traf dies Unglück mich? Unsere Frage ist nicht Hiobs Frage, die Gott beantwortete, indem er ihn erniedrigte und dann in die Gemeinschaft mit sich erhob. Es ist nicht die alte dringende Frage: Wo ist die göttliche Gerechtigkeit, wo ist die göttliche Liebe zu mir? Eher ist es die entgegengesetzte Frage: Warum ist dies Unglück nicht mir zugestoßen, sondern anderen, unzähligen anderen, denen nicht einmal Hiobs Kraft gegeben war, die göttliche Antwort anzunehmen? Warum, so fragt Jesus, sind viele berufen, aber nur wenige auserwählt? Jesus gibt keine Antwort auf seine Frage, sondern läßt sie offen, auf diese Art auf die menschliche Situation hinweisend. Sollen wir deswegen aufhören zu fragen und demütig das göttliche Urteil hinnehmen, das die meisten Menschen aus der Gemeinschaft mit dem Göttlichen verstößt und zu Verzweiflung und Selbstzerstörung verdammt? Können wir den ewigen Sieg des Gerichts über die Liebe hinnehmen? Das kann kein Mensch, auch wenn er sich in Predigten und

Drohungen so gebärdet. Solange der Mensch nicht glauben kann, daß er mit absoluter Sicherheit selber in alle Ewigkeit verdammt sei, betrügt er sich selbst mit solchen Predigten und Drohungen. Und wer kann von sich glauben, daß er auf ewig verworfen sei?

Wenn wir das Rätsel der Ungleichheit, auch indem wir bis zu seinem tiefsten Grund vordringen, nicht innerhalb der christlichen Religion lösen können, dürfen wir uns dann an andere Religionen wenden, in denen dieses Leben nicht entscheidend für unser ewiges Leben ist? Denn auf dieses Leben, so lehren einige, folgen andere, durch die vorhergehenden und das, was in ihnen geleistet und versäumt wurde, bestimmt. Diese Lehre ist der christlichen nicht völlig fremd, und wir müssen sie ernst nehmen. Aber da wir nicht wissen noch jemals wissen werden, was wir in einer früheren Existenz waren oder in einer späteren sein werden, ist es nicht *unser* Schicksal, was sich von Existenz zu Existenz abspielt, sondern jeweils das eines anderen. So enthält auch diese Lehre keine Lösung für das Rätsel der Ungleichheit.

Solange wir innerhalb eines Einzelschicksals, unabhängig von dem Schicksal der Gesamtheit, nach einer Lösung suchen, werden wir sie nicht finden. Nur in der Einheit aller Wesen in Zeit und Ewigkeit liegt eine für uns Menschen mögliche Antwort auf das Rätsel der Ungleichheit. Eine für uns Menschen mögliche Antwort – das bedeutet nicht eine Antwort, die das Rätsel der Ungleichheit löst, sondern eine Antwort, mit der wir leben können.

Es gibt eine letzte Einheit aller Wesen, die in dem göttlichen Leben gründet, aus dem wir hervorgehen und in das wir zurückgehen. Alle Wesen – menschliche wie nichtmenschliche – haben an ihm teil und haben damit aneinander teil, an dem Reichtum aller wie an der Armut aller. Wenn wir uns dieser Einheit aller bewußt werden, ereignet sich etwas mit uns: Die Armut der anderen verändert unseren eigenen Reichtum. Wir ruhen nicht mehr in dem Gefühl seines sicheren Besitzes, sondern werden über uns hinausgetrieben, verstehend, gebend, teilnehmend, helfend. Die

Tatsache, daß andere in Sünde, Verbrechen und Elend leben, verändert den Segen, der uns gegeben ist: Wir erkennen unsere eigene verborgene Schuld, denn wir verstehen, daß die, die für ihre Sünden und Verbrechen leiden, zugleich für unsere Sünden und Verbrechen leiden. Ihre Schuld ist auch unsere Schuld, und wir müssen an ihr leiden wie sie. Die Tatsache, daß es anderen nicht gegeben war, sich zu einer vollen Persönlichkeit zu entwickeln, verändert den Zustand unserer eigenen vollen Entwicklung. Ihr früher Tod, ihre frühe oder späte Krankheit ist eine ständige Bedrohung unseres eigenen gesunden Lebens, ist für uns ein Sterben, wenn auch noch nicht der Tod – ein Zerfall, wenn auch noch nicht die Zerstörung. Mit jedem Tod, dem wir begegnen, stirbt etwas in uns, mit jeder Krankheit, die wir miterleben, zerfällt etwas in uns.
Ist dies eine Antwort, mit der wir leben können? Nur in dem Maße, in dem wir aus der Befangenheit in uns selbst befreit sind, können wir diese Antwort annehmen. Aber niemand wird aus der eigenen Enge befreit, der nicht von der Macht des Ewigen ergriffen ist, aus dem wir kommen und in das wir gehen, das in jedem und allem gegenwärtig ist und das uns unser Selbst gibt und uns zugleich von ihm befreit. Nach der christlichen Botschaft hat Gott in seiner Manifestation als der Christus am Kreuz an dem Sterben jedes Kindes teil, an der Verdammung jedes Verbrechers, an jedem geistigen Verfall, an jedem Hungertod und selbst an der Abwendung des Menschen von Gott. Das ist die Größe und der tiefe Sinn des Christentums. Es gibt keine menschliche Situation, dem das Göttliche nicht innewohnt; denn selbst im Kreuz, dem Symbol für die äußerste menschliche Not, ist es gegenwärtig. Wir können das Rätsel der Ungleichheit nicht lösen, solange wir in unserer Abgetrenntheit von den anderen danach suchen. Aber in der göttlichen Teilhabe an dem Leben eines jeden von uns und an dem Leben aller Wesen ist es auf ewig gelöst. Die Gewißheit, daß das Göttliche in allem gegenwärtig ist, gibt uns den Mut, das Rätsel der Ungleichheit zu ertragen, obwohl unser endlicher Verstand es nicht zu lösen vermag.

DAS GUTE, DAS ICH WILL, DAS TUE ICH NICHT

Denn das Gute, das ich will, das tue ich nicht; sondern das Böse, das ich nicht will, das tue ich. So ich aber tue, das ich nicht will, so tue ich dasselbige nicht, sondern die Sünde, die in mir wohnet.
RÖMER 7, 19-20

Das Gute, das ich will, das tue ich nicht; sondern das Böse, das ich nicht will, das tue ich. — Sind diese Worte des Paulus eine richtige Beschreibung unserer Natur? Ist die Spaltung zwischen unserem Willen, das Gute zu tun, und unserer Fähigkeit, es auszuführen, so radikal wie diese Worte es ausdrücken? Oder können wir Paulus' Worte widerlegen und beweisen, daß wir oft das Gute tun, das wir tun sollen, und oft das Böse meiden, das wir nicht tun sollen? Vielleicht übertreibt Paulus das Böse im Menschen, um das Licht der Gnade gegen den dunklen Hintergrund der menschlichen Sünde zu stellen? Diese Fragen werfen alle Kritiker des Christentums auf. Aber sind es nicht die gleichen Fragen, die wir stellen, die wir uns Christen nennen oder zumindest das sein wollen, was die christliche Lehre von uns verlangt? Niemand glaubt, daß er wirklich *immer* das Böse tut, das er meiden will. Wir wissen, daß wir gelegentlich das Gute tun, das wir tun wollen: einem Menschen, der uns nicht nahesteht, einen Liebesdienst erweisen; Selbstbeherrschung üben um unserer Arbeit willen oder mutig dem Zwang zur Konformität widerstehen, wenn es uns Gefahr bringen kann. Unsere moralische Bilanz ist nicht so schlecht, wie sie ohne diese Taten ausfallen würde. Und wer ist je einem Prediger der vollkommenen menschlichen Verderbtheit begegnet, aus dessen Betragen nicht die Überzeugung gesprochen hätte, daß seine guten Taten seine bösen überwiegen? Vielleicht trifft das sogar auf Paulus zu. So erscheint es wenigstens nach einem seiner Briefe an die Korinther, in dem er sich seiner Leiden und seiner Leistungen rühmt, wenn er sein Prahlen auch als Narrheit bezeichnet. Aber nennen nicht auch wir unser Prahlen Narrheit und hören doch nicht auf, uns selbst zu loben? Vielleicht sind Menschen, die glauben, sich keines Verdienstes rühmen zu dürfen, krank, verstört und ohne Selbstachtung? Vielleicht sind sie im geheimen sogar stolz auf die Tiefe der Verzweiflung, in der sie zu leben vermeinen? Denn ohne einen gewissen Grad von Selbstachtung kann niemand leben, selbst wenn er seine Selbstachtung aus der Verzweiflung über sich gewinnen muß.

Aber warum hören wir dann auf Paulus' Worte? Warum stimmen wir ihm im Innersten bei, wenn er behauptet, daß er das Gute, das er tun wolle, nicht tue? Wir ahnen, daß es hier nicht um eine Abrechnung zwischen unseren guten und unseren bösen Taten geht, sondern um unser gesamtes Dasein, unsere menschliche Situation, unsere Rechtfertigung im Angesicht des Ewigen, das Quelle, Ziel und Richter unseres Daseins ist. Es ist unser menschliches Geschick, daß eine Gewalt sich unserer bemächtigt, die nicht von uns stammt, aber in uns ist, eine Gewalt, die wir hassen, der wir uns aber dennoch willig hingeben. Wir sind von dieser Macht fasziniert, wir spielen mit ihr, wir gehorchen ihr. Aber wir wissen, daß sie uns zerstört, wenn sich nicht eine andere Macht unser annimmt, die ihr widersteht und sie in Schranken hält. Wir sind von dem gebannt, was uns zerstört, und manchmal wünschen wir im geheimen, daß es uns zerstöre. So sah sich Paulus, und so sehen sich viele von uns. Menschen, die sich Christen nennen – Eltern, Lehrer, Pfarrer –, heißen uns gut sein und dem Willen Gottes gehorchen. Für viele von ihnen ist der Wille Gottes nichts anderes als der Wille der Gesellschaft, der aus uns Menschen machen will, die sich der Konvention fügen. Sie glauben, wenn wir uns wirklich bemühten, diesem Ideal zu folgen, könnten wir es auch erreichen, und dafür empfängen wir dann unseren irdischen und unseren himmlischen Lohn – vor allem aber den irdischen.

Man kann Gott danken, daß solches Predigen verdächtig geworden ist, denn es ist blind für die tatsächliche menschliche Situation. Ernsthafte Menschen wissen heute um die wirkliche menschliche Not. Jeder Satz von Paulus ist gegen die Menschen des sogenannten guten Willens gerichtet. Gerade sie sieht Paulus von einer fremden Macht getrieben, gegen ihren guten Willen zu handeln. Auch wir gehören zu ihnen, denn wer von uns wäre nicht voll guten Willens? Oder besser noch fragen wir uns, wenn wir ehrlich mit uns sein wollen, ob dieser Wille wirklich so gut ist, oder ob unser Handeln nicht am Ende von Mächten bestimmt wird, deren wir uns nicht einmal bewußt sind.

Wir brauchen die Menschen nicht zu beschreiben, die ihren guten Willen betonen, während sie in ihrem Innersten, das durch ihr „Gut-Sein" verdeckt ist, auf ganz anderes gerichtet sind. Psychologen und Schriftsteller haben diese geheimen Motive beschrieben, und wir brauchen ihre Beschreibungen nicht zu wiederholen. Trotz allem, was gegen unsere Zeit eingewandt werden kann, hat sie ein großes Verdienst: Es ist heute niemandem mehr möglich, geheime Beweggründe für seine Handlungen vor sich oder anderen zu bestreiten! Diese Einsicht ist von unendlichem Wert, selbst wenn die Methoden, mittels derer sie erreicht wird, zuweilen fragwürdig sind.

Es ist schwierig für einen Menschen geworden, der mit Eifer und Erfolg sein Geschäft betreibt oder seinen Beruf ausübt, sich in dem sicheren Gefühl zu wiegen, daß er damit Gutes tue. Vielleicht muß er sich eingestehen, daß die Aufopferung für seinen Beruf zugleich Flucht vor einer größeren, einer menschlichen Verpflichtung oder gar Flucht vor sich selber ist.

Und es ist schwierig geworden für eine Mutter, die ihre Kinder leidenschaftlich liebt, dessen gewiß zu sein, daß das Gefühl für ihre Kinder nichts als Liebe ist. Vielleicht muß sie sich eingestehen, daß die Sorge um ihre Kinder verdeckte Herrschsucht ist oder ihrem Schuldbewußtsein entspringt, da sie ihre Kinder heimlich haßt und los werden möchte.

Nicht jeder Akt der Selbstbeherrschung kann gutgeheißen werden, denn er kann seine Wurzeln in dem feigen Wunsch haben, nicht gegen die überkommenen – wenn auch schon fragwürdig gewordenen – Regeln der Gesellschaft zu verstoßen. Und nicht jede Weigerung, sich anzupassen, kann als Ausdruck des Muts verstanden werden, denn sie kann auch der mangelnden Widerstandskraft gegen eine Gruppe verantwortungsloser Nicht-Konformisten entspringen.

In solchen und zahllosen anderen Fällen fühlen wir eine Macht in uns, die unseren Willen gegen sich selber kehrt: Ihr Name ist Sünde. Nichts ist heute gewagter – bei Christen wie bei Nicht-Christen – als von Sünde zu reden, denn überall herrscht der gleiche Widerstand gegen dies Wort. Es hat einen üblen Beigeschmack bekommen. Einigen erscheint es lächerlich und keines ernsthaften Nachdenkens wert. Für andere, die es ernst nehmen, enthält es einen Angriff auf ihre menschliche Würde. Und für wieder andere, die unter dem Vorwurf der Sündhaftigkeit gelitten haben, ist es mit der drohenden Haltung eines Zuchtmeisters verbunden, der ihnen verbietet, zu tun, was sie tun möchten, und von ihnen verlangt, was sie zu tun hassen. Aus diesem Grund vermeiden selbst christliche Lehrer – und auch ich habe es bis jetzt vermieden –, das Wort Sünde zu gebrauchen. Wir haben versucht, es durch andere Worte zu ersetzen, denn wir wissen, welch verzerrte Vorstellungen es hervorruft. Aber es hat eine seltsame Kraft: Es taucht immer wieder auf; wir können es nicht umgehen; es ist ebenso aufdringlich wie häßlich. Deshalb ist es ehrlicher – und das sage ich zu mir selbst –, es nicht zu vermeiden, sondern festzustellen, was seine eigentliche Bedeutung ist. Sünde ist bestimmt nicht das, was die „Menschen guten Willens" uns glauben machen wollen: nämlich das Versäumnis, das Gute zu tun, das wir tun sollen und tun können. Wenn es nur darum ginge, dann reichte ein weniger starkes und weniger häßliches Wort; dann könnten wir einfach von menschlicher Schwäche reden. Aber Schwäche ist nicht Sünde. Eine solche Auffassung von der Sünde ist für die unter uns lächerlich, die die Gewalt dämonischer Mächte in sich selbst und bei ihren Mitmenschen erlebt haben. Von Paulus, von Dostojewskis Iwan Karamasow oder aus dem Gespräch zwischen dem Teufel und dem Helden in Thomas Manns „Doktor Faustus" erfahren wir, was Sünde ist; oder aus Picassos Bild von dem kleinen baskischen Dorf Guernica, das auf unsagbar grausame Weise von den dämonischen Mächten des Faschismus zerstört wurde; oder aus den Disharmonien der modernen Musik, die uns nicht Ruhe und Frieden vermitteln, sondern uns aufrühren und zerreißen; oder durch die Bilder des Bösen und der Sünde, denen wir auf der Bühne begegnen, oder durch die Offenbarung unbewußter Triebe, von denen unsere Literatur handelt. Es ist bezeichnend für unsere Zeit, daß wir nicht die Kirche und die Geistlichkeit befragen dürfen, wenn wir wissen wollen, was Sünde ist, sondern uns an die Künstler und Schriftsteller wenden müssen. Aber besser noch als diese befragen wir unser eigenes Herz.

Paulus spricht selten von Sünden, aber er spricht oft von *der* Sünde, der Sünde in der Einzahl, als der Macht, die Welt und Geist, Menschen und Völker beherrscht.

Was aber ist Sünde in diesem Sinn? Sie ist ein biblischer Begriff. Wieviele Christen oder Nicht-Christen jedoch haben sie je so gesehen? Die meisten von uns werden sich erinnern, daß sie zu Hause, in der Schule und in der Kirche gelehrt wurden, daß es viele Dinge gibt, die wir gerne tun möchten, aber nicht tun dürfen, und daß wir eine Sünde begehen, wenn wir sie tun. Und wir können uns auch der Dinge erinnern, die uns zu tun geboten wurden, obwohl wir sie ungern taten; und wenn wir sie nicht taten, begingen wir eine Sünde. Es gab Listen von Geboten und Verboten, und wenn wir ihnen nicht folgten, sündigten wir. So war es selbstverständlich, daß wir alltäglich mehrere Sünden begingen, obwohl wir guten Willens waren und uns ernsthaft bemühten, nicht zu sündigen. Nach diesen Erfahrungen machten wir uns ein Bild davon, was Sünde sein sollte, und das ist vielleicht auch heute noch unser Bild von der Sünde, ein armseliges, kleinliches und verzerrtes Bild, das dem Wort Sünde seinen schlechten Klang gegeben hat.

Wenn wir verstehen wollen, daß die christliche Botschaft eine „frohe Botschaft" ist, müssen wir zuerst die Vorstellung von der Sünde, die eine Liste von Sünden umfaßt, aufgeben. Solange wir Sünde in diesem Sinne verstehen, fällt es uns schwer, auf die gute Botschaft zu hören, daß wir als Sünder angenommen sind. Solange wir uns halb als Sünder, halb als Rechtschaffene fühlen, sind wir nicht empfänglich für die Lehre, die in demselben Menschen zugleich die totale Sündhaftigkeit und die totale Rechtfertigung sieht. Solange haben wir nicht den Mut, uns vollkommen zu verurteilen, und folglich auch nicht den Mut, an vollkommene Vergebung zu glauben.

Wer dagegen an sich selbst erfahren hat, daß Sünde etwas anderes ist als die Übertretung einer Reihe von Gesetzen, weiß, daß alle einzelnen Sünden nichts sind als Erscheinungen der einen Sünde, der Macht, die uns von uns entfremdet und uns gegen uns selbst kehrt. Diese Sünde wohnt in uns, sie beherrscht uns und zwingt uns zu tun, was wir nicht tun wollen. Sie spaltet unser Selbst, so daß wir unsere Identität verlieren. Paulus beschreibt diesen Zustand: „So ich aber tue, das ich nicht will, so tue *ich* dasselbige nicht, sondern die Sünde, die in mir wohnt." Wer diese Spaltung in sich erlebt hat, weiß, wie unerwartet sie geschieht und wie entsetzlich sie sein kann. Gedanken drängen sich uns auf, wir sprechen Worte, wir tun plötzlich etwas, ohne daß wir wissen, wie es geschieht. Und wenn wir später über das Geschehene nachdenken, haben wir das Gefühl: ich kann das nicht getan haben. Ich erkenne mich in dieser Handlung nicht wieder. Etwas muß mich dazu gezwungen haben, von dessen Existenz ich selbst nichts weiß. Aber dies ist geschehen, und ich habe es getan, ich selbst! Es war jedoch ein fremdes Selbst, nicht mein eigentliches, innerstes Selbst. Ich muß von einer Macht besessen gewesen sein, von der ich nicht wußte. Aber jetzt weiß ich, daß diese Macht nicht

nur Herr über mich werden kann, sondern daß sie in mir wohnt.
Aber sind wir uns dieser Tatsache wirklich bewußt? Oder verdrängen wir sie aus unserem Bewußtsein nach dem ersten Augenblick der Erschütterung? Verlassen wir uns nicht nach wie vor auf die verhältnismäßig sicheren Ordnungen in unserem Leben, auf Familie, Schule, Gesellschaft, und vermeiden Situationen, die Entscheidungen von uns verlangen und uns in Gefahr bringen? Für die, die mit einem solchen Leben zufrieden sind und die menschliche Not nicht auf sich nehmen wollen, hat Paulus vergebens gesprochen. Aber es kann geschehen, daß Gott selber uns in die Sünde stößt, damit wir erkennen, was wir wirklich sind. Es ist gewagt, so zu reden, aber so haben Menschen mit tiefer religiöser Erfahrung gesprochen. Denn sie haben die Hand Gottes auf sich gefühlt, die sie in die Sünde stieß, damit sie erwachten. Und erwachend erkannten sie sich in dem Spiegel, von dem sie sich abgewandt hatten. So sich selbst gegenübergestellt, stieg aus der Tiefe ihrer Selbstverurteilung die Frage auf, auf die die christliche Botschaft die Antwort gibt, die Antwort, daß wir trotz unserer Sündhaftigkeit angenommen sind. Sie gibt uns Kraft, die Verzweiflung über uns zu überwinden. So kann Sünde der Weg sein, auf dem Gott uns zur Selbsterkenntnis führt.
Dann fragen wir uns wie Paulus, an welcher Stelle in uns die Sünde behaust ist. Paulus gibt die Antwort, daß die Sünde in unseren Gliedern wohne oder in unserem Fleisch oder in unserem „Leib des Todes". Aber es gibt auch eine Macht, die der Macht der Sünde Widerstand leistet; es ist die Macht, die in unserem Inneren wohnt, in unserem Geist. Paulus ringt ebenso mit dem Mysterium der menschlichen Natur wie wir, und wir verstehen ihn nicht leichter, als wir die Philosophen unserer Zeit verstehen. Aber das eine geht ebenso deutlich aus seinen Worten wie aus der übrigen Bibel hervor, daß die Schuld an unserer Entfremdung von Gott, von uns selbst und von unserer Welt nicht in unserer Leiblichkeit liegt. „Leib", „Fleisch", „Glieder" sind nicht

der eine sündige Teil des Menschen im Gegensatz zu seinem angeblich sündenfreien Teil, seinem inneren Selbst, seiner Vernunft und seinem Geist. In unserem gesamten Selbst, in jeder Zelle unseres Körpers und in jeder Regung unserer Vernunft wirken immer zugleich Fleisch und Geist, die Macht der Sünde und der Widerstand gegen sie. Daß wir uns schuldig fühlen, beweist, daß wir noch ein Bewußtsein von dem haben, was wir wahrhaft sind und darum sein sollten. Daß wir uns zu rechtfertigen suchen, beweist, daß wir uns mit der Entfremdung von unserem wahren Selbst nicht abfinden können. Und daß wir Scham über uns empfinden, beweist, daß wir noch nicht vergessen haben, was wir sein sollen.

Keine Seite des Menschen ist an sich schlecht, ebensowenig wie es eine Seite gibt, die an sich gut ist. Jede christliche Lehre, die das vergißt, hat die tiefe Einsicht in die menschliche Natur verloren, die das Christentum einst auszeichnete. Hier haben alle christlichen Kirchen versagt: Sie haben Menschen zerstört, indem sie sie zur Verzweiflung über eine Schuld trieben, wo keine Schuld vorhanden war. Von der Kanzel, in der Schule, im Familienkreis wurden die natürlichen Triebe des gesunden Körpers als sündig bezeichnet. Man lenkte die Aufmerksamkeit auf ungebührliche und geradezu heidnische Weise auf die Unterschiede des Geschlechts in allem Lebendigen und auf seine möglichen Entartungen. Gewiß gibt es solche Verzerrungen ebenso wie es Verzerrungen in unserem geistigen Leben gibt, wie zum Beispiel Stolz und Gleichgültigkeit beweisen. Aber die Macht der Sünde in dem geschlechtlichen Trieb als solchem zu sehen, ist selbst eine Verzerrung. In solchen Vorwürfen wird nicht begriffen, was Paulus unter Sünde verstand, und schlimmer – sie zwingen unzähligen Menschen ein falsches Schuldgefühl auf und treiben sie so von Angst zu Verzweiflung und von Verzweiflung zu Flucht in die Geisteskrankheit, und das heißt zu dem Wunsch, sich völlig zu zerstören.

Das Predigen gegen die Sünde, wo keine Sünde ist, hat noch weitere Folgen. Paulus weist auf die Perversion des ge-

schlechtlichen Triebes als Ausdruck dafür hin, daß die Sünde die Menschheit beherrscht. Haben wir uns als Christen je die Frage vorgelegt, ob wir Menschen nicht in diesen Zustand treiben, indem wir das Natürliche als sündig hinstellen oder zumindest als Grund, Scham über uns zu empfinden? An all dem ist unsere armselige Vorstellung von der Sünde schuld, die der Wirklichkeit ebenso wie dem biblischen Bild vom Menschen widerspricht.
Es ist gefährlich, über die Sünde zu predigen, denn es kann uns veranlassen, über unsere Sündhaftigkeit nachzugrübeln. Vielleicht sollte man überhaupt nicht über die Sünde predigen. Ich selbst habe lange gezögert, bis ich mich dazu entschloß. Aber gelegentlich muß man es wagen, um die verzerrten Vorstellungen aus dem Wege zu räumen, die die Sünde vermehren, indem sie zu falschen Gedanken und falschem Leben verführen.
Die Gefahr, die in der Beschäftigung mit der Sünde liegt, können wir vermeiden, wenn wir sie indirekt, im Lichte dessen betrachten, was uns die Kraft gibt, der Sünde zu widerstehen, das heißt im Lichte der Wiedervereinigung, die die Entfremdung überwindet. Sünde ist unsere Abkehr von dem göttlichen Grund, aus dem wir kommen und zu dem wir gehen. Sünde ist Erhebung des eigenen Selbst zum Mittelpunkt unserer Welt und unseres Daseins. Sünde ist der Trieb in allen Menschen – auch noch in denen, die sich Zurückhaltung auferlegen –, sich soviel Welt wie möglich als Besitz anzueignen. Das können wir aber nur erkennen, wenn wir einen Standpunkt außerhalb unserer selbst gefunden haben. Erst wer sich wiedergefunden hat, nachdem er sich verloren hatte, weiß um die Größe seines Verlustes. Wenn wir vom Standpunkt der Wiedervereinigung auf unsere Entfremdung blicken, sind wir nicht mehr in Gefahr, über unsere Entfremdung zu verzweifeln. Dann können wir über die Sünde sprechen, denn ihre Macht über uns ist gebrochen.
Aber sie wird nicht durch unsere eigene Kraft gebrochen. Paulus hat den Versuch beschrieben, der Macht der Sünde mit unserem guten Willen Herr zu werden. Es ist der Ver-

such, das Gesetz zu erfüllen, unser innerstes Gesetz, das das Gesetz Gottes ist. Dieser Versuch muß scheitern und den Menschen in Schuld und Verzweiflung stürzen, denn das Gesetz mit seinen Geboten und Verboten fordert Widerstand heraus, obwohl es der Warnung vor dem Bösen dienen soll. Paulus beschreibt in dichterischer Sprache und zugleich mit tiefer psychologischer Einsicht, wie die Sünde in unseren Gliedern schläft, bis sie von dem „Du sollst nicht!" erweckt wird. Die Sünde bedient sich der Gebote, um lebendig zu werden, Verbote erwecken schlummernde Triebe. Gebote und Verbote geben der Sünde Macht und Bewußtheit ihrer selbst, aber ihre Macht können sie nicht brechen. Nur wenn wir mit unserem ganzen Wesen die Botschaft in uns aufnehmen, daß die Macht der Sünde gebrochen ist, ist sie auch in uns gebrochen.

Das Bild der Sünde ist ein Bild voll Häßlichkeit, Leid und Scham, und doch entbehrt es nicht der Größe und Leidenschaft. Es zeigt uns den Menschen als Kampfplatz von Mächten, die größer sind als er selbst. Es teilt die Menschen nicht in Schwarze und Weiße, Gute und Böse. Aus ihm droht uns nicht der Finger eines Gesetzgebers: Sündige nicht! Sondern es ist das Bild von etwas unendlich Wichtigem, das sich auf diesem kleinen Stern ereignet, in unserem Leib und in unserem Geist. Es erhebt den Menschen auf eine Stufe im Universum, auf der sich in jedem Augenblick Entscheidungen vollziehen, die den letzten Sinn aller Existenz bestimmen. In jedem von uns fallen solche Entscheidungen, in jedem und durch jeden. Das ist unsere Bürde, unsere Verzweiflung und unsere Größe.

HEILET KRANKE...
TREIBET DÄMONEN AUS
NACH MATTHÄUS 10, 8

(Rede an abgehende Studenten der Theologie,
Union Theological Seminary, New York 1955)

Wenn Jesus Euch aussendet, mit der Kraft zu heilen begabt, wird Eure erste Schwierigkeit die sein, daß viele Menschen Euch sagen, sie bedürften des Heilens nicht. Und wenn Ihr behauptet, daß Ihr die Dämonen austreiben wollt, die ihr Leben beherrschen, wird man Euch verlachen und antworten – ebenso wie man Jesus geantwortet hat –, daß Ihr es seid, die vom Dämon besessen sind.
Darum ist die erste Aufgabe des Dieners der Religion, die Menschen ihrer eigenen inneren Not bewußt zu machen. Viele junge Theologen, die aus diesem Seminar in die verschiedenen Orte und Gemeinden gingen, verzweifelten an dieser Aufgabe und haben entweder ihren Beruf aufgegeben oder dienen nur noch denen, die sich für gesund halten. Diese Pfarrer haben ihre Aufgabe vergessen, die zu heilen, die krank sind, ob sie sich ihrer Krankheit bewußt sind oder nicht. Es ist nicht leicht, Menschen zur Erkenntnis ihrer Krankheit zu bringen. Gott aber vermag es: Er erschüttert die Selbstzufriedenheit derer, die sich gesund dünken, indem er sie äußerlich und innerlich angreift. Er zerbricht die Grundlagen ihrer Selbstsicherheit, er zeigt ihnen ihre Blindheit über sich selbst und läßt sie sehen, was sie wirklich sind. Das gelingt menschlicher Technik nicht, nicht einmal in Bezug auf das eigene Selbst. Aber was wir tun können, ist, uns bereit halten für den Augenblick, in dem Gott einen

Menschen erweckt. Dann können wir zu einem Werkzeug der göttlichen Kraft werden, durch das andere geheilt werden. Sich zu einem solchen Werkzeug zu machen, ist die erste Aufgabe des Dieners der Religion, und vielleicht seine schwerste. Aber Ihr seid nicht die einzigen, die so als Werkzeug dienen können – jeder Mensch kann für jeden anderen zum Werkzeug der heilenden Kraft werden; und häufig zeigt sich diese Kraft außerhalb der Kirche und der Religion. Daß Jesus seinen Jüngern den Auftrag gegeben hat, zu heilen und Dämonen auszutreiben, bedeutet nicht, daß nur die Diener der Religion zum Heilen auserwählt sind. Jedem Christen ist diese Aufgabe erteilt, und jeder von uns sollte ihrer eingedenk sein in seinem Verhältnis zu anderen Menschen. Der Theologe ist nicht mit einer wundertätigen Kraft begabt; selbst die Verwaltung der Sakramente und die Ausübung der Liturgie verleihen ihm keine solche Kraft. Er steht in seinem Beruf nur als Vertreter der universalen Macht, zu heilen und Dämonen auszutreiben, die auch der Kirche gegeben ist.

Warum haben diese Vorstellungen, die ursprünglich im Mittelpunkt der christlichen Lehre standen, heute ihre Bedeutung verloren? Der Grund liegt in den Redewendungen „Heilen" und „Dämonen austreiben", die den Eindruck erwecken, als ob es sich um das Vollbringen von Wundern handle, um die Anwendung magischer Kräfte und magischer Selbsthypnose. Auch diese gibt es, gibt es unter uns und überall in der Welt und gibt es auch innerhalb des Christentums. Aber die Kirche war im Recht, als sie diese Art des Heilens ablehnte; denn der Name des Christus wird mißbraucht, wenn er als magische Formel verwandt wird. Dennoch sind die Worte unseres Textes wahr. Sie sind Teil der christlichen Botschaft. Sie künden von etwas, was zum Wesen des Christus gehört, sie künden von der Kraft, die die dämonischen Mächte überwindet, die unser körperliches wie unser geistiges Leben beherrschen. Und ich glaube, daß von den verschiedenen Möglichkeiten, den Menschen die christliche Botschaft nahezubringen, der Weg des Heilens heute einer der wichtigsten ist. Unsere Zeit ist wieder empfänglich dafür; denn das Bewußtsein von der Macht des Übels ist jetzt stärker als es Jahrhunderte lang war. Wenn wir unser Zeitalter als Ganzes betrachten, sehen wir ein, daß Jesu ironische Worte: „Die Gesunden bedürfen keines Arztes, aber die Kranken", nicht nur auf einzelne, sondern auf ganze Zeiten anwendbar sind. Das Gefühl, daß unsere Zeit krank und nicht heil ist, drückt sich vielfältig aus. Und darum ist die Botschaft von der heilenden Kraft, die in der Welt wirkt und im Christus verkörpert ist, wirklich eine frohe Botschaft.

Die Aufgabe zu heilen verlangt von Euch Einsicht in das menschliche Schicksal. Man fragt oft, warum die göttliche Vorsehung Krankheit zuläßt, wenn Krankheit zu dem gehört, was durch die göttliche Vorsehung geheilt werden soll. Ihr werdet dieser Frage häufiger als irgendeiner anderen Frage Rede stehen müssen, und Ihr dürft ihr nicht ausweichen, indem Ihr Euch hinter das Wort „Mysterium" versteckt. Es gibt Mysterien – das Mysterium des Seins Gottes – und im Gegensatz dazu das Mysterium der Existenz des Übels. Aber von Euch erwartet man, daß Ihr unterscheiden könnt, wann man von einem Mysterium sprechen darf und wann man etwas Dunkles aufhellen muß. Das Übel innerhalb der göttlichen Ordnung ist nicht nur Mysterium, es ist auch Offenbarung: Es offenbart die Größe und die Bedrohtheit des Lebens. Wer die Möglichkeit zur Krankheit hat, ist größer als wer sie nicht hat und unfähig ist, mit sich selbst in Widerspruch zu geraten. Nur wer frei ist, kann eine Beute dämonischer Mächte werden, durch die seine Freiheit in Knechtschaft verkehrt wird. Die Gabe der Freiheit bedeutet die Gefahr der Knechtschaft; und der Reichtum des Lebens schließt die Gefahr der Krankheit ein. Das Leben des Menschen ist reich, mannigfaltig und unerschöpflich in seinen Möglichkeiten, selbst das Leben von Menschen mit geringerer Lebenskraft. Es ist der Krankheit mehr ausgesetzt als das Leben anderer Wesen, denn es enthält Gegensätze, die immer wieder ausgeglichen werden müssen. Gesundheit bedeutet nicht das Fehlen solcher Gegensätze im körperlichen wie im geistigen Leben, sondern es bedeutet die Kraft, sie miteinander in Einklang zu bringen. Kranke heilen bedeutet, ihnen helfen, die verlorene Einheit wiederzugewinnen, ohne den Reichtum ihres Lebens zu opfern, ohne sie zur Armut zu verdammen, selbst wenn sie diese Armut heimlich ersehnen.

Denn es gibt den krankhaften Wunsch, der Krankheit zu entgehen, indem man ängstlich allem ausweicht, was Krankheit erzeugen kann. Ich kenne Menschen, die krank sind aus Furcht vor Krankheit. Es gibt aber auch Fälle, in denen es nötig ist, den Reichtum des Lebens zu beschneiden und ein Leben auf geschmälerter Basis aufzubauen. Wirkliche Gesundheit kann aber dadurch nur erreicht werden, wenn auf einer höheren Ebene neu gewonnen wird, was auf einer unteren verlorenging und letztlich auf der höchsten Ebene neu gewonnen wird, nämlich der unseres Lebens in Gott. Ihr erhaltet den Auftrag zu heilen von Euren Kirchen. Aber die Kirchen selbst bedürfen der Heilung, um die Kraft zu haben, durch Euch Dämonen auszutreiben. Die Krankheit vieler Kirchen und Gemeinden besteht darin, daß sie nicht mehr wagen, sich in Gefahr zu begeben, und sich von dem abschneiden, was schöpferisch und zerstörerisch sein kann. Eine Kirche, die die Kraft nicht hat, neue Wege zu gehen, hat wenig Kraft, zu heilen und die Dämonen der Zeit auszutreiben. Jeder Pfarrer, der stolz darauf ist, daß er in seiner Kirche keinen Schwierigkeiten und Konflikten begegnet und daß seine Gemeinde zunimmt, sollte sich fragen, ob seine Kirche ihren Gliedern den Mut geben kann, ihre Krankheit zu sehen und die Botschaft der Heilung anzunehmen. Er sollte sich fragen, warum sich die großen schöpferischen Kräfte in vielen Bereichen des geistigen Lebens überwiegend außerhalb der Kirche entfalten. Zum Beispiel kommt in vielen Schöpfungen unserer profanen Kultur das Wissen um die Krankheit des Menschen deutlich zum Ausdruck. Sollte es wirklich nur Vorurteil sein, daß so viele Menschen, die um die dämonischen Mächte in ihrem Innern wissen, Heilung nicht bei der Kirche und ihren Vertretern suchen? Oder ist es so, daß die Kirche, die krank ist aus Furcht vor Krankheit, keine Kraft zu heilen hat?

Wenn Jesus seinen Jüngern befiehlt, zu heilen und Dämonen auszutreiben, macht er keinen Unterschied zwischen körperlicher, geistiger oder seelischer Krankheit. Aber aus jedem Wort der Evangelien geht hervor, daß er an alle zugleich denkt; und viele Geschichten der Bibel beweisen, daß er sie als Einheit betrachtet. Wir wissen heute mehr um die Einheit des Personhaften als frühere Generationen. Das ist ein großer Gewinn, und Ihr habt Anteil an diesem Gewinn. Vor allem habt Ihr gehört, was „frohe Botschaft" bedeutet, nämlich die Botschaft, daß Gesetze und Drohungen den Menschen nicht heilen, sondern seine Krankheit verschlimmern. Ihr habt gehört, daß der Name der heilenden Kraft Gnade ist – sei es die Gnade, die in der Natur wirkt und auf die sich der Arzt verläßt, oder die Gnade, die in aller Geschichte gegenwärtig ist und die durch gemeinsame Symbole menschliches Leben möglich macht, oder die Gnade, die sich in der Offenbarung ausspricht und die durch die Botschaft von der Vergebung der Sünde und von der neuen Wirklichkeit die dämonischen Mächte überwindet. Und Ihr wißt, daß körperliche Krankheit Wurzeln im Seelischen haben kann und daß Krankheit, die im Individuum auftritt, zugleich Krankheit des gesellschaftlichen Organismus sein kann, so daß der Einzelne nicht geheilt werden kann, ohne daß gewisse dämonische Mächte der Gesellschaft gebrochen sind. Und darüber hinaus habt Ihr verstanden, daß Krankheit des Körpers wie des Geistes des Einzelnen wie der Gesellschaft eine Folge der Entfremdung des Menschen von seinem göttlichen Ursprung ist und daß keine Krankheit letztlich geheilt und kein Dämon wirklich ausgetrieben werden kann, ohne daß Versöhnung zwischen dem Entfremdeten stattgefunden hat. Darum seid Ihr zu Verkündern der Versöhnung berufen. Man erwartet von Euch nicht, daß Ihr als Ärzte heilt oder als Psychotherapeuten, noch daß Ihr Euch als politische Reformer betätigt. Aber man erwartet von Euch, daß Ihr die Wirklichkeit der Versöhnung und die Gegenwart der heilenden Kräfte bezeugt und darum die Botschaft von der Vergebung der Sünde und von der neuen Wirklichkeit verkündigt. Ihr müßt auch um jene anderen Arten des Heilens wissen und mit ihren Vertretern zusammen arbeiten, aber Ihr dürft das Heilen, das Euch aufgetragen ist, nicht mit ihrem Heilen verwechseln.

Kann ich diese Aufgabe erfüllen? In dieser Stunde werdet Ihr Euch voll Unruhe diese Frage vorlegen. Und wenn Ihr mich fragt: Können wir heilen, ohne selbst geheilt zu sein, antworte ich Euch: Ja, Ihr könnt es. Denn niemand kann je von sich sagen: Ich bin geheilt, und nun will ich die andern heilen! Wer so denkt, ist am wenigsten berufen, andere zu heilen. Nur wenn Ihr den anderen fühlen laßt, daß auch Ihr der Heilung bedürft, könnt Ihr andere heilen. Und wenn Ihr mich fragt: Können wir Dämonen austreiben, ohne selbst von ihnen erlöst zu sein, antworte ich Euch wieder: Ja, Ihr könnt es. Solange Ihr Euch nicht der dämonischen Möglichkeiten in der eigenen Person bewußt seid, könnt Ihr auch den Dämon im andern nicht erkennen und gegen ihn ankämpfen. Ihr könnt ihn nicht beim Namen nennen und dadurch seiner Macht berauben. Und solange Euer Leben schöpferisch bleibt, werden Dämonen Eure Seele zu spalten suchen und Zweifel in Euch erwecken über Euren Glauben, über Eure Berufung und über Euer ganzes Sein. Wenn das nicht geschieht, kann etwas anderes, Schlimmeres geschehen: Ihr könnt selbstzufrieden auf Eure Kraft zu heilen und Dämonen auszutreiben blicken. Davor hat Jesus gewarnt: „Frohlocket nicht, daß die Geister euch untertan sind, sondern frohlocket, daß euer Name im Himmel angeschrieben ist." „Im Himmel angeschrieben" aber bedeutet „angeschrieben trotz alles dessen, was in den Akten Eures Lebens gegen Euch geschrieben steht".

Laßt mich mit einem Wort der Ermutigung schließen: Es gibt keine größere Aufgabe als den Beruf, zu heilen und Dämonen auszutreiben. Seid Eurer Berufung froh! Laßt Euch nicht von ihrer Last bedrücken, auch nicht von der Sorge um die, die nicht geheilt werden wollen. Seid freudig in Eurem Beruf! Trotz der eigenen Krankheit, trotz der Dämonen im eigenen Innern und in der Kirche habt Ihr ein Wissen um das, was die letzte Heilkraft ist, um ihn, in dem

„Heilet Kranke, treibet Dämonen aus"

Gott seine Macht über Krankheit und Dämonen dargetan hat, um ihn, der die Heilkraft verkörpert, die in der Welt wirkt, der die Welt erhält und Gott zuführt. Seid froh, daß Ihr seine Boten seid! Tragt diese Freude in Euch, wenn Ihr diese Stätte verlaßt!

VOM MENSCHEN UND DER ERDE

Wenn ich schaue deine Himmel,
Das Werk deiner Finger,
Den Mond und die Sterne,
Die du hingesetzt hast:
Was ist doch der Mensch,
Daß du seiner gedenkst?
Und des Menschen Kind,
Daß du dich seiner annimmst?
Du machtest ihn wenig geringer als Gott.
Mit Ehre und Hoheit kröntest du ihn.
Du setztest ihn zum Herrscher
Über das Werk deiner Hände,
Alles hast du ihm unter die Füße gelegt.

PSALM 8, 3-6

I

Vertreter der Naturwissenschaft haben vor kurzem die Gründung einer neuen Wissenschaft verlangt, die Wege zur Erhaltung des Lebens erforschen soll. Damit meinten sie nicht das Leben einzelner Menschen oder bestimmter Klassen, auch nicht das Leben von Völkern oder Rassen – das wäre kein neues Problem –, sondern das Leben der gesamten Menschheit, ja, das Fortbestehen des Lebens selbst auf dieser Erde. Dieser Vorschlag beweist, daß wir ein neues Stadium in der Geschichte der Menschheit erreicht haben, für das es nur eine einzige Analogie in der Vergangenheit gibt, die Geschichte von der Sintflut, wie sie in der Bibel und in den Mythen und Legenden vieler

Völker erzählt wird. Unsere Situation unterscheidet sich von der legendären nur darin, daß es dort die Götter sind oder Gott, der das Leben auf der Erde zerstört, weil die Menschen seinen Zorn erregt haben. So heißt es in der Bibel: „Da reute es den Herrn, daß er die Menschen geschaffen hatte auf Erden, und es bekümmerte ihn tief. Und der Herr sprach: Ich will die Menschen, die ich geschaffen habe, vom Erdboden vertilgen, die Menschen sowohl als das Vieh, auch die kriechenden Tiere und die Vögel des Himmels; denn es reut mich, daß ich sie gemacht habe." Und in der nächsten Zeile folgt die Antwort auf die Frage, wie das Leben weiter bestehen kann: „Noah aber fand Gnade vor dem Herrn". Durch Noah, so lesen wir, wird nicht nur der Mensch für das Leben gerettet, sondern auch ein Paar von jeder Tierart, und so das Leben auf der Erde erhalten. Heute dagegen ist Zerstörung wie Rettung des Lebens dem Menschen anheimgegeben. Der Mensch, der zum Herrn über die Dinge gesetzt ist, wie unser Psalm sagt, hat auch die Kraft, sie zu zerstören oder sie zu erhalten, denn er ist „nur wenig geringer als Gott".

Wie verhält sich der Mensch in dieser neuen Lage? Wie verhalten wir uns? Wie sollen wir uns verhalten? „Mensch und Erde" haben aufgehört, ein bloßer Gegenstand menschlicher Neugier zu sein, ein Gegenstand wissenschaftlicher Untersuchung und technischer Beherrschung oder eine Anregung für die künstlerische Phantasie. Mensch und Erde sind zu einem Problem für den Menschen geworden, das ihn mit tiefer Sorge erfüllt und mit einer Angst, die so quälend ist, daß er ihr verzweifelt zu entrinnen sucht. Wo wir Einblick in die tieferen Schichten des menschlichen Bewußtseins haben, besonders bei der Jugend, entdecken wir diese Angst, die von dem ganzen Menschen Besitz ergriffen hat und die vor wenigen Jahrzehnten noch unbekannt war und deshalb schwer zu beschreiben ist. Sie hat viele Ursachen, aber ihre Hauptursache ist die drohende Gefahr der totalen Vernichtung allen Lebens. Die Folge dieser Bedrohung ist entweder ein leidenschaftliches Verlangen nach Sicherheit im täglichen Leben oder ein über-

triebenes Selbstvertrauen, das sich auf die menschliche Beherrschung der Erde und des Weltraums stützt. In den meisten von uns lebt etwas von diesen beiden widersprüchlichen Gefühlen. Das alte, selbstverständliche Vertrauen auf die schützende, bewahrende Kraft der mütterlichen Erde ist verschwunden. Wir müssen damit rechnen, daß die Erde uns nicht mehr am Leben erhält, denn wir selbst machen es ihr unmöglich. Uns ist kein himmlisches Zeichen aufgerichtet, wie Gott es Noah in dem Regenbogen gab als Gewähr dafür, daß er keine zweite Sintflut schicken werde. Nichts verbürgt unser Leben gegen die Gefahr einer Sintflut, die der Mensch selbst auf sich losläßt und die ihn nicht durch Wasser, sondern durch Feuer und Luft vernichtet. In dieser Gefahr fragen wir uns, was die christliche Botschaft über unsere Lage zu sagen hat. Was sagt sie über das Leben auf dieser Erde aus, über seinen Anfang und sein Ende, und über des Menschen Stellung auf dieser Erde? Was sagt sie über den Sinn der Erde, den Schauplatz der menschlichen Geschichte, innerhalb des unermeßlichen Weltalls? Und was über die geringe Dauer, die der Erde und dem Leben auf ihr beschieden ist angesichts der gewaltigen Rhythmen des Universums?
Im christlichen Unterricht und in der Predigt werden solche Fragen nur selten gestellt, denn hier steht das Schauspiel der Schöpfung und des Sündenfalls, der Erlösung und der Erfüllung im Mittelpunkt. Aber zuweilen werden Fragen, denen nur wenig Beachtung geschenkt worden ist, plötzlich zu zentralen Fragen innerhalb eines Gedankensystems, nicht weil sie theoretisch bedeutsam geworden sind, sondern weil ihre Beantwortung über Leben und Tod einer großen Zahl von Menschen entscheidet. Im Laufe der Geschichte und im Laufe der Geschichte des Christentums ist das wiederholt geschehen, und jedesmal hat es das Selbstverständnis des Menschen ebenso verändert wie sein Verständnis der christlichen Tradition in allen ihren Dimensionen. Es kann sein, daß wir heute an einem solchen Wendepunkt stehen und daß vorläufig des Menschen Verhältnis zur Erde und zum Weltall für alle geistig wachen und ver-

antwortungsbewußten Menschen das wichtigste Anliegen sein wird. Dann darf sich das Christentum nicht in die vermeintliche Sicherheit seiner traditionellen Fragen und Antworten zurückziehen. Dann muß es dem menschlichen Geist auf seinen neuen Entdeckungen folgen und es wagen, auf neue Fragen wie die eben gestellten zu hören, ohne indes aufzuhören, auf das Ewige hinzuweisen, den Quell und das Ziel des Menschen und seiner Welt.

Unsere gegenwärtige Lage ist in erster Linie das Ergebnis des wissenschaftlichen und technischen Fortschritts in unserem Jahrhundert. Es wäre ebenso sinnlos wie vergeblich, diese Entwicklung zu beklagen. Denn nun liegt ihr Ergebnis vor uns, eine Welt, die der Mensch geschaffen hat, eine neue Welt neben der natürlichen, die den Menschen aufnahm, als er sich aus niedrigeren Lebensformen zum Menschen entwickelt hatte. Diese neue Welt ist vorhanden, und sie beeinflußt unser Leben, unsere Gedanken und unsere Gefühle in allen Dimensionen, ohne daß wir uns dieser Veränderung immer bewußt sind. Die junge Generation ist anders als wir, ihre Lehrer, in unserer Jugend waren. Ihre Ängste und Hoffnungen sind so verschieden von den unsrigen, daß wir sie oft nicht verstehen können. Und wenn wir die heutige Generation und die unsrige zusammen mit den Menschen früherer Jahrhunderte vergleichen, dann finden wir diesen Unterschied noch radikaler.

Wenn Wissenschaft und Technik für den sprunghaften Fortschritt verantwortlich sind, sollten sie dann nicht auch eine Lösung für die gegenwärtige Lage finden können? Was kann die Religion hier leisten? Hat sie nicht immer, wenn sie sich auf dieses Gebiet wagte und sich in die Entwicklung der Wissenschaft einmischte, den kürzeren gezogen? So geschah es in der Vergangenheit, und so wird es wieder geschehen. Aber es ist nicht die Religion selbst, die in die Wissenschaft eingreift, sondern es sind die Angst und der Fanatismus religiöser Menschen, von Laien wie von Theologen. Diese Menschen sind nicht gewillt, ernsthaft nachzudenken, und deshalb nicht fähig, zwischen der symbolischen Sprache der Religion und den abstrakten Begriffen der Wissenschaft zu unterscheiden. In vielen Teilen der christlichen Welt jedoch sind diese Entstellung und dieser Mißbrauch der Religion überwunden. Hier kann man offen im Namen der Religion vom Menschen und seiner Erde sprechen, ohne in den Verdacht zu kommen, die historischen oder naturwissenschaftlichen Erkenntnisse verändern oder selbst den kühnsten wissenschaftlichen Theorien widersprechen zu wollen.

Was hat nun die christliche Botschaft über die Situation des Menschen in dieser Welt zu sagen? Der achte Psalm, hunderte von Jahren vor dem Beginn des Christentums geschrieben, wirft unsere Frage in wunderbarer Klarheit auf. Er weist einerseits auf des Menschen Geringfügigkeit hin, verglichen mit der Unendlichkeit des Universums, seinen Himmeln und Sternen, und andrerseits hebt er die erstaunliche Größe des Menschen hervor, seine Ehre und seine Hoheit, seine Macht über alle Geschöpfe der Erde und seine Gottähnlichkeit. Solche Betrachtungen sind nicht häufig in der Bibel, aber wo wir ihnen begegnen, treffen sie uns, als seien sie für uns heute gemeint. Seitdem die moderne Naturwissenschaft den Weltraum erschlossen hat und die Erde zu einem unbedeutenden Körper in einem Meer vom Himmelskörpern geworden ist, hat den Menschen ein Schwindelgefühl angesichts der Unendlichkeit des Raums erfaßt. Er sieht sich aus dem Weltmittelpunkt an einen unbedeutenden Platz am Rande verdrängt und fragt sich besorgt, wie es um die hohe Bestimmung stehe, die ihm einst zugemessen schien – wie um ihn als Ebenbild Gottes. Wie um die Geschichte, die das Christentum von jeher als den Ort verstanden hat, an dem sich die Erlösung der Welt vollziehen soll. Wie um den Christus, der im Neuen Testament der Herr der Welt genannt wird. Wie um das Ende der Geschichte, das in biblischer Sprache als nicht allzu ferne kosmische Katastrophe beschrieben wird, in der Sonne, Mond und Sterne auf die Erde herabfallen. Was bleibt in unserem gegenwärtigen Bild der Wirklichkeit von der Bedeutung der Erde und der Würde des Menschen bestehen? Wir

können heute annehmen, daß auf anderen Himmelskörpern andere Wesen leben, die Gott ebenso wie den Menschen nach seinem Ebenbild geschaffen hat, die er mit Ehre und Hoheit gekrönt hat und über deren Leben er wacht. Wie lassen sich solche Vorstellungen mit der christlichen Auffassung von der menschlichen Geschichte und ihrer Mitte, dem Erscheinen des Christus, vereinen?
Solche Fragen sind nicht eitel. Sie sind dem Menschen nötig zum Verständnis seiner selbst als einem Wesen, dem eine Aufgabe in dem unermeßlichen Universum gegeben ist. Sie beunruhigen nicht nur Menschen, die von der christlichen Botschaft ergriffen sind, sondern auch solche, die sie verwerfen, aber mit dem Christentum den Glauben an einen letzten Sinn der Geschichte und des menschlichen Lebens teilen.
Wieder spricht der achte Psalm zu uns, als wäre er heute geschrieben: „Du machtest ihn wenig geringer als Gott. Du setztest ihn zum Herrscher über das Werk deiner Hände." Und der Psalm gibt als Beispiel die Herrschaft des Menschen über die Tiere. Aber erst seitdem die moderne Technik alle Bereiche der Natur der menschlichen Herrschaft unterworfen hat, entfalten die Worte „wenig geringer als Gott" ihre volle Bedeutung. Die Eroberung von Raum und Zeit hat die Bande gelockert, die den Menschen an seine Endlichkeit fesselten. Was einmal als besonderer Vorrang der Götter galt, ist dem Menschen mit Hilfe der Technik heute erreichbar. Kein Wunder, daß wir heute – ebenso wie der Psalmist – den Menschen für nicht viel geringer als Gott halten, ja, daß einige von uns sich sogar Gott ebenbürtig wähnen. Und andere gehen noch weiter und scheuen nicht vor der Behauptung zurück, daß die Menschheit, das heißt der kollektive menschliche Geist, an Gottes Stelle getreten sei.
So stehen wir vor der erstaunlichen Tatsache, daß dieselben Ereignisse, die den Menschen aus dem Mittelpunkt der Welt verdrängt und zur Bedeutungslosigkeit verdammt haben, ihm zugleich die Stellung eines Gottes auf der Erde und noch weit über die Erde hinaus verliehen haben.
Läßt sich dieser Widerspruch erklären? Wir wollen genau

auf die Worte des Psalmisten hören: Er sagt nicht, der Mensch *sei* Herrscher über alle Dinge, oder der Mensch *sei* wenig geringer als Gott, sondern: „*Du* machtest ihn wenig geringer als Gott", „*Du* setztest ihn zum Herrscher über das Werk deiner Hände". Das bedeutet, daß weder des Menschen Geringfügigkeit noch seine Größe aus ihm selber stammt, sondern daß es eine Macht gibt, die über diesem Gegensatz steht. Der Mensch wie die Dinge stammen aus ihm, der alle Dinge unter die Herrschaft des Menschen gestellt hat. Der Mensch kommt aus demselben Grund, aus dem das Universum mit seinen Welten hervorgeht. Dieser Grund verleiht jedem Ding Größe, wie klein es auch sein mag, dem Atom ebenso wie den Pflanzen und Tieren. Und er macht alle Dinge klein, wie groß sie auch sein mögen, die Sterne wie die Menschen. Er gibt dem scheinbar Unbedeutenden einen Sinn und verleiht jedem einzelnen Menschen und der gesamten Menschheit Bedeutung. Diese Antwort beruhigt die Angst über unsere Geringfügigkeit und erschüttert den Stolz auf unsere Größe. Es ist weder eine rein biblische oder christliche noch eine rein religiöse Antwort. Ihre Wahrheit, daß wir nicht durch unsere eigene Kraft da sind, daß unser Leben auf dieser Erde nicht in sich selbst gegründet ist, empfindet jeder, der sich der menschlichen Situation bewußt ist. Dieselbe Kraft, die das Universum erhält und die Erde und alles Leben auf der Erde, erzeugt auch uns und prägt unser Sein. Im Vergleich mit dieser Macht sind wir unendlich klein, aber da sie unter allen Geschöpfen nur uns das Bewußtsein von sich gegeben hat, hat sie uns Größe gegeben.

II

Jetzt wollen wir zu den Worten Gottes in der Geschichte der Sintflut zurückkehren: „Denn es reut mich, daß ich den Menschen gemacht habe." Sie bringen ein neues Element in unsere Betrachtung über den Menschen und die Erde, ein Element der Enttäuschung, der Verurteilung und der Tragik. Kein Thema, weder in der Bibel noch im übrigen Schrifttum, ist so verbreitet wie dieses Thema. Immer wieder hat der Mensch die Erde verflucht, weil sie ihn hervorgebracht hat, zusammen mit dem übrigen Leben und seinem Elend und dem tragischen Verlauf der menschlichen Geschichte. Aus allen Werken unserer modernen Kultur klingt diese Anklage, eine verständliche Anklage. Sie spricht aus der modernen Kunst, aus Prosa und Poesie, aus Musik und Malerei, aus der Philosophie und den Beschreibungen der menschlichen Natur. Aber schwerwiegender als diese Anklagen ist die unausgesprochene Verdammung des Lebens, die sich in dem zynischen Urteil über jeden, der das Leben bejaht, verbirgt, in der Flucht aus dem Leben in Geistesstörung und Krankheit, in der künstlichen Übersteigerung oder Verminderung des Lebens durch Rauschgifte und durch die gesellschaftlichen Betäubungsmittel der Banalisierung und Nivellierung des Lebens. Auf diese Art klagen wir das Schicksal an, das uns ins Universum und auf diese Erde gestellt hat. „Du kröntest ihn mit Ehre und Hoheit", sagt der Psalmist; aber viele von uns wollten, daß sie diese Hoheit niemals besessen hätten oder sich wieder von ihr befreien könnten. Sie sehnen sich zurück nach dem Zustand von Geschöpfen, die ohne Bewußtsein sind von sich und ihrer Welt und nichts kennen als die Befriedigung ihrer tierischen Bedürfnisse.

In der Geschichte von der Sintflut ist es Gott, der den Menschen ausrotten will, denn er bereut, ihn je geschaffen zu haben. Heute hat der Mensch selbst die Macht, sich zu vernichten, und oft beklagt er, daß er als Mensch geschaffen ist, und wünscht sich nichts mehr, als sich seines Menschseins zu entledigen. Mehr Menschen als wir ahnen hegen diesen Wunsch, und im geheimen stimmt etwas in uns allen ihnen bei. Vielleicht ist die Erde, seitdem sie vollkommen in der Gewalt des Menschen ist, kein wünschenswerter Aufenthalt mehr für den Menschen? Vielleicht spricht sich in dem leidenschaftlichen Vorstoß in den Weltraum eine geheime Flucht von der Erde aus? Auf diese Fragen gibt es keine sichere Antwort; und doch müssen

wir sie aufwerfen, denn sie entdecken uns, daß das Verhältnis des Menschen zur Erde nicht verläßlich und eindeutig ist. Der alte Gedanke, daß der Mensch nur ein Pilger auf dieser Erde sei, lebt in diesen Fragen wieder auf. Nicht das Leben des einzelnen, sondern das der gesamten Menschheit erscheint uns heute als eine solche Pilgerfahrt, und wir sehen den Augenblick vor uns, in dem diese Pilgerfahrt zu Ende geht, vielleicht in unendlich ferner Zeit, vielleicht in der unmittelbaren Zukunft. Die christliche Lehre sagt nichts über die Dauer der menschlichen Geschichte aus. Die frühe Kirche glaubte, daß das Ende unmittelbar bevorstünde. Als es nicht kam und die Christen in ihrer Erwartung enttäuscht waren, verlegte man das Ende in eine fernere Zukunft, und heute hält man die Lebensdauer der Menschheit für unbegrenzt. Naturwissenschaftler sprechen von Millionen von Jahren. Millionen von Jahren, Tausende von Jahren, ein Tag – wir wissen es nicht. Wir fragen statt dessen nach dem Sinn der menschlichen Geschichte, der unabhängig von ihrer Dauer ist, nach ihrer Bedeutung nicht für uns einzelne, sondern für das Universum und sein endgültiges Ziel.
In der biblischen Erzählung bereut Gott, daß er den Menschen geschaffen hat. Das bedeutet, daß Gott mit der Erschaffung des Menschen ein Wagnis eingegangen ist, und jedes Wagnis enthält die Möglichkeit eines Irrtums. Gott selbst betrachtete die Erschaffung des Menschen als einen Irrtum, und er machte einen neuen Anfang. Aber wir haben keine Gewähr dafür, daß dieser Versuch sich nicht wieder als Irrtum erweist. Nach der Bibel vollzog beim ersten Mal die Natur das göttliche Urteil über den Menschen. Diesmal kann der Mensch das Urteil Gottes selber vollstrecken. Wenn dies geschehen sollte, wäre die bevorzugte Stellung der Erde, von der die Astronomen sprechen und an die der Mensch von jeher geglaubt hat, nutzlos, ihre einzigartige Bestimmung vergeblich gewesen.
Solchen Gedanken dürfen wir nicht aus dem Wege gehen; wir müssen sie ernst nehmen. Verantwortungsbewußte Menschen, glaube ich, können sie heute nicht mehr unter-

drücken. Wie stellt sich die christliche Lehre zu diesen Fragen? Ich wiederhole: Sie sagt nichts über die Dauer der Menschheitsgeschichte, nichts darüber – in wissenschaftlichen Begriffen –, wann oder wie sie ein Ende nehmen wird. Dies ist nicht ihr Anliegen. Es geht ihr vielmehr um den Sinn der Geschichte, der jenseits der Geschichte liegt; und für diesen, ihren ewigen Sinn, ist die Dauer der Geschichte unwesentlich. Aber sie ist trotzdem nicht ohne Bedeutung; denn nur innerhalb der geschichtlichen Zeit ist uns die Möglichkeit gegeben, lebendige geistige Werte zu schaffen; und dafür müssen wir unsere ganze Kraft einsetzen. Selbst wenn die Menschheit sich und die Erde morgen vernichtete, wäre das Dasein unserer Erde und des Menschen auf ihr nicht vergeblich gewesen. Es hätte einmal innerhalb Millionen von Jahren im Universum ein Wesen gegeben, nach dessen Verwirklichung alle Lebenskräfte der Erde gestrebt hatten, ein Wesen, in dem der göttliche Grund allen Lebens als Gestalt gegenwärtig war. Wenigstens dies eine Mal hätte ein Wesen gelebt, in dem das Leben seine höchste Möglichkeit verwirklichte: Geist zu sein. Hierin liegt die Größe des Menschen, und die, die heimlich oder offen das Leben anklagen, sollten auf seine Rechtfertigung hören: In unserer kurzen Lebensspanne, in der kurzen Menschheitsgeschichte und in der kurzen Dauer dieser Erde hat sich einmal etwas von unendlicher Bedeutung ereignet: Der tiefe Grund allen Lebens hat sich in *einem* Wesen manifestiert, und der Name dieses Wesens ist Mensch, und du bist ein Mensch. Wer diese Antwort nicht gelten läßt, da sie zwar eine Möglichkeit, aber keine Wirklichkeit enthalte, und wer darauf besteht, daß die Menschheit sündig und die Erde verseucht sei von der Schuld des Menschen, daß das Blut der Ermordeten um Rache gen Himmel schreie, so daß selbst Gott bereuen mußte, den Menschen geschaffen zu haben, der sei an die Worte der Bibel erinnert: „Noah aber fand Gnade vor dem Herrn". Noah steht für das in jedem Menschen, was ihn trotz Sünde und Entfremdung zum Ebenbild Gottes macht. Die christliche Botschaft geht hierüber noch hinaus und bezeugt die Erscheinung eines Menschen, in dem

Gott sein Ebenbild rein und unverdorben fand. Er vertritt die gesamte Menschheit, und deshalb ist er der Menschensohn und der Christus genannt. Die Erde, die durch den Menschen verseucht ist, wird durch den Menschen gereinigt und geheiligt, durch den Menschen, in dem die göttliche Kraft der Heilung und Erfüllung, der Liebe und der Gnade wirklich geworden ist. Diese Kraft lebt in allen Menschen zu allen Zeiten und an allen Orten. Sie rechtfertigt die Menschheitsgeschichte, sie rechtfertigt die Erde, die in Millionen von Jahren die Ankunft des Menschen vorbereitete, und sie rechtfertigt das Universum, das unsere Erde hervorbrachte.

Aber das Universum ist nicht nur durch die Erde und die Schöpfung, nicht nur durch den Menschen gerechtfertigt. Andere Himmelskörper, eine andere Geschichte und andere Geschöpfe, in denen das Geheimnis des Seins Gestalt wird, können den Menschen, seine Geschichte und unsere Erde ersetzen. Unser Unwissen und unsere Vorurteile dürfen unsere Gedanken nicht daran hindern, über unsere Erde, unsere Geschichte und selbst unser Christentum hinauszugehen. Die Naturwissenschaften und die dichterische Phantasie haben diesen Schritt getan. Das Christentum darf nicht vor ihm zurückscheuen. Es muß vielmehr darauf hinweisen, daß die christliche Erfahrung von der göttlichen Allmacht die Unerschöpflichkeit der göttlichen Schöpferkraft einschließt, die über die Grenzen des Menschen, der Erde und des uns bekannten Universums unendlich hinausgeht.

Das bedeutet, daß wir Anfang und Ende der Welt nicht in der Vergangenheit und in der Zukunft der meßbaren Zeit suchen dürfen. „Anfang" und „Ende" sind nicht hinter oder vor uns, sondern über uns im Ewigen. Von ihm kommt und zu ihm geht alles Leben in jedem Augenblick der Menschheitsgeschichte und der Geschichte der Erde und des Weltalls. Schöpfung ist Ereignis in Vergangenheit *und* Gegenwart, Erfüllung ist zukünftig *und* gegenwärtig. In der Gegenwart fallen Vergangenheit und Zukunft zusammen, denn sie beide kommen aus der Ewigkeit und führen zu ihr hin.

Die Frage nach dem Menschen und seiner Erde, diese Frage, die unser Leben und Denken in Angst und Widersprüche gestürzt hat, kann keine Antwort finden, solange wir der Gegenwart des Ewigen nicht gewahr sind. Denn nur das Ewige kann uns aus dem Gefühl der Nichtigkeit angesichts des Raums und der Zeit erlösen. Nur das Ewige kann uns von der Angst befreien, als sinnloses Stück Materie im sinnlosen Wirbel der Atome und Elektronen unterzugehen. Nur das Ewige kann uns die Gewißheit geben, daß Mensch und Erde nicht vergeblich sind — selbst dann nicht, wenn die Geschichte morgen zu Ende sein sollte. Denn das letzte Ende ist da, wo der erste Anfang ist, in ihm, für den „tausend Jahre sind wie der Tag von gestern".

DAMIT SIE LEBEN
UND REICHE FÜLLE HABEN

Ich bin gekommen, damit sie Leben und reiche Fülle haben.

JOHANNES 10, 11

I

Das Drama der Erlösung mit Karfreitag und Ostern als seinem Mittelpunkt stellt uns vor Ereignisse, in denen auf einmalige und erschütternde Weise der Tod über das Leben siegte und dann das Leben den Tod überwand. Unser Text weist auf diese Ereignisse hin und deutet uns ihren Sinn mit den Worten „damit sie Leben und reiche Fülle haben".

Um diese Worte zu verstehen, müssen wir zuerst über die vielfältige Bedeutung des einen Wortes „Leben" nachdenken. Wir denken dabei zunächst an unser Leben, mein Leben und Eures – das Leben aller Lebewesen und aller noch nicht zum Leben erwachten Dinge, die danach streben, Leben zu schaffen, der Atome, der Moleküle, der Erde, des Wassers und der Luft. In unserem Leben wird sich das universale Leben seiner selbst bewußt, und wir empfinden, daß wir wie alle anderen Geschöpfe „Ja" zum Leben sagen müssen. Wir fühlen seinen unvergleichlichen Wert, wenn es bedroht ist, und wir verteidigen es gegen Entstellung und Zerstörung. Ebenso versucht jedes Atom, sich als Ganzes zu behaupten, und es bedarf ungeheurer Kräfte, es zu spalten. Das Gleiche gilt für Kristalle und Gesteine. Die Pflanzen streben mit aller ihnen eigenen Kraft, sich am Leben zu erhalten, und die Tiere kämpfen in jedem Augenblick ihres Lebens gegen Gefahren an. Der Mensch, der mit wachem Bewußtsein das Ende seines Lebens voraussieht, versucht, sein Leben bis zum Tode und über den Tod hinaus zu verlängern. Dieser Wille zum Leben in allem Lebendigen ist uns selbstverständlich; wir vergessen, was für ein erstaunliches Phänomen es ist, daß das Leben sich selbst bejaht. Aber wenn wir darüber nachdenken, mögen wir hier und da in das unendliche Mysterium des Lebens eindringen, das in jedem von uns verkörpert ist.

Das Leben behauptet sich in uns allen – aber nicht, um zu bleiben, was es ist, nicht um sich in seinen gegebenen Grenzen zu erhalten, sondern um über sie hinauszustreben auf ein volleres Leben zu, auf ein Leben in reicher Fülle. Alles Leben steht unter dem Gesetz des Wachstums, auch das Leben des Menschen. Aber sein Leben wächst in vielen Richtungen. Der Mensch begegnet einer Welt und damit unendlichen Lebensmöglichkeiten, und es ist sein Wunsch, aus den Möglichkeiten Wirklichkeit zu machen, Wirklichkeit in reicher Fülle. Wir brauchen uns dessen nicht zu schämen, denn es ist unsere geschaffene Natur; das Ziel alles Lebens ist mehr Leben, Leben in reicher Fülle, im Universum wie in jedem einzelnen Lebewesen. Nur ein krankes Leben hört auf, nach gesteigertem Leben zu streben; in seiner Schwäche zieht es die sichere Geborgenheit in dem, was es hat, dem wagenden Streben nach dem vor, was es haben könnte. Wir, die der älteren Generation angehören, haben zuweilen das Gefühl, daß viele Menschen der jüngeren Generation die Geborgenheit in einem armen Leben dem wagenden Streben nach einem reichen Leben vorziehen. Wo das der Fall ist, versiegt die schöpferische Kraft, im einzelnen Menschen wie in einer ganzen Kultur. Aber man könnte die Frage stellen: Ist Verzicht auf ein Leben in reicher Fülle nicht lobenswert wie das Opfer des Lebens selbst? Das Schrifttum der Welt ist voller Lob für Menschen, die auf die Fülle des Lebens verzichteten und das Leben selbst hingaben. In der Tat: Fülle des Lebens ist nicht ohne Opfer möglich; und es gibt viele Situationen, in denen Opfer gefordert werden, Opfer einer bestimmten Sache oder Opfer des Lebens selbst. Aber oft ist Selbstbe-

schränkung nicht Antwort auf eine solche Forderung, sondern Ausdruck der Lässigkeit und der Feigheit. Das ist schlimm, wenn es um das Streben nach äußerer Fülle geht, aber es ist schlimmer, wenn es uns daran hindert, von unseren geistigen Kräften Gebrauch zu machen. Unendlicher Reichtum des Lebens wird aufgegeben, wo das geschieht; denn das Universum ist dem menschlichen Geist offen, seinem Wissensdrang, seiner Herrschaft und seinem Verständnis. Es ist natürlich, daß der Mensch die ganze Welt erobern will; und wer alle gegebenen Grenzen zu überschreiten sucht, der dient dem Leben besser, selbst wenn er das Unmögliche begehrt, als der, der sich in den vorhandenen Grenzen zufrieden gibt.
Das Streben nach einem Leben der Fülle bedeutet Kampf und Schmerz. Leben ist immer das Leben eines konkreten Wesens; und das Leben eines jeden Wesens ist begrenzt. Die Endlichkeit beschränkt noch den stärksten von denen, die nach einem Leben der Fülle streben. Er wird durch die anderen beschränkt, die nach dem Gleichen streben wie er; und in der Begegnung mit ihnen wird der Reichtum oder die Armut seines eigenen Lebens entschieden. Dieser Kampf um die Erweiterung des Lebens geht überall vor sich, zwischen den Bäumen des Waldes und den Tieren aller Gattungen, zwischen Mensch und Mensch, Volk und Volk. Und selbst in dem Streben nach der Fülle des geistigen Lebens erzeugt der Kampf um Teilhabe am Reichtum eine schmerzliche Spaltung zwischen denen, denen ein solcher Reichtum zuteil wird, und denen, die auf ihn verzichten müssen.
Aller Kampf um die Steigerung des Lebens ist mit Schmerz verbunden. Schmerz ist eines der geheimnisvollsten Elemente in dem großen Geheimnis des Lebens. Er schützt das Leben, da er vor der Gefahr äußerer Zerstörung warnt. Aber Schmerz kann das Leben auch zur Verzweiflung treiben und zur Selbstzerstörung. Oder er kann – und das ist seine dritte Funktion – das Leben stärken und erhöhen. Darum gehört der Schmerz zum Leben, und je tiefer der Schmerz ist, um so reicher ist das Leben. Hier offenbart

sich – schon auf der Stufe des natürlichen Lebens – ein Wesenszug aller Existenz, den zu ertragen uns in Gedanken wie im Leben gleich schwerfällt: es ist die Tatsache, daß die Verneinung des Lebens, die wir in jedem Schmerz erfahren, eine Bedingung des Lebens ist und daß das Leben, je reicher es ist, um so mehr auf dieser Bedingung beruht. Ein Leben ohne Schmerz, selbst wenn es möglich wäre, könnte niemals ein Leben der Fülle sein. Darum sollten wir es uns nicht erträumen, weder für unsere Zukunft in der Zeit, noch für eine Zukunft jenseits der Zeit.

II

Warum aber sollen wir das Leben bejahen, wenn es mit Kampf und Schmerz verbunden ist? Wäre es nicht besser, es zu verneinen, wie es viele Kulturen und Religionen getan haben und wie Menschen in unserer eigenen Kultur es tun, die darüber nachdenken? Es gibt viele Gründe, die uns veranlassen können, das Leben zu verneinen als etwas, was Tod und Leid bringt und nicht Reichtum und Fülle. Wir können uns fragen: Was bedeutet „Leben in reicher Fülle" für die unzähligen Menschen, die sterben mußten, bevor sie auch nur zur Kindheit herangewachsen waren? Was bedeutet es für die Massen, die in Elend und Armut leben, nicht nur in äußerer, sondern auch in geistiger Armut? Was bedeutet es für die vielen, die ihr Leben lang oder doch einen großen Teil ihres Lebens krank und verkrüppelt sind? Was bedeutet es für die Opfer der Greuel, die im Laufe der Geschichte begangen wurden? Was bedeutet es angesichts der Zerstörung von Städten, Völkern und Kulturen und des unvorstellbaren Leidens all derer, die mit diesen vernichtet wurden? Was bedeutet es für die Insassen der Konzentrationslager und was für die jungen Gefallenen in den beiden Weltkriegen?
Wenn wir all dies bedenken, kann uns eine Stimmung ergreifen, in der wir nicht das Leben, sondern den Tod ersehnen. Wir alle sind Opfer und Besiegte in dem Kampf ums

Leben. Wenn wir das einsehen, geben wir dem Philosophen recht, der sagte, daß die menschliche Geschichte nicht der Bereich ist, in dem der einzelne sein Glück findet. Aus solchen Gedanken und Gefühlen kann Haß gegen das Leben erwachsen und Sehnsucht nach dem Tode. Das Leben ist zu qualvoll oder zu sinnlos geworden, als daß wir es verlängern wollen. Verzweiflung erhebt sich gegen Lebenswillen, und in gewissen Augenblicken oder Epochen unseres Lebens erweist sie sich als die stärkere. Der Wille zum Tod widersetzt sich dem Willen zum Leben, zumindest im Menschen, vielleicht auch in anderen Geschöpfen: sie müssen nicht nur sterben, sie wollen sterben, weil es für sie keine Fülle des Lebens gibt. Nichts ist schwieriger, als solchen Menschen zu helfen, denn das, worauf die Hilfe bauen muß, der Wille, sich helfen zu lassen, ist gebrochen. Die Gnade des Lebens, das „Ja" zum Leben, hat sie verlassen, vielleicht nur vorübergehend, vielleicht auf immer. „Die Gnade des Lebens" – was ist das? Es ist die Macht, aus der das „Ja" zum Leben entspringt. Es ist die Macht, die uns trotz allen Leids „Ja" zum Leben sagen läßt. Sie kann sich uns in Augenblicken offenbaren, in denen der Wunsch zu sterben den Willen zum Leben fast vernichtet hat. Wenn sich die Gnade dann unser nicht annimmt, verfällt das Leben, und der einzige verbleibende Trost ist der heimliche Genuß der Verzweiflung.
Aber immer und überall gibt es einen Weg zur Fülle des Lebens: wir können den drohenden Tod in das Leben selbst hineinnehmen. Das nennen wir Opfer – das Opfer von etwas, was wir haben, für etwas, was wir haben möchten, das Zurücklassen des Nächsten für die Erlangung des Fernsten, das Durchbrechen der Oberfläche um der Tiefe willen, das Suchen des Letzten und darum das Opfer des Vorläufigen.
Tod durch Opfer gibt es überall in der Natur. Opfer ermöglicht ihr Wachstum und schafft ihre unendliche Fülle. Das Leben opfert sich um des Lebens willen, das Alte opfert sich für das Neue, das Kleinere für das Größere, das Geringere für das Höhere. Viele Möglichkeiten müssen für

eine starke Wirklichkeit aufgegeben werden, und diese Wirklichkeit wiederum muß für neue Möglichkeiten verlassen werden. Wenn das so in der Natur ist, was bedeuten Opfer und Tod im Leben des Geistes? Vielerlei: In jeder neuen Einsicht ist etwas schon Bekanntes begraben. Formen des Glaubens müssen sterben, wenn sich dem Geist eine höhere Wahrheit offenbart. Mit jedem dichterischen Wort überwindet der schöpferische Geist den Tod, aus dem das Wort geboren ist. Denn Geist ist Leben, das ins Leben schneidet und Fülle aus dem Schmerz des Opferns schafft. Wer der akademischen Gemeinschaft angehört und nicht gewillt ist, dieses Sterben täglich auf sich zu nehmen, ist nicht würdig, ihr anzugehören, sei es als Lehrer, sei es als Lernender. Wer nicht in Frage stellt, was er besitzt, ist im Begriff, geistig zu sterben. Wenn wir den Tod nicht in unser Leben aufnehmen, nimmt der Tod das Leben von uns. Wir sind geistig am Ende. Das in unserem Geist, was wir nicht in Frage gestellt haben, hemmt und tötet die schöpferische Kraft des Geistes.

III

Und jetzt laßt mich über die Grenzen unseres Lebens in Raum und Zeit hinausblicken und ·fragen, was der Sinn des Karfreitags ist – eine Frage, die alle Menschen auf der Erde angeht. Es ist die Frage: Wie ist ein Leben in reicher Fülle möglich, wenn unser Leben ein Ende hat, wenn nicht nur ein Teil von uns sterben muß, sondern unser ganzes Sein — Geist und Leib?
Ehe wir diese Frage im Sinne unserer eigenen Tradition zu beantworten suchen, wollen wir auf die Antworten hören, die Menschen in anderen Traditionen gegeben haben. Das hilft uns, zu verstehen, wie die Menschheit überall mit der Frage des Lebens angesichts des Todes gerungen hat. Es ist gut, darauf zu blicken, denn die Menschen außerhalb unseres Gedankenkreises sind Teile des Ganzen, zu dem auch wir gehören – Teile der Menschheit, die, zum Leben geschaffen, auf den Tod zugeht, als menschliches Geschlecht und in

jedem einzelnen Menschen. Hier zeigt sich uns das Rätsel des Lebens in seiner ganzen Tiefe, und jede Lösung dieses Rätsels beeinflußt alle anderen Antworten auf die Frage des Lebens. Ich will an zwei Beispielen zeigen, wie die Menschheit mit diesem Rätsel gerungen hat; in dem einen hat sie das Leben über den Tod hinaus bejaht, sogar das leibliche Leben; in dem anderen hat sie das Leben verneint, sogar noch vor dem Tode.

Es gibt wenig Orte, an denen sich das „Ja" zum Leben deutlicher offenbart als in den ägyptischen Königsgräbern. Eine ganze Nation, vom König bis zum niedrigsten Sklaven, hat hier für die Fortdauer des königlichen Lebens nach dem Tode geplant und gearbeitet. Das Leben in seiner ganzen Vielfalt – die ganze Schönheit des Tages – wurde in das Dunkel des Grabes eingeschlossen. Der Leib des Königs durfte nicht dem Verfall überlassen werden, denn sein zukünftiges Leben war an seinen Leib gebunden, und er selbst mit seinem Leib stand für die gesamte Nation: sein Leben war ihr Leben. Unvorstellbare Mühen und Opfer wurden daran gewandt, einem Toten Leben in reicher Fülle zu sichern. Aber wenn man diese Gräber besucht hat, kann man kurz darauf die enthüllten Köpfe der Pharaonen sehen, die vor Tausenden von Jahren in die Grabkammer gelegt wurden. Dann empfindet man, daß es nicht gelungen ist, ihr Leben zu erhalten – obwohl uns die Gesichter der Mumien so ansehen, wie sie einstmals die Menschen anblickten. Aber das, was wir sehen, ist nur die Erinnerung an Leben, wie sie ein gutes Bildnis bewahrt, nicht Leben selbst. Der Tod hat gesiegt. Aber der Wille zum Leben, der sich in der Bemühung um die Erhaltung des Körpers ausspricht, ist überwältigend, wenn er uns auch fern liegt. Wir können ihn teilnehmend verstehen; zugleich aber kommt uns die Frage des Engels in der Ostergeschichte in den Sinn: „Was suchet ihr den Lebendigen bei den Toten?" Die Ägypter wurden schließlich zu der gleichen Frage getrieben und fanden andere Lösungen.

In deutlichem Gegensatz zu dem altägyptischen Lebensgefühl steht das indische, das das Leben letztlich verneint und den Leib verachtet. Auch hier spricht sich zunächst der natürliche Wille zum Leben aus. Viele große Schöpfungen des Geistes und Gestaltungen des Lebens bezeugen den Willen zum Sein auch in diesen Menschen. Aber alles, was sie auf Erden leisteten, war für sie nur ein Vorläufiges. Sie ließen es hinter sich, um vollkommene Freiheit vom Leben zu gewinnen, und strebten nach dem Reich der Freiheit jenseits alles dessen, was das Leben zu geben hat. Sie suchten den Weg zu dem ewigen Grund, aus dem sie glaubten gekommen zu sein und zu dem sie zurückkehren wollten. Können die Worte unseres Textes „damit sie Leben und reiche Fülle haben" für sie ein Versprechen bedeuten?

Müssen wir uns angesichts dieser beiden Antworten auf die Frage von Leben und Tod nicht mit dem Verzicht auf eine Lösung zufrieden geben und mit den machtvollen und schwermütigen Worten des Buches Hiob fragen: „Wenn ein Mensch stirbt, wird er wieder lebendig?" Sollten wir nicht an die alten griechischen Reliefs denken, auf denen ein Toter Abschied von seiner Familie nimmt, mit Würde, aber ohne Trost? Und sollen wir nicht auf die griechischen Philosophen und Tragiker hören, wenn sie die gleiche Überzeugung von der Endgültigkeit des Todes in Begriff und Dichtung zum Ausdruck bringen? Beherrscht heute nicht unzählige edle Geister in allen Sphären des Lebens die gleiche Stimmung?

Oder gibt es eine positive Antwort? Etwa die christliche Botschaft von Karfreitag und Ostern? Zunächst: Auch sie weiß um das, was in den früheren Antworten zum Ausdruck kommt. Sie steht auf dem Boden der harten und erbarmungslosen Ehrlichkeit des Buches Hiob. Sie besitzt die starke Bejahung des Lebens, selbst des leiblichen, wie wir sie im alten Ägypten finden. Zugleich zeigt die christliche Botschaft ein „Nein" zum Leben, wenn sie in allem, was sie sagt und fordert, auf den Sterbenden auf Golgatha hinweist. Hier ist das „Ja" und das „Nein" zum Leben auf einzigartige Weise vereint. Gott selber – das können wir hier anschauen – nimmt an diesem „Ja" und „Nein" teil.

„Ja" und „Nein" vereint – dem sind wir bereits im Leben

der Natur und des Geistes begegnet: das „Nein" ist in das „Ja" aufgenommen, der Tod in das Leben, der Schmerz über die Endlichkeit in die Freude am Dasein hier und jetzt. Der Sinn des Endes hat sich verwandelt: es ist uns so gewiß wie der Anfang, den wir hinter uns haben. Aber es ist zugleich gegenwärtig in der Gnade des Lebens, die uns einen neuen Anfang schenkt. Anfang und Ende sind gegenwärtig hier und jetzt; denn das Ewige ist gegenwärtig im Hier und Jetzt. Und das Bewußtsein seiner Gegenwart macht unseren letzten Tag wie jeden anderen Tag zu einem vorläufigen. Wenn wir den Tod hier und jetzt annehmen, brauchen wir nicht auf ihn zu warten, weder mit Furcht noch mit Verachtung, ob wir ihn nah oder fern glauben. Wir wissen, was er bedeutet, weil wir ihn in seinem Dunkel und in seiner Tragik aufgenommen haben. Wir wissen, daß er die Bestätigung der Endlichkeit ist, die zu unserem Dasein gehört. Wir wissen, daß wir unser Leben nicht verlängern können, weder in diesem Dasein, noch in einem erdachten zukünftigen Dasein. Wir wissen, daß Ewigkeit nicht Zeit ist. So ist das Rätsel von Leben und Tod nicht länger ein Rätsel für unseren Verstand oder für unsere Einbildungskraft; es ist zu einer Angelegenheit unseres Lebens hier und jetzt geworden. Und unsere Frage ist nicht mehr: Was kommt nach dem Tode? sondern: Haben wir den Tod in unser Leben aufgenommen? Sind wir fähig, ein Leben in reicher Fülle zu leben, eben weil wir wie Jesus den Tod auf uns genommen haben? Wirkt in uns die Gnade des Lebens? Und wenn wir sie nicht in uns fühlen, dann kann aus der Frage von Leben und Tod die Sehnsucht nach der Gnade erwachsen, so daß wir beten können, in Worten oder schweigend: Gib uns die Kraft, unseren Tod in unser Leben aufzunehmen!

TEIL II
Die göttliche Wirklichkeit

DIE GEGENWART
DES GÖTTLICHEN GEISTES

Nicht daß wir fähig sind von uns selbst und denken dürften, daß etwas von uns selbst stammt; sondern daß wir fähig sind, ist von Gott, der auch uns fähig gemacht hat, das Amt zu führen des Neuen Bundes, nicht des Buchstabens, sondern des Geistes. Denn der Buchstabe tötet, aber der Geist macht lebendig.

2. KORINTHER 3, 5-6

I

Nicht daß wir fähig sind von uns selbst — schreibt Paulus. Wen meint er mit „wir"? Offensichtlich denkt er an sich, den Apostel, und die, die mit ihm zusammen arbeiten. Das schließt alle ein, die fähig geworden sind, dem „Neuen Bund", wie Paulus ihn nennt und dessen Verkünder er ist, zu dienen. Dem Neuen Bund, das heißt einer neuen Verbundenheit von Gott und Mensch und durch sie einer „Neuen Wirklichkeit", einem neuen Stand der Dinge im Menschen und in seiner Welt. Jeder, der an der Neuen Wirklichkeit, wenn auch noch so bruchstückhaft, teilhat, ist befähigt, ihr zu dienen. Aber wenn wir fragen, wer an der Neuen Wirklichkeit teilhat, dann finden wir, daß es auf diese Frage keine Antwort gibt. Denn niemand kann in das Innere eines anderen Menschen sehen, er kann nicht einmal sein eigenes Inneres ganz verstehen. Deshalb kann niemand mit Sicherheit sagen, ob ein anderer am Neuen Sein teilhabe, und er kann es kaum von sich selber sagen. Aber noch weniger kann er von jemand anderem, wie zerstört dessen Leben auch sein mag, behaupten, daß er überhaupt nicht an dem Neuen Sein teilhabe und daß er nicht befähigt sei, ihm zu dienen. Und gewiß kann niemand das von sich selber sagen.

Vielleicht ist es heute wichtiger, dies Letztere zu betonen, nämlich daß wir und unsere Mitmenschen fähig sind, dem Neuen Sein zu dienen und einander als Priester zu helfen im Streben nach seiner Verwirklichung. Vor kurzem noch fühlten sich viele Menschen, besonders Mitglieder der Kirchen, berufen, über andere Menschen zu urteilen und ihnen zu sagen, was sie glauben und was sie tun sollen. Heute empfinden wir eine solche Haltung als Anmaßung. An ihre Stelle ist der Zweifel an unserer eigenen Befähigung getreten, besonders bei den Menschen mittleren Alters und bei der Jugend. Wir neigen dazu, uns diese Möglichkeit abzusprechen, und ziehen uns von dem Dienst an dem Neuen Sein zurück. Wir zweifeln, daß wir an ihm teilhaben und daß wir anderen zu dieser Teilhabe verhelfen können. Wir weisen die Ehre und die Bürde ab, einander Priester zu sein. Das kann aus Mißachtung für unsere höchste menschliche Berufung geschehen, aber es kann auch aus Verzweiflung an uns, aus Schuldbewußtsein und aus dem Gefühl der inneren Leere geboren sein. Wir fühlen uns weit entfernt von einem Neuen Stand der Dinge in uns und unfähig, anderen dazu zu verhelfen.

In dieser Lage müssen wir uns an die übrigen Worte unseres Textes erinnern, nämlich daran, daß unsere Fähigkeit von Gott stammt und nicht aus uns selber; und wir müssen an das tröstliche Wort denken, daß Gott größer ist als unser Herz. Wenn wir über uns hinausblicken auf das, was größer ist als wir, können wir uns berufen fühlen, anderen zu helfen in eben dem Augenblick, in dem wir selber der Hilfe am meisten bedürfen – und zu unserem eigenen Erstaunen *können* wir helfen. Eine Macht wirkt in uns und durch uns, die nicht von uns ist. Vielleicht können wir uns an einen Augenblick erinnern, in dem aus der Tiefe unseres Innern, ja, aus unserer eigenen Angst, Worte hervorbrachen, die einen anderen Menschen in seinem tiefsten Inneren und in seiner Angst mit solcher Macht trafen, daß sie ihm zu einem neuen Leben verhalfen. Oder wir erinnern uns eines anderen

Augenblicks, in dem die Tat eines Menschen, um dessen zerbrochenes Leben wir wußten, wie eine priesterliche Tat auf uns wirkte, uns erweckte und heilte. Diese Macht kam nicht *von* ihm, aber sie war *in* ihm, wie in dem anderen Falle sie nicht *von* uns kam, aber *in* uns war. Wir sollten die Aufgabe, anderen das Neue Sein zu vermitteln, nicht mit Anmaßung auf uns nehmen, weder mit persönlicher noch mit kirchlicher Anmaßung. Aber wir sollten die Aufgabe, einander Priester zu sein, auch nicht von uns weisen, weder aus Verzweiflung an uns selber noch aus Mißachtung dessen, was unser aller höchstes Anliegen sein sollte. Gegen Anmaßung wie gegen Verzweiflung steht das Wort, daß unsere Fähigkeit nicht von uns stammt, noch von irgendeinem Menschen oder irgendeiner Stelle, nicht einmal von der Kirche, sondern von Gott. Daß sie von Gott stammt, bedeutet aber, daß der Geist Gottes in unserem Geist gegenwärtig ist.

II

Wenn wir jetzt den Ausdruck „Heiliger Geist" hören, können wir verstehen, was er bedeutet: Er ist die Macht in uns, aber nicht von uns, die uns fähig macht für den Dienst an der Neuen Wirklichkeit. Das mag vielen innerhalb und außerhalb der Kirche merkwürdig klingen, für die der Begriff „Heiliger Geist" eines der unverständlichsten unter den unverständlichen Symbolen der christlichen Sprache ist. Nur noch selten wird heute über den „Heiligen Geist" gepredigt, und im religiösen Unterricht wird er nach Möglichkeit übergangen. Sein Fest, Pfingsten, ist in Amerika fast völlig der Vergessenheit anheimgefallen, und in Deutschland ist es zu einem Fest der Natur und ihrer Schönheit geworden. Menschen, die behaupten, spirituelle Erlebnisse besonderer Art zu haben, werden als anormal betrachtet, und oft mit Recht. Die Erwähnung des Heiligen Geistes in der Liturgie empfinden wir als etwas unserem Denken und Empfinden völlig Fernliegendes. Dennoch ist die Erfahrung des Heiligen Geistes etwas Wirkliches, ebenso wirklich wie das Erlebnis der Liebe oder das Atmen der

Luft, die uns umgibt. Wir sollten das Wort „Heiliger Geist" nicht scheuen. Wir sollten uns der Gegenwart des göttlichen Geistes in uns und um uns bewußt werden, wie begrenzt unsere Erfahrung von der Gegenwart Gottes in unserem Geist auch sein mag. Denn das ist es, was Heiliger Geist bedeutet: „die Gegenwart Gottes in unserem Geist". Der göttliche Geist ist nicht eine geheimnisvolle Substanz, er ist nicht ein Teil von Gott; er ist Gott selbst, aber nicht Gott als der schöpferische Grund aller Dinge, und nicht Gott, der die Geschichte lenkt und sich in ihrem zentralen Ereignis manifestiert, sondern Gott, der gegenwärtig ist in einzelnen Menschen und in Gemeinschaften, sie ergreifend, mit seinem Geist durchdringend und verwandelnd.

Denn der göttliche Geist ist vor allem Macht, die Macht, die den menschlichen Geist über sich hinaustreibt zu dem, was er durch eigene Kraft nicht erreichen kann: zur Liebe, die größer ist als alle anderen Gaben; zur Wahrheit, in der die Tiefe des Seins sich uns öffnet, und zum Heiligen, in dem sich die Gegenwart des Unbedingten manifestiert. Vielleicht wird jemand hierauf sagen: „Ich kenne diese Macht nicht, ich habe niemals ein solches Erlebnis gehabt. Ich gehöre keiner Religion an, zumindest nicht der christlichen, und ich bin gewiß kein Gefäß des göttlichen Geistes. Was du sagst, klingt wie Ekstase, und ich möchte nüchtern bleiben. Es klingt wie Selbstaufgabe, und ich möchte meine menschlichen Möglichkeiten erfüllen." Darauf antworte ich: Gewiß kann die Macht des göttlichen Geistes Menschen in Ekstasen versetzen, wie sie nur selten erlebt werden. Sie kann zur Selbsthingabe führen, derer die meisten von uns nicht fähig sind; sie kann Einblicke in die Tiefe des Seins eröffnen, die den meisten von uns verschlossen bleibt. Aber das berechtigt uns nicht dazu zu leugnen, daß der göttliche Geist auch in uns wirkt. Und wo er wirkt, da ist etwas von Ekstase und etwas von Selbsthingabe vorhanden, und da gibt es einen Augenblick, wenn auch nur einen flüchtigen, in dem sich uns das Mysterium des Seins öffnet. Selbst solche Momente der Gegenwart des Geistes genügen, um uns seine Macht fühlbar zu machen.

Aber es gibt noch deutlichere Zeichen, durch die sich der göttliche Geist offenbart. Laßt mich einige von ihnen nennen, und fragt Euch dabei selbst, ob und in welchem Maße sie zu Eurer eigenen Erfahrung gehören. Der göttliche Geist kann uns mit stiller, aber eindringlicher Stimme darauf hinweisen, daß unser Leben leer und sinnlos ist, daß uns aber Möglichkeiten offen stehen, unsere innere Leere auszufüllen und die Öde unseres Lebens zu überwinden. Der göttliche Geist kann in uns die Sehnsucht nach dem Höchsten erwecken im Gegensatz zu der Trivialität des Alltags. Der göttliche Geist kann uns Mut geben, das Leben zu bejahen trotz der zerstörerischen Macht, die wir in uns und um uns erleben. Der göttliche Geist kann uns daran erinnern, daß wir einen Menschen tief verletzt haben, und er kann uns das rechte Wort eingeben, das ihn wieder mit uns vereint. Der göttliche Geist kann bewirken, daß wir uns mit Liebe eines Menschen annehmen, gegen den wir Abneigung empfinden oder der uns gleichgültig ist. Der göttliche Geist kann die Trägheit in uns überwinden im Streben nach dem, was wir als das Ziel unseres Lebens erkennen. Er kann unsere Ruhelosigkeit in Gleichmut und unsere Traurigkeit in Heiterkeit verwandeln.

Der göttliche Geist kann uns von heimlicher Feindschaft gegen die, die wir lieben, befreien und von offener Rachsucht gegen die, von denen wir uns beleidigt fühlen. Er kann uns Kraft geben, falsche Ängste zu überwinden und die Angst, die zu allem Leben gehört, auf uns zu nehmen. Der göttliche Geist kann uns plötzlich erkennen lassen, wie wir der Welt begegnen müssen, und er kann uns die Augen für das Licht öffnen, das uns die Welt neu erscheinen läßt. Er kann uns Freude in der Öde des Alltags und in der Tiefe des Leidens geben.

Der göttliche Geist kann die Kälte in uns und um uns mit seinem Leben erwärmen, und er kann uns Weisheit und Kraft verleihen, wo unsere menschliche Liebe einem geliebten Menschen gegenüber versagt hat. Er kann uns in die Hölle der Verzweiflung über uns selbst stürzen und uns Gewißheit geben, daß das Leben uns bejaht in dem Augenblick, in dem wir uns vollkommen verworfen glauben und uns selbst verwerfen. Der göttliche Geist kann uns die Kraft zum Beten schenken, die wir nur durch ihn haben können. Denn jedes Gebet – sei es in Worten oder ohne Worte –, das sein Ziel erreicht, nämlich die Wiedervereinigung mit dem göttlichen Grund unseres Seins, ist das Werk seines Geistes, der in uns und durch uns spricht. Gebet ist unendliche Sehnsucht eines endlichen Wesens nach seinem unendlichen Ursprung.

Dies sind Werke des göttlichen Geistes, Zeichen seiner Gegenwart in uns. Wer kann angesichts dieser Erfahrungen von sich behaupten, daß der göttliche Geist nicht in ihm sei? Wer kann von sich sagen, daß er in keiner Weise Träger des göttlichen Geistes sei? Vielleicht ist er es nur in geringem Maße – aber wer von uns kann mehr von sich sagen?

Wir können die Gegenwart des göttlichen Geistes mit der Luft vergleichen, die uns umgibt, uns immer nahe ist und uns Leben gibt. Dieser Vergleich hat eine tiefe Berechtigung: In den meisten Sprachen bedeutet das Wort „Geist" soviel wie „Atem" oder „Wind". Zuweilen wird der Wind zum Sturm, gewaltig und verheerend; aber meist ist er leichte Bewegung, immer gegenwärtig, aber nicht immer beachtet. Ebenso ist der Geist Gottes immer gegenwärtig als bewegende Kraft, zuweilen in der stürmischen Ekstase einzelner Menschen oder ganzer Gruppen, meist jedoch als stille Kraft, die unseren menschlichen Geist belebt und erhält; zuweilen in großen Augenblicken der Geschichte oder eines persönlichen Lebens wirkend, meist jedoch im Verborgenen in unserer täglichen Begegnung mit Menschen und Welt; zuweilen sich der Ordnungen bedienend, die er geschaffen hat, der religiösen Gemeinschaften und ihrer Werke, häufiger aber in Gebieten erscheinend, die weit von dem entfernt sind, was wir gewöhnlich als religiös bezeichnen. Gleich dem Winde weht der Geist Gottes, wo er will. Er ist keiner Regel unterworfen und durch keine Form beschränkt. Seine Nähe zu den Menschen hängt nicht davon ab, wer diese Menschen sind oder wie sie handeln.

Niemand kann den Geist Gottes zu sich herabzwingen, weder einzelne Menschen noch Gemeinschaften können es, nicht einmal die christliche Kirche vermag es. Obgleich Er, der das Fundament der Kirche ist, selbst von dem Geiste Gottes war, und obgleich die Gegenwart des göttlichen Geistes sich in ihm auf einmalige Weise manifestiert hat, ist der göttliche Geist nicht an die christliche Kirche oder irgendeine ihrer Formen gebunden. Der Geist Gottes ist frei, im Geiste des Menschen in jeder menschlichen Situation zu wirken, und er nötigt den Menschen dazu, ihn gewähren zu lassen; Gott als Geist ist dem Geist des Menschen immer gegenwärtig.
Aber warum betet dann der Psalmist: „Nimm Deinen Geist nicht von mir"? Und warum sprechen wir heute von dem „abwesenden Gott"? Warum spielt dieser Ausdruck heute in Kunst und Literatur und vor allem in der persönlichen Erfahrung unzähliger Menschen eine so wichtige Rolle? Wie läßt sich die Botschaft von der Gegenwart des göttlichen Geistes mit der Erfahrung von dem abwesenden Gott vereinen? Wir könnten antworten, daß der Grund für seine Abwesenheit unser Widerstand ist, unsere Gleichgültigkeit, unser mangelnder Ernst, unser ehrliches oder unehrliches Fragen, unser echter oder zynischer Zweifel. Diese Antworten enthalten ein gewisses Maß von Wahrheit, aber nicht die letzte Wahrheit. Die endgültige Antwort auf die Frage, warum Gott abwesend ist, lautet: Gott selbst will es so.
Es ist das Werk des göttlichen Geistes selbst, das uns Gott entrückt, nicht nur einzelnen von uns, sondern in gewissen Zeiten der Mehrheit der Menschen. Heute leben wir in einer solchen Zeit, in der Gott für uns der abwesende Gott ist. Aber auch indem wir Gott als den Abwesenden erfahren, *wissen* wir um ihn. Wir empfinden seine Abwesenheit wie die Leere, die zurückbleibt, wenn jemand oder etwas, das uns nahe stand, uns verläßt. Gott ist uns immer zugleich unendlich nah und unendlich fern. Nur wenn wir ihn in beidem, in seiner Nähe und in seiner Ferne, erfahren, wissen wir wahrhaft um ihn. Zuweilen, wenn unser Bewußtsein

von ihm oberflächlich und zur bloßen Gewohnheit geworden ist, weder warm noch kalt, wenn er uns zu selbstverständlich geworden ist, als daß er uns noch erschüttern kann, zu nah, als daß wir seinen unendlichen Abstand noch empfinden – dann wird er zum abwesenden Gott. Der göttliche Geist hat jedoch nicht aufgehört, gegenwärtig zu sein: Seine Gegenwärtigkeit hat kein Ende. Aber der Geist Gottes verbirgt Gott unserem Blick. Weder Widerstand gegen den Geist Gottes, noch Gleichgültigkeit, noch Zweifel können ihn vertreiben. Aber der göttliche Geist, der uns immer gegenwärtig ist, kann sich verbergen, und das bedeutet, er kann Gott verbergen. Dann offenbart uns der göttliche Geist nichts als den abwesenden Gott und die Leere in uns, wo sein Platz ist. Unserer Zeit, unzähligen Menschen in ihr, hat der göttliche Geist den abwesenden Gott gezeigt und die Leere, die danach schreit, von ihm ausgefüllt zu werden. Vielleicht wird der Abwesende wieder zurückkehren und den Platz einnehmen, der ihm gehört. Dann wird die Gegenwart des göttlichen Geistes unser Bewußtsein wieder erfüllen, uns zur Selbsterkenntnis führen, uns erschüttern und verwandeln. Das kann geschehen wie das Nahen eines Sturmes, durch den der göttliche Geist uns aus der Trägheit unseres Geistes aufrüttelt. Der Sturm wird sich legen, neue Trägheit kann über uns kommen, und das Erlebnis des gegenwärtigen Gottes kann wieder dem Bewußtsein unserer inneren Leere weichen. Das Leben im Geist ist Ebbe und Flut. Ob wir Gott als gegenwärtig oder als abwesend erfahren – immer ist es der göttliche Geist, der in uns wirkt.

III

Und nun will ich beschreiben, wie die Gegenwart des göttlichen Geistes sich in uns auswirkt und wo sie sich am mächtigsten zeigt. Am großartigsten hat es Paulus in den Worten ausgedrückt: „Nicht nach dem Buchstaben, sondern im Geist. Denn der Buchstabe tötet, aber der Geist macht lebendig." Der göttliche Geist wirkt am mächtigsten im

Menschen, wenn er ihn vom Joch der Gebote erlöst zur Freiheit des Geistes. Das ist wie die Aufhebung eines Todesurteils und das Geschenk eines neuen Lebens. Hinter Paulus' Worten liegt eine erschütternde Erfahrung, eine Erfahrung, an der wir alle teilhaben können, obgleich es selten geschieht, daß wir sie in ihrer ganzen Tiefe erleben. Aber wenn es geschieht, ist es ein Erlebnis von solch umstürzender Gewalt, daß es – durch Männer wie Paulus und Augustin und Luther – die Welt des Geistes und damit die Geschichte der Menschheit verwandelt. Können wir – Ihr und ich – an dieser Erfahrung teilhaben?
Vor allem: haben wir nicht alle die tötende Gewalt des Buchstabens erlebt, nicht nur wie sie uns in den zehn Geboten und ihren verschiedenen Auslegungen in Bibel und Geschichte begegnet, sondern auch wie sie durch die Autorität der Eltern und der Gesellschaft sich bis in die unbewußten Tiefen unseres Innern eingräbt, von unserem Gewissen anerkannt und uns in unserem Handeln und unserem Sein verurteilend? Niemand kann der Stimme des Gesetzes entfliehen, das unser inneres und unser äußeres Leben beherrscht. Wenn wir versuchen, diese Stimme zum Schweigen zu bringen und die Ohren gegen sie verschließen, dann hindert uns der göttliche Geist selbst an diesem Versuch und öffnet unsere Ohren der Stimme unseres wahren Selbst, der Stimme dessen, was wir unserem Wesen nach sind und sein sollten im Angesicht der Ewigkeit. Diesem Urteil gegen uns können wir nicht entgehen; der göttliche Geist selbst, sich des geschriebenen Gesetzes bedienend, macht es uns unmöglich. Denn der göttliche Geist schenkt uns das Leben nicht, ohne uns durch die Erfahrung des Todes geführt zu haben. Und der Buchstabe des Gesetzes hat in seiner drohenden Majestät wahrhaftig die Macht zu töten. Er tötet die Freude an der Erfüllung unseres Wesens, indem er uns etwas zu tun auferlegt, was gegen unseren Willen geht. Er tötet die schöpferische Freiheit in unserer Begegnung mit Menschen und Dingen, indem er uns Gesetzestafeln vorhält. Er tötet die Fähigkeit, der Stimme des Augenblicks zu folgen, dem wortlosen Ruf eines anderen, dem Gebot des Hier und

Die göttliche Wirklichkeit

Jetzt. Er tötet den Mut zum Handeln, indem er unser Gewissen durch Skrupel verängstigt. Und denen, die den Buchstaben des Gesetzes am meisten ernst nehmen, nimmt er Glaube und Hoffnung und stürzt sie in Selbstverdammung und Verzweiflung.

Vor dem Buchstaben des Gesetzes gibt es kein Entrinnen. Der göttliche Geist selbst hindert uns daran, Halbheiten zu begehen und die Gebote teils zu erfüllen, teils zu übertreten. Der göttliche Geist selbst ruft uns zurück, wenn wir in Gleichgültigkeit oder Gesetzlosigkeit auszuweichen suchen oder in den häufigsten Ausweg, den der Selbstgerechtigkeit. Aber wenn der göttliche Geist uns zurückruft, so tut er es nicht, um uns unter den Buchstaben zu zwingen, sondern um uns neues Leben zu schenken.

Wie können wir das Leben, das der Geist Gottes uns gibt, beschreiben? Ich könnte dafür Worte gebrauchen, die jedermann kennt und die Paulus selbst gebraucht hat und nach ihm die großen Prediger und Lehrer der Kirche. Ich könnte sagen, daß das Werk des göttlichen Geistes, der uns von dem Gesetz erlöst, Freiheit ist. Oder ich könnte sagen, daß er uns Glaube und Hoffnung schenkt, und vor allem, daß der göttliche Geist Liebe schafft, Liebe, die alle Gesetze bestätigt und erfüllt und zugleich überwindet. Aber wenn ich solche Worte gebrauchte, erschiene der Schatten des abwesenden Gottes und erinnerte uns daran, daß wir heute nicht mehr so sprechen können. Denn wir liefen Gefahr, daß Freiheit als Willkür mißverstanden würde, Glaube als das Fürwahrhalten von Absurdem, Hoffnung als unangebrachte Erwartung und Liebe – das Wort, das ich allen vorziehen würde als Bezeichnung für das Werk des göttlichen Geistes – als sentimentales Gefühl. Der göttliche Geist muß uns neue Worte schenken oder den alten Worten neue Kraft geben, so daß sie wieder wahrhafter Ausdruck des Lebens werden. Wir müssen auf neue Worte warten, wir müssen um sie beten, wir können sie nicht erzwingen. Aber in gewissen Augenblicken unseres Lebens erfahren wir, was Leben ist: daß es groß und heilig ist, tief und reich, ekstatisch und nüchtern, beschränkt und entstellt in der Zeit, aber vollendet in der Ewigkeit. Und wenn uns in der Abwesenheit Gottes die rechten Worte fehlen, dann können wir schweigend auf *ihn* schauen, in dem das Leben und der Geist Gottes vollkommen offenbar sind.

DER NAME GOTTES

Du sollst den Namen des Herrn, deines Gottes, nicht mißbrauchen; denn der Herr wird den nicht ungestraft lassen, der seinen Namen mißbraucht.
2. MOSE 20, 7

Es muß eine besondere Bewandtnis mit dem Namen haben, daß das zweite Gebot ihn so zu schützen sucht, wie die anderen Gebote Leben, Ehre und Eigentum schützen. Gott hat es nicht nötig, sich selbst zu schützen, aber er schützt seinen Namen, und sogar so entschieden, daß er dem zweiten Gebot, und nur diesem, eine besondere Drohung beifügt: „Der soll nicht ungestraft bleiben, der seinen Namen mißbraucht." Denn in dem Namen ist der anwesend, der den Namen trägt. Früher glaubte der Mensch, daß er ein Wesen in seiner Gewalt habe, wenn er seinen geheimen Namen kenne. Er glaubte, daß der Erlösergott die Dämonen überwinde, wenn er das Geheimnis ihrer Macht entdecke, das in ihrem Namen enthalten ist. Ebenso suchen wir heute nach den verborgenen Namen für die Mächte, die in der Tiefe unseres Unterbewußten wohnen und uns zerstören. Wenn wir ihre geheimen Triebe begreifen, können wir auch ihre Gewalt über uns brechen. Auf ähnliche Weise hat der Mensch von jeher auch den göttlichen Namen gebraucht: wenn auch nicht, um die göttliche Macht zu brechen, so doch, um sie in den eigenen Dienst zu zwingen. Wenn wir Gott im Gebet anrufen, so kann das bedeuten, daß wir ihn zum Werkzeug unserer Wünsche zu machen suchen. Der Name ist niemals leerer Schall; er ist immer Träger einer Macht; in ihm gewinnt das Unsichtbare geistige Gegenwärtigkeit. Dies ist der Grund, warum der Name

Gottes mißbraucht werden kann und warum wir uns zerstören können, wenn wir ihn mißbrauchen; denn das Heilige, einmal beschworen, läßt uns nicht wieder los. Wenn es uns nicht Heil bringt, kann es uns zerstören. Hierin liegt das Wagnis beim Aussprechen des göttlichen Namens und die Gefahr aller Religion und selbst allen Kampfes gegen die Religion. Denn im Bejahen wie im Leugnen wird der Name Gottes sowohl gebraucht wie mißbraucht.

Ich will heute von der Gefahr sprechen, die in dem Gebrauch des göttlichen Namens liegt, in seiner Verleugnung wie in seiner Anerkennung, und von der heiligen Scheu, die wir empfinden sollen, wenn wir „Gott" sagen. Es gibt drei Arten dieser Scheu: das Zögern aus Takt, die Zurückhaltung aus Zweifel und der Schauder aus Ehrfurcht.

I

Vor kurzem soll ein geistiger Führer gesagt haben, er hoffe auf den Tag, an dem man das Wort Gott wieder ohne Verlegenheit aussprechen könne. Wenn wir diese Worte ernst nehmen, sollten sie uns zu denken geben, besonders angesichts der Tatsache, daß in den letzten fünfzehn Jahren in diesem Lande die Bereitschaft, das Wort „Gott" zu gebrauchen, ungeheuer gewachsen ist. Dies bezeugt, wenn auch noch keine Wiederbelebung der Religion, so doch ein erstaunliches Interesse an religiösen Fragen. Aber sollen wir daraus die Hoffnung schöpfen, daß das Wort „Gott" ohne heilige Scheu gebraucht werde und ohne das Zögern, das uns das Bewußtsein auferlegt, daß wir mit dem göttlichen Namen mehr als einen bloßen Namen aussprechen? Ist ein ungehemmter Gebrauch des göttlichen Namens wirklich wünschenswert? Ist Religion ohne Scheu erstrebenswert? Ich glaube es nicht, denn die Gegenwart Gottes in seinem Namen verlangt, daß wir ihn mit Zittern und Zagen aussprechen.

Jeder von uns kommt einmal in die Lage, in der er sich für oder gegen den Gebrauch des Wortes „Gott" entscheiden muß, in der er sich fragen muß, ob er aus vollem Herzen über Dinge der Religion reden darf – gleich ob für oder gegen sie. Es ist oft schwer, eine solche Entscheidung zu fällen. In gewissen Situationen verbietet uns der menschliche Takt, das Wort „Gott" zu nennen oder auch nur über religiöse Fragen zu sprechen. Aber unser Verhalten ist niemals eindeutig. Wir bilden uns ein, taktvoll zu sein, und sind tatsächlich feige. Ein andermal werfen wir uns vor, daß es uns an Mut fehle, während wir in Wirklichkeit aus Takt schweigen. So geht es nicht nur denen, die Gott bejahen, sondern auch denen, die ihn leugnen. Gleich, ob für oder gegen ihn, wir haben seinen Namen auf den Lippen, und plötzlich sind wir verwirrt, denn wir fühlen, daß es um mehr als bloß gesellschaftlichen Takt geht. Dann schweigen wir und wissen nicht, ob wir recht daran tun. Vielleicht hätte es befremdend oder lächerlich gewirkt, wenn wir das Wort „Gott" ausgesprochen hätten, ob bejahend oder verneinend. Vielleicht aber auch hätten wir mit dem Aussprechen des göttlichen Namens einem Menschen das Herz geöffnet für die Gegenwart des Heiligen, die in dem Namen beschlossen liegt. Aber es kann auch geschehen, daß wir mit dem unbedenklichen Aussprechen des göttlichen Namens Gott ein Herz in Abwehr verschließen. Wir mögen den Eindruck erwecken, daß Religion an sich ein Mißbrauch des göttlichen Namens ist; denn wir wissen nicht, was in der Tiefe eines Menschen vorgeht, selbst wenn wir sein Vertrauen besitzen. Deswegen müssen wir es wagen, das eine Mal taktvoll zu schweigen, das andere Mal mutig zu sprechen. Aber niemals dürfen wir Gott nennen – bejahend oder leugnend – ohne die Scheu, die aus Ehrfurcht vor ihm geboren ist. Der heilige Schauder in der Gegenwart dessen, dessen Namen wir nennen, darf niemals fehlen.

Viele Menschen empfinden eine schmerzliche Verlegenheit, wenn sie ihren Kindern das Wort „Gott" erklären sollen, andere befinden sich in der gleichen Verlegenheit, wenn sie versuchen, ihre Kinder vor dem Namen „Gott" zu bewahren, weil sie ihn für den Ausdruck eines gefährlichen Aberglaubens halten. Es ist uns selbstverständlich, unsere Kinder über Natur und Geschichte zu belehren, und für manche Eltern ist es ebenso natürlich, zu ihren Kindern von göttlichen Dingen zu sprechen. Aber viele von uns, glaube ich, fühlen in dieser Lage eine tiefe Verlegenheit. Wir wissen, wie es Jesus gewußt hat, daß Kinder für die Gegenwart des Göttlichen offener sind als Erwachsene. Trotzdem kann es geschehen, daß Leichtfertigkeit im Gebrauch des Wortes „Gott" Kinder verschlossen und unempfänglich macht für die Tiefe und das Geheimnis, das dem Wort innewohnt. Andrerseits mag Vermeidung des göttlichen Namens, gleich ob wir ihn bejahen oder ihn leugnen, eine innere Verarmung verursachen, für die wir später von ihnen verantwortlich gemacht werden. Nur der Takt, der aus dem eigenen Ergriffensein stammt, kann uns zwischen diesen Gefahren den rechten Weg finden lassen. Keine pädagogische Methode und kein psychologisches Wissen kann bei Eltern oder Lehrern, besonders Lehrern der Religion, Ersatz sein für die heilige Scheu vor dem göttlichen Namen.

Was die Feinfühligen mehr als jeder andere Mißbrauch des göttlichen Namens beleidigt, ist der leichtfertige Gebrauch des Wortes „Gott" in öffentlichen Reden, in denen es nicht um Gott geht, sondern um zweideutige, menschliche Zwecke. Diejenigen von uns, die bei der Nennung des Namens von der geheimen Macht ergriffen werden, die in ihm wohnt, fühlen sich tief verletzt, wenn dieser Name in politischen Reden gebraucht wird, in Gebeten zur Eröffnung politischer Versammlungen und Banketts, in der Reklame für profane und religiöse Angelegenheiten und in der internationalen Kriegspropaganda. Manche halten die häufige Anrufung Gottes für einen Beweis, daß wir eine christliche Nation sind, und sie brüsten sich damit, christlicher als andere Völker zu sein. Sollen wir das verurteilen? Es ist schwer, es nicht zu tun, und doch ist es nicht immer berechtigt. Es kann vorkommen, daß auch in öffentlichen Reden der Name Gottes mit tiefer Überzeugung, mit heiliger Scheu und seelischem Takt ausgesprochen wird und niemandes Gefühl verletzt. Aber das geschieht selten. In den meisten Fällen wird er mißbraucht für Ziele, die nicht der Ehre Gottes dienen.

II

Noch aus einem anderen, tieferen Grund stammt unsere Verlegenheit, wenn wir uns des göttlichen Namens bedienen: aus unserem Zweifel an Gott selbst. Solcher Zweifel ist allgemein menschlich, denn Gott wäre nicht Gott, wenn wir ihn besitzen könnten wie ein Stück der uns umgebenden Welt und wenn wir uns seiner Wirklichkeit vergewissern könnten wie der Wirklichkeit der erforschbaren Dinge. Es gibt keinen Glauben, der nicht Zweifel zu besiegen hätte. Glaube muß etwas überwinden; er muß auf wissenschaftliche Beweisführung verzichten, denn der Gegenstand des Glaubens liegt jenseits des Bereiches, in dem wissenschaftliche Gewißheit möglich ist. Glaube ist Mut, der Zweifel überwindet, nicht indem er den Zweifel verdrängt, sondern indem er ihn in sich aufnimmt als ein Element seiner selbst. Ich bin überzeugt, daß jeder echten Bejahung Gottes etwas von solch überwundenem Zweifel innewohnt, der nicht immer an der Oberfläche erscheint, uns aber immer in der Tiefe unseres Wesens quält. Selbst bei Menschen, die anscheinend naiven, unerschütterten Glaubens sind, kann man solch geheimen Zweifel entdecken, der in kritischen Augenblicken an die Oberfläche bricht. Religiöse Menschen legen immer wieder Zeugnis ab von dem Kampf in ihrem Innern zwischen Glaube und Zweifel. Und aus der allzu großen Glaubensgewißheit der Fanatiker klingt der Mißklang des verdrängten Zweifels, der unterdrückt, aber nicht überwunden ist.

Aber auch aus der zynischen Leugnung Gottes, in die der Mensch aus Angst vor der Frage nach dem Sinn seines Lebens flieht, spricht die Stimme einer sorgsam verdeckten Verzweiflung, einer Verzweiflung, die beweist, daß auch die Leugnung Gottes auf Zweifel und nicht auf Gewißheit beruht. Und wenn man die anhört, die Gott aus angeblich wissenschaftlichen Gründen verneinen, so wird man finden, daß sie sich ihrer Beweise nur sicher sind, solange sie sich gegen abergläubische Vorstellungen von Gott wenden. Wenn sie nach dem Gott fragen, der wirklich Gott ist, nämlich nach dem Sinn ihres Lebens, der auch ihre wissenschaftliche Arbeit mitumgreift, bricht ihre Selbstsicherheit zusammen; denn der Mensch kann weder in der Erkenntnis Gottes, noch in der Leugnung Gottes letztlich sicher sein. Unsere menschliche Situation ist Zweifel und nicht Gewißheit, gleich ob wir Gott bejahen oder verneinen. Und vielleicht ist der Unterschied zwischen beidem nicht so groß, wie wir meinen; vielleicht sind in beidem Glaube und Zweifel auf ähnliche Art gemischt. Deshalb brauchen wir an dem ernsthaften Gottesleugner keinen Anstoß zu nehmen. Nur wo Gleichgültigkeit herrscht, ist Gefahr: Wen die Frage nach Gott gleichgültig läßt, obwohl er weiß, daß sie zugleich die Frage nach dem Sinn seines Lebens ist, der hat sich seiner eigentlichen Menschlichkeit begeben.

Zweifel in der Tiefe des Glaubens ist in vielen Fällen für die Zurückhaltung verantwortlich, mit der wir den Namen Gottes aussprechen. Diese Zurückhaltung kann bewußter wie unbewußter Ausdruck der Ehrlichkeit sein. Wer hat nicht gelegentlich eine Hemmung gespürt, wenn er „Gott" sagen wollte? In solch plötzlichem Zögern kann sich ein tiefes Bewußtsein von Gott ausdrücken; es kann etwas über die Macht des göttlichen Namens aussagen und etwas über den, der zögert, ihn auszusprechen. Selbst wenn wir allein sind, kann uns die Scheu überkommen, Gott auch nur im stillen Gebet zu denken. Vielleicht ist es Zweifel, der uns hindert; es kann aber auch mehr sein: Der Abgrund zwischen Gott und uns tut sich auf, und wir wagen nicht, Gott anzureden, weil wir fühlen, daß er uns abweist. Das kann ein tiefes Bekenntnis zu Gott sein. Unsere stille Scheu, den göttlichen Namen zu nennen, kann uns davor bewahren, das Heilige zu entweihen.

III

Wir haben über das Verschweigen des göttlichen Namens aus Takt und aus Ehrlichkeit gesprochen. Diesem Schweigen liegt ein tieferes zugrunde: das Schweigen aus dem

Schaudern vor Gott, das uns zu verwehren scheint, überhaupt von Gott zu sprechen. Ist aber Schweigen das, was das göttliche Mysterium endgültig von uns verlangt? Sollen wir tatsächlich schweigen über das, was uns mehr als alles angeht, über den Sinn unseres Lebens? Das kann nicht sein, denn Gott selbst hat uns in Augenblicken, in denen er in unsere Endlichkeit eingebrochen ist und sich uns offenbart hat, Namen genannt, mit denen wir ihn anreden sollen. Wir können und müssen diese Namen gebrauchen, denn Schweigen hat nur Kraft als eine Form des Redens, in der es selbst zur Sprache wird. Dies ist unsere Rechtfertigung und zugleich das Gericht, unter dem wir stehen, wenn wir uns in Stunden wie dieser im Namen Gottes versammeln. Hier reden wir von Gott in einer geistlichen Gemeinschaft. Wir sind in einer Kirche. Hier sollen wir das Mysterium des Heiligen mit heiliger Scheu erleben. Aber ist es tatsächlich so? Sind unsere Gebete, die in der kirchlichen Gemeinde wie unsere stillen, persönlichen, mehr Gebrauch als Mißbrauch des göttlichen Namens? Empfinden wir hier in der Kirche die heilige Scheu, die so viele außerhalb der Kirche kennen? Werden wir von Schauder ergriffen, wenn wir als Pfarrer auf die Gegenwart des Heiligen in den Sakramenten hinweisen? Sind wir nicht unserer selbst als Theologen allzu sicher, wenn wir den anderen die Heilige Schrift deuten? Ist genügend heilige Verlegenheit in uns, wenn die gewohnten biblischen Zitate und die flüchtigen, auswendig gelernten Gebete uns allzu leicht von den Lippen fließen? Bewahren wir den Abstand von dem Göttlichen, wenn wir glauben, seine Wahrheit zu erkennen oder vor seinem Angesicht zu stehen oder die Statthalter seiner Macht zu sein – die „Besitzer des Christus"? Ist der sonntägliche Gottesdienst wirklich Ausdruck der Verlegenheit und des Schauders in der Nähe des Heiligen?

Und nun will ich an die Vertreter der Kirche und alle ihre Glieder, Euch und mich, eine gewagte Frage stellen: Wäre es denkbar, daß Gott, um den Mißbrauch seines Namens durch die Kirche zu richten, sich von Zeit zu Zeit offenbarte, indem er uns zum Schweigen über sich verurteilt? Wäre es möglich, daß er uns zeitweise den Gebrauch seines Namens versagte, um seinen Namen zu schützen? Daß er einer Generation den Gebrauch des Wortes „Gott" verwehrte, der früheren Generationen selbstverständlich war? Könnte Gottlosigkeit nicht nur aus menschlicher Widerspenstigkeit herrühren, sondern auch aus Gottes Wille, der sich paradoxerweise der Menschen und der Mächte, die sie beherrschen, bedient, um die Gemeinden, die sich in seinem Namen versammeln und seinen Namen mißbrauchen, zur Rechenschaft zu fordern? Ist das profane Schweigen über Gott, das wir heute allgemein erleben, vielleicht der Weg, auf dem Gott seine Kirche dazu zwingt, wieder in heiligem Schauder von ihm zu sprechen? Vielleicht ist es gewagt, diese Frage zu stellen, auf die es keine Antwort geben kann, weil wir keinen Einblick in die göttliche Vorsehung haben. Doch kann die Frage selbst schon allen innerhalb der Kirche eine Warnung sein, seinen Namen nicht leichtfertig zu gebrauchen.

Laßt mich mit ein paar Worten schließen, die persönlich sind und zugleich über das Persönliche hinausführen. Während ich über diese Predigt nachdachte, war ich versucht, aus ihr nicht nur eine Predigt über den Namen Gottes, sondern eine Predigt über Gott selber zu machen. Dieser Versuch steht unter dem Gericht des zweiten Gebotes, das ich zu deuten versuchte; denn er ist nur eine verfeinerte Art, den Namen Gottes zu mißbrauchen. Wir können nicht von Gott sprechen, sondern nur von den Namen, durch die er sich uns offenbart hat. Denn er selbst „wohnet in einem Licht, da niemand zukommen kann, welches kein Mensch gesehen hat, noch sehen kann".

GOTT GREIFT NACH UNS

Da verließen ihn alle Jünger und flohen.

MATTHÄUS 26, 56

I

Als ich eines Abends Bachs Matthäuspassion hörte, fielen mir die Worte und die Vertonung des Satzes auf: „Da verließen ihn alle Jünger und flohen." Damit sind Jesu Worte am Kreuz vorausgenommen: „Mein Gott, mein Gott, warum hast du mich verlassen?" Wer von allen Menschen verlassen ist, glaubt sich von Gott verlassen. Und ihn hatten in der Tat alle Menschen verlassen, und die, die ihm am nächsten gestanden hatten, waren am weitesten von ihm geflohen. Diese Tatsache machen wir uns gewöhnlich nicht klar, denn wir stellen uns die Kreuzigung so vor, wie sie auf berühmten Bildern dargestellt ist, daß die drei Marien und Johannes bei ihm waren. Die Wirklichkeit aber war anders; die Jünger waren alle geflohen, und die Frauen wagten nicht sich zu nähern und blieben abseits stehen. Unvorstellbare Einsamkeit umgab ihn in den Stunden, als sein Leben und sein Werk vernichtet wurden.
Was sollen wir von den Jüngern denken? Als erster Gedanke drängt sich uns vielleicht die Frage auf: wie konnten sie den verlassen, den sie den Messias genannt hatten, den Christus, den Bringer einer neuen Zeit, für dessen Gefolgschaft sie alles aufgegeben hatten? Aber meine Reaktion war dieses Mal anders, als ich die Worte und die Musik hörte – ich bewunderte die Jünger. Denn den Jüngern selbst verdanken wir den Bericht über ihre Flucht; sie haben sie

nicht zu verschleiern gesucht, sondern haben sie uns in einem einfachen Satz überliefert und sich damit auf alle Zeiten der Verurteilung ausgeliefert. In den Berichten der Evangelisten werden die Jünger immer wieder verurteilt. Hier lesen wir, daß sie Jesus mißverstanden – ebenso wie seine Mutter und seine Brüder – und daß ihre Verständnislosigkeit sein Leiden von Tag zu Tag steigerte. Hier lesen wir, daß einige von den Führenden unter ihnen sich ehrenhafte und wichtige Stellungen in der zukünftigen Welt versprechen lassen wollten. Wir lesen, daß Jesus ihnen ihre Unduldsamkeit gegen Menschen vorwarf, die ihm die Gefolgschaft versagten. Und wir lesen, daß Jesus Petrus „Satan" nannte, weil er ihn von dem Todesgang nach Jerusalem abhalten wollte, und daß Petrus seinen Meister in der Stunde der Prüfung verleugnete. Diese Berichte sind erstaunlich. Sie bezeugen, daß in den Jüngern Jesu Geist lebendig war. Von ihm hatten sie gelernt, sich nicht in ein günstiges Licht zu setzen und Jesu Urteil über ihr Verhalten nicht zu verheimlichen. Ohne diesen Mut zur Wahrheit hätten sie nicht seine Jünger sein können, und die Evangelien wären nicht, was sie sind. Sie wären nicht Zeugnisse von der Herrlichkeit des Christus und der Schwäche seiner Gefolgschaft, wenn die Jünger die Wahrheit über ihr Unverständnis verschwiegen hätten. In den Evangelien zeigt sich aber auch der menschliche Trieb, die eigenen Mängel zu verdecken. Spätere Schichten in der evangelischen Überlieferung versuchten, die Härten des ursprünglichen Bildes zu glätten. Nachdem die Kirche sich ausgebreitet hatte, konnte man es nicht mehr zugeben, daß alle Jünger ihren Herrn verlassen hatten und daß keiner von ihnen bei seiner Kreuzigung und bei seinem Tode zugegen war. Man konnte nicht eingestehen, daß die Jünger erst im fernen Galiläa auf ihrer Flucht anhielten, als ihnen der erschien, den sie in der Stunde der Qual und der Verzweiflung verlassen hatten. Deshalb stellte man es später so hin, als ob Jesus selber ihnen befohlen habe, nach Galiläa zu gehen. Es sollte keine wirkliche Flucht gewesen sein. Nach einer noch späteren Überlieferung sollen die Jünger überhaupt nicht geflohen, sondern in Jerusalem geblieben sein. Von den frühesten Zeiten an hat die Kirche das Urteil gegen sich, gegen ihre Vergangenheit wie gegen ihre Gegenwart, nicht ertragen können. Sie hat versucht, zu verbergen, was die Jünger offen eingestanden hatten, daß sie alle ihn verlassen hatten und geflohen waren. Aber das ist die Wahrheit über alle Menschen, die Jünger Jesu wie seine Anhänger, bis auf den heutigen Tag.

II

Wir alle fliehen vor Gott in dem Augenblick, in dem wir seiner Gegenwart inne werden. Dies kann in dunklen, halbbewußten Regungen unseres Innern geschehen, in der unverstandenen Ruhelosigkeit, die ein Kind zum Fragen und Suchen antreibt, die junge Menschen in Zweifel und Verzweiflung stürzt oder Erwachsene in sittliche Konflikte verstrickt. In diesen Augenblicken ist Gott gegenwärtig, aber nicht als Gott, sondern als eine unbekannte Macht in uns, die uns nicht zur Ruhe kommen läßt.
Zuweilen aber gibt sich Gott auch als Gott zu erkennen. Die unbekannte Macht in uns, die uns beunruhigt, offenbart sich als Gott, in dessen Hand wir sind, als unser höchster Richter und unsere letzte Zuflucht. In solchen Augenblicken ist es, als würden wir auf unserer heimlichen Flucht zum Stehen gebracht, nicht durch brutale Gewalt, sondern durch einen inneren Anruf, eine Frage, die uns jedoch nicht daran hindert, unsere Flucht wieder aufzunehmen. So geschah es den Jüngern, als Jesus sie zum ersten Mal anrief und auf ihrer Flucht anhielt. Es stand ihnen frei, die Flucht von neuem zu ergreifen, und das taten sie, als die Stunde der Prüfung kam. Das Gleiche geschieht der Kirche und ihren Gliedern. Sie werden auf ihrer heimlichen Flucht angehalten und Gott gegenübergestellt. Es bleibt ihnen jedoch überlassen, die Flucht wieder aufzunehmen, nicht nur in ihrem persönlichen Leben, sondern auch als Vertreter der Kirche. Dann bringen sie die Kirche selbst auf den Weg

nach Galiläa und entfernen sie soweit wie möglich von ihrem eigentlichen Platz, dem Ort, an dem das Ewige in das Zeitliche einbricht. Der Mensch ist auf der Flucht vor Gott. – Selbst in der Kirche, in der er die Gegenwart Gottes erleben soll, flieht er vor ihm.

III

Wenn das Ewige in sein Leben einbricht, sucht der Mensch Schutz in dem Vorläufigen. Er flieht vor dem, was ihm mit unbedingtem Anspruch begegnet. Und es gibt viele Verstecke, die ihm so sicher scheinen wie den Jüngern Galiläa. Wir Heutigen halten uns vielleicht am sichersten vor der drohenden Gegenwart Gottes, wenn wir in unsere Arbeit flüchten. Das war in früheren Zeiten anders, als die Arbeit als Fluch empfunden wurde. Wir brauchen nur an Gottes Fluch über Adam zu denken: „Im Schweiße deines Angesichts sollst du dein Brot essen", oder an die Klage des 90. Psalms über die kurze Dauer unseres Lebens, das „nichts als Mühe und Arbeit ist". Später überließ man die körperliche Arbeit mit ihrer Mühsal und ihrer Eintönigkeit den Sklaven, den Dienern und den unteren Klassen. Man machte einen Unterschied zwischen dieser Arbeit und der schöpferischen Tätigkeit, die Muße voraussetzt und das Privileg einiger weniger war. Das christliche Mittelalter betrachtete Arbeit als Mittel der Zucht, besonders im mönchischen Leben. Erst in der jüngsten Geschichte wird von allen Menschen erwartet, daß sie arbeiten. Arbeit schließt heute alles ein: das Element der Zucht, die Herstellung von Gütern und die schöpferische Leistung. Es wird kein Unterschied mehr zwischen körperlicher und geistiger Arbeit gemacht; man hat vergessen, daß die Arbeit in der Bibel unter Gottes Fluch stand. Die Arbeit ist zur Religion geworden, der Religion der modernen Industriegesellschaft, und wir sind alle in ihrer Gewalt. Selbst wenn wir leben können ohne zu arbeiten, erlaubt es unser Gewissen nicht, daß wir uns der Arbeit entziehen. Für die meisten Menschen ist heute die

Die göttliche Wirklichkeit

Arbeit sowohl eine äußere Notwendigkeit wie ein innerer Zwang. Darum ist sie ein bevorzugter Weg geworden, vor Gott zu fliehen. Kein anderer scheint uns so sicher wie dieser. Arbeit gibt uns das befriedigende Gefühl, daß wir unsere Pflicht erfüllen. Wir genießen das Lob unserer Mitmenschen und die Freude über unsere Leistung. Durch die Arbeit versorgen wir unsere Familie, und gleichzeitig entgehen wir den Gefahren des Müßiggangs, der Langeweile und der Zuchtlosigkeit. Getane Arbeit gibt uns ein gutes Gewissen und – wie ein Zyniker sagte – einen guten Schlaf. Und wenn wir je schöpferische Arbeit leisten, dann ist das Ergebnis eine noch höhere Art der Befriedigung: Freude über das Neue, das wir geschaffen haben. Wenn jemand antwortet, daß er ja nicht arbeite, um vor Gott zu fliehen, frage ich, ob er jemals eine Gesamtabrechnung über sein Leben gemacht habe und ob er dabei nicht seine Arbeit als Verdienst in das Buch eingetragen habe, um damit seine Versäumnisse auszugleichen und schließlich eine positive Bilanz ziehen zu können. Der Pharisäer von heute wird sich vor Gott weniger seines Gehorsams gegen die Obrigkeit und seiner religiösen Übungen rühmen als seines arbeitsamen, wohlgeordneten und erfolgreichen Lebens; und es wird ihm nicht schwer fallen, andere zu finden, über die er sich erheben kann.

IV

Es gibt noch einen anderen Weg, auf dem wir vor Gott fliehen. Dieser Weg verspricht uns Reichtum und Fülle des Lebens, und dies Versprechen ist nicht trügerisch. Es muß nicht der Weg des verlorenen Sohnes sein; es kann auch der Weg zu der Fülle des Lebens sein, die uns der schaffende Geist und die Macht der Liebe schenken. Freude an solchem Reichtum des Lebens braucht uns nicht blind zu machen gegen die Tragik in der Größe, das Dunkel in dem Licht, das Leid in der Freude und die Unvollkommenheit in der Schönheit. Mehr Menschen sollten es wagen, sich der Fülle des Lebens zu öffnen. Aber auch dies kann Flucht vor Gott sein ebenso wie der Arbeitsdrang. In unserer Lebensbejahung können wir vergessen, daß der Reichtum des Lebens begrenzt ist. Damit meine ich nicht die konventionellen Unterhaltungen und die oberflächlichen Belustigungen. Die gehören in den meisten Fällen zu dem Versuch, Gott in der Arbeit zu vergessen, und sie werden als berechtigte Erholung verteidigt, die zu besserer Leistung befähigt. Ich meine vielmehr die Momente, in denen wir das Höchste und das Tiefste des Lebens in ein und demselben Erlebnis ergreifen. Das erfordert Mut und Leidenschaft, aber es kann auch Flucht vor Gott bedeuten. Wer das erlebt, sollte nicht an kleinlichen moralischen Maßstäben gemessen werden, sondern man sollte ihm zeigen, daß sich in seiner Ruhelosigkeit seine Angst vor der Begegnung mit Gott ausdrückt. Der Mensch, der in die Arbeit flieht, sollte sich dem, der die Fülle des Lebens bejaht, nicht überlegen fühlen, noch sollte sich dieser über jenen erheben.

V

In unserer Zeit haben viele Menschen die Begrenztheit beider Wege erfahren. Erfolg in der Arbeit ist für sie ebenso sinnlos geworden wie der Genuß eines vollen Lebens. Ich spreche von den Skeptikern und Zynikern, den Menschen, die auf der Flucht vor Gott einmal einen kurzen Augenblick anhielten und dann die Flucht wieder aufnahmen, aber in anderer Richtung: auf dem Weg des Zweifels und der bewußten Leugnung Gottes. Moderne Kunst und Literatur haben sie häufig zu ihrem Gegenstand gemacht, und nicht ohne Grund. Wenn es ernsthafte Skeptiker und echt Verzweifelte sind, rechtfertigt sie ihre Ernsthaftigkeit und ihr Leiden; und die Hölle der Verzweiflung, in der sie leben, kann sie uns zu Symbolen der menschlichen Situation machen, durch die wir unsere eigene Lage erkennen.
Auch sie sind auf der Flucht vor Gott. Gott hat sie geschlagen, aber sie haben ihn nicht erkannt. Die innere Not, die

sie zwingt, Gott zu leugnen in ihrem Denken wie in ihrer Lebenshaltung, beweist, daß sie auf der Flucht vor Gott von Gott ergriffen worden sind. Hätte der Erfolg ihrer Arbeit oder der Reichtum ihres Lebens sie befriedigt, so wären sie nicht zu Anklägern des Daseins geworden. Nun klagen sie das Leben an, weil sie vor der Macht fliehen, die dem Leben Sinn gibt.

VI

Anders steht es um die letzte Gruppe derer, die auf der Flucht vor Gott sind. Sie fliehen nicht wie die Jünger fort von dem Kreuz, sondern sie fliehen hin zu dem Kreuz. Sie blicken das Kreuz an und lassen sich von seinem Anblick erschüttern und erbauen. Sie sind anders als die Jünger – aber sind sie besser? Ist das Kreuz, das durch Familien- und Kirchentradition ein Teil unseres Lebens geworden ist, noch das Kreuz des Christus, der entscheidende Ort, an dem das Ewige in das Zeitliche einbricht? Und es muß nicht Tradition sein, die uns das Kreuz zeigt, es kann auch eine innere Erschütterung sein oder eine Bekehrung unter dem Einfluß einer starken Persönlichkeit, die uns zum ersten Mal dem Kreuz gegenüberstellt. Selbst in der Tiefe solcher Erschütterung sollten wir fragen, ob unsere Bejahung des Kreuzes nicht ein Weg ist, dem Kreuz zu entfliehen.

VII

In welcher Richtung wir auch vor Gott fliehen, es kann geschehen, daß Gott plötzlich nach uns greift. Etwas bricht in unser Leben ein, das uns zugleich niederschlägt und erhebt. Wir können Beruf und Arbeit und damit den Sinn unseres Lebens verloren haben. Oder der Reichtum unseres Lebens erscheint uns plötzlich sinnlos. Oder wir erkennen, daß unser Zynismus nicht aus ehrlicher Verzweiflung herrührt, sondern aus heimlicher Anmaßung. Oder es wird uns mitten in der religiösen Andacht klar, daß es uns nicht um Gott geht, sondern um den Genuß unseres eigenen religiösen Gefühls. All dies schneidet schmerzlich wie mit einem scharfen Messer in unser Leben ein, aber es öffnet uns zugleich eine neue Dimension des Lebens. Gott hat uns auf der Flucht ergriffen, ein neues Sein hat von uns Besitz genommen.

Die neue Wirklichkeit in uns vernichtet nicht unsere alte Wirklichkeit, sondern verwandelt sie, indem sie ihr eine neue Dimension gibt. Wir arbeiten wie bisher, und unsere Arbeit bleibt schwer und bedrückend und nimmt weiter den größeren Teil unserer Tage in Anspruch. Aber wir suchen in ihr nicht mehr die Erfüllung unseres Lebens. Wenn wir die Kraft oder die Gelegenheit zur Arbeit verlieren, verlieren wir noch nicht den Sinn unseres Lebens. Wir sehen ein, daß wir ihn durch die Arbeit weder gewinnen noch verlieren können; denn die Bedeutung der Arbeit liegt in etwas anderem: durch unsere Arbeit tragen wir dazu bei, die unendlichen Möglichkeiten zu verwirklichen, die das Leben in sich birgt. Durch unsere Arbeit, die geringste wie die größte, haben wir teil an der schöpferischen Macht des Lebens. Durch sie gewinnt etwas von der unerschöpflichen Tiefe des Lebens Gestalt. Das empfinden wir in den Augenblicken, in denen Gott auf unserer Flucht nach uns greift. Arbeit weist über sich hinaus, und aus diesem Grund liegt Segen auf ihr und auf uns, den Arbeitenden; denn Gesegnet-Sein bedeutet Erfüllung in der tiefsten Dimension unseres Seins.

Und wenn Gott den Menschen auf der Flucht anhält, indem er ihn die Leere seines reichen Lebens empfinden läßt, nimmt er ihm damit noch nicht die Fülle des Lebens. Der Mensch kann nach wie vor Augenblicke der Freude und der Begeisterung erleben. Aber in diesen Erlebnissen sieht er nicht mehr den Sinn seines Lebens. Die äußere Gelegenheit oder die innere Bereitschaft für die Hingabe an die Fülle des Lebens mögen vergehen, aber damit geht der Sinn des Lebens nicht verloren. Der Mensch versteht, daß der Reichtum ihm den Sinn des Lebens nicht geben und die Armut ihn ihm nicht nehmen kann. Denn die Fülle des Lebens hat sich verwandelt für den, den Gott ergriffen hat. Sie wird ihm zur Offenbarung der schöpferischen Liebe, die wieder vereint, was sie getrennt hat, die gibt und nimmt, die uns über uns hinausführt und uns unsere Endlichkeit und unsere Bedürftigkeit fühlen läßt; sie erweckt in uns die Liebe zum Leben und läßt uns alles Seiende bis in seinen ewigen Grund durchdringen.

Und wenn Gott den Menschen auf der Flucht ergreift und ihm die mangelnde Ernsthaftigkeit seines Zweifels und seiner Verzweiflung bewußt macht, beruhigt er damit noch nicht den Zweifel und befreit ihn noch nicht von der Gefahr der Verzweiflung. Aber der Zweifel braucht den Menschen nicht mehr zur Verzweiflung über den Verlust seines Lebenssinns zu führen. Der Zweifel kann ihm den Sinn seines Lebens nicht geben – wie der Mensch in seiner zynischen Anmaßung glaubte –, und der Zweifel kann ihn ihm nicht nehmen, wie er in seiner Verzweiflung fürchtete. Denn der Zweifel dessen, den Gott ergriffen hat, hat sich verwandelt. Er wird dem Menschen zum Weg, in die Tiefen seines Wesens und allen Lebens zu dringen. Der Zweifel ist nicht mehr ein Spiel des Intellekts oder eine wissenschaftliche Methode, sondern er ist zu einem mutigen Protest gegen alle ungeprüften Voraussetzungen geworden, auf denen unser Leben aufgebaut ist. Indem er eine nach der anderen von diesen Voraussetzungen niederbricht, bringt er uns dem letzten Grund unseres Lebens näher. So kann es geschehen, daß sich denen, die ernsthaft an sich selbst und ihrer Welt zweifeln, die Dimension öffnet, die zu dem letzten Sinn alles Seins führt, nämlich zu dem, der sie auf ihrer Flucht ergriffen hat. Dann verstehen sie, daß in der Ernsthaftigkeit ihres Zweifels die Wahrheit verborgen war.

Und wenn Gott nach dem Menschen greift und ihm die Zweideutigkeit seines religiösen Lebens bewußt macht, nimmt er ihm damit noch nicht die Religion. Aber jetzt sieht der Mensch ein, daß er die Erfüllung seines Lebens auch in der Religion nicht finden kann und daß er seinen Lebenssinn nicht verliert, wenn er seine Religion verliert. Wer von

Gott ergriffen wird, der steht jenseits von Religion und Nicht-Religion. Wenn er jetzt an der Religion festhält, dann ist es eine verwandelte Religion. Sie ist für ihn nicht länger das einzig gültige Gesetz, sondern ein Weg unter anderen, auf dem sich ihm die Gegenwart des Unbedingten offenbart. Der Mensch, der sich von dem Zwang der Religion befreit, wird frei für die Gnade der Religion. Er ist gesegnet innerhalb und außerhalb der Religion, denn die tiefste Dimension des Daseins hat sich ihm geöffnet.

Darum fliehet nicht vor Gott, sondern laßt euch von ihm ergreifen und segnen!

ERLÖSUNG UND HEILUNG

Erlöse uns von dem Übel.   MATTHÄUS 6, 13

Wir kennen die letzte Bitte des Vaterunsers in zwei Übersetzungen: „Erlöse uns von dem Übel" und „Erlöse uns von dem Bösen", wobei man an *den* Bösen – Satan – und *das* Böse denken kann. Und das Wort, das mit „erlösen" übersetzt ist, kann mehr den Sinn von „befreien" oder mehr den Sinn von „heilen" haben. Über diesen Reichtum von Bedeutungen in der siebenten Bitte des Vaterunsers wollen wir heute nachdenken.
Das Christentum ist mit Recht eine Erlösungs-Religion genannt worden und der Christus der Erlöser. Aber der „Christus", das heißt der Gesalbte, ist zugleich der Bringer einer neuen Zeit, der Heilszeit, und darum ist er der „Heiland", der, der heil macht, was heillos und zerbrochen ist. Worte wie erlösen, heilen, Erlöser und Heiland kehren in der Bibel immer wieder, sie werden ständig gebraucht von den Kirchenvätern, von den Theologen, von den Hymnendichtern, in der Liturgie und in Predigten, in feierlichen Glaubensbekenntnissen, im Katechismus und vor allem im persönlichen Gebet. Das christliche Sprechen und Denken ist von ihnen erfüllt wie kaum von einem anderen Wort. Wie können wir da glauben, in dem kurzen Raum einer Predigt von ihnen reden zu können?
Vielleicht ist es nicht möglich; und doch glaube ich, daß es nötig ist; denn die Worte, derer sich die Religion am häufigsten bedient, sind Worte, deren ursprüngliche Bedeutung oft völlig vergessen ist und die darum kaum noch Einfluß auf das Denken haben. Solchen Worten müssen wir, wenn

möglich, zu neuem Leben verhelfen, oder wir müssen sie aufgeben, selbst wenn sie durch lange Tradition geschützt sind. Aber es gibt nur einen Weg, ihre ursprüngliche Bedeutung und Ausdruckskraft wieder zu finden, nämlich daß wir uns fragen, was sie für uns bedeuten, ob sie uns noch etwas sagen, was uns im Tiefsten angeht. Das gilt für alle wichtigen Worte der religiösen Sprache: Gott und Christus, Geist und Kirche, Sünde und Vergebung, Glaube, Liebe und Hoffnung, Ewiges Leben und Reich Gottes. Bei jedem dieser Worte müssen wir uns fragen, ob es an die Tiefe unseres Seins rührt. Wenn ein Wort für die meisten Menschen unserer Zeit, die ernsthaft über die letzten Dinge nachdenken, diese Kraft verloren hat, sollten wir es nicht mehr gebrauchen, zumindest nicht, solange es seine ursprüngliche Macht nicht wieder gewonnen hat.

Vielleicht ist es noch möglich, die Worte Erlösung, Heilung und Heiland zu retten. Sie hatten ursprünglich einen tiefen Sinn, der jedoch von dem Staub der Jahrhunderte verdeckt und durch gedankenlosen, immer wiederholten Gebrauch abgenutzt worden ist. Wir wollen versuchen, in ihren ursprünglichen Sinn einzudringen.

Die ursprünglichste Bedeutung des griechischen Wortes in der siebten Bitte ist „heil machen"; und darum wurde der Christus, als sein Name zu den Deutschen gebracht wurde, mit Heliand oder Heiland übersetzt. Jesus nennt sich Arzt, der nicht zu den Gesunden, sondern zu den Kranken geschickt ist; und die Griechen nannten den Gott des Heilens einen Erlöser. Aber das griechische Wort hat auch die Bedeutung von „befreien". Dem liegt die Vorstellung zugrunde, daß wir gefangen und in Knechtschaft sind. Es ist der Böse, das Symbol für die zerstörenden Mächte in der Welt, der uns in Fesseln hält. Der Erlöser ist nach dieser Vorstellung der Überwinder des Bösen und der Befreier von seinen Mächten. Niemand hat uns dieses Bild eindrucksvoller vor Augen gestellt als Paulus, wenn er in seiner grossen Triumphrede im achten Kapitel des Römerbriefes sagt, daß keine der dämonischen Mächte, die die Welt beherrschen, uns von der Liebe Gottes scheiden kann.

Erlösung ist Heilung von Krankheit, und Heilung ist Erlösung aus Knechtschaft; die beiden sind ein und dasselbe. Ich will ihre Einheit an einem Beispiel zeigen. Wir nennen einen Neurotiker oder einen Psychopathen, der dem Leben nicht gewachsen ist, krank. Und wenn wir seine Krankheit analysieren, stellen wir fest, daß er unter dem Zwang von Mächten steht, denen er sich nicht entziehen kann. Er ist, wie es im Neuen Testament heißt, von Dämonen besessen. Hier sind Krankheit und Knechtschaft ein und dasselbe, und vielleicht steht es bis zu einem gewissen Grade bei uns allen nicht anders. In welchem Sinn bedürfen auch wir der Heilung, in welchem Sinn der Befreiung? Was kann Erlösung für uns bedeuten?

Bestimmt bedeutet sie nicht das, was man sich gewöhnlich darunter vorstellt: Errettung aus der Hölle und Eingang in den Himmel, in das, was man das „Leben nach dem Tode" nennt. Im Neuen Testament ist die Rede vom Ewigen Leben, aber das Ewige Leben ist nicht die Fortsetzung des Lebens nach dem Tode. Ewiges Leben steht jenseits von Vergangenheit, Gegenwart und Zukunft. Wir kommen aus ihm, wir leben in seiner Gegenwart, und wir kehren zu ihm zurück. Es ist niemals abwesend – es ist das göttliche Leben, in dem wir wurzeln und an dem wir in Freiheit teilzuhaben bestimmt sind. Der Mensch sollte sich nicht mit dem Besitz einer unsterblichen Seele brüsten, denn wie es in dem ersten Brief an Thimotheus heißt „Gott allein hat Unsterblichkeit". Wir sind sterblich wie alle Geschöpfe, unser ganzes Sein ist sterblich, Leib und Seele; aber wir haben teil an dem Ewigen Leben – *vor* unserer Geburt, *während* unseres Lebens und *nach* unserem zeitlichen Ende.

Wenn es unsere Bestimmung ist, in Freiheit am göttlichen Leben teilzuhaben, hier und jetzt, innerhalb und jenseits der Zeit, dann können wir sagen, was der oder das Böse ist, von dem erlöst zu werden wir beten: Es ist die Macht, die uns in Ketten hält und daran hindert, unsere menschliche Bestimmung zu erfüllen. Es ist die Wand, die uns vom Ewigen Leben scheidet, zu dem wir dennoch gehören. Es ist dei Krankheit unseres Daseins, nämlich die Entfremdung von

unserem wahren Sein. Wir sind erlöst, wenn die Macht, die uns in ihrer Gewalt hat, überwunden ist, wenn die trennende Wand durchbrochen ist, wenn die Krankheit geheilt ist. Der, der das vollbringt, ist der Erlöser und der Heiland. Nur Gott kann es vollbringen, denn wer in Ketten gebunden ist, kann sich nicht selbst befreien, und wer krank ist, kann sich nicht selbst heilen. Alle befreiende und heilende Kraft kommt von jenseits der Wand, die uns vom Ewigen Leben trennt. Wo diese Kraft erscheint, offenbart sich das ewige, göttliche Leben innerhalb unseres zeitlichen, vergänglichen Daseins. Alle Erlöser, alle Heilenden sind Boten Gottes; sie befreien und heilen kraft der Macht, die ihnen von Gott gegeben ist.
Wer sind diese Heilenden, wo sind diese Erlöser? Die erste Antwort ist: Sie sind hier, wir sind es! Jeder von uns hat heilende und erlösende Kraft für jemanden, dem er Priester geworden ist. Wir alle sind berufen, einander Priester zu sein – Priester, das heißt auch Arzt, und Arzt, das heißt auch Helfer, und Helfer, das heißt auch Erlöser. Es gibt unzählige Grade und Formen erlösender Kraft. Viele Menschen hat der Böse so sehr in der Gewalt, daß die Heilkraft, die durch sie wirken könnte, fast völlig verschwunden ist. Und es gibt große Erlöser, deren Kraft auf viele, von Generation zu Generation, erlösend und heilend wirkt. Das Christentum kennt den einen Heiland, in dem die erlösende Kraft unbegrenzt ist, der den endgültigen Sieg über die dämonischen Mächte erringt, der die Wand unserer Schuld durchbricht, die uns von dem Ewigen trennt, und der ein Neues Sein im Menschen und in seiner Welt offenbart. Aber wenn wir ihn „Heiland" nennen, dürfen wir nicht vergessen, daß Gott der Heiland ist, der durch den Christus wirkt, und daß es viele Erlösende und Heilende gibt, uns selbst mit eingeschlossen, durch die das göttliche Heilen in der Menschheit wirkt. Kein Teil der Welt und keine Zeit ist von Gott verlassen – keine ist ohne Erlöser und ohne heilende Kraft.
Jetzt muß ich unsere erste Frage wiederholen: Was bedeutet all dies für unser eigenes Leben? Wann und wo erleben wir erlösende Kraft?

Viele der biblischen Berichte über Jesus erzählen von seiner Tätigkeit als Heilender. Es gibt drei Arten solcher Berichte: In den einen heilt Jesus die körperlich Kranken unmittelbar; in den anderen vergibt er den Kranken ihre Sünden und heilt sie dadurch; und in einer dritten Art von Berichten treibt er die Dämonen aus den „Besessenen". Leider betonen die meisten Prediger das Element des Wunderbaren in diesen Berichten, oft in abergläubischer Weise, anstatt auf die tiefe Einsicht in das Wesen von Krankheit, Gesundheit und Heilung hinzuweisen, die in diesen Geschichten enthalten ist, und auf die Einheit von Leib und Seele, die dieser Einsicht zugrunde liegt. Es sind „Erlösungs-Geschichten", Berichte von den Heilungen, die der vollbrachte, den sie Erlöser nannten. Sie zeigen, daß für die Evangelisten Erlösung Heilung ist. Wenn die Kirchen diesen Gedanken besser verstanden hätten, wären die Kämpfe zwischen Religion und Medizin vermieden worden. Die beiden gehören zusammen, denn in beiden wirkt die Kraft des Heilens. Wenn wir an die Wunder der heutigen Medizin denken, müssen wir zugeben, daß sie fähig ist, die Wand zwischen dem ewigen und dem vergänglichen Leben wenigstens an *einem* Punkt teilweise zu durchbrechen, daß ihr die Befreiung von dem Bösen in *einer* Dimension unseres Lebens möglich ist und daß ein Arzt oder ein seelischer Berater zum Erlöser werden kann. Er ist, wie jeder Erlöser, ein Werkzeug der Heilkraft, die der Natur und dem Menschen durch die Gegenwart des Göttlichen in Raum und Zeit gegeben ist.

Aber diese Art der Befreiung und Heilung hat ihre Grenzen. Die Menschen, die Jesus geheilt hatte, wurden von neuem krank und starben. Diejenigen, die er von ihrer dämonischen Besessenheit befreit hatte, konnten seiner eigenen Warnung gemäß einen Rückfall in noch tiefere Geistesstörung erleiden. Die Wand zum Ewigen Leben war nur auf begrenzte Zeit durchbrochen, wie es in allem ärztlichen Heilen der Fall ist.

Es gibt noch eine weitere Grenze für die Heilung von Geist und Körper. Die Haltung des Kranken selbst kann die

Heilung verhindern. Ohne Verlangen nach Erlösung von dem Übel gibt es keine Befreiung, ohne Sehnsucht nach heilender Kraft keine Heilung. Die Wand, die uns vom Ewigen Leben trennt, kann nur durchbrochen werden, wenn wir es wollen, und selbst dann nur, wenn wir Vertrauen auf den Träger der Heilkraft haben. Dieses Vertrauen auf den Erlöser hat nichts zu tun mit dem, was heute unter dem Namen „Gesundbeten" umläuft und was bestenfalls eine Art magischer Beeinflussung der eigenen Person oder eines anderen Menschen ist. Vertrauen bedeutet vielmehr Bereitschaft für die Erlösung von dem Übel, sobald uns die Möglichkeit einer solchen Erlösung begegnet.
Diese Bereitschaft ist nicht immer vorhanden. Zuweilen ziehen wir Krankheit der Gesundheit vor und Versklavung der Freiheit. Es gibt vielerlei Gründe für den Wunsch, nicht geheilt zu werden. Wer schwach ist, kann damit Macht auf seine Umgebung, seine Familie und seine Freunde ausüben, die Vertrauen und Liebe vernichtet, aber dem, der diese Macht kraft seiner Schwäche ausübt, Befriedigung verschafft. Viele von uns sollten sich fragen, ob dies nicht unbewußt ihr Verhalten zu Frau oder Mann, zu Kindern oder Eltern, zu Freunden oder Gruppen ist. Andere verlangen nicht nach Befreiung, weil es sie dazu zwingen würde, der Wirklichkeit zu begegnen, wie sie ist, und die schwerste Bürde des Menschen auf sich zu nehmen, die Verantwortung für Entscheidungen. Das gilt vor allem für Menschen, die unter geistigen Störungen leiden. Sicherlich leiden sie ebenso wie Menschen, die körperlich krank sind, aber der Gewinn an Macht und die Möglichkeit, der Verantwortung zu entgehen, sind ihnen wichtiger als ihr Leiden. Sie schneiden sich von der Heilkraft ab, die in der Wirklichkeit enthalten ist. Um diese Kraft zu empfangen, müßten sie zuerst die Sehnsucht nach Heilung von Körper und Geist in sich aufbrechen lassen. Selbst Jesus ist es bei vielen, vielleicht bei den meisten seiner Zuhörer, nicht gelungen, die Liebe zu Krankheit und zu Verknechtung zu durchbrechen. Doch das sollte die erste Aufgabe für jeden Heilenden sein.
Und jetzt will ich an eine ganz andere Art der Verknechtung

erinnern, an die nämlich, die durch unsere Endlichkeit verursacht ist. Im Gegensatz zu dem, was man oft gegen die Technik einwendet und was ich selbst gegen sie geäußert habe, möchte ich auf die heilende Kraft hinweisen, die in der technischen Beherrschung der Natur liegt. Das klingt gewagt in einer Zeit, in der die Technik unser Leben stärker beherrscht und ihre schädliche und zerstörerische Macht deutlicher zeigt denn je. Und doch: jede technische Erfindung erhebt den Menschen über seinen tierischen Zustand, indem sie ihn von mühseliger Arbeit befreit, die engen Grenzen seiner Bewegungsfreiheit in Raum und Zeit aufhebt, viele kleinere und größere Übel besiegt, denen er als natürliches Geschöpf unterworfen ist, wie unnötige Schmerzen und vermeidbarer Tod. Solche technischen Errungenschaften haben heilende Kraft, wie zahllose Menschen erfahren haben, die, als sie ihrer, zum Beispiel im Krieg, beraubt wurden, körperlich und geistig Schaden litten. Aber wir kennen auch die zerstörerischen Seiten der Technik; wir wissen, daß sie das Leben auf der Erde vernichten und der Geschichte der Menschheit ein Ende machen kann. Wir wissen, daß sie den Geist des Menschen davon abhalten kann, Erlösung in einer tieferen Dimension zu suchen. Wir wissen, daß sie den Menschen selbst in ein Ding verwandeln und zum Werkzeug machen kann. Trotz alledem müssen wir in den großen Leistungen der Technik einen Einbruch des Ewigen in die Zeit erkennen, und wir dürfen ihre Bedeutung nicht übersehen, wenn wir von Heilkraft und Erlösung sprechen.

In früheren Zeiten nannte man große politische Führer Erlöser. Sie waren Befreier von Völkern oder von Gruppen innerhalb der Völker, Befreier aus Elend, Versklavung und Krieg. Dies ist auch eine Art des Heilens, die an das dichterische Bild im letzten Buch der Bibel erinnert, das von der Heilung der Völker durch „die Blätter des Baums des Lebens" spricht. Wie können Völker geheilt werden? Man kann sagen: Sie können von fremden Eroberern befreit werden oder von den eigenen Tyrannen. Aber können sie auch geheilt, können sie erlöst werden? Die Propheten geben die

Antwort: Völker können erlöst werden, wenn es eine kleine Minderheit, eine Gruppe von Menschen gibt, die an der Sendung ihres Volkes festhalten. Selbst wenn sie untergehen, lebt ihr Geist weiter als Macht, die den bösen Geistern widersteht, die das Volk zerstören. Ein Volk besitzt Heilkraft, wenn es eine Minderheit hat, die gewillt ist, die Angst zu überwinden, die durch üble Propaganda erregt wird, und den Haß zu bekämpfen, der auf Unwissenheit beruht. Die Zukunft dieses Landes und seiner geistigen Werte hängt weniger von seiner Atommacht ab als von dem Einfluß, den solche Gruppen auf das Denken und Handeln der Nation ausüben.
Das Gleiche gilt von der Menschheit als ganzer. Ihre Zukunft hängt davon ab, ob es solche rettende Gruppen gibt: eine Nation, eine Gruppe von Nationen oder Einzelne oder Gruppen in allen Nationen. Es gibt rettende Kräfte in der Menschheit, aber es gibt auch den geheimen Willen zur Selbstzerstörung. Von jedem einzelnen von uns hängt es ab, welche Seite die Oberhand gewinnen wird. Es gibt kein göttliches Versprechen, daß die Menschheit dieses oder das nächste Jahr überleben wird. Aber von der heilenden Kraft, die in Euch oder in mir ist, kann es abhängen, ob die Menschheit bestehen bleibt. Die heilende oder erlösende Kraft irgendeines von uns in der Arbeit für soziale Gerechtigkeit, Rassengleichheit und politische Einsicht kann entscheidend sein. Wenn sich nicht viele von uns sagen: durch die heilende Kraft, die in mir lebt, kann die Menschheit gerettet werden, ohne sie mag sie verloren sein – wird sie verloren sein.
Aber um Träger der erlösenden Kraft sein zu können, müssen wir selber erlöst sein; die Wand, die uns vom Ewigen Leben trennt, muß durchbrochen sein. Was diesen Durchbruch menschlich unmöglich macht, ist das Urteil gegen uns selbst, die Angst der Schuld, die man die Krankheit zum Tode genannt hat. Darum gehören die beiden letzten Bitten des Vaterunsers zusammen: „Vergib uns unsere Schuld" und „erlöse uns von dem Übel". Wenn wir Jesus, den Christus, unseren Erlöser nennen, dann meinen wir damit, daß wir

Die göttliche Wirklichkeit

in ihm die Kraft erkennen, die uns heilt, indem sie uns vergibt, und die uns erlöst, indem sie uns in seinem Sein ein neues Sein zeigt, ein Sein, in dem wir mit uns selbst versöhnt sind und mit unserer Welt und mit dem göttlichen Grund unserer Welt und unseres Selbst.
Und nun die letzte Frage: Wer soll erlöst und geheilt werden? Das Johannes-Evangelium sagt: die Welt! Die Wiedervereinigung mit dem Ewigen, aus dem wir kommen, von dem wir geschieden sind und zu dem wir zurückkehren sollen, ist allem, was ist, versprochen. Wir werden erlöst nicht als einzelne, sondern zusammen mit allem anderen, als Teile des Universums. Unsere eigene Befreiung läßt die Unfreien nicht allein, unsere eigene Heilung ist Teil der großen Heilung der Welt. Deshalb bedeuten auch zwei andere Bitten des Vaterunsers ein und dasselbe: „Befreie uns von dem Übel" und „Dein Reich komme". Dieses Reich ist die Schöpfung, aber befreit und geheilt. Das ist unsere Hoffnung, wenn wir vom Zeitlichen auf das Ewige blicken. Erlöse uns – heile uns – das ist die Sehnsucht alles Bestehenden, jedes einzelnen unter uns im Einklang mit der ganzen Menschheit und im Einklang mit dem gesamten Universum. Und die göttliche Antwort ist: Ich werde zu mir zurückholen, was von mir getrennt ist; denn es gehört zu mir. Ich erlöse dich heute, wie ich dich ehedem erlöste und wie ich dich in Zukunft erlösen werde. Wenn Ihr heute diese Worte hört: ich will dich erlösen, ich will dich heilen – dann verschließt Euch ihnen nicht!

DAS EWIGE IM JETZT

Ich bin das A und das O, der Anfang und das Ende.
OFFENBARUNG JOHANNIS 21, 6

Es ist unser Geschick wie das aller Dinge in unserer Welt, daß wir ein Ende haben. Jedes Ende in der Natur oder der Menschheit, das wir erleben, mahnt uns mit eindringlicher Stimme: Auch du hast ein Ende! Der Abschied von einem Ort, an dem wir lange gelebt haben, die Trennung von einer Gemeinschaft, der wir innig verbunden waren, und der Tod eines Menschen, der uns nahe stand, erinnern uns an die Vergänglichkeit alles Bestehenden. Sie kann uns aber auch bewußt werden bei dem Scheitern einer Arbeit, die unserem Leben Sinn gab, bei dem Zu-Ende-Gehen einer Lebensepoche, bei dem Herannahen des Alters oder in der melancholischen Stimmung eines Herbsttages. Alle diese Erlebnisse mahnen uns daran, daß es auch mit uns eines Tages zu Ende geht.
Jedes Mal, wenn uns eine solche Stimme an unser Ende erinnert, fragen wir uns voll Angst: Was bedeutet es, daß wir einen Anfang und ein Ende haben, daß wir aus der Dunkelheit des Noch-Nicht kommen und auf die Dunkelheit des Nicht-Mehr zugehen? Als Augustin sich diese Frage stellte, versuchte er, die Antwort im Gebet zu finden. Er tat recht daran, denn im Gebet erheben wir uns zu dem Ewigen; und es gibt keine andere Möglichkeit, über das Zeitliche zu urteilen, als es im Lichte des Ewigen zu betrachten. Um über etwas urteilen zu können, müssen wir zugleich an ihm teilhaben und außerhalb seiner stehen. Wären wir völlig in der Zeit befangen, so wären wir nicht fähig, uns im Gebet, in

der Kontemplation und in unseren Gedanken zum Ewigen zu erheben. Wir wären Geschöpfe der Zeit wie alle anderen Geschöpfe und könnten die Frage nach dem Sinn der Zeit nicht stellen. Aber da wir Menschen sind, haben wir ein Bewußtsein von dem Ewigen, dem wir unserem Wesen nach angehören, von dem wir aber durch unsere Bindung an die Zeit getrennt sind.

I

Wir reden von der Zeit in drei Weisen oder Modi, der Vergangenheit, der Gegenwart und der Zukunft. Jedes Kind weiß von ihnen, aber kein Weiser hat je ihr Geheimnis durchdrungen. Wir werden ihrer gewahr, wenn wir die Stimme hören, die uns sagt: Auch du hast ein Ende. Die Zukunft ist es, die uns auf das Mysterium der Zeit hinweist. Die Zeit bewegt sich von einem Anfang zu einem Ende, aber unser Bewußtsein von der Zeit geht in umgekehrter Richtung: Es beginnt mit der erschreckenden Ahnung des Endes, und Vergangenheit und Gegenwart erscheinen uns erst in seinem Lichte, im Lichte der Zukunft. So wollen wir als erstes unseren Weg in die Zukunft bedenken und auf das Ende hinblicken, das der letzte Punkt ist, den wir in Gedanken vorweg nehmen können.

Der Gedanke an die Zukunft erweckt widersprüchliche Gefühle in uns. Wir können mit freudiger Erwartung an die Zukunft denken, die uns Gelegenheit gibt, unsere Möglichkeiten zu verwirklichen, den Reichtum des Lebens zu erfahren oder etwas Neues zu schaffen – ein Werk, ein neues Lebewesen, eine neue Lebenshaltung oder die Erneuerung unserer eigenen Person. Aber diesen freudigen Gefühlen stehen andere entgegen: die Angst vor dem, was die Zukunft in sich birgt, vor der Zweideutigkeit alles dessen, was wir erwarten können, vor ihrer schwindenden Dauer, die von Jahr zu Jahr geringer wird und uns dem unentrinnbaren Ende näher bringt; und schließlich die Angst vor diesem Ende selbst in seinem undurchdringlichen Dunkel

und vor der Möglichkeit, daß unsere ganze zeitliche Existenz verurteilt wird.
Wie verhalten sich die Menschen, wie verhalten wir uns diesem Bilde der Zukunft gegenüber mit ihren Versprechungen, ihren Gefahren und der Drohung unseres unausweichlichen Endes? Wahrscheinlich bemühen sich die meisten Menschen, nur an die unmittelbare Zukunft zu denken, für sie arbeitend, hoffend und fürchtend, um so den Gedanken an die weitere Zukunft, und vor allem an ihren letzten Augenblick, zu unterdrücken. Vielleicht könnten wir anders nicht leben. Aber wie können wir sterben, wenn wir den Tod nicht denken können? Und wer nicht fähig ist zu sterben, ist der fähig zu leben?
Wie verhalten wir uns, wenn sich uns der Gedanke an das unentrinnbare Ende aufdrängt, das die Zukunft für uns bereit hält? Können wir ihn ertragen, können wir die Angst vor dem Ende mit dem Mut auf uns nehmen, der uns dem endgültigen Dunkel mit Ruhe entgegensehen läßt? Verfallen wir der Hoffnungslosigkeit, oder hoffen wir gegen alle Erwartung und verdrängen den Gedanken an das Ende, weil wir ihn nicht ertragen können?
Wir können das Wissen um unsere Endlichkeit auf verschiedene Weisen verdecken: Wir können die Hoffnung auf ein langes Leben zwischen den gegenwärtigen Augenblick und das Ende schieben. Das tun selbst alte Menschen, deren Ende nahe bevorsteht, weil sie den Gedanken nicht ertragen können, daß sie dem Tode so nahe sind.
Andere Menschen, die diesen Selbstbetrug durchschauen, trösten sich auf andere Art: Sie erhoffen sich ein Fortleben nach dem Tode und malen sich eine Zukunft ohne Ende aus, in der sie vollenden oder besitzen können, was ihnen in diesem Leben versagt war. Diese naive Haltung zur Zukunft ist allgemein: Wir weigern uns anzuerkennen, daß wir endliche Geschöpfe sind, die aus dem ewigen Grund der Zeit hervorgehen und in den ewigen Grund der Zeit zurückkehren, mit begrenzter Lebensdauer als der uns zugemessenen Zeit. Wir setzen an Stelle der Ewigkeit eine Zukunft ohne Ende.

Aber Endlosigkeit ist ziellos, sie ist endlose Wiederholung des Gleichen und könnte eher als Bild der Hölle dienen. Sie ist nicht die christliche Auffassung vom Ende. Die christliche Lehre sieht das Ewige jenseits von Vergangenheit und Zukunft: „Ich bin das A und das O, der Anfang und das Ende."
Nach der christlichen Botschaft läuft die Zeit auf ein Ende zu, und wir bewegen uns auf das Ende der Zeit hin, die unsere Zeit ist. Viele Menschen – aber nicht die Bibel – haben eine verschwommene Vorstellung von einem Leben nach dem Tode. Selbst in Liturgien wird „Ewigkeit" als „Welt ohne Ende" übersetzt. Aber die Welt ist ihrer Natur nach das, was ein Ende hat. Wenn wir, ohne uns mit falschen Hoffnungen zu betrügen, über die Ewigkeit nachdenken wollen, dann dürfen wir sie weder als Zeitlosigkeit noch als Zeit ohne Ende denken. Das Mysterium der Zukunft wird durch das Ewige beantwortet. Wir versuchen, von ihm in Bildern zu reden, die dem Zeitlichen entnommen sind. Wenn wir jedoch vergessen, daß es Bilder sind, dann verfallen wir in Selbstbetrug und Absurdität. Es gibt keine Zeit, die auf diese Zeit folgen würde, aber es gibt Ewigkeit jenseits der Zeit.

II

Wir bewegen uns auf etwas zu, was noch nicht ist, und wir kommen von etwas her, was nicht mehr ist. Was wir sind, sind wir kraft dessen, aus dem wir stammen. Wir haben einen Anfang, wie wir ein Ende haben. Vor unserer Zeit gab es eine Zeit, die nicht unsere Zeit war. Wir erfahren von ihr durch Menschen, die älter sind als wir, und durch historische Berichte. Über dieses Wissen hinaus versuchen wir, uns eine Vorstellung von den Millionen von Jahren zu machen, in denen weder wir noch andere Wesen lebten, die von ihrer Zeit berichten konnten. Es ist schwer, sich ein Bild von dem Nicht-Mehr zu machen, wie es schwer ist, sich das Noch-Nicht vorzustellen. Im Allgemeinen machen wir uns wenig Gedanken über das Noch-Nicht, über die unbestimmte Zeit vor unserer Geburt, in der wir noch nicht existierten. Wichtig ist uns, daß wir *jetzt* da sind in dieser unserer Zeit; diese Zeit wollen wir nicht verlieren. Wir kümmern uns wenig um das, was vor unserem Anfang lag, aber wir wollen um das wissen, was nach unserem Ende kommt. Können wir aber das eine ohne das andere tun? Nicht nach der Auffassung des vierten Evangeliums. Wenn es von der Ewigkeit des Christus spricht, weist es nicht nur darauf hin, daß er in die Ewigkeit zurückkehrt, sondern auch darauf, daß er aus der Ewigkeit kommt: „Wahrlich, wahrlich, ich sage euch, ehe Abraham war, bin ich." Aber damit ist nicht die Dimension gemeint, in der die Vergangenheit liegt. Die Zuhörer mißverstehen Jesus, weil sie an die historische Vergangenheit denken und glauben, daß er sich ein Alter von Hunderten von Jahren zuschreibe; und sie sind zu Recht ärgerlich über eine solche Absurdität. Er sagt jedoch nicht: Ich *war* vor Abraham, sondern ich *bin* vor Abraham. Er spricht davon, daß er aus der Ewigkeit kommt. In ihr ist der Anfang von allem, was ist, nicht in den unzähligen Millionen von Jahren, die unserem Dasein vorausgegangen sind, sondern in dem Ewigen als dem letzten Punkt der Vergangenheit.

Das Mysterium der Vergangenheit, aus der wir kommen, liegt darin, daß sie in jedem Augenblick unseres Lebens zugleich gegenwärtig und nicht gegenwärtig ist. Sie ist gegenwärtig, insoweit wir sind, was das Vergangene aus uns gemacht hat. In jeder Zelle unseres Körpers, in jedem Zug unseres Gesichts, in jeder Regung unserer Seele ist das Vergangene gegenwärtig.

Selten hat man so viel über die Fortwirkung des Vergangenen im Gegenwärtigen gewußt wie heute. Wir kennen den Einfluß, den unsere Kindheitserfahrungen auf unseren Charakter haben. Wir wissen um die Narben, die frühe Geschehnisse hinterlassen können. Wir haben wiederentdeckt, was die griechischen Tragiker und die jüdischen Propheten wußten, daß die Vergangenheit in uns fortlebt, als Fluch und als Segen. Denn das Vergangene kann beides

Die göttliche Wirklichkeit

sein, Fluch wie Segen, und nicht nur für einzelne Menschen, sondern auch für Völker und ganze Kontinente. Die Geschichte nährt sich von der Vergangenheit, von ihrem Erbe. Die europäischen Völker verdanken ihre Größe ihrer alten unausschöpflich reichen Tradition. Aber der Segen dieser Tradition ist mit Fluch gepaart, dem Fluch, der aus der frühen Spaltung in einzelne Völker herrührt, die Europa Jahrhundert auf Jahrhundert in blutige Kämpfe verstrickt und immer wieder an den Rand der Selbstvernichtung gebracht hat. Damit verglichen ist der Segen groß, der auf Amerikas kurzer Geschichte liegt. Aber von seiner Gründung an sind auch hier Elemente am Werk, die ein Fluch sind und noch lange Jahre ein Fluch bleiben werden. Ich brauche nur an den Rassenkonflikt zu erinnern, der sich nicht nur innerhalb des Landes auswirkt, sondern auch in dem Verhältnis Amerikas zu Rassen und Nationen außerhalb seiner Grenzen. Die amerikanische Lebensform ist ein Segen, der aus der Vergangenheit stammt, aber sie ist auch ein Fluch, der ihre Zukunft bedroht.

Ist es möglich, sich von dem Fluch zu befreien, der auf Völkern und Kontinenten liegt und in immer stärkerem Maße die gesamte Menschheit bedroht? Können wir Elemente unserer Vergangenheit in die Vergangenheit verbannen, so daß sie ihre Gewalt über die Gegenwart verlieren? Im Einzelleben ist das durchaus möglich und wichtig. Man hat zu Recht behauptet, daß die Größe eines Charakters davon abhänge, wieviel er in die Vergangenheit zurückgeworfen hat. Trotz der Macht, die die Vergangenheit über den Menschen besitzt, kann er sich von ihr befreien, indem er das Vergangene aus der Gegenwart ausstößt und so – zumindest vorübergehend – zur Wirkungslosigkeit verdammt. Es kann allerdings zurückkehren, sich die Gegenwart erobern und den Menschen zerstören – aber das muß nicht geschehen. Wir sind nicht unausweichlich das Opfer unserer Vergangenheit. Wir können das Vergangene zum Vergangenen machen – durch Reue. Wahre Reue ist nicht das Gefühl des Bedauerns über eine falsche Handlung, sondern es ist die Trennung des ganzen Menschen von Teilen seiner selbst, die er in die Vergangenheit stößt, so daß sie keine Macht mehr über sein gegenwärtiges Leben haben.

Kann eine ganze Nation das Gleiche tun? Kann sie – oder kann auch nur eine Gruppe von Menschen – wahrhaft bereuen? Kann sie sich von dem Fluch der Vergangenheit befreien? Auf dieser Möglichkeit beruht die Hoffnung einer Nation. Die Geschichte Israels und die Geschichte der Kirche beweisen, daß es möglich ist und auch daß es selten geschieht und mit großer Qual verbunden ist. Niemand kann wissen, ob diese Nation dazu fähig ist. Aber wir wissen, daß ihre Zukunft davon abhängt, ob sie ihre Vergangenheit bewältigen und sich von ihrem Fluch befreien kann. In jedem menschlichen Leben wird der Kampf um die Vergangenheit ausgefochten. Segen kämpft mit Fluch. Oft können wir selbst nicht sagen, was Segen und was Fluch ist. Heute neigen wir durch das Wissen um unsere unbewußten Triebe mehr dazu, uns von Flüchen belastet als mit Segen beschenkt zu sehen. Die Erinnerung an unsere Eltern, die im Alten Testament untrennbar mit ihrem Segen verknüpft war, ist heute eher mit dem Fluch verbunden, den sie unbewußt und gegen ihren Willen auf uns geladen haben. Viele, die unter geistigen Störungen leiden, betrachten ihre Vergangenheit, besonders ihre Kindheit, als die Ursache des Fluchs, der auf ihnen liegt – und oft haben sie recht. Aber wir dürfen nicht vergessen, daß wir das Leben und den Gedanken an die Zukunft nicht ertragen könnten, wenn nicht auch Segen auf uns läge, der aus der gleichen Quelle herrührt wie der Fluch über uns. Viele Menschen leiden heute an Konflikten mit der Vergangenheit, die sie nicht überwinden können. Kein Arzt kann ihnen helfen, weil kein Heilmittel ihre Vergangenheit ändern kann. Nur die Gnade, die über dem Kampf zwischen Segen und Fluch steht, kann Heilung bringen. Sie kann verwandeln, was unveränderlich zu sein scheint: die Vergangenheit. Nicht, daß sie die Tatsachen ändern könnte: Was geschehen ist, ist geschehen und bleibt als Geschehnis in alle Ewigkeit bestehen. Aber das Ewige kann dem Geschehenen neue Bedeutung verleihen. Diese Verwandlung nennen wir Vergebung. Wenn der Sinn der Vergangenheit durch Vergebung verwandelt wird, dann wird auch der Einfluß der Vergangenheit auf die Zukunft verändert. Durch die Macht der Vergebung wird der Fluch von uns genommen und in Segen verwandelt. Aber die Vergangenheit enthält nicht nur Fluch und Segen; sie enthält auch viele leere Stellen. Es gibt Zeiten in der Vergangenheit, die uns erfüllt schienen vom Reichtum des Lebens. Wenn wir später an sie zurückdenken, ist der Reichtum verschwunden, die Begeisterung vergangen, die einstige Fülle hat sich in Leere verwandelt. Oberflächliches Vergnügen, Erfolg, Eitelkeit sind von dieser Art; sie sind weder Segnungen noch Flüche. Sie werden von der Vergangenheit verzehrt, sie tragen nicht zum Ewigen bei. Und wir müssen uns fragen, wieviel in unserem Leben diesem Schicksal entgeht.

III

Das Mysterium der Zukunft und das Mysterium der Vergangenheit werden eins im Mysterium der Gegenwart. Die Zeit, die unser ist, ist die Zeit, in der wir Gegenwart haben. Aber was gibt uns Gegenwart? Ist der Augenblick nicht verflogen, sobald wir ihn in Gedanken zu fassen suchen? Ist Gegenwart etwas anderes als die sich dauernd verschiebende Grenze zwischen Vergangenheit und Zukunft? Aber eine Grenze, die sich bewegt, ist nicht der Ort, auf dem wir stehen können. Wäre uns nichts gegeben als das Nicht-Mehr der Vergangenheit und das Noch-Nicht der Zukunft, dann wäre keine Zeit unser, dann wären wir ohne Gegenwart. Das Mysterium aber ist, daß wir Gegenwart haben, und noch mehr, daß wir Zukunft haben, unsere Zukunft, weil wir sie in der Gegenwart vorausnehmen, und unsere Vergangenheit, weil wir uns ihrer in der Gegenwart erinnern. In der Gegenwart werden Vergangenheit und Zukunft zu *unserer* Vergangenheit und *unserer* Zukunft. Aber wenn wir uns die Zeit als endlosen Fluß denken, dann gibt es keine

Gegenwart. Das Rätsel der Gegenwart ist das tiefste von allen Rätseln der Zeit. Auf dieses Rätsel können wir eine Antwort nur finden, wenn wir uns zu dem erheben, was alle Zeit in sich begreift und zugleich über sie hinausweist, zu dem Ewigen. Jedes Mal, wenn wir „Jetzt" oder „Heute" sagen, bringen wir den Fluß der Zeit zum Stehen. Wir nehmen die Gegenwart an, und es bekümmert uns nicht, daß sie in dem Augenblick, in dem wir sie annehmen, vergangen ist. Wir leben in der Gegenwart, und sie erneuert sich uns in jedem neuen „Jetzt", denn jeder Augenblick der Zeit reicht zum Ewigen hinauf. Das Ewige ist es, was den Fluß der Zeit für uns zum Stehen bringt. Es ist das „Ewige Jetzt", was uns ein zeitliches Jetzt erfahren läßt. Wir leben „solange es heute heißt", wie der Brief an die Hebräer sagt. Nicht jeder ist sich des ewigen Jetzt in dem zeitlichen Jetzt bewußt, und niemand ist sich seiner ständig bewußt. Aber zuweilen bricht es in unser Bewußtsein und gibt uns Gewißheit von dem Ewigen, der Dimension der Zeit, die in die Zeit einbricht und uns Zeit als unsere Zeit erleben läßt. Wer dieser Dimension niemals gewahr wird, der vermag nicht in der Gegenwart zu ruhen, der kann nicht in die göttliche Ruhe eingehen, wie sie der Brief an die Hebräer beschreibt, der ist ein Gefangener der Vergangenheit, von der er sich nicht befreien kann, oder ein Flüchtling in die Zukunft, unfähig in der Gegenwart zu ruhen; der kann nicht in die ewige Ruhe eingehen, die den Fluß der Zeit zum Stehen bringt und unsere Gegenwart segnet. Diese Ruhelosigkeit ist vielleicht das auffallendste Merkmal unserer Zeit, vor allem in der westlichen Welt und besonders in Amerika. Es fehlt den Menschen der Mut, sich die Gegenwart zu eigen zu machen, weil sie die Dimension des Ewigen verloren haben.
„Ich bin der Anfang und das Ende". Das gilt für uns, die wir der Zeit unterworfen sind, die wir uns mit dem Gedanken an unser Ende abfinden müssen, die wir der Vergangenheit nicht entfliehen können, die wir der Gegenwart bedürfen, um auf ihrem Grunde zu stehen. Jeder Modus der Zeit hat sein eigenes Mysterium, jeder bringt seine be-

Die göttliche Wirklichkeit

sondere Angst mit sich, jeder treibt uns zu einer letzten Frage. Auf diese Fragen gibt es nur eine Antwort – das Ewige. Es gibt eine Macht, die die alles verschlingende Gewalt der Zeit überwindet – das Ewige: Er, der war und ist und sein wird, der Anfang und das Ende. Er schenkt uns Vergebung für das Vergangene, Mut für das Zukünftige und Ruhe in seiner ewigen Gegenwart.

TEIL III
Die menschliche Verwirklichung

RICHTET EUCH
NICHT NACH DIESER WELT

Richtet euch nicht nach dieser Welt, sondern wandelt euch um durch die Erneuerung eures Geistes.   RÖMER 12, 2

„Richtet euch nicht nach dieser Welt" – diese Warnung des Paulus gilt für alle Zeiten und ist in unserer Zeit besonders nötig. Sie gilt für jeden einzelnen von uns, für unsere ganze Kultur und für die gesamte Menschheit. Sie hat so viele Seiten, wie es Mächte und Verhältnisse gibt, nach denen man sich richten kann. Aber der Apostel weist auf *eine* allumgreifende Macht hin, der wir uns nicht anpassen sollen: dieser Welt oder diesem Äon. Anstatt uns diesem Äon anzupassen, sollen wir uns von dem kommenden verwandeln lassen, in dem wir selbst und unsere Welt erneuert werden. Nicht Konformität, sondern Verwandlung – darauf kommt es Paulus in dem Brief an die Römer an. Unsere Zeit hat viele revolutionäre Umwandlungen erlebt. Wir Älteren erinnern uns ihrer oft, weil wir als junge Menschen unter ihnen gelitten haben. Heute ist unter jungen wie alten Menschen eine Reaktion eingetreten gegen Revolutionen und gegen weitere Veränderungen der Welt, in der wir uns eingerichtet haben. Ein gewisser Konservatismus macht sich in weiten Kreisen bemerkbar, besonders in unserer westlichen Welt. Das ist verständlich und an sich kein Grund zur Beunruhigung. Aber es bedeutet eine Gefahr, der wir begegnen müssen, wenn der Konservatismus zum Konformismus wird und das Motto der jungen Generation nicht mehr „Verwandlung", sondern „Konformität" heißt. Das gilt von der frühen Schulzeit bis zu den Universi-

Die menschliche Verwirklichung

tätsjahren; es gilt von freien Vereinigungen wie von geschlossenen Korporationen; es äußert sich innerhalb solcher Gruppen in Verhaltungsweisen, die, so absurd sie auch sein mögen, den Jüngeren von der unbedingten Autorität der Älteren aufgezwungen werden. Wenn der junge Mensch in das aktive Leben eintritt, muß er sich im Wettbewerb den Methoden anpassen, die zum Erfolg führen, und sich davor hüten, gegen gesellschaftliche, politische und religiöse Verbote zu verstoßen. Und selbst das Alter und die Erwartung des nahen Todes werden von Predigern des religiösen Konformismus ausgenutzt. In all diesen Stadien unseres Lebensweges stehen wir zugleich unter dem halbbewußten, halb-unbewußten Druck der Massenmedien, die ständig, direkt oder indirekt, den Konformismus zu fördern suchen.

„Richtet euch nicht nach dieser Welt", warnt der Apostel und fordert damit zum Widerstand gegen ein wesentliches Element in unserer gesamten Zivilisation heraus. Aber darüber hinaus wendet er sich an jeden einzelnen von uns, ganz gleich, ob wir Opfer dieser Zivilisation sind oder nicht. Denn man kann Konformist sein, nicht nur indem man sich dem allgemeinen Druck fügt, sondern auch indem man sich ihm widersetzt, und man kann Nicht-Konformist sein, nicht nur wenn man protestiert, sondern auch wenn man zustimmt. Die Warnung gilt für die unter uns, die glauben, daß ihr revolutionärer Wille sie vor der Gefahr des Konformismus bewahre: die revolutionäre Gruppe kann ebenso konformistisch sein wie die konservative. Denn der Mensch richtet sich nicht nur nach einer Gruppe, sondern auch nach dem Bilde, das er von sich selbst hat. Der Revolutionär kann der Idee von sich als Revolutionär so verfallen, daß er seine Freiheit verliert und zum Konformisten der Revolution wird. Auf die gleiche Weise kann man sich mit der eigenen Dumpfheit und Trägheit abfinden, und man kann den eigenen Zynismus pflegen. Man kann sich an sich selbst, so wie man ist, gewöhnen und die Verwandlung der eigenen Person durch Erneuerung des Geistes vermeiden. Man kann ein Nicht-Konformist sein, dem es aber an Liebe mangelt und der darum unfähig ist, irgend etwas zu verwandeln; denn er hat es versäumt, sich selbst zu verwandeln. Warum greift Paulus den Konformismus an? Warum bedeutet für ihn Christ sein nicht, ein Mensch sein, der sich anpaßt? Warum betrachtet er die christliche Haltung nicht als Unterwerfung unter die moralischen und religiösen Gesetze unserer Gesellschaft? Davon ist er weit entfernt, und unter den Erziehern zur Anpassung würde er gewiß nicht als guter Pädagoge gelten. Aber er wußte, warum er den Konformismus verwarf. Er wußte, daß jede Art von Konformismus Anpassung an diese Welt, an diesen Äon, ist. „Dieser Äon" bedeutet den Zustand, in dem wir gegenwärtig leben und der nach Paulus ein Zustand der Verderbtheit ist. Sich ihm anpassen heißt also, an seiner Verderbtheit teilnehmen. Wo Konformismus herrscht, da unterwirft man sich dem gegenwärtigen Stand der Dinge. Im Deutschen wird das griechische Wort Äon als „Welt" übersetzt. Das ist irreführend, denn wenn wir von Welt sprechen, denken wir an das Universum. Aber das Universum mit unserer Erde und allen Wesen und Dingen auf dieser Erde ist das Werk der unendlichen göttlichen Schöpferkraft, die nie aufhört zu wirken. Das Universum ist gut, denn es ist von Gott geschaffen; es ist der Ort, an dem das Reich Gottes erscheinen soll, wie es die zweite Bitte des Vaterunsers sagt. Es ist eines der gefährlichsten Mißverständnisse der christlichen Botschaft, daß man diese Welt und ihre geschaffene Herrlichkeit leugnet und den Blick auf eine Welt jenseits dieser Welt richtet, eine Welt, die in keiner Beziehung zu der ursprünglichen Schöpfung steht. Die Bibel aber spricht von einem neuen Himmel und einer neuen Erde, das heißt einer Verwandlung der ursprünglichen Schöpfung. Jetzt verstehen wir, was Paulus meint, wenn er vor Anpassung an diese Welt warnt: Er meint die unverwandelte alte Erde und den unverwandelten alten Himmel. Er meint den verderbten Zustand der Welt und besonders unserer Welt – der Welt des Menschen –, wenn er uns warnt, uns nicht der Welt anzupassen. Die Haltung gegen diesen Äon, gegen die unverwandelte Welt in uns und außer

Die menschliche Verwirklichung

uns, die der Apostel von uns verlangt, ist dreifach: Sie ist Kritik, Widerstand und Verwandlung.

Wir können fragen: Müssen wir alles verurteilen, müssen wir nur Widerstand leisten, müssen wir alles verwandeln, dem wir begegnen? Sollen wir uns nicht dem fügen, was die Weisheit der Zeiten geboren hat und was Generation auf Generation durch Erfahrung und Einsicht erworben und uns vermacht hat? Sollte man nicht sagen: Richte dich nach dem, was sich als gut und edel erwiesen hat und mit dem Geist der Liebe übereinstimmt? Diese Frage müssen wir ernst nehmen und als Kriterium gegen uns selbst gebrauchen. Aber wir dürfen nicht vergessen, daß wir in diesem Äon leben, unter der Herrschaft seiner Mächte, wo das Unverdorbene mit dem Verderbten gemischt ist, das Vorbildliche mit dem Unannehmbaren, das Gute mit dem Bösen. Das macht Konformität so gefährlich. Wäre die Verderbtheit dieser Welt eindeutig, so wäre die Versuchung geringer, sich ihr anzupassen. Weder im Leben noch in der Dichtung gibt es viele Menschen, die einen Pakt mit dem Teufel schließen. Aber es gibt viele Menschen, die durch einzelne gute Elemente und durch wirklich Gutes in diesem Äon zu einem Pakt mit ihm verführt werden und sich ihm unterwerfen. Es gibt wichtige Gründe, die für diese Anpassung sprechen. Wir fügen uns alle in die Familie, in die wir geboren sind, ob wir es wollen oder nicht. Sollen wir gegen unsere Familie stehen, weil Anpassung Unterwerfung unter diesen Äon und seine Verderbnis bedeutet? Würden wir damit nicht die anderen Familienglieder unglücklich machen und uns selbst des Segens berauben, den ein inniges und geordnetes Familienleben uns bringen kann? Wie können wir das Gebot, Vater und Mutter zu ehren, mit der Warnung des Apostels vereinen, uns dieser Welt nicht zu unterwerfen? Jesus sagt: „Ich bin gekommen, einen Menschen mit seinem Vater zu entzweien und eine Tochter mit ihrer Mutter und eine Schwiegertochter mit ihrer Schwiegermutter, und des Menschen Feinde werden die eignen Hausgenossen sein. Wer Vater oder Mutter mehr liebt als mich, ist meiner nicht wert." (Matthäus 10, 35.37) Das sind die

„Richtet euch nicht nach dieser Welt"

Worte eines radikalen Nicht-Konformisten; im Vergleich mit ihnen klingt selbst Paulus' Radikalismus konservativ. Es ist erstaunlich, daß ein Glaube, der sich auf Worte wie diese beruft, zeit seines Bestehens mit Erfolg zur Unterstützung der Konformität innerhalb und außerhalb der Familie benutzt werden konnte. Wie war das möglich? Wie ist das selbst heute noch möglich trotz des Zusammenbruchs der Tradition, besonders in der westlichen Welt? Es ist möglich, weil es unendlich schwierig ist, den Punkt zu finden, an dem unsere Anpassung an die Familie in Widerspruch gerät mit der Liebe zu Gott. Dieser Punkt wäre leicht zu entdecken, wenn unsere Familie uns zu überreden suchte, wie es häufig im Frühchristentum geschah, den Christus und alles, was er vertritt, zu verwerfen. Aber darum geht es heute nur selten, allenfalls noch im Missionsgebiet. Die Frage, wann wir uns anpassen sollen und wann nicht, begegnet uns vielmehr in unzähligen unbedeutenden Einzelfällen des täglichen Lebens, und in jedem Fall ist unsere Antwort ein Wagnis und mit einem Gewissenskonflikt belastet. Wir können niemals mit Gewißheit sagen, ob unser Widerstand der falschen Anpassung an das eigene Selbst entsprungen ist oder ob es die Einsicht in etwas Falsches im Leben der Familie ist, die uns zum Widerspruch getrieben hat. Ebensowenig können wir mit Gewißheit sagen, ob unser mangelnder Widerstand auf falscher Nachgiebigkeit beruht oder ob es Liebe und Weisheit ist, die uns dazu führen, uns dem Leben der Familie zu unterwerfen. Wir wissen es nicht, und wir können nur handeln, indem wir das Wagnis auf uns nehmen, das Falsche zu tun, denn handeln müssen wir. Die meisten Menschen versuchen, das Wagnis zu vermeiden, indem sie sich der Lage fügen, in die sie das Schicksal geworfen hat. Die aber, die unsere Welt verwandelt haben, haben einmal das Wagnis auf sich genommen, eine falsche Entscheidung zu treffen. Und je größer diese Menschen waren, um so mehr waren sie sich des Wagnisses bewußt. Der Zweifel an ihrer Sache verstummte nicht trotz ihres tiefen, leidenschaftlichen Glaubens an sie. Denn ihre Weigerung, sich Tradition und Familie zu fügen, bedeutete nicht

Die menschliche Verwirklichung

Nachgiebigkeit gegen das eigene Selbst, sondern Verwandlung ihrer Person. Dadurch gewannen sie die Kraft, auch andere zu verwandeln. Aus eben diesem Grunde fanden sie nur schwer Bestätigung ihrer selbst und lebten in der Angst und dem Zweifel, den das Wagnis des Widerstandes mit sich bringt, aber auch in dem Gefühl seiner Größe.
Paulus erwartet diese Haltung von allen Christen. Jeder soll die Kraft haben, der Anpassung zu widerstehen, und sogar so radikal zu widerstehen, wie Jesus es für unsere Beziehung zu unserer Familie verlangt. Das Verhältnis zur Familie dient hier als Beispiel, ist aber mehr als ein Beispiel, denn in der Familie hat jede Art von Konformität ihre Wurzel. Widerstand gegen Konformität ist in erster Linie Widerstand gegen die Familie. Aber es gibt auch andere, größere Gemeinschaften, in denen wir Tag und Nacht in der Atmosphäre der Konformität leben und gegen die Widerstand gelegentlich leichter, oft aber noch schwerer ist als gegen die Familie. Ich denke an kulturelle, gesellschaftliche, politische und religiöse Gemeinschaften. Wir wollen jede von ihnen im Lichte von Paulus' Worten betrachten.
Man sollte annehmen, daß es in einer Gemeinschaft von Lehrern und Schülern am wenigsten Neigung zur Konformität gebe. Die Lernenden sind meist mehr gewillt, sich dem, was ihre Lehrer sagen, zu widersetzen als es anzunehmen. Und die akademischen Lehrer werden auf Grund der Unabhängigkeit ihres Urteils und ihrer kritischen wissenschaftlichen Fähigkeit berufen. Das sollte die akademischen Bildungsstätten zu Stätten machen, an denen für Konformität kein Raum ist. Aber das scheint nicht der Fall zu sein. Man braucht den Studenten nur zwei Fragen vorzulegen: Bildet ihr aus eurem Widerspruch gegen das, was ihr von euren Lehrern hört, nicht oft eine neue Konformität, die Konformität der Rebellion? Und die andere Frage: Leistet ihr dem Geist der Gruppe, der ihr angehört, den gleichen Widerstand wie euren Lehrern, oder seid ihr in der Gewalt des Gruppengeistes und der Elemente dieses Äons, die eine derartige Konformität mit sich bringt? Was würdet ihr darauf antworten?

„*Richtet euch nicht nach dieser Welt*"

Und uns Lehrern brauchte man auch nur zwei Fragen vorzulegen: Sind wir uns völlig unserer Abhängigkeit von der intellektuellen Mode der Zeit bewußt, besonders wenn diese gesellschaftlich und politisch gebilligt ist? Und weiter: Richten wir uns nicht – und mit zunehmendem Alter immer mehr – nach unseren eigenen erstarrten Meinungen? Ich befürchte, daß wir beide – Lehrer wie Schüler – auf diese Fragen nicht zu antworten wagen. Die akademischen Bildungsstätten haben kein Monopol für den Widerstand gegen die Konformität. Sie bedürfen der Verwandlung ebenso wie andere Gemeinschaften, auch sie gehören diesem Äon an. Familie und Schule sind Teile größerer Gemeinschaften, der Gesellschaft und des Staates. Man hat häufig auf den Einfluß hingewiesen, den beide auf das Leben jedes einzelnen von uns haben. Ich brauche solche Beobachtungen hier nicht zu wiederholen. Ich brauche nicht von dem Druck zu sprechen, den zum Beispiel eine exklusive Vorstadt auf ihre Bewohner ausübt durch den Anreiz, es einander gleichzutun, durch sozialen Druck und durch den Einfluß von Radio und Fernsehen, die Tag und Nacht auf uns eindringen und sich in unser Unterbewußtsein einschleichen, selbst wenn unser Bewußtsein sie abzuwehren sucht. Auch hier besteht die Schwierigkeit, dem Druck zur Konformität zu widerstehen, darin, daß in all dem nicht nur Schlechtes, sondern auch Gutes zum Ausdruck kommt. Diese Mischung aus Gutem und Schlechtem in unserem gesellschaftlichen und politischen Leben macht unseren Protest jeweils zu einem Wagnis, nicht weil wir Gefahr laufen, Freunde, Anerkennung und Erfolg einzubüßen – das könnten wir ertragen –, sondern weil jede Entscheidung, die wir treffen, eine falsche Entscheidung sein kann, durch die wir uns selbst widersprechen. Trotzdem müssen wir das Wagnis auf uns nehmen, ebenso wie die Jünger, zu denen Jesus sprach. Wir müssen uns der Gefahr aussetzen, den Gerichten ausgeliefert zu werden, vor Statthalter und Könige geführt zu werden, ihnen zum Zeugnis, von Kindern und Eltern verraten zu werden und von jedermann gehaßt zu sein. Dies ist ein Bild der äußersten Gefahr, der sich

Die menschliche Verwirklichung

Menschen zu allen Zeiten ausgesetzt haben. Die meisten von uns werden vor keine so radikalen Entscheidungen gestellt. Aber auch in unserem täglichen Leben, in unserem Verhältnis zu Staat und Gesellschaft, werden wir vor Tribunale gestellt, die uns anklagen und uns verurteilen können, weil wir uns ihrer Lebensweise nicht anpassen. Jesu Gebot des entschiedenen Widerstandes gegen die Konformität schließt auch die vielen unbedeutenden Einzelfälle ein, in denen wir in unserem gewöhnlichen Leben Widerstand leisten müssen. Paßt euch nicht der Gesellschaft an, zu der ihr gehört, paßt euch nicht denen an, die politische Macht über euch haben, selbst wenn ihr ihnen gehorcht; sondern kämpft für ihre Verwandlung!

Viele Vertreter der Kirche würden der Warnung des Apostels in dieser Form zustimmen. Aber wenn sie gegen die Kirche selbst angewandt wird, erheben sie Widerspruch. Der Konformismus, der Jesus am meisten bedrohte und schließlich seinen Tod verursachte, war der religiöse Konformismus seiner Zeit. Der gleiche Konformismus herrschte von jeher auch in der Kirche und herrscht heute noch dort. Denn auch die christlichen Kirchen gehören diesem Äon an, obwohl sie Verkünder des kommenden Äons sind und sein Erscheinen in Raum und Zeit vorwegnehmen. Sie haben teil an der Verderbtheit dieses Äons, seiner Mischung aus Gutem und Bösem; und ihre Geschichte ist ein ununterbrochenes Zeugnis für ihre Verderbtheit. Deshalb gilt Paulus' Warnung gegen die Konformität auch für die Kirchen. Aber, könnte man fragen, wie ist es möglich, der Konformität zu entgehen und gleichzeitig Glied einer Gemeinschaft zu sein, die durch einen gemeinsamen Glauben, durch Riten, durch ethische Prinzipien, durch lange Tradition und durch gemeinsamen regelmäßigen Gottesdienst verbunden ist? Kann man einer solchen Kirche angehören, ohne sich weitgehend anzupassen? Gewiß, es gab Kirchen, die als Kirchen dem Konformismus widerstanden. Aber oft war dann der Geist des Widerstandes nur einen kurzen Augenblick lebendig und wurde bald durch eine neue Konformität ersetzt, der nicht unähnlich, von der sie sich getrennt hatte. Das sind ernste Fragen, besonders für Protestanten, deren Kirchen ihr Dasein dem Protest gegen den Konformismus der ungetrennten christlichen Kirche verdanken. Selbst innerhalb der kirchlichen Gemeinschaft müssen wir der Konformität widerstehen. Auch das ist ein Wagnis, ein gefährliches Wagnis; denn wir können in tiefen Irrtum verfallen. Aber diese Gefahr müssen wir auf uns nehmen; denn es ist auch möglich, daß sich in unserem Protest ein göttliches Urteil über Menschenwerk ausspricht, und sei es auch religiöses Menschenwerk. Eine Kirche, in der der göttliche Protest keine menschliche Stimme mehr findet, ist zum Vertreter dieses Äons geworden. Hier erst wird deutlich, was Widerstand gegen Konformität in seiner tiefsten Bedeutung ist, nämlich Widerstand gegen Götzendienst, gegen den Versuch, uns und unsere Welt, unsere Kultur und unsere Kirche zu vergöttern. Der Widerstand dagegen ist das Schwerste, was von Menschen verlangt wird. Er ist so schwer, daß alle, die Propheten des Alten und des Neuen Testaments, die Reformatoren und die Bekämpfer des Aberglaubens, zu allen Zeiten versuchten, dieser Aufgabe zu entgehen. Sie ist fast zu schwer für menschliche Wesen. Es ist leicht, Kritiker und Rebell zu sein; aber es ist schwer, sich nichts und niemandem anzupassen, nicht einmal dem Bild des eigenen Selbst, und das göttliche Urteil gegen Götzendienst zu verkünden – nicht nur weil es Mut erfordert, ein Leben des Leidens und des Martyriums zu führen, sondern weil wir uns der Gefahr aussetzen, im Unrecht zu sein; weil eine Stimme in unserem Gewissen, das Gefühl der Schuld, uns davon abzuhalten sucht, zum Nicht-Konformisten zu werden.

Aber selbst dieses Schuldgefühl müssen wir auf uns nehmen. Wer wagt und scheitert, dem kann Vergebung zuteil werden. Aber wer niemals ein Wagnis auf sich nimmt und niemals fehlgeht, der verfehlt sein Leben. Ihm wird nicht vergeben, denn er weiß nicht, daß er der Vergebung bedarf. Darum wagt es, euch nicht der Welt, wie sie ist, anzupassen, sondern habt den Mut, sie zu verwandeln im Geist und in der Kraft der Liebe, erst in euch selbst, dann in eurer Welt!

SEID STARK

Seid wachsam, steht fest im Glauben, seid mutig, seid stark! Alles bei euch geschehe in Liebe.   1. KORINTHER 16, 13–14

I

Aus diesem bekannten Text will ich zwei Worte für unsere Meditation wählen: Seid stark! Sie stehen in unserem Text zusammen mit Worten für andere Eigenschaften, die zur Stärke gehören: Wachsamkeit, Festigkeit im Glauben, Mut und Liebe. Sie alle zusammen machen das aus, was wir eine starke christliche Persönlichkeit nennen.

Wie können wir stark werden? Diese Frage stellt sich der Mensch in allen Epochen seines Lebens und zu allen Zeiten seiner Geschichte. Es ist eine Frage, die in unserer Zeit mit Leidenschaft und voll Verzweiflung gefragt wird und die die Menschen, die der Kindheit entwachsen aber noch nicht erwachsen sind, mit besonderer Ungeduld fragen.

In unserem Text gebraucht Paulus wiederholt das Wort „seid"; er ermahnt die Korinther: Seid stark! Wir überhören leicht dies kleine Wort; aber wir sollten ihm unsere Aufmerksamkeit schenken, vielleicht noch mehr als den Hauptworten unseres Textes, denn in diesem kurzen Wort ist das ganze Rätsel der menschlichen Beziehung zu Gott enthalten.

Paulus verlangt von den Christen in Korinth nicht etwas, was ihnen fremd ist. Er verlangt von ihnen, das zu werden, was sie sind, nämlich Christen. Alle Ermahnungen, die er an sie richtet, sind Beschreibungen dessen, was sie bereits sind, bevor daraus Forderungen werden, die sagen, was sie sein sollen. „Werde, was du bist" – das ist das einzige, was man von einem Wesen verlangen kann. Man kann von ihm nicht erwarten, daß es werde, was es seinem Wesen nach nicht ist. Sicherlich: das Leben in all seinen Formen verlangt danach, Forderungen zu erhalten und zu erfüllen. Aber kein Leben kann die Forderung erfüllen, etwas zu werden, was es nicht ist. Es verlangt, daß ihm gesagt wird, zu werden, was es ist – und nicht etwas anderes. Das mag erstaunlich klingen; aber ein wenig Nachdenken wird uns davon überzeugen, daß es richtig ist.

Wir wissen, daß wir von Dornen keine Früchte erwarten dürfen, von Unkraut kein Korn, von einer versiegten Quelle kein Wasser, von einem kalten Herzen keine Liebe, von einem Feigling keinen Mut und von einem schwächlichen Wesen keine Stärke. Es ist töricht, Eigenschaften von einem Wesen zu verlangen, die es nicht besitzt. Wer es tut, wird mit Recht verlacht oder als ungerecht abgelehnt. Kein Ding und kein Mensch kann hervorbringen, was er nicht in sich trägt, kann werden, was er nicht ist. Nur aus der Kraft, die uns gegeben ist, können wir handeln. Empfangen geht dem Tun voraus.

„Seid stark!" sagt Paulus zu denen, denen Stärke gegeben ist, wie sie ihm selber gegeben wurde, als ihn die Macht einer neuen Wirklichkeit ergriff. Dazu werden viele sagen: „Wie aber steht es um uns, denen keine Stärke gegeben ist, kein Glaube, kein Mut und keine Liebe? Für uns, denen es an solcher Kraft fehlt, können Paulus' Worte nicht gemeint sein. Sollte er sie aber doch für uns gesagt haben, so müssen sie uns gleichgültig lassen, oder sie können uns feindselig machen gegen den, der Unmögliches von uns fordert. Wir sind nicht stark – also kann niemand von uns verlangen, daß wir stark werden. Wir sind schwach. Also müssen wir schwach bleiben! Wir müssen uns in unser Los fügen und unmöglichen Forderungen mit Zynismus begegnen! Sie mögen für andere gelten, aber nicht für uns." Ich höre viele Menschen so reden, mehr als man glauben sollte. Ganze

Die menschliche Verwirklichung

Gruppen junger Menschen reden so, und viele einzelne in der älteren Generation reden nicht anders.

Ich kann keinen Trost für sie in der Bibel finden. Da gibt es das Gleichnis von dem Samen der göttlichen Botschaft, der auf verschiedenen Boden fällt und von dem nur einer Frucht trägt. Da gibt es das Wort von den vielen, die berufen, und den wenigen, die auserwählt sind. Es gibt die erschreckend wahre Behauptung Jesu, daß denen, die viel haben, mehr gegeben wird und denen, die wenig haben, auch das wenige genommen wird. Und es gibt den Gegensatz zwischen denen, die aus dem Licht geboren sind und Kinder des Lichts sind, und denen, die aus der Finsternis geboren sind und Kinder der Finsternis sind. Es gibt das Gleichnis vom Menschen, der Ton in der Hand des göttlichen Töpfers ist und sich nicht gegen ihn auflehnen kann, was er auch aus dem Ton mache. Wenn wir dieses Gleichnis hören, empört sich etwas in uns. Aber wenn wir uns umsehen und das Leben der Menschen betrachten, müssen wir zugeben, daß die Bibel recht hat. Wir möchten gern den demokratischen Glauben teilen, daß jedermann von Gott die Möglichkeit zu seiner Erfüllung gegeben sei und daß es nur an uns liege, Gebrauch von ihr zu machen; daß es einige tun, andere aber nicht, und daß wir alle unser Schicksal in der eigenen Hand haben. Wir wünschten, daß es so wäre. Aber wir können uns nicht der Erkenntnis verschließen, daß es nicht so ist. Nicht alle haben die gleichen Möglichkeiten, und es gibt nur eine beschränkte Zahl menschlicher Wesen, von denen wir verlangen können, daß sie stark seien, weil sie bereits stark sind. Das einzige, was ich ehrlicherweise den anderen, zu denen vielleicht auch manche unter uns gehören, sagen kann, ist: „Nehmt es auf euch, daß ihr schwach seid! Täuscht euch nicht vor, stark zu sein! Und wenn ihr wagt zu sein, was ihr wirklich seid, dann kann aus eurer Schwäche Stärke werden. Nehmt eure Schwäche hin" – das sollten wir zu den Schwachen sagen. „Nehmt eure Feigheit hin" – das sollten wir zu den Feigen sagen. „Nehmt euer Schwanken im Glauben hin" – das sollten wir zu denen sagen, die in ihrem Glauben nicht fest sind. Und zu denen, die nicht lieben können, sollten wir sagen: „Nehmt es auf euch, daß ihr nicht lieben könnt."

Das klingt seltsam. Aber wer das menschliche Herz kennt, vor allem das eigene, wird verstehen, was ich meine. Er wird verstehen, daß der erste Schritt auf dem Wege, stark zu werden, darin besteht, sich die eigene Schwäche einzugestehen und sie auf sich zu nehmen. Das wird ihn davon abhalten, sich selbst zu betrügen und sich einzureden: „Ich habe zumindest etwas von dem, was der Apostel verlangt. Er kann es von mir verlangen, denn teilweise besitze ich es." Es gibt Menschen, die zu Recht so reden können; aber es gibt auch andere, für die solche Rede Selbstbetrug bedeutet. Ihnen müssen wir sagen: „Nehmt es auf euch, daß ihr schwach seid; seid ehrlich gegen euch selbst."

Zu denen, die für andere verantwortlich sind, Eltern, Lehrern, Pfarrern, Beratern, Freunden, möchte ich sagen: „Redet zu niemandem ohne Zögern und Bedenken in der Befehls-Form. Denn ihr rührt damit an das Geheimnis der göttlichen Berufung. Ihr könnt das Leben eines Menschen zerstören, indem ihr von ihm verlangt, was er nicht ist."

II

Diese Einsicht liegt Paulus' erster Ermahnung zugrunde, der zur Wachsamkeit. Der Starke ist stark nur, weil er über seine Stärke wacht, der Tatsache bewußt, daß es Schwächen in seiner Stärke gibt. Denn in jedem Christen lebt ein Nicht-Christ, in jedem Starken ein Schwacher, in jedem Mutigen ein Feiger, in jedem Gläubigen ein Ungläubiger und in jedem Liebenden ein Feind. Wachsamkeit ist nötig, weil der Christ sich niemals damit zufrieden geben kann, daß er ein Christ ist, und weil der Starke sich niemals auf seine Stärke verlassen kann.

Man kann stark werden, indem man sich einer strengen Zucht unterwirft. Wenn man das eine in sich unterdrückt, kann man stark in einem anderen werden. Oft denkt man an

Die menschliche Verwirklichung

Menschen, die das vollbracht haben, wenn man von einer starken Persönlichkeit spricht. Und gewiß gibt es keine Stärke ohne die Fähigkeit, der Stärke Richtung zu geben. Aber wer für die Fähigkeit der Selbstdisziplin bewundert wird, sollte sich fragen, ob seiner Stärke nicht Schwächen zugrunde liegen, ob sie nicht Lebenselemente ausschließt, die dem Leben Reichtum und Größe geben. Wer auf diese versteckte Schwäche nicht achtet, in dem kann sie sich in Haß verwandeln gegen die, die den Reichtum des Lebens bejahen. Wer seine Stärke auf dieser Schwäche aufbaut, der kann den Reichtum des Lebens in anderen nicht ertragen, weil er ihm die eigene Schwäche zum Bewußtsein bringt. Zur Rechtfertigung seiner eigenen Vortrefflichkeit zwingt er den anderen die gleichen Beschränkungen auf, die er sich selbst auferlegt. Seine herrschsüchtige Stärke kann andere in Schwachheit halten. Der starke christliche Charakter hat etwas Fragwürdiges an sich. Sicherlich: das Christentum und die christliche Gesellschaft könnten ohne ihn nicht bestehen. Aber andere, die vielleicht durch eigene Kraft stark geworden wären, können durch ihn zu geistig schwachen oder kranken Menschen gemacht werden. Diese Starken sind die Stützen des kirchlichen Christentums und der christlichen Gesellschaft, aber sie fordern zahlreiche Opfer unter Christen und Nicht-Christen, oft zuerst in der eigenen Familie. Seid wachsam, wenn ihr für stark gehalten werdet oder selbst von eurer Stärke überzeugt seid. Seid wachsam und verlangt von anderen nicht, daß sie sind, was ihr seid, denn mit eurer Stärke könnt ihr sie zerstören.

Die sogenannt starken Menschen haben in der Regel feste Überzeugungen. Sie scheinen „fest im Glauben" zu sein, wie Paulus es nennt. In der Tat: jeder Mensch bedarf eines Bodens, auf dem er stehen kann. Ohne ihn gibt es keine Stärke. In der physischen Welt ist es ein Platz auf der „festgegründeten Erde" (wie die Griechen es nannten). Selbst für den stärksten Geist ist kein Erlebnis so erschreckend wie die Erschütterung des Bodens unter ihm bei einem Erdbeben. Im gesellschaftlichen Leben ist es die Heimat – die Heimat-Stadt und das Heimat-Land –, auf deren Boden wir stehen; und von jeher galten die, die ihre Heimat verloren hatten, als schwach und schutzlos. Wie ist es in unserem geistigen Leben? Hier ist die Sprache der Boden, auf dem wir stehen. Denn aus dem Wort, mit dem wir unsere Welt und uns selbst begreifen, werden alle anderen geistigen Werke geboren: Wissenschaft und Kunst, Sitte und Weltanschauung. Die Sprache gibt dem Menschen die Kraft, eine neue Welt außerhalb der gegebenen Welt zu schaffen. Die Sprache macht ihn zum Herrscher über die Natur, wie es in der Geschichte vom Paradies beschrieben ist: Er wird zum Herrn über die anderen Lebewesen, indem er ihnen Namen gibt. In der Macht des Wortes offenbart sich geistige Stärke. Die tiefe Einsicht in den Zusammenhang von Sprache und Stärke kommt in der Erzählung vom Turmbau zu Babel zum Ausdruck: Die Menschheit war stark, solange sie durch *eine* Sprache vereint war, und ihre Stärke verführte sie dazu, nach dem Himmel zu greifen. Um ihre Selbstüberhebung zu strafen und die Schwäche alles Menschlichen zu enthüllen, verwirrte Gott die Sprache, so daß die Menschen einander nicht mehr verstehen konnten. Heute sind wir in einer ähnlichen Lage. Unsere Zeit ist schwach, weil wir einander nicht mehr verstehen können. Jeder spricht seine eigene Sprache, und das Wort hat seine Macht verloren. Unsere Sprache ist leer und verwirrt. Wir haben ein Erdbeben in der geistigen Welt erlebt, und jetzt leben wir seelisch im Exil.

Paulus ermahnt die Korinther, auf einem Fundament zu stehen, das tiefer ist als unser natürlicher, unser gesellschaftlicher und unser geistiger Boden, auf einem Fundament, das nicht erschüttert werden kann, weil alle Bereiche des Lebens auf ihm ruhen; es ist der göttliche Grund allen Lebens. Auf diesem Grund zu stehen, bedeutet in Paulus' Worten, fest im Glauben zu stehen. Paulus meint den Glauben, den er den Korinthern gebracht hat. Aber in diesem Glauben ist Glaube als solcher gegenwärtig, das heißt das Stehen auf dem letzten Grund, der tiefer liegt als aller Grund, der erschüttert oder verändert werden kann. Die Bedeutung des Erscheinens des Christus liegt darin, daß er den

Weg zu diesem Grund bereitet hat. „Stehet fest im Glauben" heißt: Haltet an dem Glauben fest, der allein wahrhaft stark machen kann, weil er der tiefste Grund ist, auf dem ihr stehen könnt. Fest im Glauben stehen bedeutet nicht, an gewissen Glaubensartikeln festhalten; es verlangt von uns nicht, daß wir Zweifel an der christlichen oder irgendeiner anderen Lehre unterdrücken, sondern es weist auf etwas hin, was jenseits allen Zweifels liegt in der Tiefe, in der der Mensch und alles Seiende seine Wurzel hat. Dieses Grundes gewahr sein, in ihm und aus ihm leben, ist die größte Stärke. „Seid stark" und „Stehet fest im Glauben" bedeuten ein und dasselbe.

Aber an das Wort „sein" denkend, das Voraussetzung für jede Forderung ist, könnte man antworten: „Das Gebot, stark zu sein, gilt also nicht für uns, denn wir stehen nicht fest im Glauben. Unser Geschick ist Zweifel, ist Unglaube und nicht Glaube. Es ist richtig, daß wo kein Glaube ist, auch keine Stärke ist, und wir haben weder das eine noch das andere. Wenn wir eine Stärke unser nennen können, dann ist es die Stärke der Ehrlichkeit, unsere Weigerung, aus Konformismus oder aus dem Verlangen nach Stärkung oder unter dem Einfluß eines modernen Massenbekehrers einen Glauben anzunehmen, der nicht unser Glaube ist. Unsere Stärke ist unser Widerstand gegen die Stärke, die aus Unehrlichkeit geboren ist." Einige der Besten unserer Zeit könnten so sprechen, und ich würde ihnen antworten: „Eure Ehrlichkeit beweist euren Glauben, und darum ist eure Ehrlichkeit eure Stärke. Wenn ihr auch keinen Glauben habt, der sich in bestimmten Lehren oder Symbolen ausdrückt, so steht ihr doch auf festem Grund, solange ihr fest in eurer Ehrlichkeit steht und es mit eurem Zweifel und eurem Unglauben ernst meint. Werdet des Glaubens, den ihr habt, inne, und ihr werdet Worte für ihn finden, vielleicht sogar christliche Worte. Aber mit oder ohne Worte: Seid stark, denn in euch *ist* Stärke."

Stärke schließt nach den Worten des Apostels Mut ein; denn menschliche Stärke erhebt sich über der Tiefe menschlicher Angst. Angst hat vielerlei Formen. Eine der gefährlichsten ist verursacht durch innere Gespaltenheit. Wer eins mit sich selbst ist, ist stark. Aber wer ist das? Wir werden alle von Mächten beherrscht, die von Teilen unseres Selbst Besitz ergreifen und unsere Persönlichkeit spalten. Wir haben nicht nur die Macht des Wortes verloren, sondern auch die Stärke einer geeinten, zentrierten Persönlichkeit. Wir sind von Mächten zerrissen, die man früher als dämonisch bezeichnete. Und wer kann von einer gespaltenen Persönlichkeit verlangen, daß sie stark sei? An welchen Teil der Persönlichkeit soll sich diese Forderung wenden? Und doch gibt es auch hier Hoffnung: Heilende Kraft, die aus dem tiefsten Grunde kommt, auf dem wir im Glauben stehen, kann den Menschen ergreifen, ihm Mut geben und ihn seine Einheit wiederfinden lassen. Es ist der Mut, der die Angst der Zerrissenheit auf sich nimmt. Dieser Mut ist der innerste Kern des Glaubens. Er bejaht unser Sein, selbst wenn er es verwirft. Aus diesem Mut wächst unsere größte Stärke, er überwindet die Mächte, die unsere Welt und unsere Seele spalten. Darum habt Mut! Sagt Ja zu euch selbst trotz des Neins eurer Angst!

Damit scheint Paulus seine Beschreibung der starken Persönlichkeit zu beenden: mutig, wachsam, fest im Glauben, ein Held im Christ-Sein. Aber gerade das tut Paulus nicht. Er schließt vielmehr mit den Worten: „Alles bei euch geschehe in Liebe!" Die Stärke der Persönlichkeit, die Paulus meint, beruht auf etwas, was über Mut und Glauben und Wachsamkeit hinausgeht. Es ist nicht die Stärke des Helden, sondern es ist die Stärke dessen, der auf den Ruhm des Helden verzichtet für die Demut der Liebe. Wir alle kennen starke Persönlichkeiten, wir sind ihnen in der Familie, unter Freunden oder im öffentlichen Leben begegnet; wir bewundern sie, und doch vermissen wir etwas an ihnen. Und das ist die Liebe. Diese Menschen können freundlich und hilfsbereit sein, denn das verlangen sie von sich selbst. Aber was sie von sich verlangen, das erwarten sie auch von anderen. Sie zögern nicht, Forderungen zu stellen; ihre persönliche Stärke macht sie zu Tyrannen. Wer stark, aber ohne Liebe ist, wird für die anderen zum Gesetzgeber; und das

Gesetz macht die Schwachen noch schwächer; es treibt sie zur Verzweiflung, zur Rebellion oder zur Gleichgültigkeit. Stärke ohne Liebe zerstört, erst die anderen, dann sich selbst. Denn Liebe ist nicht etwas, was wirklicher Stärke fehlen kann und was wir ihr hinzufügen; sie ist vielmehr ein Element der Stärke selbst. Ohne Liebe können wir nicht stark sein, denn Liebe ist keine belanglose Gefühlsregung, sondern das Blut des Lebens, die Macht, die das Getrennte wiedervereinigt. Stärke ohne Liebe führt zu Entfremdung von anderen, sie führt zur Verurteilung und zur Beherrschung der Schwachen. Liebe aber vereinigt das Getrennte und nimmt das Verworfene an; sie nimmt teil an dem, was schwach ist, wie Gott an unserer Schwäche teilnimmt und uns durch seine Teilnahme Stärke gibt.

WERDET REIF IM DENKEN

Ihr Brüder, werdet nicht Kinder im Denken, in der Bosheit seid unmündig, im Denken aber werdet reif.

1. KORINTHER 14, 20

Im Denken werdet reif! – Eine solche Ermahnung erwartet man kaum in den Schriften eines Apostels zu finden. Aber hier steht sie in dem gleichen Brief, in dem Paulus die Weisheit der Welt in scharfen Gegensatz zu jener Torheit Gottes stellt, die weiser ist als die Weisheit der Menschen. Paulus weist auf die Tatsache hin, daß der Gemeinde Gottes nicht viele Gebildete angehören, sondern daß Gott die Ungebildeten auserwählt habe, weil sie offener für das sind, was Paulus „göttliche Torheit" nennt, und auf dieser Grundlage zur Reife gelangen können. Reife durch Offenheit für göttliche Torheit – das ist schwer zu verstehen, nicht nur für die Korinther, sondern für Menschen aller Generationen in der Geschichte des Christentums. Das ganze Problem, wie christliches Leben möglich ist, ist in dieser Verbindung von göttlicher Torheit und menschlicher Reife enthalten. Und vielleicht ist es nicht nur das Problem, wie christliches Leben möglich ist; vielleicht ist es das Problem, wie menschliches Leben überhaupt möglich ist. Es trifft ebenso wie auf die Angehörigen der Kirche auf die Menschen außerhalb der Kirche zu, wenn Paulus sagt: „Wenn sich jemand unter euch weise zu sein dünkt in dieser Welt, so werde er töricht, damit er weise werde."

Nicht diese göttliche Torheit ist es, die der Reife widerspricht, sondern die geistige Unreife, jener kindische Zustand des Menschen, in dem er nicht fähig ist, feste geistige

Die menschliche Verwirklichung

Kost zu sich zu nehmen, sondern sich von der Milch kindlicher Vorstellungen ernähren muß. Paulus klagt darüber, daß die Korinther noch immer nicht bereit für die richtige Nahrung, daß sie noch immer unreif seien, wie ihre theologische Eifersucht und Streitsucht beweise, daß sie noch immer von der Weisheit göttlicher Torheit entfernt und noch immer unmündig seien.

Was bedeutet es, reif im Denken zu sein? Wir sprechen von Reife im Zusammenhang mit unserer Ausbildung und prüfen sie durch Examina. In Deutschland nennt man das Zeugnis, das die jungen Menschen zum Studium zuläßt, Reifezeugnis. Aber sind diejenigen, die die Reifeprüfung bestanden haben und auf den Hochschulen studieren, reif im Denken? Sind ihre Lehrer reif im Denken? Ist der große Gelehrte reif im Denken? Wenn Reife bedeutet, ein gewisses Fach beherrschen und in ihm selbständig arbeiten können, dann sind der große Gelehrte, der gute Lehrer und seine besten Schüler reif. Dann dürfen sich viele von uns, die sich heute hier versammelt haben, reif nennen. Dann wäre die Ermahnung „Seid reif im Denken!" überflüssig. Aber wir bedürfen ihrer, ob wir in der christlichen Tradition leben oder außerhalb ihrer stehen. Wir sind nicht reif im Denken, auch die unter uns nicht, die in dem Ruf stehen, große Gelehrte zu sein, ob innerhalb des Christentums oder außerhalb. Unser Mangel an Reife ist unser Mangel am Verstehen göttlicher Torheit.

Vielleicht ist es gut, zuerst von denen zu sprechen, die sich der Kirche verbunden fühlen. Als treue und tätige Glieder der Kirche sind sie von ihrer Reife überzeugter als viele von denen, die kritisch und zweifelnd abseits stehen. Aber gerade ihre Selbstgewißheit beweist ihren Mangel an Reife. Man kann diese Selbstgewißheit verstehen, wenn man bedenkt, daß sie auf der Anerkennung einer geheiligten Tradition beruht, die sich im Laufe von Jahrhunderten praktisch und theoretisch entfaltet hat. Auch ist diese Tradition auf das Bild eines menschlichen Lebens in vollkommener Reife gegründet, auf das Bild Jesu als des Christus, das die Einheit von menschlicher Reife und Offenheit für göttliche

Torheit in jedem Augenblick zeigt. Einer solchen Tradition anzugehören, kann zur Selbstgewißheit verführen. In Wirklichkeit aber bleibt man unreif; und als Protestanten müssen wir hinzufügen, auch die Tradition trotz ihres Alters bleibt unreif. Denn von wem kann man sagen, daß er reif ist? Reif ist, wer im Leben und im Denken seine natürlichen Gaben voll entwickelt hat und fähig ist, freien Gebrauch von ihnen zu machen. Reife bedeutet nicht, am Ende seiner geistigen Entwicklung angelangt zu sein, sondern frei über die eigene Geisteskraft verfügen zu können. Das ist der Zustand, den wir erreichen sollen, aber gerade das ist es, worin wir immer wieder versagen – gleich ob wir als Anhänger oder als Kritiker des Christentums Reife erstreben. Häufig machen die Christen und die christlichen Kirchen keinen Gebrauch von ihren schöpferischen Möglichkeiten, weil sie fürchten, daß radikales Denken der göttlichen Torheit widerspreche. Aber das trifft nicht zu; darin kann man sich nicht auf die Bibel berufen. Radikales Denken widerspricht der menschlichen Torheit, der geistigen Unreife, der Unwissenheit, dem Aberglauben und der geistigen Unehrlichkeit. Zu allen Zeiten verfiel die Kirche der Versuchung, ihre menschliche Torheit zu rechtfertigen, indem sie sie als göttliche Torheit ausgab. Auf diese Weise verhinderte sie, daß sie reif im Denken wurde. Die christliche Verkündigung ist die Botschaft der göttlichen Torheit; und wo diese Botschaft verstanden wird, kann sich geistige Reife in Freiheit entwickeln. Es sind die Verwalter der Botschaft, nämlich die Kirche und die Christen, die die Entwicklung zur Reife verhindern, wenn sie die göttliche Torheit in Formen und Gefäße fassen wollen, in denen menschliche Torheit mit menschlicher Weisheit gemischt ist, wie in jeder menschlichen Schöpfung. Solche Formen und Gefäße sind notwendig, aber wenn sie als unzerstörbar und ewig gültig betrachtet werden, dann versperren sie den Weg zu geistiger Reife. Denn der entscheidende Schritt zur Reife ist der Durchbruch durch die Unmündigkeit, die von Autorität und Tradition verteidigt wird. Ohne einen solchen Durchbruch gibt es keine Reife; er braucht nicht anmaßend und

verletzend zu sein – solange er das ist, zeugt er von Mangel an Reife.
Das Durchbrechen der Autorität ist mit Angst verbunden, es stürzt in Schuldbewußtsein und innere Kämpfe. Denn der Zustand der geistigen Unmündigkeit, von Tradition und Autorität behütet und mit der Weihe des Göttlichen versehen, verleiht geistige Sicherheit und ungebrochene Stärke. Es ist nicht leicht, all das aufzugeben. Der Weg zu geistiger Reife ist ein schwerer Weg, der uns von vielem trennt: von jugendlichen Träumen, von Bildern unserer Phantasie, von geliebten Legenden und fest geglaubten Lehren, von gewohnten Riten und traditioneller Ethik. Einiges davon können wir später wieder gewinnen, aber auf einer tieferen Ebene des Verstehens, anderes müssen wir endgültig aufgeben. Durch diese Opfer können wir zur Reife gelangen, zu einem männlichen, selbstkritischen, überzeugten Glauben, nicht durch Vernunft erworben, aber vernünftig und zugleich in der Botschaft von der göttlichen Torheit, der letzten Quelle der Weisheit, verwurzelt. Eine Kirche, die ihren Anhängern diesen Weg zeigen kann und die ihn selber geht, ist reif geworden.
Und jetzt will ich mich zu denen wenden, die außerhalb der Kirche zu stehen meinen und ihr gegenüber gleichgültig sind, wenn nicht kritisch und feindlich und zuweilen fanatisch in ihrer Ablehnung. Für sie gilt das Wort des Apostels ebenso wie für die Kirche – seid reif im Denken! Es ist nicht schwierig, auf die Unmündigkeit des säkularen Verstandes im einzelnen hinzuweisen. Aber es ist wichtig und aufschlußreich, nach der Wurzel für seine Unmündigkeit zu suchen und die Forderung, reif zu werden im Denken, auf die anzuwenden, die sich reif dünken gerade wegen ihrer Ablehnung der Kirche. Dabei aber gilt: Kein Vertreter der Kirche darf mit denen außerhalb der Kirche so reden, als ob er ihnen, den „Unreifen", gegenüber im Besitze der Reife sei. Auch darf kein Vertreter der Kirche die profane Welt kritisieren, ehe er die Kirche der gleichen, ja strengeren Kritik unterworfen hat. Und wenn er weder das eine noch das

andere im Geiste der Liebe zu tun vermag, sollte er sich der Kritik völlig enthalten.

Darum sollten die Kirchen die Angriffe des säkularen Geistes nicht einfach zurückweisen, geht doch das Urteil der Kirche über sich selbst noch tiefer als diese Angriffe. Auch sollten die Kirchen den säkularen Geist in keiner seiner schöpferischen Leistungen kritisieren, weder in der Wissenschaft, noch in den Künsten, noch in der Technik, noch in der Politik. Diese Bereiche besitzen ihre eigenen Kriterien, und die führenden Männer in ihnen gebrauchen sie mit Selbstkritik, Strenge und Ehrlichkeit. In alledem ist der säkulare Geist reif, und die Religion darf hier nicht eingreifen, ebensowenig wie sich reife Wissenschaft in die Fragen religiöser Symbole einmischt; denn sie weiß, daß religiöse Symbole in einer anderen Dimension der Erfahrung und der Wirklichkeit liegen als wissenschaftliche Begriffe. Über die Existenz oder Nicht-Existenz Gottes als eines Wesens auf gleicher Ebene mit anderen existierenden Wesen zu streiten, beweist mangelnde Reife, ganz gleich, welchen der beiden Standpunkte man einnimmt. Es verrät völlige Unwissenheit über den Sinn und die Macht dessen, was mit göttlich gemeint ist.

Das säkulare Denken hat jedoch eine Grenze, die es überschreiten muß, wenn es zu voller geistiger Reife gelangen soll: Es muß sich öffnen für die göttliche Torheit, die ja auch seiner eigenen Weisheit zu Grunde liegt. Geschieht das nicht, so endet menschliches Wissen, wie erfolgreich es auch in der Eroberung der Welt sein mag, in letzter Torheit. Seid reif im Denken – das gilt für den größten Gelehrten nicht weniger als für den gewöhnlichen Christen und Nicht-Christen. Denn auch der klarste und umfassendste Verstand garantiert keine Reife. Selbst schöpferische Phantasie ist kein Beweis für Reife. Wo das Erlebnis der göttlichen Torheit fehlt, fehlt auch die letzte Reife im Denken. Was bedeutet dieser scheinbare Widerspruch? Er ist der Ausdruck einer Erfahrung, die alle anderen Erfahrungen durchdringt, erschüttert, in eine neue Richtung wendet und über sich hinaushebt. Es ist die Erfahrung von etwas Letztgültigem,

dem Sinne nach unerschöpflich, dem Sein nach unerreichbar, der Macht nach unbesiegbar. Wir können es das Heilige, das Ewige, das Göttliche nennen. Aber es transzendiert jeden Namen, da es in allem gegenwärtig ist, was wir mit Namen nennen – auch in Euch wie in mir. Wenn wir von ihm sprechen wollen, sprechen wir von dem Unsagbaren – denn sprechen müssen wir von ihm, da es uns näher ist als unser eigenes Selbst und zugleich ferner als das entfernteste Sternbild. Diese Erfahrung ist die menschlichste aller Erfahrungen. Wir können sie verdecken oder verdrängen, aber niemals vollkommen auslöschen. Sie lebt in der Ruhelosigkeit unseres Herzens, in dem Zweifel an dem eigenen Wert, in der Furcht, das Ziel unseres Lebens zu verfehlen, in der Verzweiflung über unsere innere Leere und unsere Schuld und in der Angst vor unserem Tode. In der Mythologie, der Dichtung und der Philosophie aller Zeiten hat diese Erfahrung Ausdruck gefunden. Sie alle zeugen von dem, was in der Tiefe des menschlichen Herzens und unserer Welt verborgen ist und zuweilen mit unwiderstehlicher Macht an die Oberfläche bricht. Kein Künstler, kein Philosoph, kein Gelehrter ist geistig reif, der nicht einmal an sich selbst, an seiner Kunst, seiner Philosophie oder seiner Wissenschaft gezweifelt hat. Kein wissenschaftlich noch so großer Gelehrter ist menschlich reif, der sich nicht die Frage nach dem Sinn seines Lebens gestellt hat. Ein Gelehrter, der in seiner Arbeit nichts ungefragt hinnimmt, der aber seine eigene Existenz als Gelehrter und als Mensch niemals in Frage stellt, ist nicht reif.
Wenn sich ihm aber die Fragwürdigkeit seiner Existenz aufdrängt, so daß er sie nicht mehr übersehen kann, dann ist er so weit, daß die göttliche Torheit von ihm Besitz ergreifen kann – dann ist er bereits von ihr ergriffen. Dann ist er aus der Sicherheit seines vernünftigen Alltagslebens gerissen, dann muß er in die eigene Tiefe blicken, eine Tiefe, der er sich bis dahin nicht einmal bewußt war, eine Tiefe voll Gefahr und Erwartung, voll Dunkelheit und Hoffnung. Und was er in sich selbst findet, das findet er auch in seiner Welt widergespiegelt – eine Tiefe, die ihm verborgen war, bis

er seine eigene Tiefe erkannte. Jetzt kann er sie auch in anderen erkennen, in allem Lebendigen, im ganzen Universum. Und wenn er auf diese Fragen, die nun in ihm selbst aufgebrochen sind, Antworten hört, dann kann er sie verstehen, selbst wenn ihm die Sprache, in der sie erscheinen, gegenüber der Sprache des Alltags und der Wissenschaft ungewohnt ist. Solche Antworten empfangen und auf sie hören, bedeutet Glauben haben. Sie klingen wie heilige Torheit, aber sie haben die Kraft der Wahrheit. Wenn sie jedoch in die Sprache des alltäglichen Denkens übersetzt und dann angegriffen oder verteidigt werden, klingen sie unwahr, sinnlos, absurd, und es ist gleichgültig, ob sie angenommen oder abgelehnt werden. Der Name für die Sprache göttlicher Torheit und des Lebens, das aus ihr entspringt, ist Liebe. Liebe ist Leben, das von göttlicher Torheit beseelt ist. Sie ist ungewohnt und voller Rätsel. Sie durchbricht den Alltag und erhebt ihn in eine höhere Dimension, und doch ist sie wirklich und weit entfernt von Sentimentalität und Schwärmerei.

Göttliche Torheit im Denken und göttliche Torheit im Leben sind vereinigt in dem Weihnachtssymbol: Gott als gegenwärtig in einem Kind, Gott als Kind, auf das Symbol des Karfreitags vorausdeutend und es vorbereitend – Gott als gegenwärtig in dem verurteilten Sklaven, Gott als der verurteilte Sklave. Das ist göttliche Torheit und der Grund aller menschlichen Reife und Weisheit.

ÜBER DIE WEISHEIT

Der Weisheit Anfang ist die Furcht des Herrn, und die Erkenntnis des Heiligen ist Einsicht. SPRÜCHE 9, 10

I

Es ist ein großer Verlust, daß der Begriff „Weisheit" fast völlig aus der Predigt und dem christlichen Unterricht verschwunden ist. Wo er in populärer und philosophischer Sprache noch gebraucht wird, hat er seine ursprüngliche Bedeutung und Macht eingebüßt. Man spricht von Weisheit als einer „Tugend des Alters", keinem Anliegen der Jugend. Dabei nimmt das Wort Weisheit fast einen ebenso lächerlichen Klang an wie das alte Wort „Tugend". Heute spricht man von Erfahrung, Einsicht, Erkenntnis – sie sind zwar mit Weisheit verwandt und in vielen Fällen sogar ein Teil von ihr, aber sie sind nicht dasselbe wie sie: Weisheit ist größer als sie alle. Sie ist eine der großen menschlichen Eigenschaften, die jeder Mensch auf jeder Stufe seines bewußten Lebens besitzen kann. Weisheit ist nicht auf das Alter beschränkt. Sie findet sich ebenso häufig bei jungen Menschen, und in allen Lebensaltern gibt es Toren. Ich hoffe, in dieser Stunde einen Begriff von der Bedeutung und Größe der Weisheit zu geben, vor allem den Jungen unter uns, die weise Entscheidungen für ihr Leben zu treffen haben.

Um den Sinn der Weisheit zu verstehen, müssen wir sie in der Breite und Tiefe sehen, in der sie der sah, von dem unser Spruch stammt. Sowohl im Alten wie im Neuen Testament gibt es viele Aussagen über die Größe der Weisheit, und viele Religionen preisen die Weisheit und suchen mit Leidenschaft nach ihr. Weisheit ist etwas Universales. Sie ist nicht nur im geistigen Leben der gesamten Menschheit gegenwärtig, sondern auch im Universum selbst; denn das Universum ist das Werk der göttlichen Macht, geschaffen mit Hilfe der göttlichen Weisheit. So sieht der Verfasser der Sprüche die Weisheit und so der Dichter des Buches Hiob. Er sieht die Weisheit neben Gott stehen vor Erschaffung der Welt: „Als er die Grundfesten der Erde legte, da war ich ihm zur Seite", sagt die Weisheit, und „als er dem Winde seine Wucht zuwog und den Wassern ihr Maß bestimmte, als er dem Regen sein Gesetz gab und seine Bahn dem Wetterstrahl, da hat er sie gesehen und erforscht". Das bedeutet, daß Gott die Weisheit wie eine unabhängige Macht neben sich erforschte und die Welt nach ihren Maßen bildete. Das Universum ist in jedem seiner Teile eine Verkörperung der Weisheit.

Diese Auffassung wird von bekannten Astronomen, Physikern und Biologen bestätigt. Sie sagen uns, daß sie, wenn sie die Kenntnis über die Welt vermehren, zur Erkenntnis der ewigen Weisheit im Bau des Universums beitragen. Sie verwerfen eine Wissenschaft, die Wissen ohne Weisheit vermittelt, und sie bestreiten der Theologie das Recht, zu mißachten, was durch die Erforschung der Natur an göttlicher Weisheit ans Licht gebracht wird.

In der Blütezeit des Mittelalters, als im Studium der Natur zum erstenmal wissenschaftliche Methoden angewandt wurden, prophezeite ein voraussehender Beobachter, daß die neuen Methoden zur Vermehrung der Wissenschaft, aber zur Verminderung der Weisheit führen werden. Weisheit bedeutete für ihn die Erkenntnis von Prinzipien, die Leben und Welt bestimmen. Er hatte recht: Die Wissenschaft eroberte den Platz der Weisheit, Wissen trat an Stelle von Einsicht. Aber von Jahrhundert zu Jahrhundert wurde es deutlicher, daß Wissen ohne Weisheit äußere und innere Selbstzerstörung zur Folge hat.

Die heutige Jugend reagiert richtig und gesund auf diese Situation. Sie hat die Leerheit eines Wissens ohne Weisheit erfahren und bringt diese Erfahrung leidenschaftlich zum Ausdruck. Wir sollten auf sie hören, wenn sie sich weigert, Tatsachen zu lernen, ohne ihren Sinn zu verstehen, und wir sollten auf alle die hören, die unzufrieden sind mit dem Besitz von Wissen ohne Weisheit. Was sie zu sagen haben, ist wichtig für unser ganzes akademisches und selbst für unser nationales Leben. Mögen sie niemals aufhören, auszusprechen, was sie denken, und uns, die Älteren, zu zwingen, sie ernst zu nehmen. Aber nur wenn ihre Anklage nicht aus Verachtung von Wissen und Wissenschaft geboren ist, können wir sie ernst nehmen und Wege zur Weisheit mit ihnen suchen.

II

Weisheit ist nicht leicht zu finden. Sie bleibt ein göttliches Geheimnis trotz ihrer Gegenwart in allen Bereichen des Universums. Der Dichter, der die Weisheit preist, weiß um ihr Mysterium. Im Buche Hiob fragt er: „Doch die Weisheit – wo ist sie zu finden? Wo ist die Stätte der Erkenntnis? Der Mensch kennt nicht den Weg zu ihr, sie ist nicht zu finden im Land der Lebendigen. Die Flut spricht: in mir ist sie nicht, und das Meer spricht: sie ist nicht bei mir. Verhüllt ist sie den Augen alles Lebendigen, und den Vögeln des Himmels ist sie verborgen. Nur Abgrund und Tod sagen: ein Gerücht haben wir von ihr gehört." Das bedeutet, daß dem Menschen Weisheit nicht erreichbar ist. Ihr Lob schließt den Menschen und seine Fähigkeiten nicht ein. Nur Abgrund und Tod, die Grenzen der menschlichen Existenz, deuten auf die Weisheit hin, aber sie können sie dem Menschen nicht vermitteln. Sie haben von Ferne, wie durch ein Gerücht, von ihr vernommen, wie der Dichter sagt. Weisheit steht nicht in der Macht des Verstandes – Intelligenz ist noch nicht Weisheit. Der Tod sagt mehr von der Weisheit als das Leben, aber er kann keine positive Antwort geben.

Warum ist uns die Weisheit verborgen, obwohl alles Bestehende von ihr zeugt? Weil die Mächte, die schöpferische

Macht und die zerstörerische, die beide im göttlichen Grunde wurzeln, miteinander im Kampfe liegen. Wie es im Buche Hiob heißt: „Bei Gott ist Weisheit und Stärke, sein ist der Rat und die Einsicht. Siehe, er reißt nieder – wer baut wieder auf? Er kerkert ein – wer tut wieder auf? Bei ihm ist Stärke und Bestand. Er ist es, der irreführt. Die Ratsherren der Erde macht er zu Toren, und Richter läßt er zu Narren werden. Er hebt Völker empor und zerstört sie dann, macht Nationen groß und stößt sie dann hinunter. Soll ich nicht schaudern vor seiner Majestät?" Niemand kann leugnen, daß das Leben so ist. Aber der Dichter weiß, daß hinter diesem Leben das Mysterium der göttlichen Weisheit steht. Sie wirkt in beidem, in der Schöpfung und in der Zerstörung. Das ist die tiefste Einsicht, die im Alten Testament erreicht ist. Ohne sie hätten die Anhänger Jesu nicht das Kreuz dessen ertragen können, den sie den Christus nannten. Ohne sie hätte Paulus, als ihm das Herz schwer war, da Gott sein Volk um der Heiden willen verworfen hatte, nicht in die Worte ausbrechen können: „O Tiefe des Reichtums, der Weisheit und Erkenntnis Gottes!" Weisheit und Mysterium schließen einander nicht aus. Es bedeutet Weisheit, in dem Dunkel und dem Widerspruch des Lebens Weisheit zu erkennen.

III

Aber jetzt müssen wir uns fragen: Wie können wir diese Weisheit erlangen? In dem Buch der Sprüche sagt die Weisheit: „Ich war lauter Entzücken Tag für Tag und spielte auf seinem Erdenrund und hatte mein Ergötzen an den Menschenkindern ... Und nun hört auf mich, meine Söhne ... Wer mich findet, der findet das Leben, aber alle, die mich hassen, lieben den Tod." Nach Weisheit streben oder sie verfehlen, ist eine Frage von Leben und Tod. Das kann man nicht von dem Wissen im gewöhnlichen Sinne des Wortes sagen. Wer viel weiß, hat dieses Wissens wegen noch nicht das Leben, und wer wenig weiß und nicht danach strebt, mehr zu lernen, beweist damit noch nicht, daß er den Tod liebt. Weisheit ist eine Frage von Leben und Tod, weil sie mehr als Wissen ist. Sie kann mit Wissen verbunden sein, aber sie kann auch ohne Wissen bestehen. Sie gehört einer Dimension an, die nicht durch wissenschaftlichen Fleiß erreicht werden kann. Sie ist Einsicht in den Sinn unseres Lebens, in seine Probleme und Gefahren, in seine schöpferischen und zerstörerischen Mächte und in den Grund, aus dem es kommt und in den es zurückkehrt.

Darum sagen uns die Prediger der Weisheit, daß der erste Schritt zu ihr die Furcht Gottes und die Erkenntnis des Heiligen ist. Diese Worte können leicht mißverstanden werden. Sie bedeuten nicht, daß wir uns einem Gott unterwerfen sollen, der uns Furcht einflößt, noch daß wir bestimmte Lehren über ihn annehmen sollen. Ein derartiges Gebot würde uns nicht zur Weisheit führen, sondern von ihr entfernen. Unser Text bedeutet vielmehr, daß es keine Weisheit gibt ohne die Begegnung mit dem Heiligen, mit dem, was heilige Scheu in uns erweckt und unser Leben und Denken erschüttert. Ohne das Erlebnis heiliger Scheu angesichts des Mysteriums des Lebens gibt es keine Weisheit. Der Weisheit ferner als die Vergnügungssüchtigen und die Machthungrigen sind die Klugen und Wissensreichen, die dem Heiligen niemals begegnet sind, die die Ehrfurcht vor ihm nicht kennen und ihre tiefe innere Leerheit mit dem geistreichen Spiel ihres Verstandes verdecken. Aus dem Wissen vieler Menschen, die eine bedeutende Rolle im akademischen und nationalen Leben spielen, spricht keine Weisheit. Die Weisheit, auf die Gott bei der Erschaffung der Welt blickte, die ewige Weisheit, nennt sie Toren.

Wer dem Mysterium des Lebens begegnet ist, hat die Quelle der Weisheit gefunden. Wer ihr mit heiliger Scheu und Sehnsucht begegnet, der erfährt den unendlichen Abstand zwischen dem eigenen Sein und dem Grund allen Seins. Er wird sich angesichts des Unendlichen der eigenen Grenzen seiner Endlichkeit, bewußt. Er erfährt, daß die Annahme der eigenen Begrenztheit der entscheidende Schritt zur Weisheit ist. Nur der Tor lehnt sich gegen die

Grenzen auf, die ihm seine Endlichkeit setzt: Er will unbeschränkte Macht und grenzenloses Wissen. Wer weise ist, nimmt seine Endlichkeit hin – er weiß, daß er nicht Gott ist. Von dieser Einsicht legt das Schrifttum der gesamten Menschheit Zeugnis ab. Weisheit ist die Anerkennung der eigenen Grenzen; sie ist das Wissen um das rechte Maß in allen Beziehungen des Lebens. Aber indem wir das sagen, müssen wir einem anderen gefährlichen Mißverständnis vorbeugen: Weisheit darf nicht mit der philisterhaften Vermeidung radikaler Entscheidungen verwechselt werden, mit klugen Kompromissen und geschicktem Opportunismus – sie alle sind weit entfernt von der Weisheit, die uns in der erschütternden Begegnung mit dem Heiligen zuteil wird. Wir brauchen nur auf die großen Gestalten zu blicken, die zu allen Zeiten und von Menschen aller Kulturen als weise betrachtet wurden. Es sind Menschen, die ihrem Volke neue Gesetze gaben, Menschen, die ganzen Erdteilen zu einem neuen Leben verhalfen, Menschen, die in die Wüste gingen, in die natürliche und in die geistige Wüste, um mit neuem Reichtum zurückzukehren. Keiner von diesen Menschen wählte den Weg der Mitte; alle suchten sie neue Wege in der Wildnis. Bei denen, die radikalen Entscheidungen aus dem Wege gehen und sich den gegebenen Umständen anpassen, bei den Konformisten, die sich den anerkannten Meinungen der Gesellschaft unterwerfen, ist keine Weisheit zu finden. Die Weisheit liebt die Menschenkinder, aber sie bevorzugt den, der durch Torheit zur Weisheit findet, und sie will nichts zu tun haben mit dem, der sich der Torheit ebenso fernhält wie der Weisheit. Die wahren Toren sind die, die sich von der Begegnung mit dem Mysterium des Lebens fernhalten und die tiefe Einheit des Schöpferischen und des Zerstörerischen nicht erkennen können. Wer aber die Wege der Weisheit versteht und dadurch selber weise wird, der durchbricht die künstlichen Grenzen der Konformität, wenn auch oft unter großen Schmerzen, und findet die wirklichen Grenzen, das wahre Maß und mit ihnen die Weisheit.

Darum können alle Menschen Weisheit haben, nicht nur die

Wissenden. Man kann in einfachen Menschen stille und tiefe Weisheit entdecken. Es kann Weisheit in denen sein, mit denen wir zusammen leben, und in denen, mit denen wir zusammen arbeiten, und unter der fremden Menge, die uns auf bevölkerten Straßen begegnet. Es gibt Weisheit in Müttern und in einsamen Frauen, in Kindern und jungen Menschen, in Hirten und Taxifahrern, und gelegentlich finden wir auch Weisheit bei den Gelehrten. Sie alle bezeugen ihre Weisheit durch die Hinnahme ihrer Grenzen, ihrer Endlichkeit.

Aber wer kann sich mit seiner Endlichkeit abfinden und mit den zerstörerischen Kräften des Lebens, mit Krankheit und Tod? Wer kann die natürliche Lebensangst auf sich nehmen und sie nicht mit Vergnügungen oder Tätigkeiten betäuben? Im Buche Hiob, in dem das Mysterium des Lebens überwältigend zum Ausdruck kommt, wird diese Frage aufgeworfen und eine Antwort auf sie gegeben, aber keine Antwort im gewöhnlichen Sinne des Wortes. Nur indem der Mensch der ewigen Weisheit in ihrer Undurchdringlichkeit und ihrer unerschöpflichen Tiefe begegnet, kann er das Elend der eigenen Endlichkeit ertragen, selbst noch das äußerste Elend, wie es Hiob erfuhr. In dem Erlebnis des Heiligen, in der heiligen Scheu vor dem Mysterium des Lebens, erfahren wir eine Dimension des Lebens, die uns Mut und Kraft gibt, unsere Grenzen auf uns zu nehmen und dadurch weise zu werden.

IV

In den Schriften über die Weisheit werden uns besondere Regeln fürs tägliche Leben gegeben. Die Bibel ist voll solcher Regeln. Sie sind alle miteinander verknüpft, da sie alle auf der Erfahrung des Heiligen beruhen. In allen bedeutet Weisheit die Anerkennung unserer Endlichkeit. Wir wollen sehen, ob wir in diesem Sinne Weisheit in unserem täglichen Leben finden können. Weisheit zeigt sich bei Eltern, die die Grenzen ihrer Autorität kennen und sich für ihre Kinder nicht zum Abgott machen, der später gestürzt werden muß. Weisheit zeigt sich in Kindern, die die Grenzen ihrer Selbständigkeit kennen und das Erbe nicht verachten, von dem sie sich nähren, selbst wenn sie sich gegen die Eltern auflehnen. Weisheit zeigt sich bei Lehrern, die sich ihrer Grenzen bewußt sind, sowohl der Grenzen ihres Wissens wie der Grenzen in ihrem Verhältnis zu den Schülern, und die sich immer wieder die Frage vorlegen, ob sie mit ihrem Wissen zugleich Weisheit vermitteln. Weisheit findet sich bei Schülern, die nach den Prinzipien fragen, die dem Gelernten zugrunde liegen, und nach dem Sinn, den es für ihr Leben hat. Weise sind alle die, die sowohl die Notwendigkeit wie die Grenzen alles Wissens erkennen und die verstehen, daß Liebe größer als Wissen ist. Weise sind Männer, die in der Begnung mit Frauen der eigenen gefühlsmäßigen und geistigen Begrenztheit gewahr sind. Weise sind Frauen, die ihre Endlichkeit annehmen und den Mann als den anderen Pol einer gemeinsamen Menschlichkeit aufnehmen. Und in beiden ist Weisheit, wenn sie einander hinnehmen, ohne Angst, ohne Feindseligkeit, ohne Lüge, sondern mit der Kraft der Liebe, die ihre Wurzel in dem Wissen um das Ewige hat.

Die größte Weisheit aber ist uns da nötig, wo es uns am schwersten fällt, uns mit unserer Endlichkeit abzufinden, in unserem Scheitern, unseren Irrtümern und der Schuld, die wir in Torheit auf uns laden. Es fällt uns schwer, das Mißlingen unserer Arbeit, vielleicht ihr völliges Scheitern, auf uns zu nehmen. Es ist nicht leicht, unseren Irrtum zuzugeben, wenn wir zum Beispiel einen Fehler in der Wahl eines Freundes oder unseres Lebensgefährten gemacht haben. Wir können unsere Schuld uns selbst und anderen nur eingestehen, wenn wir auf das blicken, was größer ist als unser eigenes Herz, wenn wir auf das Ewige blicken. Wer diese Weisheit besitzt, diese schmerzlich erworbene Weisheit, der weiß, daß ihn nichts von der ewigen Weisheit in Gott scheiden kann, weder sein Scheitern, noch seine Irrtümer, noch seine Schuld.

Die tiefste Weisheit besteht darin, die eigene Torheit hinzunehmen und den Blick auf den Ort in der Geschichte zu richten, an dem die Weisheit selbst in dem Gewand äußerster Torheit erschienen ist, auf das Kreuz des Christus. Hier offenbart sich in Vollkommenheit die Weisheit, die ewig in Gott ist, die in aller Schöpfung wirkt und die die Menschenkinder liebt.

SEID DANKBAR IN ALLEN DINGEN

Seid allezeit fröhlich, betet ohne Unterlaß, seid dankbar in allen Dingen! 1. THESSALONICHER 5, 16–18

I

Seid dankbar in allen Dingen – auf diese Worte wollen wir unsere Gedanken lenken. Bedürfen wir dieser Ermahnung? Gehört das „Danke" nicht zu den am häufigsten gebrauchten Worten unserer Sprache? Wir sagen es bei dem geringsten Dienst, der uns getan wird, bei einem freundlichen Wort, bei jeder Anerkennung unserer Person und unserer Handlungen. Wir gebrauchen es, gleich ob wir Dankbarkeit empfinden oder nicht. Es ist zu einer Formel geworden, der wir uns mit oder ohne wirkliche Empfindung bedienen. Deshalb müssen wir die Dankbarkeit, die wir wirklich empfinden, mit besonderer Betonung und mit starken Worten ausdrücken. Wer das Betragen von Menschen innerhalb religiöser Gruppen – Geistlicher wie Laien – beobachtet, dem fällt die Gewohnheit auf, Gott fast ebenso oft zu danken wie dem Nachbarn. Worauf beruht dieses Verhalten zu Gott und zu den Menschen? Warum danken wir ihnen? Was bedeutet es, Dank zu sagen und Dank entgegenzunehmen? Liegt dieser Geste des täglichen Lebens, und des täglichen religiösen Lebens, ein tieferer Sinn zugrunde, und können wir in ihr mehr erkennen als eine oberflächliche Gewohnheit? Wenn wir das könnten, würden wir aus dem einfachen „Danke" etwas über unser eigenes Selbst und über unsere Welt erfahren. Vielleicht fänden wir, daß eines der am meisten gebrauchten und am häufigsten mißbrauchten Worte unserer Sprache uns etwas über die tieferen Schichten unseres Seins offenbart.

Nicht immer ist Danken eine bloße Form des gesellschaftlichen Umgangs. Oft sind wir von echter Dankbarkeit erfüllt und spüren den Drang, jemandem unseren Dank auszusprechen, gleich ob dieser es erwartet oder nicht. Zuweilen überwältigt uns unser Gefühl, und wir sprechen unseren Dank in Worten aus, die viel zu groß sind für das Geschenk, das wir empfangen haben. Das ist nicht unehrlich, denn in diesem einen Augenblick ist unsere Dankbarkeit tatsächlich so tief empfunden. Aber bald darauf fühlen wir eine Leere in uns und eine leichte Scham. Es kann aber auch sein, daß wir in dem Augenblick, in dem wir von Dankbarkeit erfüllt sind, keine Gelegenheit haben, sie auszusprechen, und daß wir es dann vergessen und unser Dank den, dem er gilt, niemals erreicht. Die zehn Aussätzigen, die Jesus geheilt hatte, waren gewiß alle von tiefer Dankbarkeit erfüllt; aber nur einer von ihnen kam zurück von den Priestern, denen sie die Heilung gezeigt hatten, um Jesus zu danken. Und Jesus war verwundert und enttäuscht.

Wir werden nicht nur von einem tiefen Bedürfnis getrieben, unseren Dank auszusprechen, sondern wir haben auch ein ebenso großes Bedürfnis, Dank zu erhalten, wenn wir uns in größerem oder geringerem Maße hingegeben haben. Bleibt dieser Dank aus, so fühlen wir eine Enttäuschung über das Ausbleiben einer Antwort, nämlich des Dankes in Wort oder Tat. Aber ebenso wie uns ein Gefühl der Scham überkommt, wenn wir unseren Dank in zu starke Worte gekleidet haben, so sind wir verlegen, wenn wir übertriebenen Dank empfangen. Wir haben keinen Platz in uns, um ihn aufzunehmen, und so lehnen wir ihn ab, mit oder ohne Worte. Es ist niemals leicht, ohne einen gewissen Widerstand Dank entgegenzunehmen. Das deutsche „Bitte" und das amerikanische „Sie sind willkommen" sind Ausdruck für dies Zögern. „Es ist nicht der Rede wert" ist der klarste Ausdruck dieses Widerstandes gegen den Dank anderer, obwohl wir mit diesen Worten den Dank zugleich annehmen.

„Seid dankbar in allen Dingen"

Diese Ungewißheit in dem einfachen Akt, Dank zu sagen und Dank anzunehmen, lehrt uns etwas über unser Verhältnis zu dem anderen und über unsere menschliche Situation. Indem wir dem anderen Dank sagen oder Dank von ihm annehmen, nehmen wir ihn an oder lehnen ihn ab und werden selbst von ihm angenommen oder abgelehnt. Solche Annahme oder Ablehnung wird nicht immer empfunden, weder von uns noch von dem anderen. Feinfühlige Menschen, die sie empfinden, reagieren darauf mit Freude oder Schmerz, mit Stolz oder Scham und meist mit einer Mischung aus diesen Gefühlen. Das einfach „Danke" kann Angriff wie Abwehr sein. Es kann bedeuten, daß wir dem anderen einen Platz in unserem Innern einräumen, oder es kann eine geschickte Art sein, den Versuch des anderen abzuwehren, sich einen solchen Platz in uns zu erobern. Mit einem Wort des Dankes können wir den, dem wir danken, vollkommen ablehnen, oder wir können ihm unser Herz öffnen oder das seine für uns erschließen. Aber in den meisten Fällen ist das „Danke" nichts als eine höfliche Form zu sagen, daß uns der andere gleichgültig ist.

Im fünfzigsten Psalm heißt es: „Bringe Gott Dank als Opfer dar" und „Wer Dank opfert, der ehrt mich". Durch diese Worte scheint die ursprüngliche Bedeutung des Dankens hindurch. Dank darbringen ist ein Opfer. Das offenbart den eigentlichen Sinn aller Dankfeste: Dank wird durch eine Opferhandlung ausgedrückt. Wir verzichten auf den Gebrauch wertvoller Dinge und bringen sie den Göttern dar. Damit anerkennt der Mensch die Tatsache, daß er nicht aus eigener Kraft besteht, daß er nichts sein eigen nennen kann, daß er die Welt so nackt, wie er in sie kam, auch wieder verlassen muß und daß, was er besitzt, ein Geschenk ist. Durch die Opferhandlung bringt er zum Ausdruck, daß er sich dieses seines Geschicks bewußt ist. Er verschenkt einen Teil von dem, was ihm gegeben, aber letzten Endes nicht sein eigen ist. Indem er „Dank opfert", bekennt er seine Endlichkeit, seine Vergänglichkeit. Jeder ernst gemeinte Dank ist ein Opfer, eine Anerkennung der eigenen Endlichkeit. Jeder, der wirklich danken kann, erkennt damit an, daß er ein Geschöpf ist, und in dieser Anerkennung handelt er religiös, selbst wenn er die Religion verwirft. Und jeder, der ehrlich Dank annehmen kann, ohne Verlegenheit, ist reif, denn er weiß um die eigene Endlichkeit ebenso wie um die des anderen, und er erkennt in dem gegenseitigen Dankesopfer die Bestätigung der eigenen Geschöpflichkeit und der des anderen.

II

Gewöhnlich hat unsere Dankbarkeit anderen Menschen gegenüber einen erkennbaren Gegenstand. Wir wissen zumeist, wem sie gilt und wofür wir dankbar sind, obwohl wir oft nicht wissen, wie wir unseren Dank ausdrücken sollen. Aber es gibt auch Dankbarkeit, die nicht weiß, wohin sie sich wenden soll, nicht weil sie ihren Gegenstand nicht kennt, sondern weil sie keinen Gegenstand hat. Wir sind einfach dankbar. Dankbarkeit hat uns überwältigt, nicht weil uns etwas Besonderes geschehen ist, sondern weil wir da sind, weil wir an der Größe und Macht des Seins teilhaben. Eine freudige Stimmung bewegt uns, aber es ist mehr als eine Stimmung, mehr als ein vorübergehendes Gefühl. Es ist eine Weise des Daseins. Und es ist mehr als Freude. Es schließt das Gefühl ein, daß wir ein Geschenk empfangen haben, das wir nicht annehmen können, ohne ein Opfer dafür zu bringen – nämlich das Opfer des Dankes. Aber es ist niemand vorhanden, dem wir das Opfer bringen können, und so bleibt es in uns als Zustand stiller Dankbarkeit.
Man könnte fragen: Warum ist nicht Gott Gegenstand dieser Dankbarkeit? Aber damit wäre das nicht beschrieben, was in vielen Menschen vorgeht, Christen wie Nicht-Christen, Gläubigen wie Ungläubigen. Sie sind voller Dankbarkeit, aber sie wenden sich nicht unmittelbar an Gott im Gebet. Sie sind einfach von Dankbarkeit erfüllt; und wenn man ihnen sagen würde, sie sollten Gott im Gebet danken, würde man damit ihre spontane Dankbarkeit

„Seid dankbar in allen Dingen"

zerstören. Wie sollen wir über diesen Zustand urteilen, den vielleicht viele von uns einmal erlebt haben? Sollen wir sagen, daß es Dank ohne Gott und darum nicht wirklicher Dank sei? Oder daß wir uns in diesem Zustand befinden wie die Heiden, von denen Paulus sagt, daß sie „dieweil sie wußten, daß ein Gott ist, ihn nicht gepriesen, noch ihm gedankt haben?" Gewiß nicht. Der Überschwang eines dankbaren Herzens ehrt Gott, selbst wenn es sich nicht in Worten an ihn wendet. Der Ungläubige, den Dankbarkeit für sein Dasein erfüllt, ist kein Ungläubiger mehr. Seine Freude ist die spontane Erfüllung der Ermahnung in unserem Text: „Seid allezeit fröhlich!"
In diesem Sinne ist es möglich, die Worte unseres Textes zu verstehen: „Seid allezeit fröhlich, betet ohne Unterlaß, seid dankbar in allen Dingen!" Sie bedeuten gewiß nicht: „Sorget euch nicht, betet Tag und Nacht und danket Gott!" Jesus beschreibt diese Art, sich Gott aufzudrängen, als eine Entstellung der Religion. Was bedeuten nun aber die Ermahnungen unseres Textes? Sie bedeuten eben das, was wir den Zustand stiller Dankbarkeit genannt haben, gleich ob er sich im Gebet äußert oder nicht. Wir sollen Gott nicht ohne Unterlaß sagen, um was wir ihn bitten oder wofür wir ihm danken. Aber wir sollen uns zu Gott allezeit und in allem Tun und Denken erheben. Wir sollen seiner Gegenwart immer gewahr sein. Natürlich ist Gott in seiner schöpferischen Macht in jedem von uns allezeit gegenwärtig, ob wir uns dessen bewußt sind oder nicht. Aber in unserer stillen Dankbarkeit werden wir uns seiner Gegenwart bewußt. Wir erleben einen Aufschwung des Lebens, den wir durch noch so viele Worte und Dankesbezeugungen nicht erreichen können; aber wenn wir uns ihm offenhalten, kann er uns zuteil werden. Ein Mann, den man fragte, ob er bete, antwortete: „Immer und niemals." Damit wollte er sagen, daß er der Gegenwart Gottes gewahr sei, aber diesen Zustand nur selten in Worten des Gebetes und des Dankes ausdrücke. Dieser Mann gehörte nicht zu denen, die keinen Dank kennen, weil sie der Gegenwart des Göttlichen niemals gewahr werden; und er gehörte auch nicht

zu denen, die glauben, Gott immerwährend anreden zu müssen, um sich seiner Gegenwart zu versichern. Er glaubte vielmehr, daß Worte, die wir an Gott richten, aus einem Zustand der inneren Erhebung geboren werden müssen, aus stiller Dankbarkeit. Ein anderer, den man fragte, ob er an Gott glaube, antwortete: „Ich weiß es nicht. Aber wenn mir etwas Gutes geschieht, brauche ich jemanden, dem ich danken kann." Dieser Mann erlebte den Zustand dankbarer Erhebung wie der erste, aber er mußte seinen Gefühlen in Worten des Dankes Ausdruck verleihen. Er bedurfte des anderen, um ihm zu opfern. Aus den Antworten der beiden geht hervor, daß Gott danken ebenso ein Zustand der Erhebung ohne Worte sein kann wie der Drang, Gott in Worten des Dankes zu opfern.

In diesen beiden Arten, Gott zu danken, zeigen sich zwei verschiedene Arten unserer Beziehung zu Gott: Er ist für mich der Andere, an den ich mich mit Worten des Dankes wende; oder er steht über mir und jedem anderen als der, zu dem ich nicht sprechen kann, der sich mir aber in dem Gefühl stiller Dankbarkeit offenbart.

Eine der großen und befreienden Erkenntnisse der protestantischen Reformatoren war ihre Einsicht, daß unser Verhältnis zu Gott nicht von der immerwährenden Wiederholung von Gebeten und Dankesbezeugungen abhängig ist, von Opfern und anderen Riten, sondern von der stillen Heiterkeit und Freude, mit der wir die gute Botschaft hören, daß Gott uns annimmt, weil er uns sucht und nicht wegen irgendeines Wortes, das wir sagen, oder irgendeiner Handlung, die wir vollbringen.

III

Wofür danken wir? Gibt es Grenzen der Dankbarkeit? In unserem Text heißt es: „Seid dankbar in *allen Dingen*!" Das bedeutet nicht: Sagt Dank für alles, sondern seid dankbar in allen Situationen. Die Situationen, in denen wir dankbar sein sollen, sind unbegrenzt, aber die Dinge, für die wir unseren Dank ausdrücken können, sind begrenzt. Damit ist eine Frage aufgeworfen, deren Beantwortung uns eine neue Einsicht in die menschliche Situation gewähren kann. Im ersten Brief an Thimotheus lesen wir: „Denn alles von Gott Geschaffene ist gut, und nichts ist verwerflich, das mit Dank empfangen wird; denn es wird durch das Wort Gottes und durch das Gebet geheiligt." In diesen Worten erhält Dank einen neuen Sinn: Er heiligt alles von Gott Geschaffene. Danksagen ist Weihung: Es erhebt etwas, das der profanen Welt angehört, in die Sphäre des Heiligen. Das Profane wird damit nicht verwandelt, wie es der Aberglaube innerhalb und außerhalb des Christentums will, sondern es wird erhöht, so daß es das Göttliche darstellen kann. Es wird zum Träger der Gnade. Daher stammt der englische Ausdruck „to say grace", wenn wir für unser tägliches Brot danken und es damit weihen. Alles von Gott Geschaffene kann zum Träger des Heiligen werden, zum Gegenstand des Dankes, der Weihung. In diesem Sinn sind unserem Dank keine Grenzen gesetzt. Wir können danken für unsere körperlichen und unsere geistigen Kräfte, für die Dunkelheit unseres Unbewußten wie für das Licht unseres Bewußtseins, für den Reichtum der Natur wie für die Schöpfungen der Geschichte, und für alles Bestehende, was seine Seinsmächtigkeit offenbart. Wir können für alle diese Dinge danken trotz der Ablehnung, die sie durch die erfahren haben, die die Welt hassen, Asketen und fanatische Puritaner, die Gottes Schöpfung lästern. Alles, wofür wir mit gutem Gewissen danken, wird durch unseren Dank geheiligt. Das ist nicht nur eine tiefe theologische Erkenntnis, sondern auch eine praktische Hilfe in Situationen, in denen wir nicht sicher sind, ob wir etwas annehmen oder ablehnen sollen. Wenn wir, nachdem wir es angenommen haben, Dank dafür empfinden, bezeugen wir, daß es gut ist als von Gott geschaffen. Indem wir echte Dankbarkeit dafür empfinden, weihen wir es dem heiligen Grunde allen Seins, aus dem es stammt. Und wir müssen sogar das Wagnis auf uns nehmen, daß wir uns irren können und etwas durch unseren Dank weihen, das wir verwerfen sollten.

Die menschliche Verwirklichung

Es gibt nichts in der gesamten Schöpfung, wofür wir nicht dankbar sein könnten. Aber sind unserer Dankbarkeit nicht in unserem eigenen Leben Grenzen gesetzt? Können wir ehrlich Dank empfinden für die Hindernisse, die Unglücksfälle und die Krankheiten, die uns zustoßen? Gewiß können wir es nicht in dem Augenblick, in dem sie uns überwältigen. Das wäre einer der vielen Fälle, in denen Frömmigkeit zu Unehrlichkeit würde; denn gegen solche Übel wehren wir uns mit Recht. Wir wollen sie aus dem Weg räumen, wir hadern mit unserem Schicksal und seinem göttlichen Grund. Es gibt Tiefen des Leidens, des körperlichen wie des seelischen, in denen sich nicht einmal die Frage erhebt, ob wir Dankbarkeit empfinden sollen oder nicht. Der Psalmist *schreit* aus der Tiefe zu Gott, er dankt ihm nicht. Das ist ehrlich, es zeugt von der Einsicht in die wirkliche Situation und ist aus dem Bewußtsein von der göttlichen Gegenwart geboren. Und ich glaube, daß jedem von uns einmal im Leben etwas begegnet ist, was reines Übel war, als es geschah, sich jedoch später als gut erwies und Gegenstand unseres aufrichtigen Dankes wurde.

Es gibt noch etwas anderes, wofür wir keine Dankbarkeit empfinden können: unsere eigenen Werke, die, die uns schuldig machen, ebenso wie die, die uns gut machen. Wir können weder dankbar sein für das, was uns schuldig macht – und manchmal werden Dinge, für die wir dankbar waren, durch unsere eigene Schuld böse –, noch dürfen wir dankbar sein für das in uns, was uns gut macht. Die eigenen guten Werke, für die der Pharisäer dankt, sind ein Beispiel für Dinge, denen unser Dank nicht gelten darf; und tatsächlich dankt der Pharisäer nicht Gott, wenn er für sein Gutsein dankt, sondern sich selber. Wie viele von uns danken so sich selber, wenn sie Gott danken! Aber man kann sich selbst nicht danken, weil das Opfer des Dankes, wenn es der eigenen Person gilt, aufhört, Opfer zu sein. Der Dank, an das eigene Selbst gerichtet, ist kein Dank, selbst wenn wir ihn in Dankgebete an Gott kleiden, wie wir es nach einer vollbrachten Leistung oder bei einem schwer errungenen Erfolg zu tun pflegen.

Wenn wir die Bibel lesen, besonders den letzten Teil der Psalmen, mit der Frage des Dankes im Sinn, macht sie einen überraschenden Eindruck auf uns. Wir entdecken, daß Seiten um Seiten mit dem Lob Gottes angefüllt sind und daß zugleich das Elend des Menschen, das des Verfassers dieser Bücher mit eingeschlossen, drastisch beschrieben ist. Wenn wir das lesen, fühlen wir uns in eine andere Welt versetzt. Wir können nicht nachfühlen, was diese Menschen erlebten. Als Kinder dieses Jahrhunderts haben wir gelernt, in die Tiefe der menschlichen Not zu blicken, und wir finden keinen Anlaß zu Lob und Dank. Und wenn wir glauben, daß wir unsere Pflicht gegen Gott erfüllen und ihm danken müssen, oder wenn wir an einem Gottesdienst teilnehmen, der dem Lob und dem Dank Gottes gilt, haben wir das Gefühl, daß wir unserer inneren Verfassung nicht ehrlich Ausdruck gegeben haben. Diese Erfahrung ist ein beherrschendes Element in unserer religiösen Situation. Wir begegnen ihr heute in den Predigten unserer besten Pfarrer und in den Werken unserer größten Theologen. Sie ist ein wichtiges Thema unserer großen Dichter und Philosophen. Wir sind nicht berufen, über diese Männer zu urteilen. Wir gehören zu ihnen. Sie sprechen für uns, indem sie ihre eigene Erfahrung zum Ausdruck bringen; und wir sollten ihnen dankbar sein, wenn sie aus ernster Überzeugung und oft aus tiefer seelischer Not sprechen.

Der Unterschied zwischen der heutigen Welt und der des frühen Christentums wird uns deutlich, wenn wir von der Leidenschaft und Begeisterung lesen, mit der die Glieder der jungen Kirche in einer Welt des herrschenden Heidentums und in einer Zeit der Auflösung und Verzweiflung für das Geschenk der christlichen Botschaft dankten. Ist die gleiche Leidenschaft und Begeisterung in uns, wenn wir Gott für seine Gabe danken, den Christus und seine Kirche? Wer kann aufrichtig mit Ja antworten?

Und bemerken wir nicht den gleichen Unterschied, wenn wir lesen, wie die Kämpfer für die Reformation Gott für die Wiederentdeckung der guten Botschaft dankten, daß Gott die Sünder annimmt? Bewegt uns das gleiche unbedingte

Anliegen wie sie? Wer kann aufrichtig mit Ja antworten? Darum müssen wir denen dankbar sein, die unsere gegenwärtige Situation ehrlich zum Ausdruck bringen.

Aber es gibt einen Trost: Wir sind nicht von der immer schaffenden Gegenwart Gottes geschieden, und wir können ihrer allezeit gewahr werden. Unsere Herzen können voller Lob und Dank sein, ohne daß wir es in Worten ausdrücken; und zuweilen finden wir auch Worte des Lobes und des Dankes. Aber dies ist nicht der erste Schritt, und häufig nicht einmal der letzte. Wir dürfen uns nicht von denen, die von religiöser Wiedererweckung reden und die das Gefühl der Freude und der Dankbarkeit durch Selbsthypnose erzeugen, wieder zu Formen des Gebets und des Dankes zwingen lassen, die wir ehrlicherweise nicht zu den unsrigen machen können. Aber wir wollen uns für die Macht offen halten, die unser Leben in jedem Augenblick trägt, die hier und jetzt in uns wirkt, die durch die Natur zu uns spricht und uns in der Botschaft von Jesus als dem Christus ergreift. Wir wollen uns ihr offenhalten, so daß uns stille Dankbarkeit für das Sein, das uns gegeben ist, erfüllen kann. Dann finden wir vielleicht auch Worte des Dankes und des Opfers und der Weihung, mit denen wir in Aufrichtigkeit danken können.

Gebet

Allmächtiger Gott! Wir erheben unsere Herzen zu dir in Preis und Dank; denn wir sind nicht durch eigene Kraft, und nichts ist unser, als was du uns gegeben hast. Wir sind endliche Geschöpfe: wir haben nichts mit in die Welt gebracht, und wir werden nichts mitnehmen, wenn wir die Welt verlassen. Du hast uns Leben gegeben, das unser ist, solange es dein Wille ist. Wir danken dir, daß wir Dasein haben, daß wir an dem unerschöpflichen Reichtum des Lebens teilhaben, im Großen wie im Kleinen. Wir preisen dich, wenn wir uns stark an Geist und Körper fühlen. Wir danken dir, wenn Freude unser Herz erfüllt. Wir sind dankbar deiner Gegenwart eingedenk, sei es schweigend, sei es in Worten.

Erwecke uns, daß wir deine Gegenwart erkennen, wenn der Alltag sie uns verbirgt und wir vergessen, wie nah du uns bist, immer und überall, näher als irgendein Wesen, näher als wir uns selber sind. Lasse es nicht zu, daß wir uns von deiner schenkenden und schaffenden Gegenwart abwenden zu den Dingen, die du uns gegeben hast. Laß uns nicht des Schöpfers vergessen über der Schöpfung. Halte uns immer bereit, dir Dank zu opfern.

Dein ist, was wir sind und haben. Wir weihen es dir. Nimm unseren Dank an, wenn wir beten und unser täglich Brot und alles, was wir empfangen haben, dir weihen. Bewahre uns davor, leere Worte zu gebrauchen, wenn wir dir Dank sagen. Bewahre uns davor, in gewohnte Formeln zu verfallen, wenn wir zu dir sprechen.

Wir danken dir, wenn wir auf unser Leben zurückblicken, für alles, was wir erfahren haben. Und wir danken dir nicht nur für das, was wir mit Freude empfingen, sondern auch für das, was uns Enttäuschung und Leid brachte, denn *jetzt* wissen wir, daß es uns geholfen hat, den Sinn unseres Lebens zu erfüllen. Und wenn uns neue Enttäuschung und neues Unglück treffen und die Worte des Dankes uns auf den Lippen sterben, erinnere uns daran, daß wir eines Tages auch für den dunklen Weg, den du uns geführt hast, dankbar sein werden.

Unser Dank kommt in armseligen Worten zu dir, und zuweilen können wir keine Worte finden. Es gibt Tage und Monate und Jahre, in denen wir nicht fähig sind, zu dir zu sprechen. Gib uns in solchen Zeiten Kraft, unsere Herzen dem Reichtum des Lebens offenzuhalten und deine unwandelbare, ewige Gegenwart in stiller Dankbarkeit zu erleben. Nimm mit dem wortlosen Opfer des Herzens vorlieb, wenn uns Worte des Dankes fehlen. Nimm unsere stille Dankbarkeit an, und halte dir unser Herz und unseren Geist offen! Amen

BIBELSTELLENREGISTER

Religiöse Reden, Folgen 1–3, in der Reihenfolge der biblischen Bücher
(Bearbeitet von Dr. Gotthold Müller)

Folge I: In der Tiefe ist Wahrheit. (1. Aufl. 1952). 4. Aufl. 1964
Folge II: Das Neue Sein. (1. Aufl. 1959). 3. Aufl. 1963
Folge III: Das Ewige im Jetzt. 1. Aufl. 1964

1. ALTES TESTAMENT

2. Mose		Jesaja	
20, 7	III, 92	6	I, 83
Psalm		24, 18–20	I, 7
8, 3–6	III, 58	40	I, 17
19, 2–6	I, 73	41, 21–26. 28–29	I, 31
90	I, 62	43, 16. 18–19	I, 162
103, 2–4	II, 49	51, 6	I, 8
126	II, 135	54, 10	I, 7
130, 1	I, 51	65, 16–18	I, 163
130, 5–7	I, 141	Jeremia	
139	I, 39	4, 23–30	I, 7
147, 3	II, 49	23, 21–31	II, 110
Sprüche		31, 31–34	I, 162
9, 10	III, 156	37, 17	II, 110
Prediger		Hesekiel	
1, 2	II, 151	11, 19	I, 163
1, 2. 9–10	I, 163		
3, 1–8	II, 151		

2. NEUES TESTAMENT

Matthäus		11, 25–30	I, 89
6, 13	III, 110	14, 32	III, 13
7, 12	II, 37	25, 31–40	II, 33
9, 16–17	I, 164	26, 56	III, 100
10, 1	II, 41	27, 45–46. 50–54	II, 159
10, 8	III, 51	27, 57–66	I, 154

Bibelstellenregister

Markus		8, 19–22	I, 73
3, 20–21	II, 103	8, 24–25	I, 141
3, 31–35	II, 103	8, 26–27	II, 128
4, 25	III, 31	8, 38–39	I, 99; II, 56
8, 27–33	I, 133	12, 2	III, 131
14, 3–9	II, 52	1. Korinther	
Lukas		2, 10	I, 51
2, 25–32	II, 93	3, 18–19	II, 107
6, 20–26	I, 27	9, 19–23	I, 116
7, 36–47	II, 13	12, 1–11	I, 112
10, 23–24	II, 93	13, 8–12	I, 103
10, 38–42	II, 144	14, 20	III, 149
20, 1–8	II, 82	16, 13–14	III, 140
Johannes		2. Korinther	
1, 14. 17	II, 67	1, 19–20	II, 100
3, 17–21	I, 108	3, 5–6	III, 81
3, 21	II, 67	5, 17	I, 163
8, 31–32	II, 68	Galater	
8, 43–44	II, 67	6, 15	II, 23
9, 39–41	II, 120	Philipper	
10, 11	III, 70	3, 13	III, 22
12, 44–50	II, 97	1. Thessalonicher	
13, 34–35	II, 32	5, 16–18	III, 165
14, 16–17	II, 67	1. Johannes	
15, 11	II, 135	4, 7–8	II, 68
16, 13	II, 68	4, 12. 16	II, 37
16, 20–22	II, 135	4, 16	II, 33
18, 37–38	II, 67	Hebräer	
Apostelgeschichte		2, 14–18	I, 158
17, 22–32	I, 120	Offenbarung	
Römer		21, 1–5	I, 164
5, 20	I, 144	21, 1; 22, 1–2	I, 73
7, 19–20	III, 41	21, 6	III, 119
8, 1–16. 26–27	I, 124		

Themenpredigten ohne Angabe von Bibeltexten:

I, 35: Das Mysterium der Zeit   II, 78: Glaube und Ungewißheit